국가 영토 주권론

최재목 호사카 유지
지영환 정동은 외

The Theory of State Territorial Sovereignty
Territorial Sovereignty: National Power and Border Issues

박영사

prologue: 바다가 그 경계를 기억하는 곳

『國家 領土 主權論』은 21세기 주권 · 영토 질서가 근본적으로 재구성되는 변곡점에서, 법 · 정치 · 철학 · 역사 · 지리 · 국제관계의 학제적 관점으로 국가 영토 주권을 재해석한 연구 성과를 한 권으로 묶었다. 동아시아의 역사적 질서는 근본적으로 위계와 조공체제라는 원리 위에서 작동해 왔으며, 오늘의 국제 규범과 기억 정치가 이 지역의 영토 인식과 정책을 여전히 매개한다는 점을 응시한다.

특히 글로벌 거버넌스와 인권 네트워크의 확장 속에서 주권은 더 이상 폐쇄적 영토 소유가 아닌 규범 · 제도 · 서사와 교차하는 가변적 실천으로 변모하고 있음을 전제한다. 본서는 이러한 변화의 지형에서 울릉도 · 독도 문제를 비롯한 한국의 영토 주권 담론을 세계사적 맥락으로 재배치하며, 실정법 · 국제정치 · 기억 · 해양안보를 통합적으로 검토한다.

'제1편 국경관리에서 국가 주권'에서는 국경관리의 법 · 정치 및 거버넌멘털리티(governmentality)를 통해 주권과 인권의 접점이 어떻게 재구성되는지 분석한다. 인권 규범과 초국가 네트워크의 압력은 주권의 의미를 점진적으로 재개념화하며, 이는 동아시아의 역사적 위계 질서 경험과도 상호작용한다. 최근 '영토 무결성' 합의의 약화 속에 국경관리의 실천은 다층적으로 분화 · 경합하며, 규범과 권력이 중첩되는 양상을 보인다는 점을 강조한다.

'제2편 시법제의 현대적 함의'에서는 시대 변화에 따른 법 규범의 적응성(법의 시간성)을 조망하며, 국제규범 가입 · 준수의 비용과 집행 메커니즘이 국가 선택에 미치는 영향을 통해 국내 주권 배열과의 결합 · 분리를 검토한다. 주권과 국제법의 결합 방식은 규범 집행 강도에 비례해 '긴 결합' 혹은 '느슨한 결합'으로 달라질 수 있다는 점을 보여준다.

제3편 '울릉도에서 독도가 보이는 조건 〈풍일청명〉의 해석', 제4편 '정인조의 「울릉도

기행」과 울릉도 · 독도 국가지질공원의 역사적 형성과 보존 논리'에서는 지질 · 생태 · 민속 기록이 영토 정체성의 기억 기반을 제공함을 고찰한다. 이는 식민 도시화가 남긴 물질 · 상상 지리의 유산을 비판적으로 재독해하는 작업과도 맞닿는다. 해양과 연안의 보존 · 관리 체계는 오늘날 다기능적 해양 구역화와 결합해 영토 주권의 작동 공간을 재배열한다는 점을 보여준다.

제5편 '고유영토론과 상극하는 미국의 영토 형성과 독도에 관한 인식'에서는 미국의 영토 팽창과 정착 · 토지 정책, 인구 · 영토 관리의 전략을 통해 국경을 확장한 사례를 검토하며, 전후 동북아의 영토 인식과 정책 형성에 주는 구조적 함의를 분석한다. 대국의 해양 전략과 해군력 기획은 지역 영토 쟁점의 인식 · 우선순위에 영향을 주며, 이는 동아시아에서의 해양 경쟁 및 협력 구도와도 연동된다.

'독도: 국제문서와 전후 일본의 정책'에서는 샌프란시스코 강화조약, SCAPIN 문서, 1965년 교환공문 등 국제문서의 법적 함의를 체계적으로 재검토하며, 전후 일본의 독도 정책 변천을 '문서 – 정책 – 담론' 사슬로 분석한다. 유엔 체제의 다자 장치와 미국의 정책 환경은 한국의 외교적 선택 공간에 지속적 제약과 기회를 동시에 제공해 왔다.

집합기억의 프레이밍 · 화자 권위 · 경계 설정이 한일 관계의 화해 실패를 설명하는 중요한 내부 변수라는 점을 상기시키며, 영토 담론 역시 국내 정치의 경쟁적 동원 속에서 의미가 변형된다.

제6편 '1965년 한일 간 교환공문으로 본 독도 영유권', 제7편 '샌프란시스코 조약으로 흡수된 SCAPIN 문서와 독도의 영유권', 제8편 '전후 일본의 독도 정책', 제9편 '세계 4대 해전의 기원과 명명', 제10편 '국가와 절대윤리 앞의 양혼' 등으로 체계를 이룬다.

현대 해양안보는 접속적 · 중첩적 구역화로 재편되며, 전통적 '국가안보의 해역'은 다기능 벨트 중 일부로 축소되고 비전통 안보의 위계는 상승한다. 중국의 해양 민족주의와 항모 중심 원해전력 지향은 지역 해양 균형과 미 · 중 협력에 중장기적 도전을 제기하며, 이는 동북아 영토 · 해양 분쟁의 전략 환경을 규정한다.

이 장에서는 영토 분쟁의 전략이 전면전보다 기정사실화(fait accompli)로 이동했고, 인구가 적고 수비가 약한 전략 요충의 점유 시도가 늘어나는 등 21세기 안보 경관의 핵심 특징이 되었음을 강조한다.

영토는 측량 가능한 경계이면서, 제도 · 기억 · 해양 질서가 맞물려 작동하는 복합 시스템이다. 본서는 국경관리와 시법제, 울릉도 · 독도의 보존과 문서 해석, 그리고 세계 해

전사의 장기 동학을 한 축으로 엮어 한국의 영토 주권 담론을 세계적 공론장으로 확장한다. 변화하는 국제질서 속에서 우리는 법과 기억, 기술과 해양의 언어로 주권을 다시 써 내려가야 한다.

2026년 1월 12일

세종대학교 독도종합연구소장
호사카 유지

prologue: Where the Sea Remembers Its Boundaries

The Theory of National Territorial Sovereignty brings together, in a single volume, a series of research contributions that reinterpret state territorial sovereignty at a historical juncture in which the sovereignty – territory order of the twenty-first century is being fundamentally restructured. It examines how the historical order of East Asia — long shaped by principles of hierarchy and tributary relations — continues to influence contemporary territorial perceptions and policy through today's international norms and politics of memory.

In particular, the volume begins from the premise that sovereignty, in the expanding landscape of global governance and human-rights networks, is no longer a closed form of territorial possession but is increasingly a mutable practice shaped by the intersections of norms, institutions, and narratives. Within this shifting terrain, the volume relocates Korea's territorial-sovereignty discourse — including the issues of Ulleungdo and Dokdo — within a broader world-historical context, while examining positive law, international politics, memory, and maritime security in an integrated manner.

Part I, "State Sovereignty in Border Management," analyzes how the interface between sovereignty and human rights is being reconfigured through the law, politics, and governmentality of border management. The pressures exerted by human-rights norms and transnational networks gradually re-conceptualize the meaning of sovereignty, interacting in turn with East Asia's historical experience of hierarchical order. Amid the weakening consensus on "territorial integrity," the practical operations of border governance have become multilayered, differentiated, and contested, revealing patterns in which norms and power increasingly overlap.

Part II, "The Contemporary Implications of Intertemporal Law," surveys the adaptability of legal norms over time — the temporality of law — and evaluates how the costs and enforcement mechanisms involved in the accession to and compliance with international norms influence state choices, thereby illuminating the modes of coupling and decoupling between domestic sovereignty arrangements and international law. It shows that the configuration of sovereignty and international law may shift toward either a "tight coupling" or a "loose coupling," depending on the strength of normative enforcement.

Part III, "Interpreting Pungilcheongmyeong: The Conditions Under Which Dokdo Is Visible from Ulleungdo," and

Part IV, "Jeong In-jo's Ulleungdo Travelogue and the Historical Formation and Preservation Logic of the Ulleungdo–Dokdo National Geoparks," investigate how geological, ecological, and folkloric records provide a memory-based foundation for territorial identity. These inquiries intersect with critical re-readings of the material and imagined geographies produced by colonial urbanization. They further show that modern systems of coastal and marine conservation — when combined with today's multifunctional maritime zoning — reconfigure the operational space of territorial sovereignty.

Part V, "The Formation of U.S. Territory and Its Perception of Dokdo: A Challenge to Korea's Inherent-Territory Theory," examines how the United States expanded its borders through territorial enlargement, settlement, land policy, and population-territory management strategies, providing structural implications for the formation of postwar Northeast Asian territorial perceptions and policies. Great-power maritime strategy and naval planning influence the recognition and prioritization of regional territorial issues, linking them to broader patterns of maritime competition and cooperation in East Asia.

The chapter "Dokdo: International Documents and Postwar Japan's Policy" systematically re-evaluates the legal implications of the San Francisco Peace Treaty, SCAPIN documents, and the 1965 Exchange of Notes, analyzing the evolution of Japan's postwar Dokdo policy through the chain of "documents–policy–discourse." It demonstrates how the multilateral mechanisms of the UN system and the broader policy environment of the United States have continually shaped both the constraints and opportunities available to Korean diplomatic strategy.

The volume underscores that the framing of collective memory, the authority of narrators, and the setting of boundaries constitute significant domestic variables explaining the persistent failure of Korea–Japan reconciliation, and that territorial discourse itself is reshaped through competitive mobilization in domestic politics.

Part VI, "Dokdo Sovereignty through the Lens of the 1965 Korea–Japan Exchange of Notes,"

Part VII, "SCAPIN Documents Subsumed into the San Francisco Peace Treaty and Their Implications for Dokdo Sovereignty,"

Part VIII, "Postwar Japan's Dokdo Policy,"

Part IX, "The Origins and Naming of the Four Great Naval Battles of the World," and

Part X, "Conscience before the State and Absolute Ethics," complete the structure of the volume.

Modern maritime security is being reorganized through connective and overlapping zoning. Traditional "territorial waters of national security" have become only one segment of multifunctional maritime belts, while the hierarchy of non-traditional security has risen. China's maritime nationalism and its carrier-centered blue-water naval ambitions pose long-term challenges to regional maritime balance and U.S.–China cooperation, shaping the strategic environment of territorial and maritime disputes in Northeast Asia.

This chapter highlights that the strategy of territorial disputes has shifted from full-scale conflict to fait accompli operations, with increasing attempts to seize sparsely populated and weakly defended strategic points — one of the defining features of the twenty-first-century security landscape.

Territory is at once a measurable boundary and a complex system in which institutions, memory, and maritime order interlock. This volume weaves together border management, intertemporal law, the preservation and interpretation of Ulleungdo and Dokdo, and the long-term dynamics of world naval history to expand Korea's territorial-sovereignty discourse into the global public sphere. In a rapidly changing international order, we must rewrite sovereignty through the languages of law, memory, technology, and the sea.

January 12, 2026

Hosaka Yuji

Director, Dokdo Research Institute, Sejong University

아메리카 합중국(美國) 제1대 대통령
조지 워싱턴 초상화(1789-1797)

1796년 화가 길버트 스튜어트는 미합중국 제1대 대통령 조지 워싱턴의 초상을 그렸다 그는 새로 태어난 공화국의 얼굴을 세우려 한 화가였으나 완성된 초상화를 남기지 않았다 얼굴은 그려졌으나 배경은 칠해지지 않았다. 붓은 옷깃에서 멈추었고 주권의 윤리는 캔버스의 여백 속에 남았다. 그 미완의 초상이야말로 한 국가의 초상이며 아직 완성되지 않은 인간의 윤리였다. 이 초상은 법과 윤리의 기원에 대한 은유로 남았다. 스튜어트는 이 작품을 원형으로 삼아 여러 복제 초상을 제작했으나 이 원본만은 완성하지 않았다. 미술사적 이유는 단순했으나 철학적 이유는 깊다. 그는 무심히 남긴 미완 속에 국가의 양심이 남았고 그 배경의 공백이 공화국의 시간으로 변하였다. 얼굴이 완성된 국가는 법의 형태를 가졌으나 배경이 비어 있는 국가는 윤리의 책임을 지녔다. 조지 워싱턴은 이 초상을 직접 보았다고 전한다. 완성되지 않은 그림이었으나 그는 그 미완의 얼굴을 마음에 들어 했다. 그에게 그것은 자신의 초상이 아니라 새로 태어난 나라의 초상이었다. 완성되지 않았기에 더 오래 살아남을 초상이었다. 미완의 그림 속에서 그는 완성의 의무를 느꼈고 그 의무가 바로 국가의 윤리였다. 국가의 주권은 완성된 권력이 아니라 완성되어야 할 책임이다. 법은 윤리의 선행이 아니라 그 결과이며 윤리는 끊임없이 그려야 하는 배경이다 스튜어트의 붓이 멈춘 자리에서 국가는 스스로의 양심을 채색해야 했고 워싱턴의 얼굴은 그 윤리의 기초를 상징하게 되었다. 이 초상은 한 인간의 초상이 아니라 국가의 초상이며 미완의 배경은 인간이 완성해야 할 윤리의 시간이다. 국가의 영토는 그 윤리가 채색될 때 비로소 실질적인 경계를 갖는다. 영토의 경계는 지도 위의 선이 아니라 양심의 기억이며 국가의 얼굴은 그 기억을 잊지 않으려는 윤리의 표정이다. 이 책은 그 미완의 초상으로부터 출발한다. 완성된 법을 말하기 위해서가 아니라 완성되어야 할 윤리를 찾기 위해서다.[1]

---

1 Artwork Information and Official Viewing Links ① George Washington — The Athenaeum Portrait (1796) Gilbert Stuart (1755-1828), Oil on Canvas Museum of Fine Arts, Boston | Public Domain https://collec-

“국가는 완성된 얼굴이 아니라 윤리의 배경을 그려 가는 화폭이다.”

2026년 1월 12일

평정(平靜) 지영환(池榮鋎) 올림

---

tions.mfa.org/objects/34341 ② George Washington — The Lansdowne Portrait (1796) Gilbert Stuart (1755-1828), Oil on Canvas National Portrait Gallery, Washington D.C. | Public Domain. https://npg.si.edu/object/npg_NPG.2001.13 ③ Coat of Arms of the Washington Family 18th-century English heraldic design | Public Domain. https://commons.wikimedia.org/wiki/File:Coat_of_Arms_of_George_Washington.svg 2025.11.20.

Portrait of George Washington (1789-1797), 1st President of the United States of America (美國)

In 1796, the painter Gilbert Stuart began to paint the portrait of George Washington, the first President of the United States. He sought to depict the face of a newly born republic, yet he left no finished portrait behind. The face was completed, but the background was left untouched. His brush stopped at the collar, and the ethics of sovereignty remained within the blank space of the canvas. That unfinished portrait became the very face of a nation, and also the unfinished ethics of humankind.

The portrait endures as a metaphor for the origin of law and morality. Stuart used this incomplete work as the prototype for numerous replicas, but only this original remained unfinished. The artistic reason was simple, yet the philosophical reason was profound. Within that unfinished state, the nation's conscience was preserved; within the blankness of the background, the time of the republic began to unfold. The completed face gave the nation its legal form, while the empty background imposed upon it an ethical responsibility.

It is said that George Washington saw the painting himself. Though it was incomplete, he was pleased with it. To him, it was not his own likeness but the portrait of the newborn nation. Because it was unfinished, it would endure longer. Within that unpainted space, he felt the duty of completion — and that duty itself was the nation's ethics.

National sovereignty is not a completed power but a responsibility that must forever be completed. Law is not the prelude to ethics but its outcome, and ethics is the background that must be painted again and again. Where Stuart's brush halted, the nation was compelled to color its own conscience. Washington's face came to symbolize the foundation of that moral responsibility. The portrait is not the likeness of one man, but of a nation; and its unpainted background is the time allotted for humanity to complete its ethics.

A nation's territory gains real boundaries only when it is filled with that ethical color. The borders of a country are not lines on a map but traces of conscience. The nation's face is the expression of a will not to forget that moral memory.

This book begins with that unfinished portrait — not to speak of a completed law, but to search for the ethics that are yet to be fulfilled.

Artwork Information and Official Viewing Links

A Closing Reflection

A nation is not a completed face, but a canvas upon which the background of ethics must continually be painted.

January 12, 2026

Pyeongjeong (平靜) Ji Young-Hwan (池榮鋎)

차 례

1 / 국경관리에서 국가 주권?

2 / 시제법의 현대적 함의

3 / 울릉도에서 獨島가 보이는 조건 '風日淸明'의 해석

4 / 정인조(鄭寅朝)의 「울릉도기행(鬱陵島紀行): 식물채집기(植物採集記)」에서 보는 1947년의 울릉도

5 / 고유영토론과 상극하는 미국의 영토형성과 독도에 관한 인식

6 / 1965년 한일간 교환공문으로 본 독도영유권

7 / 샌프란시스코 조약으로 흡수된 SCAPIN 문서와 독도의 영유권

8 / 전후 일본의 독도 정책

9 / 세계 4대 해전(海戰)의 기원(起源)과 명명(命名)

10 / 國家와 絶對倫理 앞의 兩魂

The Two Souls before the State and the Absolute Ethics

1 / 국경관리에서 국가 주권?

최 효 원*

Ⅰ. 국경관리의 시작점

1. 영토의 경계선

그 자체로서 '국가주도성'[1]이라는 특성을 갖는 국경관리가 시작되는 시점은 언제부터일까? 이 질문은 국경관리가 시작되는 장소(spatial) 및 시작 시점(temporal)에 대한 의문을 모두 포함한다. 먼저, 출입국관리법을 포함한 현행법 가운데는 국경이 무엇인지 정의하고 있는 법규는 존재하지 않는다. 검역법에서는 공항, 항만, 철도역 및 국경에 국립검역소를 설치한다고 하여 국립검역소의 설치지역을 규정하고 있으며(검역법 제29조의7), 관세법에서 관세법상 통과가 필요한 지역으로서의 국경(국경하천, 국경, 육상국경) 등을 말하고 있을 뿐이다(관세법 제150조 내지 제152조, 제196조, 제222조). 다만, 대한민국 헌법 제3조는 '대한민국의 영토는 한반도와 그 부속도서로 한다'고 명

---

* 한국형사법무정책연구원 부연구위원(법사회학박사), '국경관리의 법과 정치 : 국가 주권, 거버멘탈리티, 인권의 교차점에서, 연세대학교 대학원 법학과 박사학위 논문, 2023.

1 김환학, "이민법체계의 형성과 문제점,"『행정법연구』제44호, 행정법이론실무학회, 2016, 176면.

시하고 있다. 국경관리의 물적 관할권은 대한민국 영토와 기선(基線)[2]으로부터 측정하여 그 바깥쪽 12해리의 선까지에 이르는 수역(水域)까지의 영해, 그리고 고도는 규정하고 있지 않으나 영해로부터 수직으로 이어진 영역을 의미하는 영공에 미친다고 할 수 있다(이하 '영토의 경계선' 또는 '영토'라 한다).[3]

원칙적으로 국경관리는 국가의 주권이나 통치권이 미치는 영토에 한정되지만, 흥미로운 점은 국경관리가 그 나라의 영토적 한계를 벗어나 실시되기도 한다는 점이다. 2002년 영국에서 발간된 국경백서(White Paper)에서는, 잠재적으로 위험성을 갖는 이주의 흐름을 통제하기 위하여, 영국 영토에 도달하기 전부터 이를 방지할 수 있는 전략을 제시하였다.[4] 그 내용은 다음과 같다.

- 부적절한 여행자의 국경통과를 방지하기 위해 해외에 항공사 연락 담당관(Airline Liaison Officers)을 배치
- 영국 국경통제에 위반한 증거가 있는 국가의 국민을 대상으로 비자 제도(visa regimes)를 활용
- 영국으로 여행하기 전 승객을 확인하기 위해 필요한 곳에 출입국 관리소 직원(immigration officers)을 배치
- 영국 이민국 직원들이 프랑스에서 여권 검사(passport checks)를 수행할 수 있도록 운영 체제를 유지
- 영국으로 여행하기 전에 승객을 선별(screening passengers)하는 새로운 개념을 개발

---

2 영해의 폭을 측정하기 위한 통상의 기선은 대한민국이 공식적으로 인정한 대축척해도(大縮尺海圖)에 표시된 해안의 저조선(低潮線)으로 한다(영해 및 접속수역법 제2조).

3 인천공항출입국·외국인청, 『APIS (정보분석) 2021』, 2021, 317면. 대한민국 헌법은 한반도와 그 부속도서를 영토로 갖는다고 규정하고 있다. 그러나 대한민국은 반도 국가이고 정전협정으로 인한 남북한 특수관계에 따라 중국, 러시아와 접하고 있는 북쪽 국경은 대한민국의 관할이 아니다. 실제 대한민국 정부의 통치권이 미치는 영역을 군사분계선(military demarcation line) 아래로 한정되지만, 군사분계선이 국경이 되는 것은 아니다. 중국과 홍콩, 중국과 대만 사이의 경계를 넘나드는 경우도 국경을 통과한다고 표현하지 않는다.

4 UK Home Office, *Secure Borders, Safe Haven. Integration with Diversity in Modern Britain*, London: The Stationery Office, 2002, pp. 17-18. 2002년 발간된 이 백서는 이주를 통제의 측면에서 바라보아야 함과 동시에 국제이주가 가져올 수 있는 잠재적 이익을 고려해야 한다고 언급한 첫 번째 정부 문서에 해당한다. 이주의 위험성을 통제하기 위해서는 국경을 봉쇄하는 것이 아니라 '효율적으로(efficiently) 관리'할 수 있는 방안을 모색할 것을 강조하였다. Katfa Franko Aas, "getting ahead of the game," *Global Surveillance and Policing*, New Yokr: Routhledge, 2005, p. 199.

- 홍채 또는 안면 인식(iris or facial recognition) 및 지문(fingerprints)과 같은 기술을 사용하여 승객 관리 및 보안 향상
- X/감마선 스캐너(x/gamma ray scanners), CCTV 및 기타 신기술을 활용하여 불법입국을 시도하는 사람의 위치 파악
- 정보를 활용한 관리 방법으로서 모바일 태스크포스(mobile task force) 사용
- 유럽 국가 및 기타 국가들과 협력하여 유럽연합(EU)의 공동국경(common borders) 통제 강화 및 환승 경로(transit routes)에 대한 국경통제 강화

이 백서에서 열거된 내용들은 오늘날에는 보편적으로 사용되고 있는 제도이다. 미국 9.11 테러 이후, 영국은 세계에서 거의 첫 번째로 이주의 위험성을 통제하기 위해서는 국경을 봉쇄할 것이 아니라 효율적으로(efficiently) 관리할 것을 강조하였다. 백서에는 영토적 한계를 넘어 국경관리를 가능하게 하는 제도들이 다수 포함되어 있었다. 예컨대, 이민연락관(Immigration Liaison Officer: ILO)의 파견이나, 사전입국심사(pre-clearance)제도 및 지금의 사전승객분석제도(APIS)와 유사한 방안을 열거하고 있다. 영국은 일찍이 2001년부터 로마에서 영국으로 입국하고자 하는 다수의 비호신청자(asylum seekers)를 막기 위하여 프라하 공항에서 사전입국심사(pre-clearance)를 실시하는 제도를 도입하였다.[5] 오늘날 다수의 국가는 범죄 활동 중심지나 비정규이주 발생이 예상되는 출신국에 이민연락관(ILO)을 파견하고 있다. 비정규이주 가능성이 큰 국가 출신의 외국인들이 국내에 도착한 후 입국 거부되는 사례를 줄이기 위하여, 이민연락관을 현지에 파견하여 항공사 수속 단계에서 여권감식 및 위변조 여권 심사를 실시한다. 유럽연합 및 미국, 캐나다, 호주 등 선진국가 그리고 우리나라도 이민연락관을 타국에 파견하고 있다.[6][7]

---

5 R (European Roma Rights Centre) v Immigration Officer at Prague Airport, House of Lord (9 December 2004). 영국 출입국관리 공무원은 프라하 공항의 사전입국심사(pre-clearance)제도를 통해 로마에서 입국하는 승객 가운데, 영국에 도착하여 비호를 신청할 것으로 예상되는 사람들의 비행기 탑승을 거절할 수 있었다. 여섯 명의 로마 승객은 이 제도가 본질적이고도 시스템적인 차별적 요소를 가지고 있으며, 법적인 근거가 없다고 주장하면서 소송을 제기하였다. 영국 최고항소심(the highest appeal court)에서는 이 제도에는 차별적인 요인이 없다고 판단하였다.

6 이희정 · 박찬호, "미국의 이민법제에 관한 연구," 한국법제연구원 『비교법제연구』 07-10, 2007, 106-107면 참조. 국토안보부(DHS) 아래 관세국경보호청(CBP)은 바하마, 캐나다, 아일랜드 등에 탑승전조사국(preboarding inspection offices)을 설치하고 이민연락관(ILO)을 파견하여 미국으로 출발 전 승객을 조사

영토의 경계를 넘어 국경관리가 시행되는 또 다른 사례도 존재한다. 예컨대 호주는 다른 지역으로부터 유입되는 밀입국자를 막기 위하여 강경한 국경관리 정책을 전개하고 있다. 호주에 밀입국을 시도하거나 비호를 신청하고자 하는 사람들은 많은 경우 인도네시아를 거쳐 호주의 북쪽 해안에 상륙하는 경로를 선택하는데, 호주는 이에 대응하여 바다에서 국가 소유의 큰 배(Australian Customs and Border Protection marine vessel)로 밀입국선을 밀어낸다.[8] 이 밀입국선은 해류를 타고 인도네시아로 흘러들어가게 되고, 그렇게 다다른 인도네시아 땅에 호주에서 자금을 대는 이민국보호소가 존재한다.[9] 그리고 호주 정부는 이른바 '태평양 해결책(Pacific Solution)'을 발동하여 불법 밀입국자들을 본토에 상륙시키는 대신 태평양의 섬나라에 수용하는 방식으로 처리해왔다.[10] 호주는 인근 남태평양 섬나라에 이민구금시설(Regional Processing Centre: RPC)을 운용하고 있다.[11] 이 경우, 국경관리 공간적 범위는 자국의 영토뿐만 아니라 인도네시아 영토 및 남태평양의 섬나라에 있는 호주 이민국보호소까지 미치

할 수 있다. 이는 미국 직항인 경우 가능하며, 국경에서 심사가 면제된다; EU, Art. 1(1) of Council Regulation (EC) No 377/2004 (Immigration Liaison Officer Regulation).

7 신지원 · 한태희, "국경관리: 촉진과 통제의 균형," IOM Migration Research and Training Centre Working Paper No. 2010-09, 이민정책연구원, 2011, 7면.

8 7 News, March 2. 2020, "Boat people turned back to Indonesia by Australian border patrol." 2015년 기존 호주 국경관리 기관이었던 이민국경보호부(DIBP)의 기능과 세관 기능을 통합하여 '국경수비대(Australian Border Force: ABF)'를 설립하였다. 또한 2013부터는 '주권국경작전(Operation Sovereign Borders: OSB)'을 개시함으로써 불법 해상 도착자(illegal maritime arrivals: IMA)들에 대응하고 있다.

9 IOM Indonesia, Annual report 2008, 2009, pp. 88-89. 인도네시아에서 가장 큰 두 루데님(rudenim), 즉 이민자보호소(Immigration Detention Houses)가 자카르타와 탄중피낭에 위치해있다.

10 인도네시아는 호주의 북쪽 해안에 상륙하려는 대부분의 해상 비호 신청자들(asylum seekers)과 비정규이민자(irregular migrants)들을 위한 환승 지점으로 여겨진다. 이에 대응하기 위하여 호주는 '태평양 해결책(Pacific Solution)'을 발동하여 북쪽 연안으로 들어오는 불법 입국자들을 본토에 상륙시키는 대신에 태평양의 섬나라에 수용하는 방식으로 처리하였다. 이러한 호주 정책을 '간접적 강제소환'에 해당하는 것으로 보는 견해가 있다. Australian Government, Department of Immigration and Border Protection(DIBP), "Indonesia as a Transit Country in Irregular Migration to Australia," 2014, p. 4; Janet Phillips, "The 'Pacific Solution' revisited: a statistical guide to the asylum seeker caseloads on Nauru and Manus Island," Australian Parliament, 2012.

11 Australian Border Force(ABF), Operation Sovereign Borders monthly update, Feb 2022. 호주의 이민구금시설은 호주 영토인 인도양의 크리스마스 섬(Christmas Island) 내에 있는 시설(Immigration Reception and Processing Centre (Christmas Island: IRPC))을 포함하여, 인근 남태평양 섬나라인 마누스(Manus) 및 나우루(Nauru)에 구금센터(Regional Processing Centre: RPC)를 운영하고 있다. 마누스 센터는 2017년 10월에 문을 닫았고, 나우루 구금센터(RPC)는 현재에도 운영이 계속되고 있다.

게 된다. 오늘날 국가의 국경관리 공간적 범위는 영토국경이라는 물리적 한계를 벗어나 있다.

2. **국경관리의 탈영토화**(deterritorialization of border control)

오늘날 국경관리는 영토의 경계를 넘나들며 발생한다. 국가는 효율적 국경관리를 위해, 다양한 기술을 기반으로 국민국가의 국경을 넘나들어 국경관리를 행사하고 제3자를 국경관리에 관여시킨다. 타국의 영토에까지 국경관리 권력이 미치게 하는 것은 '국경관리의 탈영토화(deterritorialization of border control) 현상'으로 설명할 수 있다.[12]

국경관리의 탈영토화를 가능하게 만드는 것은 국가 사이의 협약을 통한 주권의 협상, 기술, 그리고 이동자에 대한 정보이다. 탈영토화를 특징으로 하여 전개되는 국경관리는 결코 영토국경이 상대적으로 덜 중요해졌음을 뜻하지 않는다. 오히려 국경이 영토라는 개념에서 뻗어나가 사회 전반에 침투해 있기에, 결과적으로 영토국경의 중요성을 새롭게 재부상시킨다.[13] 크리스 럼포드(2006)는 공항, 여행사, 철도, 항만 등에서 국민국가의 영토국경을 넘나들며 국경관리가 시행되는 양상에 대해 연결된 국경(networked borders)이 만연해 있는 것으로 묘사하였다.[14]

이러한 탈영토화 현상과 관련하여 나타나는 주권의 모습은 실로 다양하다. 때로는 제도가 모든 것을 설명함으로써 국경관리를 행사하는 국가의 모습을 희미하게 보이도록 하거나, 혹은 완전히 반대로 국가의 이름으로 대대적인 국경통제를 시행하는 주권의 강하고 독단적인 모습을 드러내기도 한다. 혹은 다른 나라와 협력적 관계를 기반으로 한다는 점에서는 국가주권이 서로 양보하거나 상대 국가의 도움을 받는 상호

---

12 국경관리의 탈영토화(deterritorialization of border control)는 이 글에서 계속 논의될 것이지만, 이해를 위하여 여기에서는 간략하게 소개한다.

13 Chirs Rumford, "Introduction: Theorizing Borders," *European Hournal of Social Theory* 9(2), 2006, pp. 158-160.

14 Chirs Rumford, "(Book review) Beyond walls: re-inventing the Canada-United states borderlands. Konrad, Victor and Nicol, Heather," Geografiska Annaler: Series B, *Swedish Society for Anthropology and Geography* 93, 2011, p. 190.

의존적인 모습을 보인다. 흥미로운 점은, 이러한 국경관리의 탈영토화 현상으로 인해 국경관리에서 행사 주체인 국가의 모습보다는 객체인 이동자의 주체성이 강조되거나, 국가 간에 동등한 위치에서 협력이 가능한 것으로 해석될 여지를 제공하기도 한다는 것이다.

그렇다면 국경관리 탈영토화의 본질적 모습은 무엇일까? 앞서 국경이 전반적으로 만연해 있다고 주장한 럼포드(2006)는 국경을 국가와 사회의 새로운 관계 속에서 바라보아야 하며, 기든스(Giddens)가 말한 민족국가의 전유물로 볼 수 없다고 언급하였다. 국경은 행위자들 범위에 의하여 만들어지고 옮겨지고 해체되고 있으며, 열리고 닫힘의 이분법적인 관계를 벗어나 사람의 이동을 위한 투과성(permeability)의 관점에서 국경이 조망되어야 함을 강조하였다. 연결된 국경(networked borders)으로 말미암아 객체의 주도성이 강조되고, 국경의 투과성이 행위자에 의해 결정될 수 있는 것으로 설명하였다.[15]

그러나 럼포드는 연결된 국경, 국경관리의 탈영토화가 합법적인 여행문서 없이 이동을 시도하는 외부인들에게는 오히려 커다란 장벽으로 기능한다고 언급하면서도, 사람의 이동을 전제로 한 국경의 투과성을 오직 행위자의 측면에서 접근하였다는 점에서 동의하기 어렵다. 국경의 성격 변화가 국경 통과를 둘러싼 행위자들의 영향력과 국경관리를 행사하는 주체인 국가의 권력을 같은 층위에 두는 근거가 될 수는 없기 때문이다. 또한, 국경관리의 탈영토화 현상에서 국경관리의 본질적 속성인 국가주권의 발현이라는 모습을 지워버렸다는 문제가 있다. 국경의 투과성은 국경의 열림과 닫힘, 즉 국가에 의해 행사되는 국경통제와 대립적인 위치에 있는 것이 아니라, 국가가 국경을 열어 흐름을 촉진하고 위험을 방지하기 위해 국경통제를 시행하는 것 자체가 국경이 지닌 본질적인 특성인 '투과성'을 전제로 한 국가주권의 발현이기 때문이다.[16] 즉 국경관리의 탈영토화는 효율적 국경관리를 위해 한층 강화되고 복잡해진

---

15 Chirs Rumford, *Ibid.*, 2006, p. 164.

16 같은 맥락에서, 글로벌 이동성의 요인을 설명하는 이론 가운데 행위자를 중심으로 이해하는 인적자본론(비용편익분석)이나 구조중심으로 접근하는 노동시장분절론, 상대적 과잉인구론 그리고 'push' and 'pull' 모델에도 같은 문제가 내포되어 있다고 본다. 상기의 모델들은 이동성을 촉진하거나 제한하는데 있어서 목적 국가의 정치적 결정이 이주를 준비하는 개인에게 보내는 신호(signal)를 과소평가하는 경향이 있기 때문이다. 예컨대, 노동이주의 측면에서 목적 국가의 비자제도는 불법입국을 유발하는 요인이 될 수 있으

국가주권의 또 다른 모습이다.

3. 국경의 통과 시점

그렇다면 국경관리가 시작되는 시점은 언제부터일까? 일반적인 시각에서 한 나라의 주권이 미치는 영토에 입국하는 때부터 국경관리가 시작된다고 볼 수 있다. 그런데 현행법에 따르면 입국이라는 개념이 두 가지 의미를 갖는 것처럼 보인다. 한 나라의 영토에 진입하거나 진입을 시도하는 것과 입국심사 후 입국허가를 받는 것이 모두 '입국'이라는 용어로 표현되고 있기 때문이다. 대한민국 출입국관리법은 대한민국 밖의 지역으로부터 대한민국으로 입국하는 것을 입국이라고 칭함(출입국관리법 제6조 제1항)과 동시에, 외국인이 입국할 때에는 유효한 여권과 법무부장관이 발급한 사증을 소지할 것(법 제7조 제1항), 법무부장관이 정하는 입국불허 사유에 해당하지 않을 것(법 제11조 제1항), 입국하려는 경우에는 입국하는 출입국항에서 출입국관리공무원의 입국심사를 받을 것(법 제12조 제1항)을 규정한다. 현행법상 '대한민국 영토로 진입'하는 것은 물리적 국경의 통과와 관련된 사실행위이고, '유효한 여권과 사증을 소지하고 출입국심사를 받는 것'은 영토 진입이라는 사실행위를 넘어 국가의 심사와 허용이라는 규범적 판단을 필요로 하는 행위이다.[17]

현행 출입국관리법은 영토국경으로 진입한다는 사실적 의미와 출입국심사를 거친다는 규범적 의미가 '입국'이라는 용어로 구분 없이 사용되고 있다고 하면서, 물리적 입국과 규범적 의미의 입국을 나누어서 보는 견해가 존재한다. 형의 경중・물리적 입국 후 입국심사를 받지 않은 자의 처우・출입국범죄의 기수시기 등의 문제와 밀접하게 연관되어 있다는 점에서 구별실익을 찾는다.[18] 그 실익을 따져보면, 첫째, 형

며, 엄격한 출입국심사가 행해진다는 정평은 이주자의 무리한 입국시도를 저지시킬 수도 있다. 즉 주권국가의 미시적・거시적 정치적 결정은 국경의 투과성(permeability)에 중요한 영향을 미친다. 최병두, 『초국적 이주와 환대의 지리학』, 푸른길, 2018, 118-124면, 210면; Mark B. Salter, "At the threshold of security: a theory of international borders," *Global Surveillance and Policing. Borders, Security and identity*, Routhledge, 2005, p. 40.

17 이현수, "외국인의 입국," 『이민법』, 박영사, 2017, 81-83면 참조.

18 이현수, 앞의 논문, 2017.

의 경중에 있어서는, 출입국관리공무원에 의한 입국심사를 받아 입국할 의무를 위반한 자(무단입국자)는 5년 이하의 징역 및 3천만원 이하의 벌금을 부과하는 한편(출입국관리법 제93조의3 제1호), 유효한 여권과 사증을 갖추고 입국할 의무를 위반한 사람(입국허가의 형식적 요건 미비)은 3년 이하의 징역 또는 2천만원 이하의 벌금으로써 벌한다고 규정한다(출입국관리법 제94조 제2호).[19] 이 경우, 무단입국한 외국인은 일단 입국심사대를 거친 외국인보다 중하게 처벌된다.

둘째, 입국심사 통과 전과 후의 사람들에 대한 처우를 살펴보면, 대한민국 입국허가 조건을 충족하지 못하여 입국불허결정을 받음으로써 입국심사대를 통과하지 못한 사람들은 일시보호를 거쳐 송환의 대상으로 하여 별다른 불복절차를 허용하지 않고 있지만(출입국관리법 제76조 제1항 제3호), 일단 국경을 통과한 자의 경우에는 비록 그가 출입국심사를 받지 않고 불법으로 입국한 자라 하더라도 강제퇴거의 대상이 되어(출입국관리법 제46조 제1항 제4호 전단), 이의신청 및 체류허가의 특례와 같은 절차적 보호가 허용된다(출입국관리법 제60조 및 제61조). 이현수(2017)는 결과적으로 규범적 입국에 필요한 절차를 생략한 채 입국심사 없이 대한민국 영토 안으로 들어온 무단입국자(사실상 의미의 입국을 한 자)를 출입국항(POE)에서 입국심사를 거친 후 입국불허결정을 받은 자(규범적 입국심사를 받은 자)보다도 두텁게 보장하고 있다는 점을 지적한다.

셋째, 출입국범죄의 기수시기와 관련하여 구별의 의미를 살펴본다. 대법원은 '불법 입국하는 외국인이 대한민국의 영해 혹은 영공 안의 지역에 들어온 때를 기준'으로 하여 기수시기를 판단하고 있다. 예컨대, 집단으로 불법입국 시킨 외국인들이 대한민국의 영해 안으로 들어와서 검거된 사안에서, 피고인들을 출입국관리법 제93조의2 제1호 위반의 미수죄로 처벌해야 하는지가 쟁점이 되었다.[20] 원심은 불법입국을 위해서 선박이 영해에 들어옴으로써 곧바로 기수에 이르는 것은 아니고, 출입국항에

---

19 출입국관리 공무원은 구체적으로 형식적 · 실질적 입국요건을 갖춘 외국인에 대한 입국을 허가한다(출입국관리법 제12조 제3항 각호). 출입국관리공무원은 ① 대한민국에 입국을 희망하는 외국인이 유효한 여권과 법무부장관이 발급한 사증을 소유하고 있는지 여부 및 사전여행허가서가 유효한지(출입국관리법 제7조의 3), ② 입국목적이 체류자격과 일치하는지, ③ 체류기간이 법무부령으로 정하는 바에 따라 정해졌는지, ④ 법 제11호에 따른 입국금지 또는 거부사유에 해당하는지 않는지를 심사한다(법 제12조 제3항 각호). 여기에서, ①③은 형식적 요건에 대한 심사이고, ②④는 실질적 요건에 대한 심사라 할 수 있다.

20 대법원 2005. 1. 28. 선고 2004도7401 판결.

서 출입국관리 공무원의 입국심사 없이 입국했을 때 비로소 기수에 이르게 되는 것이므로, 이 사건 범행은 출입국관리법 제93조의2 제1호 위반의 미수에 해당한다고 판단하였다. 그러나 대법원은, "출입국관리법의 '입국'이라 함은 대한민국 밖의 지역으로부터 대한민국 안의 지역으로 들어오는 것을 말하고 대한민국 안의 지역은 대한민국의 영해, 영공 안의 지역을 의미하므로, 출입국관리법 제12조 제1항 또는 제2항의 기수시기는 불법 입국하는 외국인이 대한민국의 영해 혹은 영공 안의 지역에 들어온 때를 기준으로 해야 한다"고 판단하였다.[21]

대법원은 출입국관리법상 기수시기를 '영토에 진입한 때'로 바라보고 있고, 이러한 태도는 환승구역에 관한 최근의 판례에서도 나타났다. 2021년 8월에는 인천공항 환승구역에 장기 거주하던 외국인의 사례가 보도되어 사회에 큰 파장이 일었다. 법원은 콩고민주공화국 출신 외국인을 인천공항 내 환승구역 출국장에 약 14개월 동안 머물게 한 법무부의 결정은 법률의 근거 없이 신체의 자유를 제한한 것으로서 인신보호법이 구제대상으로 삼고 있는 위법한 수용에 해당한다고 판단하였다.[22] 이와 함께, 난민신청 접수 거부에 대한 별개의 소송(이하 '콩고 외국인 사건'이라 한다)이 진행되었는데,[23] 이 사건에서는 콩고민주공화국 출신인 원고(이하 '원고')가 인천공항에 도착한 후 환승구역 출국장에서 지내다가 3일 후 대한민국에 입국하기 위하여 난민신청을

---

21 대법원 2019. 10. 31. 선고 2018노3513 판결. 유관 사례로서 사람의 입국 시기가 아닌 물건의 반입 시기가 다투어진 사건도 있었다. 이 사건은 국제적 금괴밀수 계획에 따라 홍콩에서 운반책들에 의해 인천국제공항 환승구역으로 금괴를 운반하고 그곳에 대기 중이던 한국인 운반책들에게 금괴를 건넨 후, 이를 건네받은 한국인 운반책들이 일본으로 출국한 사건이다(이하 '금괴사건'이라 한다). 이 사건에서는 인천공항 환승구역에서 발생한 밀수범죄에 대해 검찰에게 기소권이 인정되는지가 쟁점이 되었는데, 재판부는 대상 금괴가 관세법 제241조 제1항에 따른 '반송신고'의 대상이 되는지 여부, 즉 국내에 반입된 것으로 볼 수 있는지를 판단하기 위하여 환승구역이 대한민국 영토인지에 대한 직접적인 언급을 하였다. 재판부는 위 금괴는 홍콩으로부터 국내인 인천국제공항에 도착한 물품으로서 수입신고가 되지 않은 외국 물품이고 그것이 수입통관절차를 거치지 않고 다시 외국인 일본으로 반출되었으므로, 관세법이 정한 반송신고의 예외사유에 해당한다는 등 특별한 사정이 없는 한 반송신고의 대상이 된다고 판단하였다. 법원은 "인천국제공항 환승구역도 국내 영토의 일부분으로서, 국내법의 적용을 받는 장소이므로, 위 환승구역에 반입된 물건도 국내로 반입된 것으로 보아야 하고, 인천국제공항 환승구역에 반입된 위 금괴는 관세법이 정한 보세구역인 세관검사장이라는 장치장소에 있는 물건으로서 우리나라 관세법에 따른 통관절차 또는 반송신고의 적용대상에 포함된다"고 판시하였다.

22 인천지방법원 2021. 8. 9.자 2020인라8 결정. 다만, 인신보호법에 의한 구제 청구절차가 진행되는 중에 수용이 해제되었으므로, 구제 청구의 이익이 소멸하였다고 보아 각하되었다.

23 서울고등법원 2021. 4. 21. 선고 2020누45348 판결(확정).

하겠다는 의사를 표명하였음에도 아무런 조치를 취하지 않았던 인천공항출입국·외국인청장의 부작위의 위법성이 다투어졌다. 입국심사를 받지 않은 원고에게 난민인청 신청권이 존재하는지가 주된 쟁점이 되었고, 그 과정에서 법원은 대한민국 출입국관리법상 '입국'에 대한 개념을 판단하였다.

난민법 제6조 제1항은 외국인이 '입국심사를 받는 때에' 난민신청을 하려면 출입국항을 관할하는 지방출입국·외국인관서의 장에게 난민인정 신청서를 제출해야 한다고 규정하고 있다. 인천공항출입국·외국인청장(이하 '피고')은 대상 외국인이 입국심사를 받지 않았기에 난민법 제6조에 따라 난민인정 신청을 할 자격이 없다고 주장하였다. 이에 법원은 이 규정이 외국인이 입국심사의 대상이 된 경우, 그곳을 관할하는 관서의 장에게 난민인정 신청을 할 수 있음을 규정한 것이지, 그 외국인이 반드시 출입국항 내의 '입국심사대'라는 특정 장소에 도달한 경우에만 난민인정 신청을 할 수 있음을 정한 것으로 볼 수는 없다고 판단하였다. 법원은 만약 공항 환승객에게 난민인정 신청권이 없다고 보아 처분청이 아무런 조치를 하지 않는 것을 용인한다면, 공항 환승객에 대한 난민인정 심사회부 여부 및 심사 등에 관한 법원의 사법심사를 원칙적으로 봉쇄하는 결과로 이어질 수 있다고 보았다.

법원은 공항 환승객이 환승을 예정하고 있기에 입국심사의 대상이 아니라는 피고의 주장에 대해서는 몇 가지의 근거를 제시하여 반려하였다. 법원은 먼저 난민법과 해외규정을 근거로 들어 설명하였다. 난민법은 (i) 무국적자의 경우 난민법상 난민인정 신청권이 있음을 전제하고 있고(난민법 제2조), (ii) 유럽연합(EU)의 '더블린 규칙(Dublin Regulation)'은 공항 환승구역(transit area)에서 비호신청이 있으면 체약국은 그 신청에 대하여 심사하여야 한다고 규정하고 있으며,[24] (iii) 미국의 '불법 이민 개혁 및

---

24 Regulation EU No. 604/2013.

더블린 규칙(Dublin Regulation)은 제네바 협약(Geneva Convention)에 따라 국제적인 보호를 받으려는 사람들이 제출한 비호 신청에 대해서 책임이 있는 유럽연합(EU) 회원국을 결정하는 유럽연합법이다. 유럽연합에 비호를 신청한 사람들의 지문정보를 관리하는 '유로지문정보감정시스템(EURODAC)' 과 함께 더블린시스템을 구성한다.

CHAPTER III CRITERIA FOR DETERMINING THE MEMBER STATE RESPONSIBLE

Article 15 (Application in an international transit area of an airport) Where the application for international protection is made in the international transit area of an airport of a Member State by a third-country national or a stateless person, that Member State shall be responsible for examining the application.

이민 책임법(Illegal Immigation Reform and Immigrant Responsibility Act of 1996: IIRIRA)'에 따르면, 지정된 도착 항구에 있는지와 무관하게, 또는 미국 영해에서 제지당한 후 미국으로 옮겨진 외국인을 포함하여 '미국에 물리적으로 존재하거나 미국에 도착한 외국인이라면 그 법적 지위와 관계없이 비호 신청을 할 수 있다'고 규정되어 있으므로,[25] 공항 환승객에게 난민인정 신청권을 인정하는 것으로 보인다고 하였다. 또한 (v) 공항 환승객이 비호신청을 하는 이상 난민협약 제33조 제1항에 의하여 강제송환 금지의 원칙 적용을 받고, 이를 국경에서 거부할 수는 없으므로 결국 난민인정 신

---

https://eur-lex.europa.eu/legal-content/EN/TXT/PDF/?uri=CELEX:32013R0604&qid=1664446051553&from=EN

25 이희정 · 박찬호, "미국의 이민법제에 관한 연구," 한국법제연구원『비교법제연구』07-10, 2007, 87-89면 참조. 미국으로 유입되는 불법 이민을 막기 위해 제정된 '불법 이민 개혁 및 이민 책임법(IIRIRA)'은, 미국 '이민 및 국적법(Immigration and Nationality Act: INA)'에 큰 변화를 가져왔다. 이 법의 제정 전에는 추방(removal)은 입국허가가 아니라 입국(제지를 받지 않고 물리적으로 미국으로 건너오는 것을 의미) 여부에 따라 결정되었다. 입국심사를 받은 경우뿐만 아니라 이를 회피하여 미국에 들어온 경우에는 '추방청문(deporting hearing)' 절차가 적용되었고, 아직 미국에 입국하지 않은 경우에는 '입국거부청문(exclusion)' 절차가 적용되었다. 다만, 제지를 받지 않고 입국한 사실을 결정하기 어렵고, 추방청문 절차가 입국거부청문절차에 비해 더 강한 절차적 보호를 하였기에 오히려 입국심사를 회피하게 만드는 원인이 되었다. 이에 불법 이민 개혁 및 이민 책임법(IIRIRA)은 입국거부와 강제출국 사유의 구별을 유지하면서, 입국허가를 중심으로 법적 효과를 통합하였다. 입국불허 및 강제출국 사유에 해당하는 경우, 그 외국인은 '강제출국청문회(removal hearing)'을 거치기 위해 그 기간 동안 미국에 체류할 권리가 있다; PUBLIC LAW 104-208 — SEPT. 30, 1996. SEC. 302. INSPECTION OF ALIENS; EXPEDITED REMOVAL OF INADMISSIBLE ARRIVING ALIENS; REFERRAL FOR HEARING (REVISED SECTION 235). (a) IN GENERAL.— Section 235 (8 U.S.C. 1225) is amended to read as follows: 'INSPECTION BY IMMIGRATION OFFICERS; EXPEDITED REMOVAL OF INADMISSIBLE ARRIVING ALIENS; REFERRAL FOR HEARING

"SEC. 235. (a) INSPECTION.—

"(1) ALIENS TREATED AS APPLICANTS FOR ADMISSION. — An alien present in the United States who has not been admitted or who arrives in the United States (whether or not at a designated port of arrival and including an alien who is brought to the United States after having been interdicted in international or United States waters) shall be deemed for purposes of this Act an applicant for admission.

"(2) STOWAWAYS. — An arriving alien who is a stowaway is not eligible to apply for admission or to be admitted and shall be ordered removed upon inspection by an immigration officer. Upon such inspection if the alien indicates an intention to apply for asylum under section 208 or a fear of persecution, the officer shall refer the alien for an interview under subsection (b)(1)(B). A stowaway may apply for asylum only if the stowaway is found to have a credible fear of persecution under subsection (b)(1)(B). In no case may a stowaway be considered an applicant for admission or eligible for a hearing under section. 240.

https://www.govinfo.gov/content/pkg/PLAW-104publ208/pdf/PLAW-104publ208.pdf

청권이 있다고 보는 것이 합리적이며, (vi) 여권과 사증 등 입국심사에 필요한 서류를 소지하고 있지 않은 사람도 조건부 입국(출입국관리법 제13조)이 가능한바, 입국심사에 필요한 요건을 갖추지 못한 외국인이 입국심사를 받는 경우와 공항 환승객으로서 대한민국에 입국 의사를 표명하면서 이를 전제로 난민인정 신청을 하는 것을 달리 볼 것은 아니라고 판시하였다. 따라서 원고와 같은 환승객에게는 적어도 '조리상 난민인정 신청권'이 인정된다고 보아야 한다고 판단하였다. 한편, 피고는 '입국심사를 받기 전까지는 대한민국에 입국한 것이 아니다'라는 입장을 전제로, 원고는 입국심사의 대상이 아닌 공항 환승객에 불과하므로 난민법 제6조에 따른 대한민국에 입국하려는 자로서 난민신청을 할 법률상·조리상 신청권이 없고, 따라서 난민인정 신청절차를 개시하지 않은 것은 위법한 부작위가 아니라고 주장하였다. 그러나 법원은 "입국과 관련해서는 대한민국의 주권은 대한민국 공항에 미치고 그 환승구역에 있는 외국인에게도 미치므로, '대한민국 공항 환승구역에 진입한 외국인은 난민법 제5조 제1항 제1문에 규정된 대한민국 안에 있는 외국인'으로 보는 것이 타당하다"고 판단하였다.

상기의 내용을 종합해 볼 때, 규범적 의미의 입국과 물리적 의미의 입국을 나눌 실익이 있는지 의문이 든다. 먼저 무단입국자도 결국은 출입국관리법상 처벌 대상이 될 뿐만 아니라, 대법원 판례와 최근의 판례에서는 출입국관리법 기수시기는 대한민국에 입국한 때라고 비교적 일관되게 판단하고, 입국은 출입국공무원의 심사를 받은 때가 아닌 사실상으로 대한민국에 들어온 때를 의미한다고 판시하고 있다. 다만, 입국심사를 받지 않고 강제송환의 대상이 되어 환승구역에 머무르는 사람들을 어떻게 보호할 것인지가 문제 되는데,[26] 이것은 물리적·규범적 입국 논의에 따른 실익의 문제라기보다는 '입국 전 외국인에게 국가가 얼마만큼의 권리를 허용할 것인지'와 관련된 문제이다.[27] 또한, 물리적(사실적) 의미의 입국과 규범적 의미의 입국을 나눈다면

26 나라에 따라 환승비자(transit visa)를 소지해야 하는 경우가 있다. 미국이 대표적인데, 일단 출국했다가 다시 입국심사를 받는 방식을 취한다. 공항이 오래전 지어진 경우 물리적으로 환승구역이 마련되어 있지 않아서 이러한 절차를 따르게 되는 경우도 있다. 일본은 비자면제 협정, 상호주의 적용 등 일반적인 입국심사와 동일하게 환승을 처리한다. 캐나다, 뉴질랜드도 환승비자가 필요하며, 호주의 경우 8시간을 초과하여 머무르는 경우 환승비자 발급을 필요로 한다.

27 United States ex rel. Knauff v. Shaughnessy, 338 U.S. 537(1950); Shaughnessy v. United States ex rel. Mezei, 345 U.S. 206(1953) 사건 참조. 미국 연방대법원은 과거의 한 사건에서, '입국 전의 외국인은 국가의 조치를 다툴 헌법상의 권리를 가지지 않는다'고 하면서, 의회가 입국이 거부된 외국인에게 승인한 모든

입국으로 인정되는 물리적 영토를 어디로 볼지에 대한 논의도 병행되어야 한다. 그리고 난민법에서는 출입국항에서 난민신청을 할 수 있다고 되어 있는데(난민법 제6조), 이는 출입국심사를 받은 경우를 의미한다거나 꼭 출입국심사대에서 신청하는 것을 의미하지는 않으며, 공항 환승객으로서 대한민국에 입국 의사를 표명하면서 이를 전제로 난민인정신청하는 경우를 포함한다.[28] 게다가 최근에는 고도의 기술발전으로 말미암아, 내·외국민의 입국 시기보다 더 앞서서 국경관리가 시작되고 있다. 예컨대 국가는 사전승객분석시스템(APIS)과 같은 시스템을 활용하여 입국예정자들의 신원을 미리 조사할 수 있고,[29] 다른 국가에서 사전입국심사(pre-clearance)를 실시하기도 한다. 캐나다는 국경서비스청(Canada Border Sevice Agency: CBSA) 직원을 다른 국가에 파견하여 캐나다 영토 밖에서 캐나다로 향하는 승객에 대한 선제적 검사를 수행한다. 미국도 관세국경보호청(Customs and Border Protection: CBP) 직원을 캐나다 국경에 파견하여 사전입국심사를 행하고 있다. 이러한 선제적(pre-emptive) 국경관리 시스템은 시간적인 의미를 내포함과 동시에, 다른 국가의 영토에서 국경관리가 실시된다는 점에서 국경관리의 영토적 한계를 넘어가는 '국경관리의 탈영토화(deterritorialization of border control)'현상과도 관련된다.[30] 국경관리가 주권이 미치는 영토적·시간적 한계를 벗어나 시행되는 오늘날의 사정을 고려할 때, 물리적·규범적 의미의 입국을 나누기보다는 비록 무단입국이라 하더라고 대한민국 영토에 진입했다면 곧 입국한 것으로 보는 편이 보다 현실에 부합한다.

다만, 용어상의 혼동을 막기 위하여 출입국관리법에서 사용되는 입국의 의미 또는

절차는 적법하다는 점을 확인하였다. 엘리스 아일랜드에 구금된 메자이(Mezei)에게 청문회에 참석할 기회를 제외하고는 그 어떤 불복절차도 주어지지 않았으나, 여기에 많은 비판과 자성이 있었고, 이제는 미국에서도 입국불허 결정에 대해 인신보호(habeas corpus) 조치로써 다툴 수 있다.

28 법무부 난민정책과, 『난민업무 지침』, 2022, 60면. 공항 환승객이 비호신청을 하는 이상 난민협약 제33조 제1항에 의하여 강제송환 금지의 원칙 적용을 받고, 이를 국경에서 거부할 수는 없으므로 결국 난민인정 신청권을 인정할 수 있다.

29 우리나라의 경우도 2005년 사전승객정보분석시스템(APIS)을 도입하였고, 2016년 탑승자사전확인시스템(IPC)를 도입함으로써, 대한민국 영토에 입국하기 전 외국인에 대한 정보를 미리 입수하여 국경관리에 활용하고 있다.

30 Mark B. Salter, "Governmentalities of an Airport: Heterotopia and Confession," International political Sociology 1(1), 2007, p. 57. 이러한 선제적 국경심사가 공간적(spatial)이라기보다는 시간적(temporal)이라는 견해가 있다.

입국허가에 해당하는 조항을 명확하게 정리할 필요는 있다. 우리와 비슷한 지리적 특성을 갖는 일본의 출입국관리 및 난민인정법은 항공기나 선박이 일본의 영공, 영해에 물리적으로 도착한 상태를 '입국(入国)'으로 규정하고, 정당한 권한 있는 출입국관리공무원으로부터 입국허가를 받고 일본영토 안으로 들어오는 것을 '상륙(上陸)'으로 정의한다(일본 출입국관리법 제3조 및 제6조, 제7조).[31][32] 이러한 구분에 따르면 입국은 '사

---

31 우기봉, "이민행정 법제에 관한 국제적 비교연구," 동아대학교 법학박사학위논문, 2010, 109면.

32 (일본) 출입국관리 및 난민 인정법(出入国管理及び難民認定法) 제3조(외국인의 **입국**) 다음 각 호의 어느 하나에 해당하는 외국인은 일본에 들어가서는 안 된다.

一. 유효한 여권을 소지하지 않는 자(유효한 승무원 수첩을 소지하는 승무원을 제외한다)

二. 입국 심사관으로부터 상륙 허가의 증인 혹은 제9조 제4항의 규정에 의한 기록 또는 상륙의 허가(이하 「상륙의 허가 등」이라고 한다)를 받지 않고 일본에 상륙할 목적을 가지는 사람(전호에 열거하는 사람을 제외한다)

2. 본방에서 승무원이 되는 외국인은 전항의 규정의 적용에 대해서는 승무원으로 본다.

제6조(상륙신청) 일본에 **상륙**하고자 하는 외국인(승원을 제외한다. 이하 이 절에 있어서 같다)은 유효한 여권으로 일본국 영사관 등의 사증을 받은 것을 소지하여야 한다. 다만, 국제약속 혹은 일본국정부가 외국정부에 대하여 행한 통고에 의해 일본국영사관 등의 사증을 필요로 하지 않는 것으로 여겨지고 있는 외국인의 여권, 제26조제1항의 규정에 의하여 재입국의 허가를 받은 자(제26조의2 제1항 또는 제26조의3 제1항의 규정에 의하여 재입국의 허가를 받은 것으로 간주되는 자를 포함한다)의 여권 또는 제61조의2의12 제1항의 규정에 따라 난민여행증명서를 교부받은 자의 해당 증명서에는 일본영사관 등의 사증을 요하지 않는다.

2. 전항 본문의 외국인은, 그 자가 상륙하고자 하는 출입국항에 있어서, 법무성령으로 정하는 절차에 의해, 입국 심사관에게 상륙의 신청을 하고 상륙을 위한 심사를 받아야 한다.

3. 전항의 신청을 하려고 하는 외국인은, 입국 심사관에 대하여, 신청자의 개인의 식별을 위해서 사용되는 법무성령으로 정하는 컴퓨터의 용도에 제공하기 위해, 법무성령으로 정하는 바에 의해, 전자적 방식(전자적 방식, 자기적 방식 그 외 사람의 지각에 의해서는 인식할 수 없는 방식을 말한다. 이하 같다)에 따라 개인 식별 정보(지문, 사진 그 외의 개인을 식별할 수 있는 정보로서 법무성령으로 정하는 것을 말한다. 이하 동일)를 제공해야 한다. 다만, 다음 각 호의 어느 하나에 해당하는 자에 대해서는 그러하지 아니하다.

一. 일본국과의 평화조약에 근거해 일본의 국적을 이탈한 자등의 출입국 관리에 관한 특례법(2018년 법률 제711호)에 정하는 특별 영주자(이하 「특별 영주자」라고 한다.)

二. 16세 미만의 자

三. 일본에서 별표 제1의 1표의 외교의 항 또는 공용의 항의 아래란에 열거하는 활동을 실시하려고 하는 사람

四. 국가의 행정 기관의 장이 초빙하는 사람

五. 전2호에 열거하는 자에 준하는 자로서 법무성령으로 정하는 자

제7조(입국심사관의 심사) 입국 심사관은, 전조 제2항의 신청이 있을 때는, 해당 외국인이 다음 각 호(제26조 제1항의 규정에 의해 재입국의 허가를 받고 있는 사람 또는 제611조의2의12 제1항의 규정에 의해 교부를 받은 난민 여행 증명서를 소지하고 있는 사람에 대해서는, 제1호 및 제4호)에 내거는 상륙을 위한 조건에 적합하고 있는지 여부를 심사해야 한다.

실상 의미의 입국'이 되고, 상륙은 '법률상 의미의 입국'으로 해석되는바 입국의 의미가 명확해진다.[33] 싱가포르의 이민법은 법에서 도착(arrival)과 입국(entry)을 각각 정의하면서, 해상 · 항공 · 육로로의 입국을 규정한다. 예를 들면, 해상으로 도착하는 사람은 타고 온 선박에서 싱가포르로 하선하는 것이 입국이며, 항공편으로 싱가포르에 들어오는 사람은 인증된 공항에 도착하여 해당 제한구역(precincts)을 벗어나는 것을 입국이라고 한다(싱가포르 이민법 제2조 제1항).[34] 그리고 입국과 입국허가를 구분하

一. 그 소지하는 여권 및 사증을 필요로 하는 경우에는 이에 주어진 사증이 유효한 것.

二. 신청에 관한 본방에서 행하고자 하는 활동이 허위의 것이 아니고, 별표 제1의 하란에 내거는 활동(2표의 고도 전문직의 항의 하란 제2호에 내거는 활동을 제외하고, 표의 아래란에 내거는 활동에 대해서는, 법무 대신이 미리 고시를 가지고 정하는 활동에 한정한다) 또는 별표 제2의 하란에 내거는 신분 혹은 지위(영주자의 항의 하란에 내거는 지위를 제외하고, 정주자의 항의 아래란에 내거는 지위에 대해서는, 법무대신이 미리 고시를 가지고 정하는 것에 한정한다). 4의 표의 아래란에 내거는 활동을 실시하려고 하는 사람에 대해서는 일본의 산업 및 국민 생활에 주는 영향 그 외의 사정을 감안해 법무성령으로 정하는 기준에 적합하는 것(별표 제1의 2의 표의 특정 기능의 항의 하란 제1호에 내거는 활동을 실시하려고 하는 외국인에 대해서는, 1호 특정 기능 외국인 지원 계획이 제2조의5 제6항 및 제7항의 규정에 적합하는 것으로 포함).

三. 신청에 관한 재류기간이 제2조의2 제3항의 규정에 근거한 법무성령의 규정에 적합하는 것인 것.

四. 해당 외국인이 제5조 제1항 각호의 어느 것에도 해당되지 아니한다(사유에 따라 동항 제4호, 제5호, 제7호, 제9호 또는 제9호의2에 해당하는 경우이며, 해당 사유 이외의 사유에 따라서는 동항 각 호의 어느 것 에도 해당하지 않는 것. 이하 같다).

2. 전항의 심사를 받는 외국인은, 동항에 규정하는 상륙을 위한 조건에 적합하고 있는 것을 스스로 입증하여야 한다. 이 경우에, 별표 제1의 2표의 고도 전문직의 항의 하란 제1호 이로부터 하까지 또는 동표의 특정 기능의 항의 하란 제1호 또는 제2호에 내거는 활동을 행 하고자 하는 외국인은 전항 제2호에 내거는 조건에 적합하다는 입증에 대해서는 다음 조 제1항에 규정하는 재류자격인정증명서를 가지고 있어야 한다.

3. 법무대신은 제1항 제2호의 법무성령을 정하고자 할 때는 미리 관계행정기관의 장과 협의하는 것으로 한다.

4. 입국심사관은 제1항의 규정에 관계없이 전조 제3항 각호의 어느 것에도 해당하지 않는다고 인정하는 외국인이 동항의 규정에 의한 개인식별정보의 제공을 하지 아니한 때에는 제10조 의 규정에 의한 구두심리를 하기 위하여 당해 외국인을 특별심리관에게 인도하여야 한다.

33 우리나라 출입국관리법에서 말하는 상륙은 일본의 상륙과는 다른 개념이다(출입국관리법 제14조 내지 제16조의2). 우리나라에서 입국은 일반적인 절차를 통해 대한민국 영역에 들어오는 것을 의미하고, 상륙은 특별한 사유로 인하여 별도의 요건과 절차에 따라 입국하는 것을 의미하는 것으로서, 외국인 상륙허가는 입국허가의 특례일 뿐 상륙의 효과는 입국허가와 동일하다. 상륙허가를 받지 않고 입국한 외국인은 강제퇴거의 대상이 된다(출입국관리법 제46조 제1항 제6호).

34 (Singapore) Immigration Act(Chapter188) Interpretation 2(1) **"arrive" means** —

(a) in relation to an aircraft, the aircraft coming to a stop after landing;

(b) in relation to a vessel or ship, the securing of the vessel or ship for any purposes, including for the

여, 입국허가에 관해서는 유효한 입국허가서 또는 재입국 허가서를 소지하고 허가된 출입국항(POE)를 통해서만 입국 및 입국의 시도가 가능하다고 규정하고 있다(싱가포르 이민법 제6조 제1항).[35] 즉 일본과 싱가포르의 이민법에서는 영역에 진입하는 것을 입국으로 바라보고 있다.

요컨대, 우리나라가 입국을 규정하는 방식은 싱가포르와 유사하나, 싱가포르의 경우는 입국허가를 나타내는 조문의 제목(Control of entry into and departure from Singapore)을 통해 사실행위인 입국과 국가의 규범적 판단을 필요로 하는 입국허가를 명확하게 구분한다. 입국허가는 일단 대한민국의 영역 안으로 입국한 외국인을 대상으로 하는 것으로서, 입국행위 자체와는 구분되는 행정법상 특허에 해당한다.[36] 출입

---

embarkation or disembarkation of its passengers or the loading or unloading of its cargo or stores or both; or

(c) in relation to a train, the train coming to a stop at a train checkpoint;

"entry" means —

(a) in the case of a person arriving by sea, disembarking in Singapore from the vessel in which he arrives;

(b) in the case of a person arriving by air at an authorised airport, leaving the precincts of such airport;

(c) in the case of a person entering by land and proceeding to an immigration control post under section 26 or an authorised train checkpoint under section 25A, leaving the precincts of such post or checkpoint for any purpose other than that of departing from Singapore by an approved route;

(ca) in the case of a child born in Singapore on or after 15th January 2005 who is not a citizen of Singapore, his birth in Singapore; and

(d) in any other case, any entry into Singapore by land, sea or air, but shall not include in any case an entry made for the purpose of complying with this Act or an entry, expressly or impliedly, sanctioned by an immigration officer for the purpose of any enquiry or detention under the provisions of this Act;

Entry into and departure from Singapore 5(2) No person shall, unless compelled by accident or other reasonable cause, enter or attempt to enter Singapore except at an authorised landing place, airport, train checkpoint or point of entry.

35 Control of entry into and departure from Singapore 6.—(1) No person, other than a citizen of Singapore, shall enter or attempt to enter Singapore unless —

(a) he is in possession of a valid entry permit or re-entry permit lawfully issued to him under section 10 or 11;

(b) his name is endorsed upon a valid entry permit or re-entry permit in accordance with section 12, and he is in the company of the holder of that permit;

(c) he is in possession of a valid pass lawfully issued to him to enter Singapore; or

(d) he is exempted from this subsection by an order made under section 56.

36 차용호, 『한국의 민법: 이론과 실제』, 파주: 법문사, 2015, 241면, 260면. 입국허가의 성격을 강학상 특허로

국항에서 난민신청을 할 수 있다는 난민법 규정과의 조화로운 해석, 국경관리 주권은 대한민국 영역에 미친다는 점을 생각할 때, 국경관리가 시작되는 시점을 출입국공무원의 심사를 받은 때가 아닌 사실상으로 대한민국에 들어온 때를 기준으로 보는 편이 보다 현실에 부합한다.

Ⅱ. 국경관리와 주권의 작동

1. 국경관리와 주권의 논리

주권국가는 국경을 넘어오려는 외국인을 모두 받아들이지 않으므로 외국인의 입국을 통제하려는 국가와 입국하려는 사람들의 권리가 국경에서 마주친다. 판례는 '국가는 주권국가 고유의 권한으로서 국익에 반하는 외국인의 입국을 거부할 수 있으며, 이는 재량행위에 해당한다'는 일관적인 입장을 취하고 있다. 이는 외국인에게는 입국할 권리 또는 국적을 바꿀 권리가 존재하지 않고, 국경통제는 국가의 주권에 관한 문제이며, 국가는 국경을 정의할 권리가 있다는 이해에 기초한다. 다만, 입국한 외국인에 대해서는 재량 행사에 제약을 받게 되는데, 국경을 통과하는 순간부터 인간으로서 누리는 최소한의 권리가 인정되고 외국인이 대한민국과 관계를 맺음으로써 일부 보호할 이익이 발생하였기 때문이다. 판례는 외국인의 입국에 관한 사항, 외국인의 출국에 관한 사항, 외국인의 국내 체류에 관한 사항, 사증발급에 관한 사항, 외국인을 추방할 권리에 관한 사항, 난민에게 비호를 부여할 것인지 및 난민의 법률상 지위에 관한 결정 등에서, '이는 주권국가로서의 기능을 수행하는데 필수적인 것으로서, 주권의 본질적 속성에 의거하여 광범위한 정책재량의 영역 아래에 놓여있다'는 주권의 논리를 원용한다.

볼 것인지, 금지된 행위를 해제하는 허가로 볼 것인지에 대한 상세한 논의는, 이현수, 앞의 책, 2017, 114-115면 참조.

헌법재판소 2005. 3. 31. 선고 2003헌마87 전원재판부 결정

출입국관리행정은 내·외국인의 출입국과 외국인의 체류를 적절하게 통제·조정함으로써 국가의 이익과 안전을 도모하고자 하는 국가행정작용으로, 특히 **외국인의 입국에 관한 사항**은 주권국가로서의 기능을 수행하는 데 필수적인 것으로서 광범위한 정책재량의 영역에 놓여 있는 분야라는 점 등을 고려할 때…

인천지방법원 2022. 3. 8. 선고 2021구단52003 출국명령처분취소

출입국관리행정은 내·외국인의 출입국과 외국인의 체류를 적절하게 통제·조정함으로써 국가의 이익과 안전을 도모하고자 하는 국가행정작용으로, 특히 **외국인의 출입국에 관한 사항**은 주권국가로서의 기능을 수행하는 데 필수적인 것으로서 엄격히 관리되어야 하고 국가의 이익과 안전을 도모하여야 하는 공익적 측면이 강조되어야 한다.

대구고법 2016. 8. 5. 선고 2016누4547(확정) 체류기간연장등불허가처분취소

특히 **외국인의 국내 체류에 관한 사항**은 주권국가로서의 기능을 수행하는 데 필수적인 것이므로 엄격히 관리되어야 하고, 그중 국민의 배우자(F-6-1) 체류자격의 경우 국내취업과 국적취득이 다른 체류자격에 비하여 용이하므로 더욱 그러하다.

서울고등법원 2014. 9. 5. 선고 2014누41086 사증발급거부처분취소

특히 **외국인의 국내 체류에 관한 사항**은 주권국가로서의 기능을 수행하는 데 필수적인 것이므로 엄격히 관리되어야 하고, 그중 국민의 배우자(F-6-1) 체류자격의 경우 국내취업과 국적취득이 다른 체류자격에 비하여 용이하므로 더욱 그러하다 … 위와 같은 출입국관리법의 결혼이민(F-6) 체류자격 관련 규정, 혼인의 자유 및 그에 따른 가족결합권이 헌법에 의하여 보호되는 점 등을 고려하면, 비록 **사증발급이 외국인에 대하여 대한민국 입국 허용 여부를 결정짓는 주권국가의 고권적 행위라 하더라도**, 결혼동거 목적의 사증발급 신청을 받은 재외공관의 장은 혼인의 진정성 및 정상적인 결혼 생활의 가능성이 인정된다면 특별한 사정이 없는 한 사증을 발급하여야 할 것이다.[37]

---

37 최근 대법원은 중국 국적 여성이 결혼이민(F-6) 사증발급을 신청했다가 거부당하자 사증발급 거부처분 취소소송을 제기하였는데, 출사증발급의 법적 성질, 출입국관리법의 입법 목적, 사증발급 신청인의 대한민국과의 실질적 관련성, 상호주의원칙 등을 고려하면, 우리 출입국관리법의 해석상 외국인에게는 사증발급 거부처분의 취소를 구할 법률상 이익이 인정되지 않는다고 판단하였다. 대법원 2018. 5. 15. 선고 2014두42506 판결; 서울행정법원 2007. 11. 15. 선고 2007구합21983 판결. 반면, 국적법상 귀화불허가처분이나 출입국관리법상 체류자격변경 불허가처분, 강제퇴거명령 등을 다투는 외국인은 대한민국에 적법하게 입국하여 상당한 기간을 체류한 사람으로서 이미 대한민국과의 실질적 관련성 내지 대한민국에서 법적으로

서울행법 2008. 4. 16. 선고 2007구합24500(항소) 출국명령처분취소
1949년에 제정된 세계인권선언 제13조는 외국인을 포함한 모든 사람은 각국의 영역 내에서 거주와 이전의 자유에 관한 권리를 가지며 자국을 포함한 어떤 나라로부터도 출국할 권리를 가지고 자국으로 돌아올 권리를 갖는다고 선언하고 있으나, 또 한편으로 **국가가 바람직스럽지 않은 외국인을 추방할 권리를 갖는 것은 주권의 본질적 속성상 당연한 것으로서,** 외국인이 일반적으로 내국인과 동일한 거주·이전의 자유를 갖는다고는 볼 수 없다.

서울행법 2022. 8. 18. 선고 2021구합78282(확정) 강제퇴거및보호명령취소청구
국가가 바람직스럽지 않은 **외국인을 추방할 권리**를 갖는 것은 주권의 본질적 속성상 당연한 것이며 출입국관리행정은 주권국가로서 기능을 제대로 수행하기 위하여 광범위한 정책 재량이 인정되며 또한 엄격히 관리되어야 한다.

이와 같이 국경관리는 외국인의 입출국뿐만 아니라 사증발급과 체류관리 그리고 강제퇴거까지 밀접한 연관이 있다. 그렇다면, 국경관리에서 주권의 논리는 얼마만큼의 위력을 가질까? 국경관리에서 광범위하게 인정되는 전권이론(Plenary power doctrine)을 떠올릴 수 있다.[38] 전권이론은 미국의 판례를 통해 형성된 이론으로서, 이민통제에 있어 미국 사법부는 의회의 입법권과 행정부의 정책집행권에 전적으로 따르고, 입법부와 행정부의 결정에 대해 실질적으로 심사하지 못한다는 것을 의미한다. 그 배경을 간략히 소개하자면, 1868년 미국과 중국이 벌린게임(Burlingame) 조약을 체결하여 상대국으로부터 입국하는 여행자에게 최혜국대우를 제공하기로 합의한 뒤 중국인의 미국 이주가 확대되었다. 1875년까지 미국의 이민 규제는 연방이 아니라 각 주가 가지는 경찰권에 속해있었는데, 캘리포니아주가 여기에 반발하여 중국인을 차별적으로 처우하기 시작하였고 이것을 시작으로 이민 규제의 연방화가 가속화되었다. 캘리포니아 정부가 중인 승객의 상륙에 보증금을 요구한 것에서 비롯된 한 사건에서 미국 연방대법원은 "외국인의 입국허가에 관한 법률의 제정권은 연방의회의

보호가치 있는 이해관계를 형성한 경우에 해당하여 처분의 취소를 구할 법률상 이익이 인정된다고 보아야 한다고 판단하였다.

38 이희정·박찬호, "미국의 이민법제에 관한 연구," 한국법제연구원 『비교법제연구』 07-10, 2007, 101-102면 참조. 외국인의 입국을 허락하는 것 자체를 국가의 허락과 관용의 문제로 바라본다. 정부는 이러한 관계를 종료할 권한이 있고, 법원은 이러한 행정부의 권한을 줄곧 인정해왔다.

권한"임을 선언하였다.[39] 이후 연방의회와 정부도 반 중국인 정서를 반영하는 이민 정책을 추진하여 1880년 중국인 이민을 규제할 수 있도록 조약을 개정하였고, 이것에 근거하여 1882년 중국인 입국불허법(Chinese Exclusion Act)이 제정되었다. 이 법률은 중국인 노동자의 입국을 10년간 금지하는 한편, 일시 귀국했다가 돌아오는 중국인에게 재입국허가서를 지참하도록 요구했다. 이후 1888년부터는 재입국허가서조차 인정하지 않으면서 개정법률 발효 이후의 모든 재입국을 불허하였다. 이 법은 1892년 중국인 노동자뿐만 아니라 모든 중국인을 대상으로 10년간 연장되었고, 이미 거주하던 중국인도 거주확인증을 제시하지 않으면 불법체류로 추정하여 강제퇴거하도록 하였으며, 1902년 영구적으로 중국인의 이민을 봉쇄하였다.[40]

이러한 배경에서, 1895년 캘리포니아에 이주했다가 1887년 재입국허가서를 발급받아 출국한 후 1888년 법 개정으로 인해 입국을 제지당한 중국인이 소송을 제기하였다.[41] 미국 연방대법원은 이 사건에서 외국인의 입국을 통제하는 권한은 '주권의 내재적 속성'에서 비롯되는 것이고, 외국인의 입국 불허 및 추방할 권한을 포함하는 '양도 불가능한 권리'라고 판단하였다. 이것은 국가가 이민을 규제할 권한이 연방의회의 전권(plenary power)에 속한다는 것으로서, 이민 규제는 의회의 입법권과 행정부의 정책집행권에 전적으로 따르며 사법부는 이들 결정에 실질적으로 심사하지 못한다는 이론으로 발전되었다.[42] 이민 통제의 권한은 연방의 정치적 기관(political branches)에서 담당하며, 사법부보다는 입법부나 행정부가 정치적인 문제를 다루기에 더욱 적합하다는 것을 의미한다.[43] 사법의 개입 없이 이민을 규제할 수 있는 의회와 행정부의 능력은 이민의 세부적인 사항, 즉 입국을 어느 정도 허가할 것인지와 누구를 추방할 것인지를 결정할 수 있게 하였다. 이후 전권이론은 100년 이상의 역사를 가진

---

39 Chy Lung v. Freeman, 92 U.S. 275 (1875).

40 이철우, "정치의 사법화와 사법을 통한 정책결정 — 이민정책을 중심으로," 『법학연구』 26(1), 연세대학교 법학연구원, 2016, 375면.

41 Chae Chan Ping v. United States, 130 U.S. 581(1889) 중국인입국불허사건(Chinese Exclusion Case)으로도 불린다.

42 이철우, "주권과 인권 사이에서: 이민법의 구조," 『이주민법 연구』, 경인문화사, 2017, 19-20면 참조.

43 만약 하급법원이 이 과정에 너무 많이 관여하게 된다면 관할구역마다 이민제도가 일관적으로 시행되지 않을 가능성이 발생함으로써, 미국 연방 헌법상 인정되고 있는 이른바 '일률적인 귀화 규칙(uniform Rule of Naturalization)(U.S. Constitution, Article I, Section 8, Clause 4)'에 위배될 우려도 존재한다.

오래된 법리로서 미국 이민법의 근간이 되었다. 한편, 독일은 미국과 달리 사법심사를 배제하는 정치문제는 없으며, 단지 외교적 사안의 경우 사법부가 스스로 완화된 기준에 의해 심사한다는 법리에 따랐음에도 불구하고, 외국인의 출입국과 관련된 행정만큼은 광범위한 재량의 영역으로 남겨두었다.[44]

우리나라 법원도 국경관리에 미국의 전권이론과 유사한 논리를 적용한다. 예를 들어, 헌법재판소는 '출입국관리에 관한 사항 중 특히 외국인의 입국에 관한 사항은 주권국가로서의 기능을 수행하는데 필요한 것으로서 광범위한 정책재량의 영역이라고 판단하였다.[45] 대법원은 '귀화신청인이 귀화 요건을 모두 갖추었다고 하더라고 법무부 장관은 귀화 신청을 불허할 수 있다'라고 판시하였다.[46] 입국의 통제에 대해서는 주권의 불가침성으로 말미암아 소극적 사법심사가 이루어지고 다만, 강제출국에 대해서는 재량이 제한되는데, 외국인이 일단 국경을 통과하여 대한민국에 입국하게 되면 국가는 외국인의 권리를 보호해줄 의무를 지기 때문이다.[47] 이처럼 우리나라도 정도는 다를지언정 미국의 전권이론과 유사하게 이민 행정, 특히 외국인의 출입국과 관련된 내용을 국가주권의 행사 또는 정책 재량의 영역으로 바라봄으로써 광범위한 행정재량을 인정하고 있다.

국경관리에서 원용되는 주권의 논리는 첫째, 광범위한 입법재량권의 인정과 둘째, 일반 법치주의가 완전하게 지켜지지 않는 특징으로 구체화 되어 발현된다. 판례에 의해 형성된 전권이론은 국가가 행사하는 주권의 속성을 생각할 때 논리적으로 문제가 있다고 보기 어렵다. 만약 전권이론(doctrine)이 없다면 법원은 외국인의 입국 및 출국에 대해 헌법적 기준을 적용함으로써, 국민에 의해 선출된 의원들로 구성된 국회 입법부가 아닌 사법부가 국가의 이민시스템 대부분을 통제하게 될 우려가 있기 때문이다. 또한 전권이론 없이는 주권국가로서 그 구성원을 어떻게 구성해갈 것인가를 결정하는 시민들의 결정권을 약화할 가능성이 존재한다. 다만, 국경관리도 국가행정의 일부이므로, 법치주의의 원칙을 준수해야 하는 한계는 존재한다. 문제는 국경관리에서

---

44 이철우, 앞의 논문, 2016, 340-341면 참조.

45 헌재 2014. 8. 28. 선고 2012 헌마686 결정; 헌재 2005. 3. 31. 선고 2003헌마 87 결정 외 다수.

46 대법원 2010. 10. 28. 선고 2010두6496 판결.

47 서울행정법원 2008. 4. 16. 선고 2007구합24500 판결.

작동되는 주권의 논리가 '법치주의의 후퇴'를 일면 정당화하고 있다는 사실이다.

2. 국경관리와 법치주의

현행 출입국관리법·국적법·재외동포법, 난민법, 외국인처우법에서 대부분의 이민정책에 관한 사항을 규율하고 있으나, 외국인의 기본적인 권리에 해당하는 부분이 지침이나 고시 등 행정규칙에 과도하게 의존하고 있어 법치행정의 원칙이 실현되지 못하다는 문제가 제기되어 왔다. 특히 출입국관리법 제10조에 근거하여 구체적으로 체류자격 및 체류기간을 규정하는 출입국관리법 시행령 제12조는 그 내용을 출입국관리법시행규칙(별표 1, 별표 1의 2)으로 정하도록 재위임하고 있다. 상기 규정은 헌법상 요청인 포괄위임금지의 원칙을 준수하고 있는가?[48] 허가를 받지 않고 체류자격 외의 활동을 하는 경우 및 체류기간을 위반하여 대한민국에 체류하는 외국인은 처벌 또는 출국권고나 강제퇴거의 대상이 되는데,[49] 체류자격에 관한 규정 및 사증 허가와 관련한 규정이 시행령 및 내부지침에 규정되어 있다면 수범자인 외국인은 관련 내용을 확인하기 어려워진다.[50]

---

48 헌법재판소 2002. 8. 29. 선고 2000헌바50 결정. 헌법 제75조는 "대통령은 법률에서 구체적으로 범위를 정하여 위임받은 사항과 법률을 집행하기 위하여 필요한 사항에 관하여 대통령령을 발할 수 있다"고 규정한다. 헌법재판소도 "법률이 어떤 사항에 관하여 대통령령에 위임할 경우에는, 국민이 장래 대통령령으로 규정될 내용을 일일이 예견할 수는 없다고 할지라도 적어도 그 대체적 윤곽만은 예견할 수 있도록 기본적 사항들에 관하여 법률에서 구체적으로 규정해야 한다"고 하면서, "그 위임의 구체성과 명확성 여부는 일반적인 급부행정의 영역보다 국민의 기본권을 직접적으로 제한하거나 침해할 소지가 있는 영역에서 더욱 강화된다"고 판시하였다. 그러면서 "위임조항 자체에서는 위임의 구체적 범위를 명확하게 규정하고 있지 않다고 하더라도 당해 법률의 전반적 체계와 관련 규정에 비추어 위임조항의 내재적인 위임의 범위나 한계를 객관적으로 분명히 확정할 수 있다면 포괄적인 백지위임에 해당하지 않는다"고 판단하였다.

49 이희정, "외국인의 체류," 『이민법』, 박영사, 2016, 127-130면 참조. 체류자격은 외국인이 국내에 머물면서 일정한 활동을 할 수 있는 법적 지위를 유형화한 것이다. 외국인이 물리적으로 대한민국 영토에 입국함과 동시에 체류가 시작되며, 체류는 일반체류자격(체류기간이 90일 이하인 단기체류와 91일 이상인 장기체류)과 체류기간의 제한이 없는 영주자격으로 나뉜다(출입국관리법 제10조). 출입국관리법 제10조의2에서는 일반체류자격을 구체화하고, 법 제10조의3에서 영주자격을 정하고 있지만, 그 구체적인 내용은 출입국관리법 시행령에서 규율한다. 이에 따라 출입국관리법 시행령 별표1에서 체류자격을 A~H 그룹으로 분별하여 그 안에서 36개 하위 유형을 정하고 있고, 출입국관리법 시행규칙 별표1에서는 체류자격별로 1회에 부여하는 체류기간의 상한을 규정하고 있다.

50 권채리, 최서리, 유민이, "체류외국인 250만명(동포포함) 시대의 외국인·이민 법제 선진화 방안 연구 제4권 — 지침의 법령 상향 및 (가칭) 국적 및 출입국, 외국인의 경제활동, 사회통합에 관한 법률·시행령·시

외국인에 대한 법치주의의 후퇴는 판례에서도 나타난다. 미국은 수십년 간 영해와 공해상에서 해안경비대(Coast Guard)가 불법 이민자의 입국을 저지해왔다. 1981년 미국 레이건대통령은 아이티와의 조약에 근거한 행정명령을 발령하였다. 해안경비대는 미국으로 향하는 여객선을 정지시켜 질문한 뒤, 난민 지위에 대한 명확한 입증이 없으면 본국으로 송환조치 하였다. 미국 연방항소법원은 난민의 입국을 저지하는 조약의 체결 및 그에 따른 송환조치는 헌법과 법에 따라 이루어진 조치이고, 외국인은 미국에 입국할 권리를 갖지 않으며, 미국에 입국하지 않은 외국인들은 수정헌법 제5조에 근거한 어떠한 보호도 받을 수 없다고 판단하였다.[51] 이후, 1991년 아이티에서 아리스티데(Aristide) 정부가 군부에 의해 전복되고 난 뒤, 미국으로 건너오는 아이티 국민의 수가 증가하자, 미국은 이들을 관타나모 수용소에 수용하였다. 공해상에서 미국 입국이 저지되어 관타나모 만에 수용되어 있는 자들에게 망명청구권을 포함하여 어떤 절차적 권리가 인정되는지 논쟁이 되었다. 미국 지방법원은 판결에서 연방행정절차법은 행정부가 미국에 입국하지 않은 외국인에 대해 내린 결정을 존중하며, 이들에게 사법심사청구권을 부여하지 않더라도 적법절차에 위반되는 것은 아니라고 판단하였다.[52]

우리나라 헌법재판소는 출입국관리법에 따라 보호된 외국인에 대해 인신보호법 적용을 배제한 인신보호법 제2조 제1항 단서 부분에 대하여 판단하면서, 출입국관리행정 중 체류자격의 심사 및 퇴거집행 등이 구체적 절차에 관한 사항은 광범위한 정책재량의 영역으로서, 입법자의 판단이 현저하게 자의적이라거나 재량범위를 벗어난 것으로 볼 수 없는 이상 청구인들의 신체의 자유를 침해하는 것은 아니라고 하였다. 또한 출입국관리법에 따라 보호된 사람을 제외하는 것은 합리적 이유에 의한 차별로서, 평등권 또한 침해하지 않는다고 판단하였다.[53] 그러나 이 판결에서 제한되는

행규칙 제정안 ―," 법무부 연구용역 최종보고서, 한국법제연구원 · 이민정책연구원, 2021, 1-2면 참조. 사증과 체류자격은 외국인의 활동자격 및 체류기간을 규정(출입국관리법 시행령 제7조 제1항)하는 등 국경관리와 밀접한 관련이 있다.

51 Haitian Refugee Center v. Gracey (D.C.Cir. 1987).

52 이희정 · 박찬호, 앞의 보고서, 2007, 107면. Haitian Refugee Center, Inc. v. Baker, 789 F. Supp. 1552 (S.D. Fla. 1991).

53 헌재 2014. 8. 28. 선고 2012헌마686 결정.

기본권을 신체의 자유가 아닌 헌법 제12조 제6항의 체포·구속적부심사청구권의 제한으로 보았다면 심사의 강도를 높일 수 있지 않았을까? 만약 그렇게 보았다면, 체포·구속적부심사청구권 실현을 위해서 관련자에게 그 구체적인 절차적 권리를 제대로 행사할 기회를 최소한 한 번 이상 제공해야 하는 입법자의 입법 형성의 의무를 구체화할 수 있기 때문이다.[54]

법치주의는 적법한 절차를 보장해줌으로써 실현되는 측면이 있다. 외국인에게 인정되지 않는 기본권이라 하더라도, 인간의 보편적인 권리에 근거한 절차적 권리를 보호하기 위하여 법원은 적법절차의 원칙 준수 여부를 심사한다. 1978년 독일의 연방헌법재판소는 초청노동자의 체류허가 갱신 거부는 계속적 거주에 대한 신뢰이익을 침해한 것으로서 기본법 제2조 제1항이 보장하는 일반적 행동의 자유를 침해했다고 판시하였다.[55] 미국에서는 최근에는 미국 연방대법원에서도 가족결합권을 헌법적 권리로 인정해 줌으로써, 외국인에게 그에 따른 절차적 보호를 보장해주는 시도가 있었다.[56]

근본적으로 정치적인 속성을 갖는 국경관리를 관통하는 주권의 논리에서 입법 및 행정의 재량이 파생된다. 국경관리에서 불법입국 또는 불법체류를 관리하는 측면에서의 법치의 실현도 중요하지만, 출입국행정에 재량을 부여해주는 주권의 논리와 법치주의 실현 사이의 긴장관계는 국경관리 행정이 처해있는 난제라 할 수 있다. 대의정치 바깥에 있는 외국인을 규율하는 행정은 결과적으로 법률의 밀도, 재량의 통제, 법적 규율의 결함에서 파생되는 집행의 결함이라는 문제를 파생시킨다.[57] 주권국가 영토 안으로 외국인의 입국을 선택적으로 허가하고 출국을 규율한다는 국경관리 행정만의 고유한 특징을 고려함과 동시에, 법치주의의 예외를 인정할 만큼 특별한 영역인가를 질문해볼 필요가 있다. 국경관리에서 법치주의의 준수는 법률유보원칙과 일

---

54 헌재 2004. 3. 25. 선고 2002헌바104 결정.

55 이철우, 앞의 논문, 2016, 342면에서 재인용. 1 BvR 525/77 (BVerfGE 49, 168); 1 BvR 23, 155/73 (BVerfGE 36, 382). 사건을 해설한 Neuman, 앞의 글(주 19), 48-54면; Christian Joppke, 1999, *Immigration and the Nation-State: The United States, Germany, and Great Britain*, Oxford: Oxford University Press, pp. 72-74.

56 Obergefell v. Hodges, 576 U.S. 644 (2015) 사건에서 미국 연방대법원은 동성결혼의 기본권을 보장한다는 판결을 내렸다.

57 김환학, 앞의 논문, 2016, 182면.

정한 사법심사의 강도 유지를 통해 실현될 수 있다.[58] 따라서 다른 행정영역과 마찬가지로 규율대상의 성격을 고려하여 법률의 규율 밀도나 사법심사의 강도가 결정되어야 한다. 주의할 점은 현실의 정당화를 위해 주권의 논리를 반복적으로 사용하는 경우, 종국에는 주권이 아무것도 설명해 낼 수 없는 위험에 빠지게 될 수 있다는 사실일 것이다.[59]

Ⅲ. 국경관리 주권의 실체

1. 국제법상 주권의 평등

그렇다면 국경관리에서 현현하는 국가의 '주권이란 무엇을 의미하는 것인가?[60] 국가주권에 기반할 때, 국경관리가 시행되는 장소는 국가의 주권이 미치는 영토 경계선이어야 하고 국경관리의 시작점 역시 규범적으로 국경 통과 심사가 이루어지는 시기로 한정되어야 할 것이라는 사실은 앞에서 살펴본 바와 같다. 그러나 오늘날에는 장

---

58 최계영, "출입국관리행정, 주권 그리고 법치," 행정법이론실무학회, 『행정법연구』 제48호, 2017, 48-50면.

59 김계동 외 16인, 『현대 외교정책론』, 명인문화사, 23면, 62면; 차용호, 우영옥, "한국 이민정책의 문제점과 개선 과제," 『다문화와 평화』 15(2), 2021, 5면. 저자들은 애매하거나 상대방을 설득시키기 곤란할 때 국익, 주권과 같은 개념을 소환해 내는 것은 정책의 수준과 신뢰를 저하시킬 수 있다는 점을 상기해야 한다고 주장한다.

60 모든 국가(國家)는 영토를 갖고 있으며, 그 안에서 주권(主權)을 행사하는 것이 원칙이다. 주권을 갖는 주체는 대내적으로는 최고의 절대적 의사결정권을 가지며 대외적으로 불가침의 독립성을 갖는다. 이것은 30년 전쟁의 종식과 함께 1648년 유럽의 국가들이 모여 협상을 통해 베스트팔렌 조약을 체결한 이후 지금까지 일반적으로 공유되고 있는 정의이다. 사실상 주권의 원칙은 1648년보다 훨씬 뒤에서야 자리매김하게 되었지만, 베스트팔렌 조약의 체결을 근대의 시작으로 보는 것에 광범위한 합의가 형성되어 있다. 그러나 최근에는 이러한 주장의 타당성에 의문을 제기하는 견해들이 있다. 베스트팔렌 조약에 따라 주권 원칙이 최초로 확립되었다는 주장에 의문을 제기하고, 상기 조약의 의미를 재평가해야 한다는 주장으로서, 베스트팔렌 조약의 핵심은 신성로마제국의 대내 질서를 조정하는 것이었을 뿐 주권국가들의 등장에 따른 새로운 유럽질서의 형성으로 보기 어렵다는 견해가 있다. 용채영, "베스트팔렌 신화와 신성로마제국의 존속에 관한 연구(1495~1806), 서울대학교 석사학위 논문, 2016, 119면; 이혜정, "웨스트팔리아와 국제관계의 근대성," 『국제정치논총』 42(2), 2002; 전재성, "유럽의 국제정치적 근대 출현에 관한 이론적 연구: 중첩, 복합의 거시 이행," 『국제정치논총』 49(5), 2009; 김준석, "17세기 중반 유럽 국제관계의 변화에 관한 연구," 『국제정치논총』 52(3), 2012; 구선영, "국제관계 형성의 기점으로서의 베스트팔렌 신화 재고: 각국의 역사적 문맥에 배태된 다양한 주권 개념 형성에 관한 시론," 『국제정치논총』 59(2), 2019 등의 연구를 참조.

소적 · 시간적 한계를 넘어 국경관리가 시행되고 있으며, 한 나라의 국경관리는 필연적으로 다른 나라와 상호작용하면서 전개되고 있다. 먼저 국경관리의 대외적인 측면을 생각할 때, 국경관리는 국제법상 질서에 순응해야 한다. 국경관리는 국제법상 중요 원칙과는 어떤 관계를 맺고 있으며, 그 질서 안에서 국경관리의 탈영토화는 어떻게 설명될 수 있는 것일까?

법적으로 국가영역은 하나의 국가가 배타적인 지배를 할 수 있는 인적 · 물적 · 장소적 한계를 가리킨다. 국제법상 국가관할권(state jurisdiction)은 중요한 의미를 지닌다. 한 국가가 사람, 사건, 물건, 혹은 자원 등에 대해 행사할 수 있는 권한의 총체로서, 국가주권의 한 표현 내지는 주권의 구체적인 발현 형태를 의미하며,[61] 그 가운데 영토주권은 장소적 한계와 밀접하게 관련되어 있다. 영토는 국가의 공권력이 행사되는 테두리(framework)이자 국가의 주권과 이익에 종속하는 하나의 지표로서, 육지, 바다, 상공을 포함하는 국가영역을 의미한다.[62] 영토는 국경선에 의해 정해지고, 국경선은 국가 간의 상호관계를 표시하는 것으로서 국제법 절차에 따라 결정된다. 가장 일반적으로는 조약에 의하여 결정되며, 비조약적 방법으로는 관습법상 시효취득이나 선점 · 자연작용 등으로 국경선이 변경될 수 있다. 과거에는 전쟁을 통하여 국경선이 수정될 수 있었지만, 오늘날은 전쟁이 금지되어 있고 영토보존의 법칙이 국제법상 기본원칙이므로 전쟁을 통한 국경선의 수정 및 획정은 불가능하다고 여겨진다.

즉 영토주권이란, '당해 영토 안에서 다른 국가를 배제하고 국가의 기능을 수행할 수 있는 권리'를 의미한다.[63] 스위스 국제법학자 바텔(Emmerich de Vattel)은 "국내적인 모든 문제에 대해 어떠한 외국 국가도 특별한 요구가 있는 경우 또는 그러할 만한 사유로 주선행위를 하는 경우를 제외하고 간섭할 수 없다"고 하면서, 국가 간 평등권 및 상호 불간섭의 원칙을 강조하였다. 또한 주권을 '정치적 · 사회적 결합체인 국가가 이익보호와 공공목적 달성을 위해 구성원들의 의무를 규정하고 규율하기 위해 필요한 공권력'으로 정의하면서, 다른 국가에 의지하지 않고 스스로 주권을 행사하는 국가를 주권국가라고 칭하였다.[64] 이러한 영토주권의 개념은 1928. 4. 4. 네덜란드와

---

61 김대순, 『국제법론』, 2018, 430면.

62 김대순, 앞의 책, 2018, 910면.

63 김대순, 앞의 책, 2018, 910면.

미국간 제기되었던 '팔마스섬 사건(Island of Palmas Case)'에서 구체화 되었다.[65] 특별 합의에 따라 구성된 중재재판소(Permanent Court of Arbitration)에서 후버(Max Huber) 재판관은 "주권이란 국가관계에 있어서 독립을 의미하며, 국가조직의 발달과 국제법의 발전은 영토상에서 행사하는 배타적 국가관할권의 원칙을 그 출발로 삼았다"는 것을 명시하였다.

국가관할권은 입법관할권(power to prescribe rules)과 집행관할권(power to enforce rules)으로 나누어진다. 전자가 입법부의 행위, 행정부의 명령 또는 규칙, 재판소의 선례를 통해 법규범을 선언하는 힘을 의미한다면, 후자는 제정된 법규를 '행정적 또는 사법적' 행동을 통해 실제 사건에 적용하는 것을 뜻한다. 입법관할권과 집행관할권은 영토적 한계에서 차이가 발생하는데, 먼저 입법관할권은 자국 영토 내에서 물리적으로 발생하는 행위를 규율하기 위하여 국내법규를 제정할 수 있는 역내관할권(intraterritorial jurisdiction)을 갖게 된다. 또한 상설 국제사법재판소(PCIJ)는 1927년 '로터스(Lotus)호 사건'에서,[66] "국제법은 국가가 그들의 법의 적용과 그들 재판소의 관할권을 그들 영토 밖의 사람 · 물건 · 행위까지 연장해서는 안된다는 취지의 일반적 금지원칙을 수립하고 있지 않다"고 하면서 국가의 역외입법관할권(extraterritorial jurisdiction to prescribe)을 긍정하였다.[67] 한편, 집행관할권은 입법관할권과 달리 기본적으로 영토적 제약에 따르게 된다. 예컨대, 범인을 체포하고 처벌하기 위하여 자국의 경찰과 재판소를 다른 국가에 파견하는 행위는 타국의 영토주권을 직접적으로 침해하는 행위가 된다. 앞서 소개한 Lotus 사건에서도, "국가는 타국의 영토에서 그 어떤 형태로도 자신의 힘을 행사해서는 안되며, 이 점에 있어 관할권을 확실하게 영토적이

---

64 소병천, "국제법상 주권담론에 대한 소고," 『국제법학논총』 58(4), 대한국제법학회, 2013, 150-151면 참조. 바텔은 자연상태의 인간과 같이 국제사회에서 국가가 자유롭고 독립된 존재이기 때문에 상호 독립성을 보장해야 한다고 강조하였다.

65 Island of Palmas Case (1928) 2 RIAA 829, 838 (United States of America v. the Netherlands (1928)). Award of the Tribunal, "Sovereignty in the relation between States signifies independence. Independence in regard to a portion of the globe is the right to exercise therein, to the exclution of any other States, the functions of a States," p. 10. https://pcacases.com/web/sendAttach/714

66 The case of the S.S. "Lotus," PCIJ(1927), Collection of Judgements, Series A, No. 10, p. 20. https://www.icj-cij.org/public/files/permanent-court-of-international-justice/serie_A/A_10/30_Lotus_Arret.pdf

67 김대순, 앞의 책, 2018, 430-436면 참조. 역외입법 그 자체만으로 국가 간에 분쟁이 야기되는 경우는 드물다.

다. 그것은 국제관습이나 협약으로부터 나오는 허용적 규칙에 의거하지 않는 한, 국가가 그 영토 밖에서 행사할 수 있는 것이 아니다"라고 판시하였다.

요약하자면, 국제법에서 일컬어지는 국가관할권의 근원은 국가의 주권으로부터 파생되는 주권적 권리(sovereign rights) 또는 관할권(jurisdiction)을 의미한다. 관할권은 원칙적으로 자국 영토 내에서만 행사될 수 있으나, 때로는 공동으로 행사하거나 국제기구에 양도하거나, 조약을 체결하는 방식을 통해 국가영토 영역 밖에서 행사되는 경우도 존재한다. 그러나 기본적으로는 모든 국가는 국제관계에서 평등한 국외 주권을 행사하고 있는 것이 된다. 주권은 역사적 배경 속에서 대내적 최고성·대외적 독립성을 갖는 개념으로 발전되어 왔고, 국제관계 속의 주권은 상호 국가 간 불가침을 원칙으로 근간으로 한다.

2. 주권의 평등함이라는 '조직화된 위선(organized hypocrisy)'

그렇다면 국경관리에서도 이러한 국제법상 원칙이 지켜지고 있는가? 정치학자 스티븐 크래스너(Stephen D. Krasner)는 국제법상 주권평등의 원칙에 의문을 제기하고, 주권을 국제법적 주권(international legal sovereignty)·국내주권(domestic sovereignty)·베스트팔렌 주권(Westphalian-cum-Vattelian sovereignty)으로 나누어 볼 수 있다고 하였다. 먼저 국제법적 주권의 기본원칙은 국가는 법률적으로 독립된 영토의 주체로서 인정받는 것으로서, 국제기구의 회원이 될 자격이 있고 다른 나라와 계약 또는 조약을 체결할 수 있는 능력이다. 또한 국제금융기관의 지원을 받을 수 있고, 외교적 면책특권을 갖는 것과 관련된다. 다음으로, 베스트팔렌 주권의 기본원칙은 각 국가가 그들만의 권위구조를 결정할 권리를 가지고 있다는 것으로서, 각 국가가 서로의 내정에 개입하는 것을 피해야 한다는 것을 의미한다. 마지막으로 국내 주권은 주어진 국가 내의 권위구조와 그 실체적인 작동 능력을 의미한다.[68] 크래스너(Krasner)는 1999년 저서 『Sovereignty: organized hypocrisy』에서 위에서 언급한 베스트팔렌 주권, 국

---

68 Stephan D. Krasner, "the Case for Shared Sovereignty," *Journal of Democracy* 16(1), 2005, pp. 70-71; Stephan D. Krasner, *Sovereignty: organized hypocrisy*, Princeton, N.J.: Princeton University Press, c1999, p. 9; 이철우, "주권과 인권 사이에서: 이민법의 구조," 『이주민법 연구』, 경인문화사, 2017, 6면.

제법적 주권, 국내 주권 외에 상호의존 주권(interdependence sovereignty)을 포함하면서, 이는 국가의 경계를 넘나드는 자본 · 노동 · 상품 · 정보 등의 흐름을 규제하는 공적 권력을 의미한다고 정의하였다.[69] 네 가지 주권은 개별적으로 존재하고, 어느 하나를 소유했다고 하여서 자동적으로 다른 주권을 소유하는 것도 아니며, 여러 주권을 동시에 공유할 수 있다. 각 주권은 논리적으로 결합되어 있지 않으며 필연적으로 공존 관계에 있는 것이 아니다.[70] 크래스너는 또한 '공유된 주권(shared sovereignty)'이라는 개념을 통해 국가들이 더 나은 통치를 위해 자발적 협정을 통해 주권을 공유하고 있다는 점을 포착하였다.[71] 공유된 주권은 외부 및 내부 행위자가 자발적으로 권한을 공유하는 국가 내에서 특정 이슈의 영역을 관리하기 위한 제도를 만드는 것을 포함한다. 이러한 구조는 국가 의사결정자들이 국제법상 주권을 사용하여 베스트팔렌 주권을 내려놓는 행위, 즉 국가 당국과 일부 외부 단체 사이(예: IMF, World Bank, NATO 등)의 협정(compact)에 의해 탄생하게 된다.[72]

크래스너에 따르면, 국제법적 주권은 국가가 법률적으로 독립된 영토의 주체로서 국제법상 국가의 지위는 평등하다는 것을 말하고 있지만, 국가영토를 다른 국가의 침입으로부터 막아주거나 국가의 존립을 보장해주지 않는다. 영토성을 지니며 각 주권 국가가 외부로부터 내정을 간섭받지 않는다는 베스트팔렌 주권도 비자발적 개입(nonintervention)과 자발적 초대(voluntary invitation)에 의해 침해될 수 있으며, 상호의존 주권의 상실은 베스트팔렌 주권을 협상하는 계기로 작용하기도 한다. 역사적으로 볼 때, 주권평등이 원칙이 완전히 준수되는 경우는 드물었고 실제로는 강대국은 약소국에 많은 개입을 해왔다. 이러한 측면에서 주권의 대외적 독립성, 국가 간 평등, 불가침성이라는 것은 국제관계의 근간이 되는 것이지만, 그 반면 국제관계에서 주권의 평등성이 상당히 침해되는 모습이 존재한다고 하면서 이것을 '조직화된 위선(organized hypocrisy)'으로 표현하였다.

크래스너의 성찰과 같이 오늘날 국경관리에서도 주권이 타협되고 있는 모습이 나

---

69 Stephan D. Krasner, Stephan D. Krasner, *Sovereignty: organized hypocrisy*, Princeton, N.J.: Princeton University Press, c1999, pp. 12-14.

70 Stephan D. Krasner, *Ibid.*, 1999, p. 9.

71 Stephan D. Krasner, *Ibid.*, 2005, p. 76.

72 Stephan D. Krasner, *Ibid.*, 2005, p. 79.

타난다. 국민국가의 영토국경은 여전히 견고하나, 국경관리는 다양한 시스템을 기반으로 삼아 자국 영토의 범위를 넘어서 전개된다. 국가는 이주자들을 통제하고 관리하기 위하여 간단해 보이지만 실상은 더 복잡하게 얽혀있는 기술을 활용하고 있으며, 이것은 양자(혹은 다자) 국가 사이에 협약 체결을 통해 이루어지고 있다.[73] 국가가 협약을 체결할 때, 당사자 사이의 힘의 크기가 완전히 동등한 경우는 드물고, 보통은 효율적인 국경관리를 선점하고자 하는 의지와 경제력과 힘을 가진 쪽이 주도권을 갖는다.

3. 대내적 주권

사법부가 심사를 유보하고 입법재량권이 폭넓게 인정되며, 국경에서 누구를 받아들일지 결정하는 주권, 즉 국경관리의 대내적 측면에서 주권의 실체는 무엇인가? 대내적 차원에서의 국민주권은 국민의 역할과 대표자의 역할을 나누어 고찰할 수 있다. 국민은 헌법 등 법을 제정하는 주체이고, 대표자는 주권자가 제정한 법을 집행하는 역할을 담당한다. 루소는 주권(sovereignty)과 통치(government)를 구분함으로써, 헌법처럼 근본적인 법을 제정하는 것은 주권자인 국민의 역할로 규정하고, 주권자가 제정한 법을 집행하는 것은 대의제에 의해 선출된 대표자의 역할이라고 하였다. 즉 주권은 근본적인 헌법질서에 정당성을 부여하고, 통치는 그 질서에 따라 일상적인 권력을 행사하는 것으로 정의하였다.[74] 1789년 이후 프랑스혁명을 통하여 대중 주권 개념이 확산되었고, 이 사건을 계기로 프랑스 내에서는 이후 '시민'으로 일컬어지는 단일한 민족 정체성이 형성되었으나, 통일되고 단일한 국민의 의사는 '대표'를 통해서만 확인될 수 있었다.[75]

1789년의 프랑스 인권선언은 인권보장과 권력분립이 헌법의 내용임을 밝혔다는 점에서 입헌주의(modern constitutionalism) 본질을 나타내는 것으로 평가된다. 근대 시

---

73 Mark B. Salter, "Governmentalities of an Airport: Heterotopia and Confession," *International political Sociology* 1(1), 2007, p. 56. 이에 대하여 마크 솔터(2007)는 특히, 사전입국심사(pre-clearance)제도에 대해 다양한 권위와 주권의 중첩(overlapping sovereignties)이 발현하는 것이라고 묘사하였다.

74 함재학, "국민주권과 대의제도: 이상인가 환상인가?," 『법철학연구』 24(2), 한국법철학회, 2021, 357-362면 참조.

75 함재학, "대표개념과 단일성에의 열망," 『법학연구』 32(2), 연세대학교 법학연구원, 2022, 119-125면 참조.

민혁명을 거치면서 정치적으로는 군주제를 부정하고, 경제적으로 자본주의를 받아들였으며, 사회적으로 개인주의와 자유주의를 지향하는 방향으로 전개되었다.[76] 입헌주의는 국민의 기본권을 보장하고 국가권력의 분립을 규정한 헌법에 의거하여 통치할 것을 요구하는 것으로서, 권력분립을 통해 군주의 권한 행사를 제한하고 헌법이 국가 통치체제에 관한 사항을 규율하도록 하였다. 시민계급은 헌법제정과정에서 사회계약론에 기반을 둔 주권이론과 자본주의 및 자유주의 사상을 헌법에 나타내고자 하였다.[77] 시민계급에 의해 형성된 근대적 의회는 국민의 대표기관이 되었고, 헌법제정권력으로서 발전되어 갔다. 헌법이 만들어지기 전에는 누가 주권국민인지 확실하지 않았으나, 헌법 제정을 통해 비로소 주권국민이 형성되고 정체성을 획득하게 되었다.[78] 오늘날 국민주권은 누가 통치하는냐의 문제가 아니라 통치의 정당성을 누가 결정하는지를 염두에 두는 것으로서,[79] 선험적으로 존재하지만 알아챌 방도가 없는 국민의 주권의지를 파헤치는 것이 아니라, 헌법을 통해서 확정되고 헌법이 마련한 틀과 절차 그리고 대의과정을 통해서 형성된다.[80]

이러한 내용을 국경관리에에 대입해보면, 국경관리에서 나타나는 국내적 주권은 '대의제'를 통해 드러나고, 또 국경관리에서 대의제는 몇 가지 특성으로 나타난다. 첫째, 국경관리는 대의정치 밖에 존재하는 사람들을 대상으로 삼고 있는 까닭에 외국인의 입국을 다루는 문제부터 그 처우까지 입법과 행정에 많은 재량이 인정되는데, 이 특징은 앞서 살펴본 전권이론과 같은 법리로 나타난다. 둘째, 대한민국에 입국한 외국인은 대의제에 참여하여 정치적 영향력을 행사하기 어렵고, 민주적 정당성의 기반이 취약하다.[81] 따라서 외국인들은 문제가 발생할 때 주로 사법적 해결방법에 의존하여 권리를 실현하고자 한다.[82] 셋째, 국경관리에서 대의제를 통해 누구를 받아들일지

---

76 김철수, 『헌법과 정치』, 진원사, 2012, 6-7면 참조.

77 표명환, "국가의 이념과 국가행정의 변천," 『공법학연구』 4(2), 한국비교공법학회, 2003, 275면.

78 함재학, 앞의 논문, 2021, 357면; 김성호, "헌법제정의 정치철학: 주권인민의 정체성과 인민주권의 정당성," 『한국정치학회보』 42(3), 2008.

79 김성호, 앞의 논문, 2008, 18면.

80 함재학, 앞의 논문, 2021, 364면.

81 김환학, "이민법의 구조와 법원," 『이민법』, 박영사, 2016, 29면.

82 이철우, "정치의 사법화와 사법을 통한 정책결정 — 이민정책을 중심으로," 『법학연구』 제26권 제1호, 연세대학교 법학연구원, 2016. 이민과 시민권에 관한 거대정치 사건들은 그 민감성 때문에 정치권과 시민사

결정하는 주권자로서의 역할을 마친 국민들은 외국인정책에 대한 여론을 형성한다. 예컨대, 대한민국에서 연예인으로 활동하던 자가 미국국적을 취득하였다는 이유로 법무부장관으로부터 기한 없는 입국금지 결정을 받은 이후, 2015년 외국국적동포의 자격으로 재외동포사증(F-4) 발급을 신청했다가 거부처분을 받았던 사건이 있었다.[83] 사안의 경우 민감한 이슈인 병역기피와 관련된 것이기 때문에, 2019년 대법원의 판결이 있기까지 일반 국민의 여론은 원고에게 매우 부정적으로 형성되어 있었다.[84] 또한 2018년에는 예맨 내전을 피해 제주특별자치도로 무비자 입국한 예멘인 500여 명이 난민인정을 신청한 사건이 있었는데, 이때 청와대 난민 거부 국민청원이 올라왔고 70만이 넘는 인원이 청원에 동의하였다. 반난민여론에 동참하는 국민들은 국민청원에 그치지 않고, 서울과 제주도 도심 등에서 난민수용에 반대하는 집회를 참여하기도 하였다.[85] 이와 같은 사례는 주권의 행사가 여론의 힘으로써 뒷받침되었던 사례로서, 주권의 논리에 입각한 단호한 국경관리 정책과 배제의 정치가 민주주의가 활성화에 수반하여 더욱 강화될 수 있다는 가능성을 보여준다.

요컨대, 국경관리에서 사법부가 심사를 유보하고 입법재량권이 폭넓게 인정되며, 국경에서 누구를 받아들일지 결정하는 주권의 실체는 바로 이와 같은 대내적 주권의 발현이라 할 수 있다. 국경관리에서 사람의 이동을 통제할 수 있는 국가의 강력한 힘은 주권에서 나오며, 국경에서 주권의 적용은 절대적이다.[86] 그리고 국경관리에서 관

회에서 효과적으로 해결되기 어려워 사법적 해결의 길을 찾게 된다.

83 대법원 2019. 7. 11. 선고 2017두38874 판결. 대법원은 이 사건을 다룬 2019년 판결에서, 입국금지결정이 항고소송의 대상이 될 수 있는 처분에 해당하는 것은 아니지만, 입국급지결정으로부터 13년 7개월이 지나 이루어진 사증발급거부처분에 대해서는 비례의 원칙에 반하는 것인지 여부를 판단했어야 한다고 판시하면서 원심판결을 파기환송하였다.

84 윤인진, 손지혜, 이종원, "재외동포의 국내 활동과 지원 정책에 대한 국민인식," 한국이민법학회 · 건국대학교 법학연구소 2019년 추계학술대회, 2019. 이 연구에 따르면, 일반국민은 재외동포에 대하여 대체로 우호적 인식을 갖고 있지만, 국가 재정에 부정적인 영향을 미치는 경우 및 편법으로 병역을 기피하거나 쉬운 방법으로 대학에 입학하려고 하는 경우에는 반감을 드러내는 것으로 나타났다.

85 2020년 유엔난민기구(UNHCR)가 한국리서치와 공동으로 진행한 '난민에 대한 태도 및 인식변화 조사' 보고서를 보면, 난민수용에 대해서 국민정서가 양분되어 있음을 확인할 수 있다. 수용찬성(33%)보다는 수용반대(55%)의 견해가 우세하였고, 2018년 예멘난민 수용반대 청원운동이 한창이던 2018년 6월 조사에서도 예멘난민 수용 찬성이 24%, 반대 56%로 반대 여론이 다수였던 것으로 나타났다. UNHCR, 『난민에 대한 태도 및 인식변화 조사』, 2021, 5면.

86 Mark B. Salter, "At the threshold of security: a theory of international borders," *Global Surveillance and*

리주체의 권위구조를 형성하는 주권은 '헌법을 형성(constituent sovereignty)하고 정당성을 부여하는 주권'이며, 이 주권은 누구를 받아들일지를 결정하는 주권이라는 점에서 대내적 최고성과 무관하지 않다. 다만, 국경관리에서 나타나는 국가주권의 행사는 구체적으로 국경관리가 어떻게 작동하는지를 실질적으로 설명해주는 것이 아니라, 국민으로부터 주권을 부여받은 대표자들이 대의제를 통해 누구를 국경 안으로 들여보낼지를 결정하고 어떤 방향성을 가지고 국경관리를 전개할지에 대한 정당성을 부여해주는 주권으로서 그 임무를 마친다. 그리고 실질적인 작동은 거번멘탈리티에 근거하여 발현된다.

Policing. Borders, Security and identity, Routhledge, 2005, p. 38.

2 / 시제법의 현대적 함의

정 동 은*

Ⅰ. 시제법에 대한 현대적 평가

1. 시제법의 역사적 전개

시제법원칙은 동시대성의 원칙에 따른 법적 안정성의 구현에 그 초점을 맞추고 있다. 반면, 시제법 제2규칙은 시제법의 적용에 있어 국제법의 발전을 고려해야 한다는 의미에서 시제법의 확장(extension of intertemporal law)을 의미한다고 할 수 있다. 법과 현실 간 역동적 상호관계를 감안할 때, 이 두 규칙은 Elias가 적절하게 지적한 바와 같이[1] 어느 한 규칙이 다른 규칙이 없을 경우 제대로 작동할 수 없으나, 시제법 제2규칙이 제1규칙에 대한 제약 요인으로 작용한다는 점에서 상호 보완적이고 제한적인 관계를 맺고 있다고 생각된다. Kotzur가 앞서 언급한 것처럼[2] 권리의 창설에 기인한 안정성과 권리의 존속과 관련된 법의 진화에 부합되도록 하는 데 필요한 신축성은 상호 보완적이라는 점에서 Huber 재판관이 팔마스 섬 사건 중재판정에서 제시한 시제법

---

* 고려대학교 국제법연구센터 고문, 고려대학교 대학원 박사학위 논문(2022)의 일부를 수록함을 밝힌다.

1 위 논문, 52면 참조.

2 위 논문, 44면 참조.

의 두 요소도 배타적이 아닌 상호 보충적 관계에 있다고 볼 수 있다.

영토관계법에서의 실효성이론은 개별 상황에 따라 다양한 방식으로 적용되지만 결국 그 핵심은 Huber 재판관이 제시한 시제법 제2규칙에 따른 주권표시이론이라고 할 수 있다. 이에 따르면 권원을 완성하기 위해서는 주권자로서 의사를 가진 국가가 실효적 통제를 행사해야 하는데, 다만 무엇이 실효적 통제에 해당되는 것인지 여부는 특정한 사건의 상황, 즉 그 지역의 지리적 성격과 경합적 권원 주장의 존재 여부에 따라 상이하게 된다.

요컨대 시제법은 역사적으로 볼 때 영토권원 분야에서 처음 출현하였지만, 그 본격적인 무대는 대부분 조약해석 분야에서 이루어지고 있다. 국제법상 일반적으로 널리 확산된 전통적인 이해에 따르면 시제법의 법리는 법적 안정성의 원리에 기초하여 당사자의 의사에 따라 체결 당시 의미로 고정하는 매우 한정된 의미의 동시대성 원칙으로 파악되고 있다. 그러나 조약의 해석은 법의 진화를 수용하는 다양한 해석 방법이 있고, 그 해석방법은 체결 당시 의미와 적용 당시 의미의 경합이라고 볼 수 있을 것이다. 영토분쟁과 같은 비조약 분야에서의 시제법 문제는 복수의 법체계 또는 법을 전제로 하며, 시제법 적용의 기준이 되는 국제관습법 역시 그 존재와 내용의 확인이 쉽지 않아 법의 체계성, 명확성 및 확정성이 매우 취약하다. 이러한 특성 외에도 영토권원 문제는 장기성, 시대 전환성 및 경합성 측면에서 조약법상 시제법의 적용문제와는 상이하다고 볼 수 있다.

(1) 식민주의, 국제법의 보편화 및 시제법

전통적인 영토권원유형론은 19세기 제국주의국가들이 식민지로 취득한 지역에 거주했던 원주민 정치조직의 영토권원을 문명화논리에 의해 법적으로 무력화시키는 도구로 활용되어 왔다. 이러한 영토권원유형론의 다양한 문제점에도 불구하고 현재까지도 ICJ는 이러한 방식에 따라 영토분쟁 사건을 판결해 왔다. 이런 시각에서 본다면 식민주의와 국제법 간의 연관성은 완전히 분리되기 어렵다. 국제법은 그 발전시기가 국제법의 적용범위라는 공간의 팽창과 밀접하게 관련되어 있기 때문이다.[3] 예컨대 Anghie는 국제법의 기원을 15세기 신대륙 발견과 그 식민주의에 있다[4]고 하면

---

3 오시진, "식민주의와 국제법 — 한국 영토 사안에의 함의 —," 『국제법학회논총』 제65권 제4호(2020. 12), 67면.

4 Anthony Anghie, "Francisco de Vitoria and the Colonial Origin of International Law," 5 *Social & Legal Studies* (1996), pp. 231-236.

서, 유럽의 국제법질서 형성에 있어서 식민주의가 중심적 역할을 했다고 보았다.[5]

특히 1873년 국제법학회가 창설되었을 당시에 문명론은 평등한 유럽 주권국가들 간 관계에 비하여 유럽국가와 비유럽국가의 관계를 불평등한 관계로 파악하였다. 즉 후자에는 국제법이 제대로 적용되지 않는 문명기준에 입각하여 식민지배를 정당화하는 기초가 마련된 것이다.[6]

1648년 웨스트팔리아 조약(Treaty of Westphalia)의 체결 이후 민족국가의 출현과 정치적 주권의 확립은 신권정치체제의 점진적 와해와 유럽제국의 비기독교 문명권과의 접촉을 통해 국제관계 및 국제법의 보편화 경향을 보이기 시작했다. 특히 국제법의 보편화와 관련하여 법적 기준이 보편화될수록 법적 안정성(legal stability)과 법적 신축성(legal flexibility) 간 적절한 균형을 맞추는 문제가 중요해졌다. 법적 확실성의 한 형태로서 법적 안정성은 '법의 지배'의 한 요소로서 법의 지배와 '인치(rule of men)' 간의 차이점은 플라톤, 아리스토텔레스, 몽테스키외 등 고전적 철학자들에 의해 강조되어 온 바 있다. 그러나 법은 인간이 만든 제도적 장치로서 아무리 안정성과 객관성을 기한다고 하더라도 역사적인 발전과 때로는 혁명적 변화라는 흐름에 저항할 수 없는 것이다.[7]

국제법의 보편성은 유럽에서 형성되고 발달한 국제법이 유럽 외의 지역에서도 유효하게 통용되는 과정을 통해서 성취된 결과물이라고 볼 수 있다.[8] 하지만 유럽 중심적 국제법 질서가 과연 국제법의 보편성을 담보할 수 있을 런지 여부는 아직까지도 불확실하다. 특히 과거로 거슬러 올라갈수록 국제법이 유럽 중심적으로 운영되어 왔음을 감안할 때, 시제법의 적용이란 과거 제국주의 시대의 법적 논리를 현재의 탈식민 시대에도 당시의 피해자들에게 그대로 수용하라는 요구와 다르지 않기 때문이다. 영토 취득에 관한 19세기 영토권원유형론은 그것을 만들어 낸 시대적 요구의 반영인

---

5 Anthony Anghie, "The Evolution of International Law: colonial and postcolonial realities," *Third World Quarterly*, Vol. 27, No.5 (2006), pp. 739-753.

6 Gerritt W. Gong, *"The Standard of Civilization" in International Society* (Oxford Univ. Press, 1984), p. 3.

7 Markus Kotzur, "Intertemporal Law," in *Max Planck Encyclopedia of Public International Law*, p. 2(http://oup.com).

8 Arnulf Becker Lorca, Eurocentrism in the History of International Law, in Bardo Fassbender and Anne Peters (eds.) *The Oxford Handbook of the History of International Law* (Oxford University Press, 2012), pp. 1036-1039(2. A Short Intellectual History of International law and the Rise of Eurocentrism).

바, 무주지 선점론을 중심으로 형성된 19세기 국제법 이론과 이에 근거한 시제법은 근본적으로 비유럽지역을 무주지로 전제하고 이에 대한 서구열강의 식민지 획득을 위한 규범을 마련하기 위해 형성되었다. 이는 결국 비유럽지역에서의 유럽세력 간 충돌을 방지하고, 그들 상호간 영토 요구에 대한 존중을 표시하는 것이 1차적 목적이었다고 볼 수 있다.[9]

(2) 역사적 맥락의 고려와 시제법 및 법 발생론적 접근법

1) 역사적 맥락의 고려와 시제법

제2차 세계대전 이후 탈식민화가 외견상 거의 완전히 달성된 현대 국제사회에 있어서도 ICJ를 비롯한 국제사법기관은 여전히 유럽 중심적 국제법관을 탈피하지 못하고 있다. 19세기 후반 및 20세기 초반은 이른 바 제국주의 시대로서 국제법이라는 규범내지 담론체계가 결코 중립적 · 객관적이라고 보기 어려우며, 경우에 따라서 국제법이 유럽식민주의의 이론적 무기로 악용되기도 하였음은 국제법사를 통해 명확하게 드러나고 있다. Orford가 지적한 것처럼 국제법은 "발견된 것이 아니라 만들어진 것("made, not found")"이기 때문에 국제법이 만들어진 시간과 상황적 맥락을 항상 염두에 두어야 하는 것이다.[10]

영토분쟁 사건을 다룸에 있어 ICJ는 자신의 판결이 갖는 현대적 적실성보다는 시제법적 고려에 매몰됨으로써 과거 식민주의 시대의 잘못된 관행 및 유산을 이미 탈식민화된 오늘날의 시점에서 재확인 · 강화해 주고 있다는 비판을 면하기 어렵다. 영토권원을 규율하는 국제법은 식민주의적 기원을 가지고 있으며, 아직도 그러한 특성이 완전히 사라지지 않고 남아 있다. 만일 ICJ가 전통적인 영토관계법과 시제법을 적용하여 과거 식민지 취득에 관한 국가실행을 사후적으로 정당화시켜 주는 입장을 취한다면, 이는 앞서 지적한 바와 같이 UN체제 이전 제국주의 시대에 통용되던 힘의 국제질서가 현재의 국제사회에도 그대로 용인되는 결과를 낳게 됨으로써 현대사회에서도 정의에 부합되지 않는 영토적 현상유지가 계속되는 결과를 초래할 것임을 의미한다.

역사적 맥락에 대한 고려가 배제된 시제법의 기계적 적용 결과의 합법성에 대해

---

9 Surya P. Sharma, *Territorial Acquisition, Disputes and International Law* (Martinus Nijhoff Publishers, 1997), p. 161.

10 Anne Orford, *International Law and the Politics of History* (Cambridge Univ. Press, 2021), p. 140.

서는 정의와 근본적으로 배치되는 법을 비법(非法, non-law)으로 본 Gustav Radbruch의 견해가 유용한 시사점을 준다고 생각된다.[11]

2) 법 발생론적 접근법과 시제법

19세기 유럽열강들이 아프리카 부족장들과 체결한 보호조약을 보호대상국의 병합수단으로 활용한 것은 '역사적 부정의(historical injustice)'를 도외시하고 당시의 국제법이 문명론과 시제법의 기계적 적용을 통해 식민주의 정책의 도구로 작용하였음을 보여주는 대표적인 사례 중 하나이다. 19세기에서 20세기에 걸친 문학작품의 분석을 통해 식민주의를 비판하고 오늘날의 정의관을 실현하고자 하는 법과 문학운동(law and literature movement), 타자에 대한 관심과 법의 윤리적 차원을 강조한 시적 윤리(poethics)와 같은 국제법의 '문학적 회귀(turn to literature)'는 시제법의 굴레에서 벗어나 역사적 부정의를 바로잡기 위한 대안적 접근법이라고 할 수 있다.[12]

Andreas von Arnauld는 이러한 접근법을 역사적 부정의가 발생하였던 시점에서 존재하였던 법(lex lata)의 일부로서 법윤리적 원칙(예: Martens조항)[13]을 고려한 법 발생론(jurisgenesis)의 개념으로 포섭하여 설명하였다.[14] 그는 피고의 부당한 소추를 예방하기 위해 시제법 원칙, 즉 시제법제1규칙이 엄격하게 적용되어온 국제형사법이나 국경의 안정성을 중시한 영토관계법과는 달리, 국가책임법이나 조약법에서는 시간

---

11 Gustav Radbruch, "Statutory Lawlessness and Supra-Statutory Law" [1946], tr. by Litschewski Paulson and Paulson, 26 *Oxford Journal of Legal Studies* (2006) 1, p. 7. 원문은 다음과 같다. "Where there is not even an attempt at justice, where equality, the core of justice, is deliberately betrayed in the issuance of positive law, then the statute is not merely 'flawed law', it lacks completely the very nature of law. For law, including positive law, cannot be otherwise than as a system and an institution whose very meaning is to serve justice."

12 Andreas von Arnauld, "How to Illegalize Past Injustice: Reinterpreting the Rules of Intertemporality," *The European Journal of International Law* Vol. 32, no. 2 (2021), p. 412.

13 Martens 조항은 1899년 헤이그 평화회의에서 러시아측 대표이자 당시의 저명한 국제법학자였던 Fyodor F. Martens의 제안으로 1899년 및 1907년 헤이그 육전법규 전문에 삽입된 문장으로서, 그 요지는 특정 무기 또는 전쟁방식이 구체적 또는 명시적으로 금지되지 않았더라도 문명화된 민족들 간에 수립된 관행, 인도의 법칙 및 '공공양심의 요구(dictates of the public conscience)'로부터 나오는 국제법 원칙에 따라 주민과 교전자들을 보호해야 한다는 것을 의미한다. Adam Roberts and Richard Guelff (eds.), *Documents on the Laws of the War* (Oxford: Clarendon Press, 1982), p. 42.

14 Andreas von Arnauld, *supra* note 12, p. 407.

과 국제법의 문제가 개별 사안의 특수성에 따라 차별화된다고 하면서, 식민주의의 가혹성 관련 사건을 다루는데 있어서 주변부(periphery)의 동시대적 시각을 고려한 포괄적 접근법(inclusive approach)을 유럽중심주의와 시제법의 질곡에서 벗어날 수 있는 대안으로 제시하였다.[15]

이와 같은 규범적 담론은 역사적으로 부정의한 사건들을 법적으로 다루기 위해 해당 사건이 발생했던 시대의 윤리적 기준을 당대의 실정법의 일부로 구성함으로써 시제법의 확장 적용을 시도한 접근법으로 볼 수 있다. 요약하자면 과거의 역사적 부정의로 인한 피해자 또는 희생자들에 대한 법적 책임과 배상문제의 해결을 위한 법 발생론적 접근법은 시제법 법리의 시간적 적용 범위를 확대함으로써, 한·일 간의 과거사 문제 관련 조약해석 문제의 해결에 있어서도 시제법의 기계적 적용으로부터 벗어날 수 있는 대안적 시각을 제공한다는 점에서 그 유용성을 찾을 수 있다고 본다.

(3) 유럽 중심적 국제법질서[16]와 시제법

제2차 세계대전 이후 탈식민화가 외견상 거의 완전히 달성된 현대국제사회에 있어서도 ICJ를 비롯한 국제사법기관은 여전히 유럽 중심적 국제법관을 탈피하지 못하고 있다.[17] 이는 식민당국 단독의 결정 또는 인접한 식민당국 상호간의 합의, 식민지역에 거주했던 토착 원주민의 시원적 권리의 존재 여부 등 다양한 법적 근거가 제기되는 사건들에서 ICJ가 영토권원의 귀속 결정에 있어서 분쟁의 배경으로 존재하는 역사적이고 복합적인 고려사항을 단순화하여 식민당국의 행위나 합의에 압도적인 중요성을 부여하는 경향을 보여 왔음을 알 수 있다. 예컨대, 카메룬·나이지리아 영토분쟁 사건에서 ICJ는 전술한 바와 같이 Bakassi 반도의 주권 귀속을 판단함에 있어서 시제법원칙을 기계적으로 적용하여 과거 식민종주국이었던 독일과 영국이 체결

---

15 *Ibid.*, p. 413.

16 Anthony Anghie, *Imperialism, Sovereignty and the Making of International Law* (Cambridge Univ. Press, 2004), pp. 310-320. Anthony Anghie는 유럽 중심적 국제법 질서가 '타자'(the 'other')의 독점적 구성을 통한 식민화 과정 및 탈식민 시대 이후 현재까지 신자유주의 정책의 제 3세계에 대한 강요에 기초하여 국제법 주체 간 평등에 입각한 국제적 정의의 실현을 저해하여 왔음을 신랄하게 비판하였다.

17 Arnulf Becker Lorca, *supra* note, p. 1035. 원문은 다음과 같다. "A history of international law centred in the West can be narrow, dull, and ethnocentric."

한 1913년 조약의 유효성을 인정하는 판결을 내린 바 있다.[18] 이러한 다수의견에 대해 Al-Khasawneh 재판관은 시제법규칙이 과거 식민주의시대의 실행을 현대국제법의 관점에서도 사법심사로부터 면제시켜주고 있다는 점을 강하게 비판하였다. 또한, 그는 토착부족장의 조약체결 주체성을 인정하면서 동시에 영토주권을 박탈한 법적 조치를 '타자성의 관념'에 근거한 유럽 중심적 국제법으로부터 비롯된 것이라고 비판하면서, 시제법은 규범의 시간적 적용에 관한 일반원칙으로서 지역에 따라 차이가 발생할 수 없다는 점을 강조하였다.[19] 나아가 Al-Khasawneh재판관은 현대 국제사회의 영토분쟁을 해결함에 있어서 주권평등, 비차별 및 원주민의 권리와 관련하여 과거와는 다른 국제법 규칙의 적용여부를 검토해야 한다는 의견을 제시하였다.[20]

비록 이와 같은 다수의견의 몰역사적인 영토관계법의 적용에 대해 반대의견이나 개별의견을 통한 비판이 이루어지고 있지만, 앞서 지적한 바와 같이 국가 간 쟁송에서 이러한 개별의견의 성공 여부는 아직까지 매우 불확실하다는 점을 부인하기 어렵다. 개별의견의 영향력은 결과적으로 상대국의 설득 여부에 달려있기 때문이다.[21] 만일 ICJ 등 국제사법기관이 전통적인 영토관계법과 권원이론을 무비판적으로 적용하여 과거 식민지 취득에 관한 국가실행을 사후적으로 정당화해 주는 입장을 지속적으로 취한다면, 이는 현대사회에서 정의에 부합되지 않는 영토적 현상유지가 계속되는 결과를 가져올 것이다.[22]

현대국제법의 유럽 중심적 담론 형성과 신식민주의적 경향을 극복하고, 제3세계 국가들의 관점에서 국제법의 체제, 역사, 과정을 이해하려고 시도함으로써, 유럽 중심적 국제법 질서에 다양성 및 타자성의 개념을 도입하고자 한 '제3세계 국제법 방법론(Third World Approaches to International Law, 이른바 TWAIL)'[23]과 비

---

18 *Case concerning the Land and Maritime Boundary between Cameroon and Nigeria* (*Cameroon v. Nigeria: Equatorial Guinea intervening*), *Meirts, Judgment of 10 October 2002, ICJ Reports 2002* (이하 "카메룬 · 나이지리아 영토분쟁 사건 판결"이라 함), p. 405, para. 205.

19 *Ibid.*, *Separate Opinion of Judge Al-Kassawneh*, p. 496, para. 6. 원문은 다음과 같다. "… such an approach is clearly rooted in a Eurocentric conception of international law based on notions of otherness,"

20 *Ibid.*, p. 500, para. 10.

21 Christian J. Tams and James Sloan, (eds.), *The Development of International Law by the International Court of Justice* (Oxford Univ. Press, 2013), p. 13.

22 김원희, 최지현, 김민, 『영토 권원 이론의 현대적 발전과 한계』(한국해양수산개발원, 2019), 107면.

서구 지역의 국제법사연구는 시제법과 현대국제법이 추구하는 가치와의 간극을 극복하고, 나아가서는 과거 식민지배로 인한 동북아지역의 영토 및 과거사 관련 분쟁을 해결하는데 있어서도 유용한 접근법이라고 볼 수 있다. 특히 TWAIL은 현재 국제사회의 권력정치에서 제외되어 왔을 뿐 아니라 경제적 및 사회적으로도 소외되고 배제되어 온 국가 및 사람들의 권리를 강화하려는 지적 운동이며, 이러한 국가와 사람들이 역사적으로 식민지배 및 제국주의에 의해 희생된 아시아 · 아프리카 및 라틴아메리카에 위치했다는 점을 강조하는 국제법학 방법으로 이해할 수 있다.[24]

최근 Koskenniemi는 1300년에서 1870년까지의 국제법사를 개관한 저술을 발간한 주된 이유로서 국제법 분야에 있어 유럽중심주의를 비판하면서 유럽의 주권과 재산은 보편적이 아닌 지역적으로 특별한 상황의 부분적 결합체임을 강조한 바 있다.[25] 이는 유럽 중심적 국제법이 유럽의 제국주의적 지배를 정당화하는 원천(sources)으로 작용하여 왔으며, 유럽지역에 적용되는 법원칙을 보편적으로 정당화하고 유럽지역 밖의 타자들을 무법자(outlaw)로 취급하였다는 측면에서 '편협한 보편주의(parochial universalism)'의 적용으로 본 Jennifer Pitts의 전통적 국제법사관에 대한 비판적 견해와도 맥을 같이 하고 있는 것으로 볼 수 있다.[26]

이러한 관점에서 볼 때 국제법상 시제법의 연구는 단순한 이론적 차원을 넘어서 유럽 중심적 주류국제법의 프레임을 극복할 수 있는 대안적 법리의 모색이라는 측면에서 그 의의가 있다고 볼 수 있다. Anne Orford와 Florian Hoffmann은 국제법사의 연구가 단순한 '이론 구성(theorizing)'이 아닌 '정치적 개입(political intervention)'을 의도

---

23 김성원, "이스트팔리아 질서(Eastphalian Order)의 출현 가능성에 관한 연구," 『국제법학회논총』 제56권 제1호(2011); 박배근, "국제법학방법으로서의 국제법에 대한 제3세계의 접근," 『국제법평론』 제42호(2015); TWAIL에 대한 최신 논의동향은 J. Gathii, "Promise of International Law: A Third World View (including A TWAIL bibliography 1996-2019 as an Appendix)" 114 *Proceedings of the American Society of International Law* (2020), pp. 165-187 참조.

24 M. Multa, "What is TWAIL?," *Proceedings of the American Society of International Law Annual Meeting* (2000), p. 35.

25 Martti Koskenniemi, *To the Uttermost Parts of the Earth: Legal Imagination and International Power, 1300-1870* (Cambridge Univ. Press, 2021), p. 939. 원문은 다음과 같다. "… European power is neither the power of sovereignty nor of property but always a particular, locally specific combination of the two."

26 Jennifer Pitts, *Boundaries of the International: Law and Empire* (Harvard Univ. Press, 2018), p. 6.

하고 있다고 강조한 바 있다.[27] 바로 이 점은 시제법 연구의 경우에도 적용된다고 볼 수 있다.

2. 시제법의 현대적 함의

(1) 시제법에 대한 현대적 평가 의의와 필요성

오늘날 영토분쟁 및 탈식민 분야 등에서 제기되고 있는 다양한 국제분쟁들은 많은 경우 시제법의 문제를 내포하고 있다. 예컨대 2016년 PCA의 남중국해 사건 중재판정은 중국이 주장한 이른바 '9단선'(nine-dash line)[28] 내 중국의 역사적 권리 주장에 대한 UN해양법 위반 여부가 주요 쟁점 중 하나였다. 동 사건에서 재판부는 17세기까지 거슬러 올라가는 역사적 권원, 즉 시제법에 기초한 중국 행위의 합법성을 부인하였다. 재판부는 중국이 해당 수역 또는 자원에 대하여 '배타적 통제(exclusive control)'를 행사하였다는 증거가 없다는 점을 근거로 하여 '9단선' 내 해역 및 자원에 대한 주장을 UN해양법협약 상 월권행위라고 판단한 것이다.[29]

탈식민 분야에서는 1904년에서 1908년까지 과거 독일의 식민지였던 서남아프리카(현재의 나미비아)에서 독일 식민당국이 Herero족과 Nama족에 대해 자행했던 제노사이드(약 2만 4천 여 명의 Herero족과 1만 여 명의 Nama족이 학살된 것으로 추정) 관련, 독일 정부의 배상문제에 있어서 시제법의 적용여부가 주요 쟁점이 되었다. 20세기 초에는 제노사이드를 명시적으로 금지한 국제협약이 없었기 때문에 이들 종족의 학살 당시에 제노사이드를 금지하는 국제관습법의 존재 여부와 만일 존재하였다면 그러한 국제관습법의 적용 가능 여부가 문제로 대두된 것이다.[30] 1985년 UN Whitaker Report

---

27 Anne Orford and Florian Hoffmann with Martin Clark (eds.), *The Oxford Handbook of the Theory of International Law* (Oxford University Press, 2016), p. 17.

28 이른바 '9단선'은 중국이 남중국해 주변에 설정한 9개의 해상경계선으로 이 선 내에 Spratly Island, Paracel Island, Scarborough Shoal 등 남중국해의 약 80% 가량이 포함되었다. The South China Sea Arbitration: The Philippine v. China, *PCA Case No. 2013-19(2016)*(이하 "남중국해 사건 중재판정"이라 함), para. 225.

29 *Ibid.*, para. 1203B(2).

30 Edward Martin, *The Application of the Doctrine of Intertemporality in Contentious Proceedings* (Berlin: Duncker& Humbolot GmbH, 2021), p. 19.

에서 동 사건을 20세기 초에 발생한 제노사이드로 규정한 이후, 독일 정부는 2015년 7월 이를 공식적으로 인정하였으며, 2021년 5월 제노사이드가 발생한 나미비아 지역에 대한 지원을 위해 약 11억 유로를 지급하기로 결정하였다.[31] 이 사건은 국제형사법 분야에서 시제법의 확장 적용, 즉 시제법 제2규칙이 적용된 사건이라고 볼 수 있다.

또한 카리브 공동체가 2014년 3월 설립한 '카리브공동체 배상위원회(CARICOM Reparations Commission)'는 '배상적 정의를 위한 10개항의 카리브공동체 계획(Caricom Ten Point Plan For Reparatory Justice)'을 채택하여 과거 카리브 지역 내 노예 무역으로 발생한 피해에 대한 식민당국의 사죄 및 배상 등을 촉구하는 캠페인을 지속적으로 전개해 오고 있다.[32]

위와 같은 사례들을 통해 오늘날 '시제법의 탈식민화'[33]에 대한 요구가 단순한 국제법 이론이나 법리의 적용 문제가 아닌, 국가 간 쟁송사건 관련 국제분쟁의 사법적 해결을 모색하는데 있어서 매우 중요한 법적 쟁점사안으로 대두되고 있음을 알 수 있다. 또한 이는 시제법 문제에 대한 현대적 평가와 재인식이 필요하다는 점을 명확하게 보여주는 역사적 실례라고도 볼 수 있을 것이다.

아울러 한·일 간의 과거사 문제(한·일 기본조약의 해석, 위안부 문제, 일제 강제징용 피해자 배상 청구 소송 등)를 둘러싼 양국간 첨예한 입장 대립은 비단 양국간 분쟁의 발생으로 인한 정상적인 관계 발전의 저해요인이 될 뿐 아니라, 장기적 관점에서 볼 때 평화로운 동북아 질서구축에도 심각한 걸림돌로 작용하고 있다. 그런데, 이와 같은 문제들은 일제 강점기 당시 유효했던 국제법 규범의 성격, 국가 및 국가대표에 대한 강박에 의해 체결된 조약의 유·무효, 국가의 창설과 소멸, 영토의 취득과 할양, 조약의 승계 등 시제법과 관련된 쟁점 사안들을 다수 포함하고 있다. 특히, 시제법을 적용함에 있어서 시제법의 두 규칙 간 상호보완이 아닌 상호 모순 내지 충돌관계가 예견되

---

31 Herero and Namaqua genocide (https://en.wikipedia/wiki/Herero_and_Namaqua_genocide).

32 카리브 공동체 배상위원회가 작성한 동 계획에 대한 상세는 www.caricomreparations.org 참조.

33 국제법의 과거, 예컨대 19세기 국제법의 비판적 재해석(국제법 연원과 도덕적 확신과의 연계성, 식민지 영토취득을 위한 무주지 개념의 재검토 등)을 통한 '시제국제법의 탈식민화(Decolonizing intertemporal international law)'와 그 현대적 시사점에 대한 분석은 Matthias Goldmann, "Decolonizing intertemporal international law," *Voelkerrechtsblog*, 13 November 2019 참조.

는 현재의 국제법 체제하에서[34] 상기와 같이 복잡한 현안들을 해결하여 나가기 위해서는 앞으로 시제법의 법리와 적용에 관한 보다 심층적인 연구가 요구되고 있음을 조망하였다.

시제법의 확장적용 문제에 있어서 관건은 앞서 수차례 언급하였듯이 국제법의 안정과 함께 및 변화하는 세계 속에서 규범의 타당성을 어떠한 방식으로 조화시켜 나갈 수 있을 것인가 여부에 달려 있다고 생각된다. 시제법 제2규칙이 적용되는 분야는 앞서 지적한 바와 같이 조약의 해석이나 영토분쟁에만 한정되는 것이 아니다. 즉 이는 국제규범의 형성을 둘러싼 상황이라는 보다 넓은 맥락뿐 아니라, 국제규범과 주변의 세계 간 상황의 변화가 그 규범의 내용에 어떠한 영향을 미치는지 하는 문제까지도 포괄하기 때문이다. 결국, 과거는 현재와 분리될 수 없으며, 현재의 인식이 일정 시점에서 명확하게 드러나지 않더라도, 어떠한 방식을 통해서더라도 과거에 체결된 조약의 해석과 적용에 영향을 미친다고 할 수 있다.[35] 따라서 시제법의 연구는 국제규범의 안정과 변화 및 발전의 조화라는 일견 상반되는 목표를 달성하고, 형평과 정의에 기초한 국제법 질서를 추구하려는데 그 의의가 있다고 본다. 시제법의 원칙은 상당한 세월을 두고 점진적으로 변화하며, 그 내용은 다수 국가들의 실행과 국제관습법을 반영하여 결정된다. 상기에서 살펴본 바와 같이 국가실행의 존재와 국제관습법의 형성 및 변화여부를 규명하려면 과거의 정부 문서, 회의록, 문서보관소 자료, 주요 학자들의 저술과 논문, 당시의 언론 기사 등 방대한 사료에 대한 정밀하고 객관적인 분석이 선행되어야 한다. 나아가서 향후 발생 가능한 국제소송에 대비한 준비 차원에서도 국제법과 국제관계 및 역사학 연구자 간 긴밀한 학제적 협력 시스템이 반드시 구축 되어야 할 것으로 생각된다.[36] 비록 학문분야는 상이하지만, 독일의 철학자이자 문예비평가인 발터 벤야민(Walter Benjamin)의 비유를 빌리자면, 국제법상 시제법 분야의 연구자는 그 탐구과정이 조약법, 영토관계법 및 국제법사라는 광대하고 심원한

---

34 박기갑, "국제법상 시제법," 동북아역사재단 출범 1주년 기념 역사주간 국내학술대회, 『상이한 역사인식: 그 책임과 민족, 영토인식』(2007. 9), 7면.

35 D. W. Greig, *Intertemporality and the Law of Treaties* (The British Institute of International and Comparative Law, 2001), pp. 143-144.

36 이러한 학제적 연구의 좋은 사례로서는 서울대학교 한국문화연구소에서 간행하는 '한국학공동연구총서'와 2018년 4월에 개최된 '제1회 국제법사 연구회 세미나'를 들 수 있다.

바다 속에서 탈식민과 형평적 국제법질서를 지향하는 현대국제법의 기본적 가치의 실현을 위한 부단한 노력을 필요로 한다는 점에서, 고전이나 문학작품의 텍스트 속에 숨겨진 진실의 언어(language of truth)를 발굴해내는 '진주잡이(pearl diver)'[37]와 유사하다고도 볼 수 있을 것이다.

(2) 강박조약 및 국제인권법상 소급효의 적용과 시제법

1) 강박조약과 시제법

앞서 살펴본 조약법상 강박이론은 1910년 일본의 한국병합 과정에서 체결된 일련의 조약, 특히 1905년 이른바 을사보호조약(이하 1905년 조약)의 법적 효력 문제와 밀접한 연관성이 있다. 일본의 한국병합 관련 법적 평가에 대해서는 아래와 같은 세 가지 견해로 나누어 볼 수 있다.[38]

첫째, 주로 일본의 학자 또는 정치가들은 현대국제법의 관점에서 볼 때, 일본의 한국 병합이 적법하였을 뿐 아니라, 국제도덕의 관점에서도 합법적이었다고 주장한다. 예컨대, 전 일본 총리 사토 에이사쿠는 1910년 한 · 일간 모든 조약 및 협정은 "자유의지와 평등을 기초로 체결"되었고, 따라서 체결 당시에 법적으로 유효하였다는 입장을 밝힌 바 있다. 이러한 견해는 일본의 한국 병합이 하나의 역사적 기정 사실(fait accompli)로서 후대에 이르러 규범적 또는 법적 (재)평가로부터 자유롭다고 생각하는 입장이나, 이제는 보다 많은 학자들이 일본의 한국병합 및 다른 제국주의적 행태가 비합법적이었으며, 도덕적으로도 정당화될 수 없다는 점을 인정하고 있다. 이는 앞서 살펴본 바와 같이 조약규정의 해석의 경우 조약채택 이후 일련의 상황 전개와 분리될 수 없기 때문이다.[39]

둘째, 점진적으로 진행된 일본의 한국병합 행위가 비록 외형적 형식을 갖추어 합법적 한계 내에서 행해진 듯 보인다 하더라도, 도덕적 정당성을 인정할 수는 없다고

---

37 Walter Benjamin, *Illuminations* (tran. by Harry Zorn ed. and with an introduction by Hannah Arendt), (New York: Shocken Books, 1968), p. 51.

38 백충현, "일본의 한국 병합에 대한 국제법적 고찰," 이태진 외, 한국병합의 불법성 연구(서울대학교 출판부, 2004), 221면.

39 Robert Jennings and Arthur Watts (eds.), *Oppenheim's International Law* 9th ed. (Longman, 1992), p. 1282.

보는 견해이다. 하지만 이러한 견해는 시제법 또는 불소급원칙이 추구하고 있는 법의 근본이념을 버리고 현실타개만을 위해 법을 기계적으로 적용하려는 태도로 볼 수 있다. 비록 시제법 또는 법규범의 불소급 원칙이 국제법의 확립된 규칙이라고 할지라도, 일반 국제법상 강행규범과 밀접한 연관이 있는 행위(침략 금지 또는 조약당사자 간 자유로운 상호 동의 등)에 관해서는 예외의 근거가 될 수 없을 것이다.[40]

셋째, 일본의 한국병합은 불법일 뿐 아니라 정당하지도 못한 행위로 보는 입장으로서, 이는 다수의 한국 학자들의 견해이고, 소수이지만 일부 일본 학자들의 지지를 받고 있다. 예컨대, 사부로(Ienaga Saburo) 교수는 한일관계의 발전에 대하여 "이전에 독립국이었던 한국은 일련의 불평등한 강제적 조약에 의해서 일본에 불법적으로 편입되었다"고 설명하고 있다. 일본의 한국병합에 대한 규범적 평가에 있어 정당성 문제를 합법성과 인위적으로 구별하려는 일본학자들의 시도는 문제가 있는바, 적법성과 정당성은 서로 구별하여 논의할 개념이 아니며, 국제적 행위 혹은 사건에 대한 법적 평가에 있어, 정당성은 언제나 합법성의 기본적 가치로 동시에 고려되어야 하기 때문이다. 특히 국가 간 조약관계의 성립에 있어 침략금지 또는 당사국동의의 자유와 같이 근본적으로 중요성을 가지는 원칙이 문제가 될 때는 적법성과 정당성의 밀접한 연관성에 기초한 동시적 고려가 필요하다고 본다.[41]

따라서 1904년 제1차 한 · 일협약, 1905년 을사보호조약(제2차 한 · 일협약), 1907년 제3차 한 · 일협약 등 일본이 대한제국과 체결한 일련의 조약들은 병합의 완성을 위한 부분적인 법적 조치이며, 1910년 일본의 공식적인 한국 병합은 이미 그 이전에 점진적으로 이루어진 침략완결의 단순한 확인 행위에 불과하다고 보아야 할 것이다.[42] 한 · 일 강제병합 관련 조약들은 정당하지 못한 무력 사용의 결과로서 조약체결 당시 국제법의 법실증주의 하[43]에서도 금지되었으며, 무력을 사용하여 강박에 의해 체결

---

40 백충현, 앞의 주 38, 241-242면. 국제사회에서는 법적 안정성을 유지하려는 필요가 역사적 흐름에 대한 변화를 압도하는 것이 일반적 경향이다. 시제법 또는 소급효 금지 원칙이 '법의 일반원칙'으로 수용되고 있는 것도 사실이다. 그러나 Guggenheim은 소급효 금지원칙이 국제법의 맥락에서 절대적인 것이 아니라고 언급하였다. 또한 Tavernier도 제2차 세계대전 이후 전범재판에서 '소급효 원칙'이 유연하게 적용되었던 선례를 지적하였다.

41 위의 주, 223-224면.

42 위의 주, 221면.

43 오시진, " 국제법상 법실증주의에 대한 일고찰," 국제법학자대회(2016.10.21.) 발표문, 334-353면. 오교수

된 조약의 법적 유효성을 인정하는 근거로 원용될 수 있는 실정법(*lege lata*)[44]으로서의 법체계는 존재하지 않는다.[45] 특히, 1905년 조약의 경우, 국제법적 측면에서 조약의 유·무효를 결정하는 성립요건으로서 비준의 불비와 국가대표에 대한 강박이라는 효력요건 상의 하자에 더하여, 일본이 주장해 온 시제법의 법리 역시 현저히 노후되고 부적절하여 이러한 규범은 폐지된다고 보는 것이 당사자의 동의에 기초하여 국제법 관계를 형평의 원리에 따라 해결하라는 법의 일반원칙에 부합된다고 볼 수 있을 것이다.[46]

앞서 살펴본 바와 같이 1945년 이전까지의 전통적인 견해는 국가 자체에 대한 강박과 국가대표 개인에 대한 강박을 구분하여, 전자의 경우에는 조약 무효화의 근거로 보지 않고, 후자에 대한 강박만을 조약 무효화의 원인으로 보았는바, 이러한 구분은 무력사용을 합법적이라고 용인하는 관념의 당연한 논리적 결과였다.[47] 그러나 국가 자체에 대한 강박과 국가대표에 대한 강박을 구분하는 이론에 대한 전폭적인 지지는 제1차 세계대전 이후 양차대전 사이의 시기에 이르러 점차로 약화되었다. 특히 국제

는 역사적인 측면에서 보았을 때 법실증주의가 19세기에 일반적으로 자리잡게 된 법 관념으로서 자연법이론에 대항하면서 발전하였다고 하면서 법실증주의의 세 가지 테제(Thesis)로서 첫째, 분리가능성 테제: 법과 도덕의 분리, 둘째, 사회환경 테제: 사회적 사실로 존재, 셋째, 법 연원의 단일주의 테제: 의사주의를 분석한 후 법실증주의의 문제점과 한계를 극복하기 위한 대안 중 하나로 규범적 법실증주의(normative positivism)의 심도 있는 연구를 제안하고 있다.

44 Aaron X. Fellmeth and Maurice Horwitz, *Guide to Latin in International Law* (Oxford Univ.Press, 2009), p. 169. "Ratified law," "The positive law currently in force, without modification to account for any rules subjectively preferred by the interpreter."

45 국제법상 *lex(lege) lata*와 *lex(lege) ferenda* 간 관계에 대해서는 박기갑, "국제법상 *Lex fereda*", 『국제법학회논총』 제63권 제4호(2018) 참조

46 도시환, "을사늑약의 국제법적 문제점에 대한 재조명," 『국제법학회논총』 제60권 제4호(2015), 141면. 도시환은 식민지 시대에 체결된 조약의 해석 및 적용과 관련하여 전통국제법 방법론에 여러 가지 도전이 제기되고 있는 오늘날의 시점에서 시제법 문제는 기존 조약체제와 그 토대로서의 국제법 체제에 대한 근본적인 성찰을 요구하고 있다고 강조하였다. 이어서 그는 노후하고 부당하며 부적절한 규범은 폐절된다고 보는 것이 당사자들의 묵시적 동의의 기초이자 국제법 관계를 형평의 원리에 따라 해결하라는 법의 일반원칙으로서, 시제법문제의 해결에 적용되어야 할 지침이라고 본 오병선의 논지를 인용하고 있다(오병선, "국제법상 시제법 문제에 대한 이론적 고찰," 『국제법학회논총』 제57권 제1호(2012), 141면).

47 성재호, "조약법을 통해 본 1910년 병합조약의 무효 — 강제에 의한 조약의 해석을 중심으로," 『동북아역사논총』(2010년 제29호), 258-259면. 이러한 구분에 대하여 성재호는 첫째, 조약 체결의 성립 요건은 당사자간 자유 의사에 따른 동의이며, 둘째, 국가에 대한 강박조약의 유효론은 특수사례인 강화조약의 일반화 오류에 함몰되어 있을 뿐 아니라, 셋째, 20세기 초반 법실증주의 하에서 강대국의 일방적 주장을 법적 영역으로 끌어들인 당시 국제법학자들의 논거 자체가 오류임을 지적하면서 반박하였다.

분쟁의 합법적 수단으로서의 전쟁의 불법화는 국가 자체에 대한 강박과 국가 대표에 대한 강박을 구분하는 이론에 심대한 타격을 가하였다.[48] 일본이 한국의 외교권 및 경찰권에 대한 완전한 통제권을 행사하고 있었던 상황에서 체결된 1910년 병합조약은 평화조약의 범주에도 속하지 않고, 국가 자체에 대한 강박 속에서 당사자 간 자유로운 상호동의에 따라 체결된 것도 아니어서 법적으로 유효성을 합리화할 요소를 전혀 발견할 수 없다.[49] 이와 관련, 도시환은 강박에 의한 1905년 조약의 무효론(Francis Rey)[50]에 대한 비판론자인 아리가 나가오,[51] 운노 후쿠쥬,[52] 사카모토 시게키[53]의 주장을 다음과 같이 반박하였다. 즉 전통 국제법 시대에서도 실증주의와 규범주의 간 상반된 입장과 무관하게 조약의 체결권자의 의사(意思)의 자유는 인정되었기 때문에, 의사의 자유라는 전제하에 1905년 조약에 대한 평가를 제시했어야만 하는데, 일본 국제법 학계나 사학계가 이에 침묵함으로써 일본의 군국주의적 국가실행을 선취적으로 제시하는 입장을 취했다는 것이다.[54]

일본은 1910년 한국병합조약에 의해 한반도가 자국령이 되었다고 주장하지만, 당시 국제법에 따르면 병합은 정복의 결과이고, 정복은 전쟁을 활용한 영토취득 방식이었다. 이 시기에도 정당한 근거 없는 무력사용 또는 무력위협으로 인한 정복은 합법적인 영토취득 수단이 아니었다. 1904년 이후 일본이 한국의 근대화 개혁을 시도했지만 여의치 않아서 병합했다는 논리는 전쟁 원인이나 정복의 결과로서 병합하는 이유가 될 수 없었기 때문에 당시 국제법을 위반하는 것이었다. 일본은 1904년 의정서 및 1905년 제2차 한・일 협약에 의해 한국의 독립을 지원하고 동양의 평화를 위한다

---

48 이근관, "국제조약법상 강박이론의 재검토," p. 267, 이태진 외, 앞의 주 38, 268면.

49 백충현, 앞의 주 38, 74면, 237면.

50 Francis Rey, "La Situation International de la Coree," *Revue General de Droit International Public*, Tome Ⅷ, (1906), pp. 40-48.

51 도시환, 앞의 주 46, 138-139면. 아리가 나가오는 1905년 조약과 같은 종류의 조약에서 강제는 배제할 수 없는 요건인바, 오늘날의 국제법에서는 사정의 강제와 육체의 강제를 구분하여 후자만이 무효일 뿐이고 동 조약 체결 이전에 대한제국 대신에 대한 협박 사실은 없었다고 하여 동 조약의 유효성을 주장하였다.

52 위의 주, 138면. 운노 후쿠쥬는 전통 국제법학계가 을사보호조약의 무효론을 제시한 Rey의 주장을 인지하고 지지해 왔다는 것은 과대평가라고 비판하였다.

53 위의 주, 139면. 사카모토 시게키는 국가에 대한 강박은 무효가 될 수 없다는 전제하에, 국가원수나 대신 등 국가기관에 가하는 강박을 국가에 대한 강박으로 인식하였다.

54 위의 주, 185면.

는 명분으로 보호관계를 설정하였다. 그러나 이는 조약 규정과는 달리 영토주권의 획득을 목표로 했기에 외견상 보호관계이지만, 실질은 영토획득을 시도한 것이다. 이러한 일본의 시도는 당시 국제법으로 보아도 불법이다. 왜냐하면 전통 국제법상 보호관계를 설정하는 것은 보호를 받는 국가의 '대외적 주권행사'인 외교권을 보호하는 국가가 대신 행사하기 위한 것이었기 때문이다. 일본은 1904년과 1905년 이후 고문정치, 통감정치 등을 통해 한국의 대외적 주권행사뿐 아니라 대내적 주권행사도 잠식함으로써 조약규정을 신의성실하게 이행해야 하는 조약의무도 위반하였다. 또한, 이 시기에 일본이 자국 군대를 한반도에 주둔시키면서 실질적으로 한반도 전체를 지배하여 당시 국제법으로 보더라도 점령행위를 한 결과 대한민국은 제대로 국가기능을 수행할 수 없게 되었다.[55]

결론적으로 일본의 한국 병합은 정의에 반하고, 침략행위를 금지한 당시의 강행규범 위반으로서 시제법 또는 소급효 금지원칙의 기계적인 적용을 할 수 없는 지극히 불법적인 성격을 갖고 있음을 부인하기 어렵다. 일본과 한국 간 일제강점기에 체결된 조약들은 무력사용의 결과임이 분명하고, 보호조약의 성격에도 어긋나며 이는 당시 국제법의 주류였던 법실증주의 하에서도 금지되었다는 점을 감안할 때, 1905년에서 1910년에 걸쳐 일본이 취한 일련의 한국병합 과정은 당시 국제법을 위반한 조치로서 정당화될 수 없다고 본다.

2) 국제인권법상 소급효의 적용과 시제법

한 · 일 간 과거사 문제 중 하나인 일본군 '위안부'문제에 있어서도 시제법이 중요한 고려사항 중 하나로 작용하고 있다. 예컨대 UN은 1968년 '전쟁범죄 및 인도에 반한 죄의 시효의 부적용에 관한 국제협약'[56](이하 시효부적용에 관한 국제협약)을 채택하여 국제법상 전쟁범죄 및 인도에 반한 죄에 대해서는 시효가 존재하지 않는다는 점을 확인하고, 동 범죄 관련 시효부적용 원칙의 보편적 적용을 확보하는 것이 필요하다고

---

55 강병근, "19세기 말 20세기 전반기 '한국'의 국가적 지위에 관한 국제법적 고찰," 『국제법평론』 2018- I (통권 제49호), 29면.

56 UNGA Res. 2391 (XXIII), Convention on the Non-Applicability of Statutary Limitations to War Crimes and Crimes against Humanity (1968.11.26.).

지적한 바 있다. 일본군 '위안부'라고 하는 중대한 인권 침해 행위 관련, 피고 측에 의한 시효의 원용은 시간의 경과가 오히려 원고 측의 사실입증을 곤란하게 하는 것이기 때문에 원고 측에 일방적으로 불리한 권리남용이 될 수 있다는 점에 유의하여야 할 것이다.[57] 뉘른베르크 재판 당시 피고들과 일부 학자들이 인도에 반한 죄에 대한 소추에 대하여, 이를 합법성의 원칙에 따른 죄형법정주의(*nullum crimen sine lege* [no crime without law])를 위반한 것으로 항변[58]하였는데 당시 재판부가 인도에 반한 죄의 처벌은 시제법의 위반이 아니라고 판시[59]한 사례는 국제인권법과 국제형사법 영역에 있어서 시제법의 적용 관련 중요한 함의를 갖는 판례 중 하나이다. 앞서 살펴본 논리 및 시효부적용에 대한 국제협약의 취지에 따라 보편적 인권과 관련된 '위안부' 문제에 대해서도 마찬가지로 소급효의 부적용을 통해 시제법의 법리가 배척되어야 할 것이다.[60]

3. 형평의 원칙과 시제법

Koskenniemi는 앞서 살펴본 바와 같이 시제법 관련 논의에서 "변화와 안정 간 균

---

57 도시환, "일본군 '위안부' 문제의 현황과 국제인권법적 재조명," 『국제법학회논총』 제53권 제 3호(2008), 55-56면. Theo von Boven(네덜란드 Maastricht대 국제법 및 유럽법 명예교수로서 구 유고전범재판소 사무국장, UN 고문방지 특별보고관 등 역임)이 언급한 것처럼 시효의 적용은 종종 중대한 인권침해에 대해 당연히 주어져야 할 배상을 피해자로부터 박탈하는 것으로서, 중대한 인권침해 관련 피해배상에 관한 청구는 시효에 따르지 않아도 된다는 원칙이 널리 받아들여져야 한다.

58 Antonio Cassese, *International Criminal Law* (Oxford University Press, 2003), pp. 147-148. 1945년 런던회의(London Conference)의 나치 전범에 대한 처리문제 논의 결과로 성안된 Nuremberg Charter(이하 헌장)는 평화에 관한 죄, 전쟁범죄 및 인도에 반한 죄를 법적으로 다루고자 뉘른베르크 전범재판소를 설치한 바, 이는 동 범죄의 기소 및 처벌 관련 형사 관할권에 대한 국가의 독점(monopoly)을 최초로 넘어선 조치로서 그 의의가 있다. 그러나, 동 재판소는 동 범죄를 구체적으로 규정하지 않고 헌장을 적용하여 판시함으로써, 피고 측 변호인이 적절하게 지적한 것처럼 사후법(*ex pot facto* law)의 적용이라는 비판을 받았는데, 재판소는 그 이유를 다음과 같이 제시하였다. 첫째, 헌장은 제정 당시에 존재하던 국제법의 표현이며, 둘째, 죄형법정주의는 주권에 대한 제약이라기보다는 정의의 일반원칙이기 때문이다(The maxim of *nullum crimen sine lege* is not a limitation of sovereignty, but is in general a principle of justice).

59 *Ibid.*, p. 319. Cassese는 현재까지의 국가실행을 감안할 때 모든 국제범죄에 대한 시효의 부적용을 포함하는 국제관습법은 아직 형성되었다고 보기 어렵다고 하면서, 다만, 제노사이드, 인도에 반한 죄, 고문과 같은 특정한 국제범죄에 대하여는 특별국제관습법(specific customary rules)에 따라 시효를 적용할 수 없도록 해야 한다는 조심스러운 입장을 취하고 있다.

60 도시환, 위의 주 57, 55-56면.

형을 맞추는 문제는 시간의 중요성에 대한 견해 차이가 아니라, 상황에 따라 상이한 '형평의 개념(what is equitable)'이 관건"이라고 지적하면서, 변화와 안정 사이의 결정은 '상황 의존적(contextual)'이며, '불확정적(indeterminate)'이라고 언급한 바 있다.[61] 이는 결국 시제법의 확장적용을 통한 공정한 국제규범의 확립을 위한 형평의 개념과 연관된 문제라고 볼 수 있다.

(1) 형평의 정의

형평의 개념은 그리스의 철학자 Aristotle의 니코마코스 윤리학(The Nichomachean Ethics)에서 비롯된바, 그에 의하면 형평은 입법의 보편성에 공백이나 흠결이 발생하는 예외적 상황이 발생할 경우 '실정법 적용 결과에 대한 교정'을 통해 '더 나은 정의의 실현'을 달성하고자 하는 개념이다.[62] 로마법(Roman Law)이나 영미법상의 보통법(Common Law)에서 발견되는 형평은 이른바 보통법의 엄격한 적용이 불합리한 결과를 초래할 때, 또는 실정법이 부재하거나 결함을 가지고 있는 경우 이를 보충하거나 효과적 구제를 확보하기 위해 상대적 제한을 가하는 것까지를 포함한다. 그러나 대륙법계의 이른바 공평성(fairness) 또는 형평이라는 개념은 성문법을 기초로 하기 때문에, 실정법의 구속을 받지 않는 우위를 의미하는 것이 아니라, 존재하는 법 내에서의 형평함을 도모한다는 의미에 불과하다.[63]

Aristotle의 '교정적 정의(corrective justice)'로서의 형평과는 달리 이른 바 '배분적 정의(distributive justice)'로서의 형평은 상호성(reciprocity)과 비례성(proportionality)에 기초한다. 이와 관련하여 형평(equity)과 평등(equality)은 구분되어야 한다. 재판에 있어서 형평은 당사자에게 공평한 몫을 부여하는데 그 목적이 있으므로, 개개의 사정의 무시한 채 동등한 대우를 하는 것을 의미하는 것은 아니다. 따라서 이 경우 형평은 형식적 평등이 아닌 실체적 정의에 부합되는 실질적 평등에 보다 가깝다고 할 수 있다.[64]

---

61 Martti Koskenniemi, *From Apology to Utopia: The Structure of International Legal Argument* (Cambridge Univ. Press, 2005), p. 454, p. 461.

62 Aristotle, *The Nicomachean Ethics*, tr .by David Ross and revised with and introduction and Notes by Lesley Brown (Oxford Univ.Press, 2009), Book V, Ch. 10, pp. 98-99.

63 최태현, "국제중재재판에 있어서의 '형평'의 개념 및 적용가능성 연구," 한국해양수산개발원(2008. 12), 7면.

(2) 국제법상 형평의 구분

1937년 PCIJ의 뫼즈 강 유역 변경사건 판결[65]의 개별의견에서 Manley o. Hudson 재판관은 형평이 아나 이상의 국가들의 국내법에서 이미 확립되어 온 원칙으로서, 이는 법의 일반원칙에 해당하고 법의 일반원칙의 적용은 당사자들의 합의가 없더라도 재판소가 재량으로 고려하여 적용할 수 있다는 요지로 판시하였다.[66] Hudson재판관의 이러한 접근방식은 그 이후 ICJ의 북해대륙붕 사건 등 다수의 ICJ 판결에서 추종되었다.

그러나 경계획정과 같이 특정한 분야에서가 아닌 전반적인 분야에서 형평이 문명국에 의해 인정된 법의 일반원칙으로 편입되어왔다는 견해에 대해서는 Ammoun 재판관의 반론이 존재하며,[67] 이러한 ICJ의 접근방식은 매우 인위적이고 적절치 않다는 지적도 있다.[68]

1) 법 안에서의 형평

법의 일반원칙은 이른바 재판 불능 상태를 방지하기 위한 것으로서 조약과 관습과는 구별되는 제3의 법원이라는 점을 고려할 때[69] Hudson 재판관의 개별의견에 따라 형평이 법의 일반원칙에 해당한다는 입장은 다음과 같은 이유로 타당하지 않다. 첫째, 형평이 '법안에서의 형평(equity *infra legem*)'[70]을 의미한다고 한다면, 이 경우 형평은 법의 존재를 전제로 하여 이루어지는 해석이므로 법의 결여로 인한 재판 불능과

---

64 김석현, "국제재판에 있어서의 형평," 『국제법평론』, 1998- I / II, 통권 제10호, 11면.

65 Diversion of Water from the River Meuse (The Netherlands v. Belgium), *PCIJ Series A/B, No.70, 1937* (이하 "뫼즈 강 유역 변경사건 판결"이라 함).

66 *Ibid.*, pp. 76-77.

67 North Sea Continental Shelf case (Federal Republic of Germany/The Netherlands), *1969 ICJ Reports 3.* (이하 "북해 대륙붕 사건"이라 함), *Separate Opinion of Judge Ammoun*, pp. 139-140.

68 Benedetto Conforti, *International Law and the Role of Domestic Legal System*, tr. by Rene Provost (Maritinus Nijhoff Publishers, 1993), p. 76

69 김석현, 앞의 주 64, 22-29면.

70 위의 주, 13면. 법 안에서의 형평이라 함은 실정법을 벗어나지 않고 이를 공정하게 해석 · 적용하기 위한 기준으로서의 형평을 말한다. 이는 재판소가 가장 형평한 결과에 도달하기 위해 가능한 법의 해석 중 하나를 선택할 권한을 의미하기도 한다.

는 거리가 있기 때문이다. 그러나 법안에서의 형평의 적용에 있어서 가장 문제가 되는 것은 적용법규의 선택과 법의 해석이 형평한 결과에 도달하기 위해 재판소가 적절한 비법적 제반 상황도 고려한다는 점이다. 법 안에서의 형평은 북해대륙붕 사건 등 거의 모든 경계획정사건에서 적용되어 왔으며, 국제법의 다른 분야의 경우 몇몇 사건들에서 표현상 차이는 있지만 적용되기도 하였다.[71] 그러나 법안에서의 형평의 적용에 있어서 가장 문제가 되는 것은 적용법규의 선택과 법의 해석이 형평한 결과에 도달하기 위해 재판소가 적절한 비법적 제반 상황도 고려한다는 점이다.

2) 법을 보완하는 형평

만일 형평이 '법을 보완하는 형평(equity *praeter legem*)'[72]의 의미라면, 기존의 법이 존재하더라도 이에 대한 적용의 우위를 의미하는 것이므로 '법적 흠결(*lacuna* in the law)'과는 무관하게 된다. 형평이 이러한 기능을 수행하려면 실정법(즉 조약 또는 국제관습법)이 규율하지 않는 분야 또는 영역이 존재한다는 전제, 즉 국제법 내에 '공백'이 존재한다는 전제가 성립해야 한다.[73] 이 경우 법을 보완하는 형평이 법의 일반원칙에 우선하게 되므로 법의 일반원칙과는 다른 법원(法源)에 속한다고 할 수 있다.

그러나 주의할 점은 법을 보완하는 형평이 법의 공백이 있을 경우 새로운 법을 창설하는 것은 아니라는 점이다. 그 의미는 특정 사건에 있어 형평한 결과를 도출하기 위한 제반 상황을 고려하는 것이라 할 수 있다. 실제로 ICJ의 판결은 분쟁당사국에게 구속력이 있는 성격을 갖고 있지만, 형평을 원용하여 내려진 판결들은 실제로 권고적 성격에 가깝기 때문에 이는 법을 보완하는 형평의 적용상 한계로 파악될 수 있다.[74]

앞서 지적한 법 안에서의 형평과 법을 보완하는 형평의 문제점을 감안할 때 국제

---

71 Advisory Opinion of 1956 on the Judgment of the Administrative Tribunal of the ILO upon Complaints made Against UNESCO, *ICJ Reports*, 1965 및 Paramilitary Action in Nicaragua Case (Jurisdiction), *ICJ Reports*, 1986.

72 법을 보완하는 형평은 법의 공백을 메우는 기능을 하므로 이러한 형평의 적용은 법의 부재를 전제로 한다.

73 Michael Akehurst, "Equity and General Principle of Law," *International and Comparative Law Quarterly*, Vol. 25(1976), pp. 805-806.

74 S. Rossene, "The Position of the International Court of Justice on the Foundation of the Principles of Equity in International Law," in: A. Bloed and P. van Dijk (eds.), *Forty Years International Court of Justice : Jurisdiction, Equity and Equality* (Utrecht: Europa Institute Utrecht, 1988), p. 88.

법상 형평의 지위를 국제법상 법원(法源)으로 인정하는 것에는 무리가 있다고 보여진다.[75] 형평의 개념은 실체법과 대비되는 교정적 정의와 배분적 정의의 실현을 위해 실체법의 테두리 내에서 고려되어야 할 해석원칙이라는 성격을 갖는다고 볼 수 있다.[76]

3) 법에 반하는 형평

기존 국제법과 상충하는 형평, 즉 '법에 반하는 형평(equity *contra legem*)'[77]은 실정법을 해석하고 적용하는 것과 불일치하는 방식으로 형평 개념을 원용하는 것이라 할 수 있다. 이러한 부류의 형평은 ICJ를 비롯한 모든 사법적 해결체계에서 명시적으로 인정되지 않고 있다.[78] 이 개념의 전제는 법과 형평의 분리인데, 법과 분리된 형평을 원용할 필요성, 그리고 더 나아가 이러한 원용의 '법적 근거'를 찾지 못한다면 법에 반하는 형평이라는 개념이 국제법과 관련하여 설 자리는 없는 것으로 보인다. 다만, 법에 반하는 형평을 ICJ 규정 제38조 제2항에서 규정하고 있는 형평과 선에 따른 결정(decision *ex aequo et bono*)과 동일시하여 법에 반하는 형평이 원용될 수 있는 법적 근거를 확보하려는 견해도 있다.[79]

(3) 형평과 시제법

형평은 국제법상의 법원(法源)이라고는 할 수 없으나 국제분쟁의 법적 해결과정에

---

75 Ian Brownlie, *Principles of Public International Law* 7th ed. (Oxford Univ. Press, 2008), p. 25. 원문은 다음과 같다. "Strictly, it(equity) cannot be a source of law, and yet it may be an important factors in the process of decision."

76 최태현, 앞의 주 63, 19-20면.

77 김대순, 『국제법론』 제 20판, (삼영사, 2019), 94면. ICJ 규정 제38조 제2항의 '형평과 선에 의한 결정'이라 함은 형평이 단지 적용될 뿐만 아니라, 다른 모든 연원(즉, 조약, 관습, 법의 일반 원칙)에 우선하는 결정을 의미한다. 따라서 이 경우의 형평은 법 안에서의 형평(euity *intra legem*)뿐 아니라, 법을 보완하는 형평(equity *pareter legem*), 그리고 법에 반하는 형평(equity *contra legem*)을 포함한다. ICJ는 소송 당사자들로부터 이와 같은 권한을 명시적으로 부여받은 경우에만 그 같은 재판을 할 수 있지만, 제 38조 제2항이 ICJ에서 원용된 경우는 지금까지 한 번도 없었다.

78 최태현, 앞의 주 63, 79면.

79 M. W. Janis, "The Ambiguity of Equity in International Law," *Brooklyn Journal of International Law*, Vol.9 (1983), p. 12.

서 다음과 같은 유용한 기능을 수행하여 왔다고 볼 수 있다. 첫째, 형평의 원용은 그 개념이 다소 불분명하고 추상적이라고 하더라도 협상과정에서 당사자들이 가능하지 않게 생각했던 합의의 도출에 도움을 줄 수 있다. 둘째, 오늘날 다원화되고 기술의 발전이 가속화되고 있는 사회의 변화 속에서 일반적이고 추상적인 경향을 가지는 법의 지배를 보충하는 기능을 한다. 셋째, 형평은 국제분쟁 해결의 결과가 실체적 정의에 보다 부합되도록 할 수 있는 기회를 마련해 주며, 현행법의 단점과 법의 일반성으로부터 연유하는 불공평한 결과를 방지하는 기능을 하여 왔다. 현대의 경향은 형평의 개념이 기존의 하나의 해석원칙으로서의 형평을 넘어서, 국제법의 목적과 국제사회의 가치배분을 위한 개념으로 점점 변모되어가고 있음을 의미한다.[80]

재판부에 의해 정의된 형평은 현재의 국제법과 함께 국제법의 발전을 적용할 수 있는 신축성을 부여한다는 점에서, '*summum jus, summun injuria*(The greatest right, the greatist injury)'의 법언[81]처럼 엄격한 법의 적용이 정의에 부합되지 않는 결정으로 이어질 가능성이 있을 경우, 재판부에 재량권을 부여할 수 있다. 하지만 현재까지 국가들이 ICJ 규정 제38조 제2항을 원용한 사례는 없는바, 이는 각국이 정의에 대한 갈망보다는 법적 안정성을 선호하기 때문인 것으로 보인다.[82]

형평의 근본적인 문제점은 형평이 종종 특정한 윤리적 체계에 의해서만 정의될 수 있다는 데 있다. 따라서 공통의 윤리적 가치를 전제로 한 국가나 사회에서는 형평의 원리가 의미를 가지지만, 상호 배타적인 철학이 정면충돌하는 분쟁의 발생지인 국제사회의 입장은 전적으로 다르다는 점을 유의해야 한다.[83] 형평은 본질적으로 그 내용

---

80 최태현, 앞의 주 63, 82-83면.

81 Aaron X. Fellmeth etc., *supra* note 44, p. 273. "A maxim meaning that granting a party the maximum extent of its right may do an extreme injustice to the party against whom the right is asserted. *E.g.*,"What is just is however not always equitable … And it is in order to mitigate this inconvenience of strict justice that recourse may be had to equity whose role is to moderate the rigour of law"(North Sea Continental Shelf case (Federal Republic of Germany/The Netherlands), *1969 ICJ Reports 3* (이하 "북해 대륙붕 사건" 이라 함), p. 132).

82 Allain Pellet, Article 38, pp. 733-734, in: Andreas Zimmermann, Christian Tomuschat and Karin Oellers-Fhahm (eds.), *The Statute of the International Court of Justice; A Commentary* (Oxford Univ. Press, 2006).

83 Peter Malanczuk, *Akehurst's Modern Introduction to International Law* 7th revised ed. (London and New York: Routledge, 1979), p. 56.

이 불확실할 뿐 아니라 그 자체가 법(law)과 비법(non-law)의 영역을 넘나들고 있기 때문에, 재판소는 형평에 따른 판단에 있어서 주관적 논리(subjectivism)에 빠지지 않도록 주의해야 한다. 형평이 주관적 평가와 판단의 자유로 귀결된다면 그것은 정의(定義)상 더 이상 형평이 아닌바, 형평적 결과란 객관적으로 보아 형평함을 수용할 수 있는 것이어야 한다는 점에 유의할 필요가 있다.[84] Allain Pellet는 국제재판에서 국가들이 형평의 개념을 원용하지 않은 이유로서 전술한 바와 같이 국가들이 '있어야 할 법'보다는 '현존하는 법'에 보다 편안함을 느끼고, 정의보다는 법적 안정성을 선호하기 때문이라고 설명하였다.[85]

국제법이 적용되는 역사적 실체(historical reality)는 다원적 법적 질서로 구성된 다중심적(policentric) 성격을 갖는다. 하지만 국제법사에 있어서 규범성(normativity)은 유럽 중심의 특수한 역사적 현상을 보편적으로 적용 가능한 것으로 과장해 온 과정에서 왜곡되고 훼손되어 왔다.[86]

카메룬 · 나이지리아 영토 분쟁 사건 판결에서 나타난 바와 같이 ICJ는 1884년 보호조약의 해석 관련 영국과 Old Calabar 부족장 간에 적용될 법의 확인 과정에서 제기될 수 있는 불확실성 및 이에 따른 재판 불능 상태 방지를 위해 당시의 상황을 유럽 중심적 국제법에 따라 몰역사적으로 평가하는 방식을 채택하였음을 알 수 있다.

하지만, 유럽과 비유럽 사회의 법적 관점이 충돌하는 시제법적 차원을 포함한 계쟁 사건에 있어서 준거법이 불확실하거나 존재하지 않을 경우, 형평, 특히 법 안에서의 형평과 정의에 대한 기본적인 고려가 법의 역사적 간극을 메꿔줌으로써 재판 불능 상태(*non-liquet*)[87]를 방지하고 분쟁을 평화적으로 해결할 수 있는 기제로 작용할 수

---

84 A. Orakhelashvili, *The Interpretation of Acts and Rules in Public International Law* (Oxford Univ. Press, 2008), p. 242.

85 Allain Pellet, Article 38, pp.733-734, Andreas Zimmermann etc., *supra* note, p. 733. 원문은 다음과 같다. "It is however revealing that States have never used it yet: apparently they feel more comfortable with the law as it is than as it should be. This is probably in the order of things and certainly is a token of legal safety-not of a great aspiration to justice."

86 Edward Martin, *The Application of the Doctrine of Intertemporality in Contentious Proceedings* (Berlin: Duncker& Humbolot GmbH, 2021), p. 24.

87 Aaron X. Fellmeth etc., *supra* note 44, p. 198. 재판 불능상태란 특정 사건에 적용할 법이 없거나 준거법이 불분명하다는 이유로 실체적 결론을 내릴 수 없는 경우를 지칭하는 술어로서 직역하면 "It is unclear."라는 의미이다. 이는 재판관할권의 행사여부와는 구분되는 개념이며, 법의 존부가 불분명한 경우뿐 아니라

있다는 점에 유의할 필요가 있다.[88] 이 경우 시제법을 통한 역사적 규칙의 확인이라는 지금까지의 유럽 중심적 방식은 더 이상 그 정당성을 확보하기 어려울 것이다.

Ⅱ. 결론

앞서 언급한 '시간이 사건을 지배한다"는 로마 법언에서 알 수 있듯이 시제법은 법과 사실 및 시간 간의 역동적 상호 연관 속에서 활용된다. 시제법의 법적 성격은 법의 시간적 적용을 규율하는 실질적 규칙이자, 해석규칙으로서의 성격을 갖는다고 볼 수 있다. 국제법에 있어 시제법의 문제가 가장 두드러지게 나타나는 분야는 영토분쟁분야와 조약의 해석 분야이다. 이 논문에서는 시제법의 두 규칙 간 상호관계를 반드시 배타적 갈등 관계로만 보기는 어려우며, 법규범의 시간적 적용 문제에 대한 당사자의 의사 확인이라는 전제하에 두 규칙이 상호간에 영향을 미치면서 보완적으로 작용할 수 있는 가능성을 모색하였다. 아울러 이 논문에서는 시제법의 확장적용이 국제법을 통한 국제사회의 변화를 견인해 나갈 수 있다는 측면에서 유럽 중심적 국제법질서를 넘어서 앞으로 보다 공정한 국제규범의 확립을 위한 대안적 접근의 이론적 기초를 마련하고자 하였다. 이를 위해 이 논문에서 제기한 주장은 다음과 같이 세 가지로 요약할 수 있다.

첫째, 조약분야와 비 조약 분야에 있어서 시제법 적용의 법리와 방식의 차이를 규명하면서 주류국제법학이 19세기 이래 국제법의 고정 또는 동결 전략을 위해 시제법을 적용해 왔으며, 이러한 입장이 현재까지도 국제판례를 통해 계승되고 확산되어 왔음을 밝히고자 하였다. 영토분쟁과 같은 비 조약 분야에서의 시제법 적용은 복수의 법체계 또는 법을 전제로 한다. 시제법 문제가 처음으로 제기된 팔마스 섬 사건 중재판정과 같은 유형의 영토분쟁에서는 존재하는 법이 불분법인 경우가 많기 때문에 그 존재와 내용의 식별이 쉽지 않다. 따라서 법의 불확실성이 크고, 법의 체계성, 명확성, 확정성도 매우 취약하다. 이러한 분야에서 시간의 흐름에 따라 발생하는 법 변

사실의 진위가 불분명하다는 의미로도 사용될 수 있다.

88 Edward Martin, *supra* note 86, p. 101.

화의 시기에 복수의 법이 존재하는 특수한 상황을 반영하여 시제법 문제가 제기된 것이다.

시제법은 당초에 영토적 권원에 관한 분쟁의 중재 판정에서 시작되었지만, 국제재판소들이 직면하는 시제법 관련 사건은 조약 분야에 집중되어 있다. 조약법은 법 존재의 명확성과 시간적 효력의 확정성을 배경으로 하며, 법의 의미내용을 확정하는 과정에서 시제법의 문제가 발생한다. 조약법에 있어서 시제법의 문제는 조약 규정을 체결 당시의 의미로 볼 것인지 아니면 적용 당시의 의미로 볼 것인지에 관한 법 해석의 문제로 귀결되는 것이다. 따라서 시제법의 고유한 영역은 불문법 세계로부터 출현하였지만, 시제법의 확장된 영역은 조약의 해석으로 넘어가게 된다. 또한 조약의 해석이 당사자의 의도에 따르는 경우에도 그 의도는 추정되는 것이기에, 당사자 의도 역시 해석의 대상으로 전환되어 구성된다고 볼 수 있다. 즉 조약법상 시제법의 법리는 법적 안정성의 추구에 따라 체결 당시로 그 의미를 고정하는 동시대성의 원칙에 따르며, 적용 당시의 의미로 보는 발전적 해석도 당사자의 의도가 추정되는 경우로 제한된다.

2018년 ILC 보고서 최종초안은 조약의 해석에 있어서 동시대적 해석원칙과 조약의 발전적 의미를 고려하는 해석원칙 중 어느 한 원칙에 대한 합의에 도달하는 것이 어렵다는 결론에 도달하였다. 대부분의 국제재판소도 발전적 해석을 별도의 해석 방식이 아닌 1969년 비엔나협약 상 조약해석 규칙의 적용으로 보고 있다.

그럼에도 불구하고 최근 탈식민, 인권, 환경 등 분야에서 시제법의 확장적용을 주장하는 국제사법기관의 판시가 나타나고 있다는 점을 고려할 때, 향후 국가실행 및 국제판례가 축적되는 경우에는 시제법 제2규칙이 규칙에서 원칙으로 진화할 가능성에 대해 전망하였다.

둘째, ICJ를 비롯한 대부분의 국제사법기관은 법적 안정성 측면에서 시제법의 확장적용 관련 대부분 부정적인 입장을 취해 왔으며, 시제법의 확장가능성을 인정한 경우에도 그 근거로서 당사국 의사의 추정과 함께 조약의 대상 및 목적과의 합치성 여부를 감안하여 조약의 효과성을 기하도록 판시함으로써 조약의 해석과 시제법원칙 간 조화를 추구하려고 시도하여 왔음을 관련 판례의 분석을 통해 밝히고자 하였다. 특히, 영토분쟁사건을 다룸에 있어 ICJ는 자신의 판결이 갖는 현대적 적실성보다는 시제법적 고려에 매몰됨으로써 과거 식민주의 시대의 잘못된 관행 및 유산을 이미 탈식민화된 오늘날의 시점에서 재확인 · 강화해 주고 있다는 점을 비판적 시각에서 고찰하였다.

'제3세계 국제법 방법론(Third World Approaches to International Law, 이른바 TWAIL)'의 다양한 시각 및 이론적 분화에도 불구하고 궁극적으로 TWAIL의 지향점은 소외와 배제 없이 평화와 안전의 구현, 빈곤의 추방과 복지의 추구, 모든 형태의 억압으로부터의 해방을 통한 국제사회의 정의롭고 형평적인 질서 구축으로 이해할 수 있다. 이러한 맥락에서 TWAIL은 식민주의 및 제국주의와 같은 이른 바 과거의 현상이 현재와 단절되는 것에 대한 거부감을 표출한다. 즉 과거에 발생한 사건일지라도 그 영향이 현대사회의 국제평화, 안전 및 정의 구현에 지속적으로 악영향을 미친다면, 이는 반드시 해결되어야 하며 시제법의 문제를 포함하여 국제법도 이러한 해결방안을 마련하는 수단 중 하나가 되어야 한다고 보는 것이다. 이러한 관점에서 이 논문의 범위 밖에 있으나 TWAIL 및 비서구 지역의 국제법사 연구는 현대국제법의 유럽 중심적 담론 형성과 신식민주의적 경향을 극복하고 제3세계 국가들의 관점에서 국제법의 체제, 역사, 과정을 이해하고자 시도함으로써 시제법적 측면에서도 유용하다는 점을 확인한다.

셋째, 국제관계에서 시제법을 적용하고 그 효과를 인정해 온 주된 이유는 법적 안정성의 확보 및 강화를 통한 법의 지배를 실현하려는 데 있다. 그러나 국제법의 기반이 되는 국제사회의 현실은 끊임없이 변화하고 발전하기 때문에 Lauterpacht의 지적과 같이 시제법의 문제는 궁극적으로 국제사회의 변화와 안정이라는 일견 상반된 목표를 시제법 법리를 적용하여 어떻게 하면 조화롭게 관리해 나갈 것인가 하는 과제이기도 하다.

오늘날 '시제법의 탈식민화'에 대한 요구가 단순한 국제법 이론이나 법리의 적용 문제가 아닌, 국가 간 쟁송사건 관련 국제분쟁의 사법적 해결을 모색하는데 있어서 매우 중요한 법적 쟁점사안으로 대두되고 있음은 당대의 법적 기준이 부재한 역사적 부정의(不正義) 문제를 다룬 다양한 사건들에서 명확하게 알 수 있다. 이는 시제법 문제에 대한 현대적 평가와 재인식이 필요하다는 점을 보여주는 역사적 실례라고도 볼 수 있을 것이다.

시제법의 법리와 적용, 특히 시제법의 확장적용 가능성에 관한 연구는 국제법의 안정과 함께 시간의 경과에 따라 변천하는 국제사회의 이상과 현실 간 괴리를 극복하고, 탈식민 시대에 부합되는 형평과 정의에 기초한 국제법 질서를 형성하는데 있어서도 그 함의가 크다고 할 수 있다. 왜냐하면 국제사회의 규범적 문제를 해결하고 이를 규율하기 위한 현대국제법은 그 무엇보다도 보편성과 규범성의 확보를 요구하고 있기 때문이다.

아울러 시제법을 적용함에 있어서 시제법의 두 규칙 간 상호보완이 아닌 상호 모순내지 충돌관계가 예견되는 현재의 국제법 체제하에서, 한 · 일 양국을 포함한 동북아 지역의 과거사 관련 조약 및 영토 문제 등 복잡한 현안들의 해결을 위한 대안적 법리 마련을 위해서는 앞으로 국제법상 시제법에 대한 보다 심층적인 연구가 요구되고 있음을 조명하였다.

3 / 울릉도에서 獨島가 보이는 조건 '風日淸明'의 해석

최 재 목*

Ⅰ. 들어가는 말

현재 한국과 일본은 한 목소리로 獨島/竹島는 역사적, 국제법적으로 자신의 '고유영토이다'라고 주장하고 있다. 양쪽이 똑 같은 주장을 하고 있기에 어느 한쪽은 '진실'이 아니거나 아니면 양쪽 다 자기 나름의 진실을 주장하는 논리적 근거를 가지고 있다는 말이 된다.[1] 그래서 마치 생텍쥐페리가 『인간의 대지』라는 소설의 첫 머리에서 「대지는 우리 자신에 대해 모든 책보다 더 많은 것을 가르쳐준다. 왜냐하면 대지는 우리에게 저항하기 때문이다」[2]라는 말처럼 독도는 한국과 일본 양쪽에게 과연 스스로의 존재가 무엇인지를 확인하도록 저항하고 있는 듯하다.

이러 가운데 최근 일본의 지식인 가운데 독도를 「평화와 협력의 섬으로 활용하자」[3]는 의견도 있고, 아울러 한일 연구자들 사이에는 부분적이기는 하나 '진실'에 접

---

* 영남대학교 철학과 교수, 독도연구소장, 중앙도서관장.

1 이성환, "일본의 독도 관련 연구의 새로운 동향과 분석 ─ 사회과학 분야를 중심으로 ─," 『일본의 독도연구 동향과 분석』, 경상북도 독도연구기관 통합협의체 연구총서2, 도서출판 지성인, 2014, 128면 참조.

2 생텍쥐페리, 『인간의 대지, 민희식 역, 문학출판사, 1990, 13면.

3 東郷和彦, 『歴史認識を問い直す:靖国, 慰安婦, 領土問題』, 角川書店, 2013, 71면.

근하려는 노력과 성과가 나타나는 '긍정적 변화'를 살필 수 있기도 하다.[4] 어쨌든 진실은 규명되어야 한다. 그 몫은 한일 양국 간의 외교적 노력, 그리고 학자들의 진정성 있는 史實 규명 노력에 달려 있다.

그동안 독도를 둘러싼 많은 논의 가운데서도 찬찬히 들여다보면 매우 단순한 문제이지만 깊은 검토나 성찰 없이 그냥 지나친 사항들이 많다. 그 중에 하나가 바로 『高麗史』·『世宗實錄』·『新增東國輿地勝覽』[5]에 보이는 '風日淸明'[6]이라는 네 글자의 해석에 관한 것이다. 이것은 단순히 자구 해석 차원에만 머물지 않고, 자구를 해석하기 위해서는 '자연과학적', '생활사적'인 사실 확인에 바탕한 '해석학적 순환'이라는 기법이 요청된다.

다시 말해서 '風日淸明'은 울릉도에서 독도가 '보이는'/'볼 수 있는'(=可望見) 기본 '조건'인 셈이다. 그런데 지금까지 이루어진 국내외의 독도 관련 연구나 사료 번역에서 이 네 글자를 대부분 '날씨가 맑으면' 등등 '風' 혹은 '風日'의 뜻을 무시하거나 축약하는 식으로 무감각해 있다.

예컨대 외교부 홈페이지[7]/「독도에 대한 기본 입장」[8] 가운데 「2. 독도에 대한 지리적 인식과 역사적 근거」의 「가. 독도는 지리적으로 울릉도의 일부로 인식되어 왔습니다.」 부분에서는 『세종실록』「지리지」의 '풍일청명' 부분을 '날씨가 맑으면'으로 하고 있고, 아울러 「울릉도 주변에는 많은 부속도서가 있지만 날씨가 맑은 날에만 육안으로 보이는 섬은 독도가 유일합니다」(도판 1 참조)처럼 울릉도에서 독도는 그냥 '날씨가 맑으면' 보이는 섬으로 공식화하고 있다.

---

4 이성환 앞의 논문, 같은 곳 참조.

5 이 세 자료 가운데 『新增東國輿地勝覽』에 나오는 '風日淸明' 뒤의 내용으로 다음 세 가지 경우[① 독도에서 울릉도가 보인다, ② 강원도에서 울릉도가 보인다, ③ 울릉도에서 울릉도 주변 섬이 보인다 등등]의 해석이 가능한 부분이다. 여기서는 단지 '風日淸明'이란 의미 자체에만 주목한다.

6 우리 전통 문헌에서도 풍일청명이란 말이 나온다: 李穡, 『牧隱藁』「牧隱詩藁」 권 16의 「淸明節; 宋光淵, 『泛虛亭集』 권 7, 「遊桂陽山記」 참조.

7 http://www.mofa.go.kr/main/index.jsp(검색일:2013.5.1)

8 http://dokdo.mofa.go.kr/kor/(검색일:2013.5.1)

[도판 1] 외교부 홈페이지 「독도에 대한 기본 입장」 일부

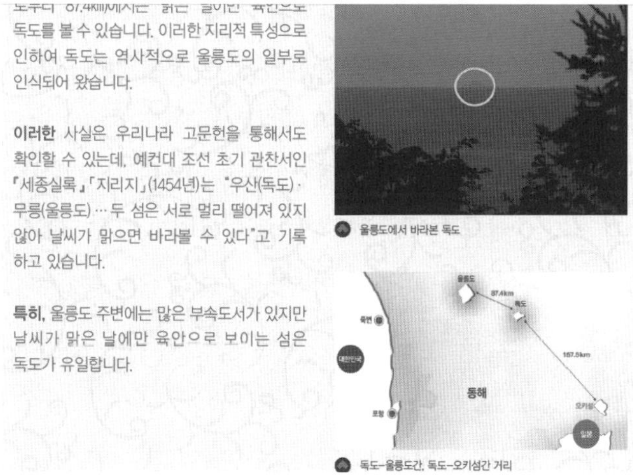

아울러 동북아역사재단의 「(개정) 독도 통합홍보 표준 지침」(2013년 1월 30일 개정판)에서도 아래와 같이 '한국고전번역원의 의견을 따른'다는 원칙이라며 '날씨가 맑으면'으로 번역하는 기준을 통일안으로 정하고 있다(표 1 참조).[9]

[표 1] 동북아역사재단의 「(개정) 독도 통합홍보 표준 지침」 중 '風日淸明' 해석 부분

분류	항목	통일안	비고
한문해석	('風日淸明'해석) "바람 불고 맑은 날"/ "날씨가 맑으면"	날씨가 맑으면	■ 한문 번역의 경우 한국고전번역원의 의견을 따르는 것을 원칙을 함. ■ 한자어 병기 권장

더욱이 '실증주의' 연구 운운하는 일본의 전문 연구자들조차도 한국의 연구를 그냥 '답습'하고 있는 탓이거나 아니면 자신들의 논의를 유리하게 이끌어가기 위한 의도에서이거나 간에 대부분 '날씨가 맑으면(天気が良ければ)'이 아니면 '風日淸明하면(風日淸明なれば)' 식의 읽기에 머물러 있다.[10]

---

9 동북아역사재단, "(개정) 독도 통합홍보 표준 지침," 영남대학교 독도연구소 편, 『초·중·고등학교 '독도교육 내용체계' 수정·보완』, 영남대학교 독도연구소, 2014. 3. 21., 46면.

10 이러한 태도는 그들이 기본적으로 지켜오는 '역사주의적' '실증주의적' 방법을 간과하고 있는 것처럼 보인다. 필자는 이 점에 대해서 지적한 바 있다[최재목, "'獨島' 연구에 대한 성찰과 제언," 『일본문화연구』 제47

이처럼 한일 양국의 '風日淸明'에 대한 해석은 어딘가 좀 부족한 것처럼 보인다. 따라서 이 논문에서는 먼저 『高麗史』·『世宗實錄』·『新增東國輿地勝覽』 등에 나오는 '風日淸明' 네 자를 둘러싼 여러 해석을 살펴볼 것이다. 이어서 '風日淸明'의 과학적 의미에 대해 기존의 연구 성과를 참고하여 재검토해 볼 것이다. 이런 논의를 통해서 과연 '風日淸明'의 의미 내용을 잘 살린 해석이 무엇인지를 확정해보고자 한다.

사실 독도 관련 초기 단계의 연구[11]에서 현재에 이르기까지 '風日淸明' 자체에 천착한 깊이 있는 연구는 아직 없다. 따라서 이 연구는 한일 간의 독도를 둘러싼 진실 규명에 도움이 될 것으로 본다.

Ⅱ. 종래의 '풍일청명'을 둘러싼 여러 해석들 — 문제의 소재

지금까지 '風日淸明' 해석은 합의된 바가 없이 다양하게 자유롭게 이루어져 왔다. 그만큼 연구자 각자가 자신의 연구 문맥에서 대체로 무자각적으로 읽고 있었다고 판단된다.

아래에는 지금까지 조사된 '風日淸明' 해석을 열거해 보기로 한다. 물론 조사를 더 해본다면 여기서 제시한 것 외에도 더 많은 예를 찾을 수는 있겠으나 범례라는 차원에서 본다면 이것만으로도 충분할 것이다.

1) '날씨가 맑으면' : 경상북도, 『대한민국의 아름다운 섬, 독도』[12]/유미림[13]/송병기[14]/下條正男[15]/池内 敏[16]/「독도종합정보시스템」[17]/홍성근[18]

집, 동아시아일본학회, 2013. 7, 448면 참조.

11 예컨대, 申奭鎬 외, 『獨島』, 大韓公論社, 1965.

12 경상북도, 『대한민국의 아름다운 섬, 독도』, 경상북도, 2013, 18면.

13 유미림, 「『世宗實錄』「地理志」」, 『독도사전』, 한국해양수산개발원, 2011, 186면.

14 본고 3장 속 1)의 ①, ② 참조.

15 下條正男, "최종보고에 즈음하여: 다케시마(竹島) 문제의 해결을 저지하는 것," 『제2기 竹島문제에 관한 조사연구 최종보고서』(제2기 시마네현 죽도문제연구회, 2012), 11-12면(여기서는 영남대 독도연구소 번역본을 사용하였다). 그리고 下條正男, 『竹島は日韓どちらのものか』, 文藝春秋, 2004, 159-160면에도 분명한 해석이 없이 그냥 지나치고 있다.

16 池内 敏, 『竹島問題とは何か』, 名古屋大学出版会, 2012, 218-9면.

2) '날씨가 좋은 날에는' : 『중학교 역사(하)』)[19]/日本 外務省 홈페이지[20]

3) '바람이 불어 청명한 날에는' : 『중학교 역사(하)』)[21]

4) '풍일이 청명하면' : 송병기[22]

5) '풍일이 청명할 때' : 송병기[23]

6) '바람과 날씨가 청명하면' : 송병기[24]

7) '바람과 태양이 청명하면' : 송병기[25]

8) '바람이 곱고 맑은 날에는'[26]

9) '날씨가 청명하면' : 愼鏞廈[27]

10) '풍일청명하면'(風日淸明ならば) : 川上健三,[28] 池內 敏[29] 외

11) '날씨가 좋으면'[30]

12) '풍일청명한 날'[31] : 홍성근

13) '맑은 날'[32] : 홍성근

15) '바람 부는 맑은 날에는' : 權五曄[33]

16) '바람 부는 청명한 날에는' : 權五曄[34]

---

17 http://www.dokdo.re.kr(검색일: 2013.5.1)

18 홍성근, "총론: 독도 가시일수 조사의 배경과 의미," 『독도! 울릉도에서 보인다』, 동북아역사재단, 2010, 26면.

19 『중학교 역사(하)』(두산동아, 2012), 62면(본문 중의 일반 기술).

20 天気の良い日には: 이것은 다음을 참조. http://10point.wiki.fc2.com/wiki/%E9%9F%93%E5%9B%BD%E3%81%AE%E5%AE%98%E6%92%B0%E6%96%87%E7%8C%AE%EF%BC%88%E7%BE%8E%E7%8D%A8%E5%B3%B6%EF%BC%89?sid=cc0c8c892860bf6641b27101bd4d7016(검색일: 2013.5.1.)

21 『중학교 역사(하)』, 두산동아, 2012, 63면(탐구활동 중 세종실록지리지 해석).

22 송병기, 『(개정판) 울릉도와 독도』, 단국대학교출판부, 2007, 24면.

23 송병기, 같은 책, 26면.

24 송병기, 『독도영유권자료선』, 한림대학교 아시아문화연구소, 2004, 7면.

25 인터넷에는 이런 식으로 재생산되어 유포되고 있다.

26 http://cafe.naver.com/rhfu202/123(검색일: 2013.5.1)

27 신용하, 『獨島領有權 資料의 探究』 제1권, 독도연구보전협회, 1998, 66, 148면.

28 川上健三, 『竹島の歴史地理学的研究』, 古今書院, 1996.

29 池內 敏, 앞의 책, 218-9면.

30 홍성근, 앞의 논문, 25면.

31 홍성근, 같은 논문, 25-26면.

32 홍성근, 같은 논문, 같은 곳.

33 川上健三, 權五曄 역, 『일본의 獨島論理 ― 竹島의 歷史地理學的研究 ―』, 백산자료원, 2010, 105, 115면.

34 川上健三, 前揭書, 116면.

17) '날씨가 청명하면' : 한겨레 신문[35]

18) '바람이 부는 개인 날에는'(風が吹く晴れた日には) : サイバー独島/Dokdo of Korea[36]

19) '날씨가 개이면'(天気が晴れれば)[37]

위에서 보듯이 '風日淸明'을 두고 흥미롭게도 약간씩 다른 '19개'의 해석이 이루어지고 있음을 알 수 있다. '풍일청명'의 네 글자에 이렇게 많은 해석이 존재한다는 사실은 불가사의하다 할만하다. 이상에서 열거한 해석상의 특징을 정리하면 다음과 같다.

첫째, 가장 일반적인 해석이 '날씨가 맑으면'이다.

둘째, 같은 저자인 경우에도, ① '날씨가 맑으면', ② '풍일이 청명하면', ③ '풍일이 청명할 때', ④ '바람과 날씨가 청명하면', ⑤ '바람과 태양이 청명하면'처럼, 다섯 종류의 해석이 이루어지고 있다. 그만큼 일관성 없이 무자각적으로 읽고 있다는 말이다.

셋째, '風日淸明'의 문자적 해석에 가장 접근한 것은 〈'바람이 불어 청명한 날에는〉, 〈 '바람 부는 맑은 날에는'〉, 〈바람이 부는 개인 날에는〉 등이다.

이것을 좀더 숙고해보면 다음과 같은 결론을 얻을 수 있다.

우선 〈'바람(이) 부는' '맑은 날'/'개인 날'〉은 '바람 부는'(ⓐ) 조건과 '맑은 날'(ⓑ)의 조건이 병립적이며 '바람'과 '맑음' 양쪽에 모두 동등하게 무게가 실린다. 다시 말해서 '바람도 불어주어야' 하고 동시에 '날씨도 맑아야' 한다는 말이다(ⓐ;ⓑ, ⓐ+ⓑ).

이어서 '바람이 불어 청명한 날에는'은 '바람이 불어'(ⓐ)라는 조건=원인에 의해 시간적, 논리적 계기로 '청명한 날'(ⓑ)이라는 결과가 나옴을 말한다. 다시 말해서 '청명해도' '바람이 불지 않으면 안 된다'는 뉘앙스를 갖는다(ⓐ→ⓑ).

그렇다면, 과연 풍일청명은 (1) '바람도 불어주어야' 하고 동시에 '날씨도 맑아야' 한다는 말인가, 아니면 (2) '청명해도' '바람이 불지 않으면 안 된다'는 것인가?

---

35 「"울릉도에서 독도가 육안으로 보인다"의 의미는?」(한겨레뉴스, 2008.7.21.)(http://www.hani.co.kr/ arti/society/ society_general/299875.html)(검색일: 2013.5.1)

36 ○http://www.dokdo.go.kr/fBoard.do?command=detail&langType=JP&boardType=001&boardCode=BM_JP_001&categoryCode=&searchType=&searchWord=&page=1&bIdx=17252(검색일: 2013.5.1.). http:// matome.naver.jp/odai/2134595356579860601(검색일: 2013.5.1)

37 http://take8591.blogspot.kr/2010/02/blog-post_2407.html(검색일: 2013.5.1)

Ⅲ. 역사 속의 논증—울릉도 및 여타 지역에서 '독도를 볼 수 있다'는 기록

풍일청명의 해석이 (1) '바람도 불어주어야' 하고 동시에 '날씨도 맑아야' 한다는 말인지, (2) '날씨가 맑아도' '바람이 불지 않으면 안 된다'는 것인지를 과학적으로 재검토하기 전에 사료 속에서 울릉도 및 여타 지역에서 독도를 '볼 수 있다' 혹은 '보았다'는 기록을 들어보기로 하자.

아래에서는 울릉도 및 여타 지역에서 독도를 '볼 수 있다'/'보았다'는 기록을 1) 『高麗史』·『世宗實錄』·『新增東國輿地勝覽』의 예와 2) 『竹島紀事』·『鬱陵島事蹟』·『西溪雜錄』의 예로 나누어서 살펴보고자 한다. 전자는 '風日淸明' 해석과 직접 관련되고 후자는 한국에서 독도를 인지하고 있었다는 전자의 내용을 보완하는 자료라 하겠다.

(1) 『高麗史』·『世宗實錄』·『新增東國輿地勝覽』 기록의 예

아래의 ①-③은 울릉도에서 독도가 보인다는 기록이다. '風日淸明'에 대한 기존의 다양한 해석 가운데서 여기서는 송병기의 것으로 예시해둔다.

①『高麗史』(1451) 「地理志」·「東界」·「蔚珍縣」條 〈有鬱陵島〉의 本註

"一云, 于山·武陵本二島, 相距不遠, 風日淸明, 則可望見"

[예: 송병기 해석] : 혹은 말하기를 '우산도와 무릉도는 본래 두 섬으로 서로 거리가 멀지 않아 날씨가 맑으면 바라볼 수 있다'고 한다.[38]

②『世宗實錄』(1454) 「地理志」·「江原道」·「蔚珍縣」條 〈于山·武陵二島, 在縣正東海中〉의 本註

"二島相距不遠, 風日淸明, 則可望見"

[예: 송병기 해석] : 두 섬이 서로 떨어짐이 멀지 않아, 날씨가 맑으면 바라볼 수 있다.[39]

---

38 송병기, 『독도영유권자료선』, 한림대학교 아시아문화연구소, 2004, 5면.

39 송병기, 같은 책, 6면.

③『新增東國輿地勝覽』(1530)[←『東國輿地勝覽』(1486))]「江原道」·「蔚珍縣」條〈于山島·鬱陵島〉의 本註

“一云武陵, 一云羽陵, 二島在縣正東海中, 三峯岌嶪撑空, 南峯稍卑, 風日淸明, 則峯頭樹木及山根沙渚, 歷歷可見, 風便則二日可到”

[예: 송병기 해석] : 무릉이라고도 하고, 우릉이라고도 한다. 두 섬이 고을[40]의 바로 동쪽 가운데에 있다. 세 봉우리가 곧게 솟아 하늘에 닿았는데 남쪽 봉우리가 약간 낮다. 바람과 날씨가 청명하면 봉우리 머리의 수목과 산 밑의 모래톱이 역력히 볼 수 있다. 순풍이면 이틀에 갈 수 있다.[41]”[42]

(2)『邊例集要』·『竹島紀事』·『鬱陵島事蹟』·『西溪雜錄』기록의 예

이어서 위의 논의를 보완하는 자료로, 안용복이 울릉도에서 독도를 보았다는『竹島紀事』, 그리고 강원도에서 울릉도가 보인다는 (것으로 추정되는)『鬱陵島事蹟』과『西溪雜錄』을 참고하기로 한다.

④ 안용복은 일본에서 오키도(隱岐島), 돗토리번(鳥取藩), 나가사키봉행소(長崎奉行所), 쓰시마번(對馬藩)에서 각각 조사를 받으며 ‘3회’ 독도를 보았다는 진술을 하였다.

우선 1693년 피랍되어 울릉도를 출발한 다음날 배 위에서「竹島(울릉도)에 비해 꽤 큰 섬을 보았다.」고 독도에 대해 진술한 기록이『邊例集要』권17,「鬱陵島」조(1694年 1月)에 보인다. 이렇게 안용복이 보았다는 竹島가 독도가 아니라고 보는 경우(下條正男)[43]도 있으나 이에 대해 朴炳涉과 池内敏는 독도라고 본다.[44]

---

40 ‘울진현’을 가리킴(인용자 주)

41 이 부분은 ‘울진현 → 우산도·울릉도’인지 ‘울릉도 → 울릉도 주변’인지 ‘우산도 → 울릉도’인지 ‘우산도 → 울릉도’인지 분명하지 않다(인용자 주).

42 송병기, 앞의 책, 7면.

43 下條正男, “竹島問題考,”『現代コリア』, 現代コリア研究所, 1996, 62면.

44 이에 대해서는 다음을 참조: 朴炳涉, “安龍福事件と鳥取藩,”『北東アジア文化研究』28號(鳥取短期大学, 2009)과 池内敏,“隱起·村上家文書と安龍福事件,”『鳥取地域史研究』9號, 鳥取地域史研究会, 2008(이 자료에 대한 해석을 포함한 자세한 사항은 박병섭, “2000년 이후 독도 관련 일본학계의 역사학 연구,”『일본의 독도연구 동향과 분석』, 경상북도 독도연구기관 통합협의체 연구총서 2, 도서출판 지성인, 2014, 60-61

다음으로 쓰시마번 조사에서 다음과 같이 2회 독도를 보았다는 진술이 『竹島紀事』[45] 「元祿6年(1693) 11月1日」조에 보인다.

> 인질[이 된 조선인 두 사람이] 이쪽(쓰시마)에 한동안 머물고(=逗留) 있을 때 [그 渡海한 섬에 대해] 물은 일이 있었다. 그때 [그 자가 이야기 한 것은] 이번에 간 섬의 이름을 알지 못한다는 것이었다. 그리고 이번에 간 섬의 북동에 해당하는 곳에, 또 큰 섬이 있다고 말했다. 그 섬에 한동안 머무는 사이, 겨우 두 번 정도 [그 섬의 모습을] 보았다 한다. 그 [또 하나의] 섬을 알고 있는 자가 이야기 한 것에 의하면 그 섬은 于山嶋[46]라고 말한다고 한다. 그 섬에 대해서는, 결국 건너간 일은 없었으나, 대개의 [渡海의] 路法으로는 1일여의 항로에 해당한다.[47]

이 인용문에서 인질은 안용복 일행이고, 진술은 안용복에 따른 것이며, 于山嶋는 독도를 가리킨다. 안용복은 울릉도에서 '이번에 간 섬의 북동에 해당하는 곳'에 있는 큰 섬'을 '두 번' 보았고, 그 섬을 '알고 있는 자' 즉 울릉도 거주하면서 독도를 인지하고 있는 자로부터 그것이 '于山嶋'라고 부른다고 들었음을 진술하고 있다. 위에서 '이번에 간 섬의 북동'의 '북동'이란 표현은 조선시대의 지리지들의 방향과 거리 표시는 '본읍으로부터'임을 염두에 두어야 한다. 부산 동래에 살았던 안용복이 동래에서 울릉도보다 더 먼 곳의 '동북방'에 있다는 말을 들었고, 울릉도에서 그 자신이 희미하게 '두 번 정도 보았다'는 우산도=독도를 (부산 동래 출신인 자신의 기준에서) 동북방이라고 진술한 것이었다.[48] 어쨌든 안용복의 진술대로라면 울릉도에서 '두 번' 우산도=독도를 보았다고 볼 수 있다.

그리고 잘 알려진 기록으로서 張漢相(생몰년 미상. 조선 후기의 무신)의 『鬱陵島事蹟』(1694)에서도 '강원도에서 울릉도와 독도가 보인다'는 기록을 볼 수 있다.

면 참조).

45 권정·오오니시 토시테루, 『죽도기사』 1, 한국학술정보(주), 2011.

46 嶋는 산처럼 뾰족히 솟은 섬을 말한다.

47 권정·오오니시 토시테루, 『죽도기사』 1-2, 한국학술정보(주), 2011, 97-98면. 번역문은 인용자가 일부 수정하였다.

48 김호동, "조선시대 독도·울릉도에 대한 인식과 정책," 『歷史學硏究』 제48호, 湖南史學會, 1012. 11, 108면 참조.

동쪽으로 5리쯤에 한 작은 섬이 있는데 그다지 높고 크지 않으며 해장죽(海長竹)[49]이 한쪽에 무더기로 자라고 있다. 비 개고 안개 걷힌 날 산으로 들어가 중봉에 오르면 남북 양봉이 높다랗게 마주보고 있는데 이를 삼봉이라고 한다. 서쪽을 바라보면 대관령의 구불구불한 모습이 보이고 동쪽을 바라보면 바다 가운데 한 섬이 보이는데 아득히 동남쪽(辰方)에 위치하며 그 크기는 울릉도(蔚島)의 3분의 1 미만이고, 거리는 3백여 리에 불과하다.[50]

東方五里許, 有一小島, 不甚高大, 海長竹叢生於一面, 霽雨雨馬捲之日, 入山登中峰, 則南北兩峯, 岌崇相面, 此所謂三峰也, 西望大關嶺逶迤之狀, 東望海中有一島, 杳在辰方, 而其大滿蔚島三分之一, 不過三百餘里.

[도판 2] 張漢相의 『鬱陵島事蹟』 일부[51]

日至十月初三日留住之間恒雨少日九
月雪積交下中峯腰上雪積尺餘是齋島
之四方乘船環審則懸崖撑空層立壁岸
或有空缺澗水成流似是大旱不渴而其
間細流乾涸不可殫記是齋其周回二日
方窮則其間道里不過百五六十里乎誄
南濱海邊有篁竹田土處是遣東方五里
許有一小島不甚高大海長竹叢生於一
面霽雨靄捲之日入山登中峯則南北兩
峯岌崇相面此所謂三峯也西望大關嶺
逶迤之狀東望海中有一島杳在辰方而
其大未滿蔚島三分之一不過三百餘里
北至二十餘里南近四十餘里回互往來
西望遠近臆度如斯是齋西望大谷中有
一人居基地三所又有人居基地二所東
南長谷亦有人居基地七所石葬十九所

위에서 장한상이 「서쪽을 바라보면 대관령의 구불구불한 모습이 보이고 동쪽을 바라보면 바다 가운데 한 섬이 보이는데 아득히 동남쪽(辰方)에 위치하며 그 크기는 울릉도(蔚島)의 3분의 1 미만이고, 거리는 3백여 리에 불과하다.」고 한 부분은 '독도'에 관한 진술이 분명하다. 물론 이 앞부분은 울릉도에 관한 기술이다.

다음으로 ⑤ 西溪 朴世堂(1629-1703)의 『西溪雜錄』 끝부분에는 울릉도와 독도에 관한 기록이 보인다. 박세당은 장한상과 비슷한 시기에 살았는데, 그는 이렇게 언급

49 바다 속에서 자라나오는 죽순 같은 이미지의 대바위(촛대바위)를 말하는지, 대나무의 일종인지 불분명.

50 張漢相, 『鬱陵島事蹟』, 1694.

51 http://dokdo-or-takeshima.blogspot.kr/2009_04_01_archive.html(검색일: 2013.5.1)에서 재인용.

한다.

> 대개 두 섬이 여기에서 그다지 멀지 않아 한번 큰 바람이 불면 이를 수 있는 정도이다. 우산도(宇山)(=독도)는 지세가 낮아 바다 (날씨가) 매우 맑지 않거나, 최정상에 오르지 않는다면 볼 수가 없다. 울릉이 (우산도보다) 조금 더 높다.
>
> 盖二島去此不甚遠, 一飄風可至, 宇山勢卑, 不因海極淸朗不登最高頂, 則不可見, 鬱陵稍峻.

여기서 「우산도(宇山)는 지세가 낮아 바다 (날씨가) 매우 맑지 않거나, 최정상에 오르지 않는다면 볼 수가 없다.」는 기록은 위 ①-③의 '風日淸明'과 내용상 상통한다.

아울러 울릉도의 최정상(=최고봉 984m인 성인봉)에서 독도를 바라본 李奎遠(1833-1901)은 「사방을 바라보니 바다와 하늘이 아득할 뿐이요 다른 한 점의 섬도 없고…」[52] 라고 기록했는데, 이것은 성인봉의 중턱에서 꼭대기까지 구름이 덮여 있는 날이 많기 때문이다. 따라서 성인봉에 걸쳐 있는 구름의 아래 중턱 부근, 즉 망향봉(317m)에 있는 독도 전망대가 독도를 잘 볼 수 있는 높이이다. 이 높이에서 주민들이 많이 살고 있기 때문에 그곳에서 '風日淸明'을 조건으로 하여 '독도가 바라보인다'는 사실(=「風日淸明, 則可望見」)이 역사적으로 기록된 것은 당연한 것으로 볼 수 있다.[53]

Ⅳ. '風日淸明'의 기상학적 재검토

1. 기상학적 관점의 검증

'風日淸明'에 대한 종래의 여러 해석들은 기상학적으로 재검토해볼 필요가 있다.

여기서는 종래의 연구 가운데 전영신·이효정의 「'울릉도에서 독도가 보인다'는 것의 기상학적 의미」란 연구의 주요 부분을 들어보기로 한다.

> ○ "울릉도에서 독도가 보인다'는 최근 기상학적 검토에 따르면, 울릉도에서 87.4km의

---

52 울릉군지편찬위원회, "이규원 울릉도 검찰 계초본," 『울릉군지』, 울릉군, 2007, 1379면.

53 전영신·이효정, "'울릉도에서 독도가 보인다'는 것의 기상학적 의미," 『독도! 울릉도에서 보인다』, 동북아역사재단, 2010, 142면.

직선거리에 놓인 독도가 보이는 순간은 울릉도 하늘이 아주 맑을 때인데, 울릉도 주민 대부분은 "독도가 보이기 전후에 비나 눈이 내린다"고 말한다고 한다. 이는 맑은 다음에 비가 오거나 비가 오기 전에 맑다는 것과 일맥상통한다. 이를 뒷받침해 줄 수 있는 것이 바로 기압계의 흐름이다. 시정이 아주 좋은 시기는 고기압의 영향권에 접어들었을 때다. 우리나라는 편서풍의 영향을 받으므로 기압계의 흐름이 동진한다. 따라서 고기압 이후에는 저기압이 오고 저기압 이후에는 고기압이 다가온다. 우리나라는 시베리아고기압, 북태평양고기압, 오호츠크해고기압, 이동성 고기압(=흔히 양쯔강 기단으로 알고 있음)의 영향을 받으며 이런 고기압들의 세력 변화로 인해 계절별로 각기 다른 기상현상이 나타난다. 봄과 가을은 이동성 고기압과 저기압의 영향을 받는다. 편서풍은 겨울동안 시베리아고기압의 세력 확장에 의해 남하해 주로 태평양 부근에서 분다. 하지만 봄에는 시베리아고기압이 약해지면서 북상하게 되고 중국 대륙에서 발생한 저기압과 고기압이 편서풍을 따라 이동하면서 우리나라에 영향을 미친다. 또한 여름철 북태평양고기압이라는 큰 세력에 의해 북상해 있던 편서풍이 가을철에는 남하해 우리나라에 큰 영향을 미친다. 이때도 저기압과 고기압이 함께 발생, 이동해오는 경우가 대부분이다."[54]

○ "박무가 되면 수평거리가 10km 이하가 되어 (울릉도에서) 독도가 잘 보이지 않게 된다. 따라서 늦봄부터 여름까지 독도를 보기 어렵다. 울릉도에서 독도가 잘 보이기 위해서는 울릉도에서의 수평가시거리도 중요하지만, 독도가 보이는 수평선 위의 조건도 중요하다."[55]

○ "동해상에 북풍이나 북동풍이 불고 있을 때가 독도가 보였던 날 36일 가운데 31일이다. 독도가 보이는 때에 울릉도와 북동쪽과 동쪽의 상대적으로 차고 깨끗한 공기가 이류(移流)되었다는 것이다. 이는 독도가 보이는 경우를 '풍일청명'(86%)이라 기록한 것과 잘 부합하며 옛 선조들의 관찰력에 다시금 놀라게 된다"[56]

위의 인용문을 참고한다면 우리의 역사서에 나오는 '風日淸明'이 단순한 기록이 아님을 알 수 있다. 다시 말해서 '기상학'적인 이른바 '과학적' 견지를 바탕으로 기록된 것임을 추론하게 된다. 요약하자면 '風日淸明'은 '주변에 해무가 없는 맑은 날'에만 보일만큼 '독도는 (울릉도)에서 떨어져 있다'[57]는 사실을 알려 준다. 해무란 바다에 끼

---

54 전영신·이효정, 같은 논문, 144-45면 참조.

55 전영신·이효정, 같은 논문, 157면.

56 전영신·이효정, 같은 논문, 160면.

57 문철영, "'울릉도에서 독도가 보인다'는 것의 역사적 의미," 『독도! 울릉도에서 보인다』, 동북아역사재단,

는 안개인데, 기상학적으로는 따뜻한 공기가 찬 해면으로 이동할 때 해면 부근의 공기가 냉각되어 생기는 안개를 말한다.[58] '주변에 해무가 없다'는 조건은 '울릉도에서'가 아니라 '독도 주변에서'를 말한다. 독도 주변에서 '바람이 불어주어야' 해무가 걷힐 것이며, 울릉도에서 독도가 보이게 된다는 것이다. 그것도 주로 '가을철'이지만 조건이 되면 '그 이외의 시기'에도 볼 수는 있다는 말이다.

2. '울릉도에서 독도를 볼 수 없다'는 주장의 허구

주지하는 대로 일본 외무성은 국내외 홍보용으로 만든 「다케시마 문제를 이해하기 위한 10의 포인트(竹島問題を理解するための10のポイント)」 가운데서(일본 외무성 홈페이지[59] 참조), 「2. 한국이 예부터 다케시마(독도)를 인식하고 있었다는 근거는 없습니다(韓国が古くから竹島を認識していたという根拠はありません).」라는 억측 논리로 자국의 입장이 정당함을 위장하고 있다.[60]

이러한 일본 외무성의 입장은 카와카미 켄죠(川上健三)의 『竹島の歴史地理学的研究』[61] 등의 왜곡된 입장을 그대로 답습한 것이다. 예컨대 카와카미는 1905년 일본이 독도를 자국의 영토로 편입하는 그 시점까지 한국인들은 독도를 인지하지 못하고 있었다고 본다. 그는 실제로 울릉도에도 가보지 않고서 울릉도에서 독도가 보이지 않는 것을 증명하기 위해서 '과학'을 위장한 다음의 가시거리 공식[62]까지 동원한다.

2010, 61면.

58 전영신 · 이효정, 앞의 논문, 147면.

59 일본 외무성 홈페이지 해당 부분(http://www.mofa.go.jp/region/asia-paci/takeshima/pamphlet_k.pdf) (검색일: 2013.5.1)

60 결국 이러한 논리를 토대로 일본은 「1. 다케시마는 역사적 사실에 입각해 봐도, 국제법상으로도 명백한 일본국 고유의 영토이다. 2. 한국에 의한 다케시마 점거는 국제법상 아무런 근거 없이 이루어지고 있는 불법 점거이며 한국이 이런 불법 점거에 의거해 다케시마에서 행하는 어떤 조치도 법적인 정당성이 있는 것이 아니다. *한국 측으로부터는 일본국이 다케시마를 실효적으로 지배하고 영유권을 확립하기 이전에 한국이 이 섬을 실효적으로 지배하고 있었다는 사실을 보여주는 명확한 근거가 제시되지 않고 있다.」(일본 외무성 홈페이지 해당 부분: http://www.mofa.go.jp/region/asia-paci/takeshima/index-k.html)(검색일: 2013.5.1)

61 川上健三, 『竹島の歴史地理学的研究』, 古今書院, 1996.

62 이 공식은 다음과 같다.

아울러 그는 울릉도에서는 해발 200m이상 올라가지 않을 경우 독도를 볼 수 없는데, 200m이상 올라간다 하더라도 당시 밀림이 무성하여 독도를 볼 수 없었다고 주장한다.[63] 따라서 그는 『高麗史』「지리지」나 『世宗實錄』「지리지」의 「…相距不遠, 風日淸明, 則可望見」이라는 기록이 울릉도와 독도 사이의 사실이 아니라 한반도 본토에서 '맑은 날' 울릉도를 바라본 상황을 묘사한 기록이라고 보았다.[64]

> 安龍福을 제외하고는 그 전후에 한국인들이 오늘날 竹島를 인지하고 있었다고 할만한 확실한 증거는 없다. 한국인이 竹島의 존재를 알았던 것으로 확실히 추정할 수 있는 것은 그들이 울릉도에 정착하고, 일본인에게 고용되어 竹島에 출어하게 되고, 또한 일본인의 지도로 울릉도 근해에서 조업하게 된 이후의 일로, 그 시기는 명치37(=1904)년, 38(=1905)년 이후로 추정된다.[65]

이런 왜곡된 논의는 이미 과학적으로 논박되고 있다.[66] 그리고 한국 측에서 일본의 '울릉도에서는 독도를 볼 수 없었다'는 주장에 대해 역사적 반박의 증거자료로 주로 인용하는 것이 『高麗史』·『世宗實錄』·『新增東國輿地勝覽』에 나오는 「于山·武陵 … 二島相距不遠, 風日淸明, 則可望見」이라는 구절이다. 이 가운데서도 대부분 울릉도에서 독도를 볼 수 있는(='可望見') 가장 중요한 조건인 '風日淸明'의 해석을 대부분 애매하게 처리해버리고 있는 것이다.

'風日淸明'이란 네 글자는 소홀히 하기 쉬우나 '울릉도에서 독도를 인지하는 중요조건'이다. 다시 말해서 '평일' 혹은 '특별한 시기(=계절)'에 '風日淸明'이라는 조건을 충족시키면 일상생활 속에서 관습적으로 울릉도에서 독도를 인지할 수 있다는 것을 지적해주고 있다.

$$D = 2.09\,(\sqrt{H} + \sqrt{h})$$

D: 가시거리(해리), H: 물체의 해면높이(m), h: 눈높이(m)

63 川上健三, 前揭書, 1996, 281-82면.

64 川上健三, 上揭書, 282면.

65 川上健三, 上揭書, 275면.

66 이에 대해서는 예컨대, 전영신·이효정, "'울릉도에서 독도가 보인다'는 것의 기상학적 의미," 『독도! 울릉도에서 보인다』, 동북아역사재단, 2010과 정태만, "독도문제의 수학적 접근 ― 독도는 왜 지리적, 역사적으로 우리 땅이 될 수밖에 없는가?," 『獨島硏究』, 영남대학교독도연구소, 2008.12.

V. 나오는 말

위에서 논의한 것을 종합해보면 이제 다음과 같은 결론을 내릴 수 있다 : '風日淸明'의 뜻은, 바람이 불어서 독도 주변의 해무가 걷힌 맑은 날이라는 조건이 충족되면 언제든지 울릉도에서 독도가 보인다는 뜻이다. 그래서 '風日淸明'은 기상학적인 상식을 바탕으로 기록한 言明임을 입증한다.

좀 더 구체적으로 논의한다면 '風日淸明'은 독도 주변에 '바람이 불어야' 하고 동시에 울릉도 및 독도 해역에 '날씨가 맑아야' 한다는 두 조건을 충족시켜야 된다는 말이다. 아무리 울릉도 및 독도 해역이 '(날씨가) 맑아도', '해무가 있으면' 울릉도에서 독도를 볼 수 없다는 것이다. 이 해무를 걷히게 하기 위해서는 '바람이 불지 않으면 안 된다'. 그래서 '風日淸明'은 '바람 불어/불며/부는 날' + '맑으면'이라는 두 조건을 충족시키는 기상학적 함의를 가진 개념임을 알 수 있다.

이런 분명한 사실에도 불구하고 기존의 연구에서는 아쉽게도 울릉도에서 독도가 보이는 조건이 '바람 부는 날 맑으면'인지, '언제든지'인지, '가을 철(9월-11월)에만'인지 진술이 혼재하거나 애매함을 드러내고 있다.[67] 그래서 동북아역사재단이나 외무부, 그리고 교육부 등에서 '風日淸明'의 해석을 공식적인 문건에 기재할 경우 보다 세심한 주의할 필요하다고 본다.

인간의 인지능력 중에 가장 중요한 것이 바로 '視覺'-'見'이다. 시각 다음에 오는 것이 '聽覺'–'聞'이다. 그래서 보통 '視聽覺' 혹은 '見聞'이라는 관용구를 사용한다. 울릉도에서 보통 육안으로도 독도가 보인다는 것은, 울릉도 거주민들이 평소 독도라는 존재를 인지하고 있었고[68] 아울러 독도를 울릉도와 하나 되는 생활문화권역으로 인식해왔다는 것을 입증하는 것이다. 육안으로 독도를 볼 수 있다는 것(="울릉도에서 독도가 육안으로 보인다"의 의미)은 이미 일반 카메라로 촬영된 사진으로도 입증(『한겨레뉴스』 2008.7.21)[69]되었기 때문에 더 이상 논란의 여지는 없다.[70] 물론 울릉도에서 독도가 보

---

67 홍성근 외, 『독도! 울릉도에서 보인다』, 동북아역사재단, 2010에는 여러 진술이 혼재하고 있다(17, 24면 참조).

68 물론 당시 사람들의 시력 조건(시력이 지금보다 좋았다는 점) 등도 검토해야 할 사안이다.

69 「"울릉도에서 독도가 육안으로 보인다"의 의미는?」(한겨레뉴스, 2008.7.21.)(http://www.hani.co.kr/arti/society/society_general/299875.html)(검색일:2013.5.1)

인다는 것이 독도가 울릉도의 부속섬이며 곧바로 한국의 영토라고 단정짓는 논리와는 다른 것이라고 누군가 주장한다 하더라도 일단 울릉도 주민이 일상적으로 독도를 볼 수 있고 그 존재를 인지하고 있었다는 사실은 바꿀 수 없음이 분명해진 것이다.[71]

국제법에서는 울릉도와 독도의 '지리적 근접성'을 '지리적 접속 또는 연속성, 영토적 인접성'을 근거로 영토주권을 주장할 수 있다는 논의가 있다. 즉 본토에 가까운 섬인 경우 본토가 속한 국가의 영토 일부분을 이루고 또 군도의 경우에는 主島의 운명에 따라 나머지 섬의 운명이 결정된다는 논의이다.[72] 이제 울릉도에서 독도가 보이는 조건인 「風日淸明, 則可望見」이 분명히 입증되었기에 앞서 언급한 「다케시마 문제를 이해하기 위한 10의 포인트」 중 「2. 한국이 예부터 다케시마(독도)를 인식하고 있었다는 근거는 없다」라는 주장은 '사실 왜곡'임이 밝혀져 논란할 필요가 없게 된 것이다. 그만큼 우리는 우리 역사서에 기록된 이 '風日淸明'에 내포한 기상학적인 함의와 진실을 충분히 살려내고 홍보할 필요가 있다고 본다.

---

70 정태만, "독도문제의 수학적 접근 — 독도는 왜 지리적, 역사적으로 우리 땅이 될 수밖에 없는가?," 『獨島硏究』, 영남대학교독도연구소, 2008. 12, 177면 참조.

71 「"울릉도에서 독도가 육안으로 보인다"의 의미는?」(한겨레뉴스, 2008.7.21.) 참조.

72 홍성근, 앞의 논문, 89-90면 참조.

[참고문헌]

『高麗史』

『世宗實錄』

『新增東國輿地勝覽』

『鬱陵島事蹟』

『西溪雜錄』

『牧隱藁』

『泛虛亭集』

東鄕和彦,『歷史認識を問い直す:靖国, 慰安婦, 領土問題』, 角川書店, 2013, 71면.

경상북도,『대한민국의 아름다운 섬, 독도』, 경상북도, 2013, 18면.

『중학교 역사(하)』, 두산동아, 2012, 62-63면.

池内 敏,『竹島問題とは何か』, 名古屋大学出版会, 2012, 218-9면.

권정 · 오오니시 토시테루,『죽도기사』1, 한국학술정보(주), 2011, 97-98면.

홍성근 외,『독도! 울릉도에서 보인다』, 동북아역사재단, 2010, 17, 24면.

川上健三, 權五曄 역,『일본의 獨島論理 ― 竹島의 歷史地理學的硏究 ― 』, 백산자료원, 2010, 105, 115-6면.

송병기,『독도영유권자료선』, 한림대학교 아시아문화연구소, 2004, 5-7면.

______,『(개정판) 울릉도와 독도』, 단국대학교추판부, 2007, 24면.

울릉군지편찬위원회, "이규원 울릉도 검찰 계초본,"『울릉군지』, 울릉군, 2007, 1379면.

下條正男,『竹島は日韓どちらのものか』, 文藝春秋, 2004.

_______, "竹島問題考,"『現代コリア』, 現代コリア研究所, 1996, 62면.

신용하,『獨島領有權 資料의 探究』제1권, 독도연구보전협회, 1998, 66, 148면.

川上健三,『竹島の歴史地理学的研究』, 古今書院, 1996, 281-2, 275면.

申奭鎬 외,『獨島』, 大韓公論社, 1965.

동북아역사재단, "(개정) 독도 통합홍보 표준 지침," 영남대학교 독도연구소 편,『초 · 중 · 고등학교 '독도교육 내용체계' 수정 · 보완』, 영남대학교 독도연구소, 2014. 3. 21., 46면.

최재목, "'獨島' 연구에 대한 성찰과 제언,"『일본문화연구』제47집, 동아시아일본학회, 2013. 7, 448면.

유미림, “『世宗實錄』「地理志」,” 『독도사전』, 한국해양수산개발원, 2011, 186면.

下條正男, “최종보고에 즈음하여: 다케시마(竹島) 문제의 해결을 저지하는 것,” 『제2기 竹島 문제에 관한 조사연구 최종보고서』, 제2기 시마네현 죽도문제연구회, 2012, 11-12면.

김호동, “조선시대 독도·울릉도에 대한 인식과 정책,” 『歷史學硏究』 제48호, 湖南史學會, 1012. 11, 108면.

이성환, “일본의 독도 관련 연구의 새로운 동향과 분석 — 사회과학 분야를 중심으로 —,” 『일본의 독도연구 동향과 분석』, 경상북도 독도연구기관 통합협의체 연구총서2, 도서출판 지성인, 2014, 128면.

홍성근, “총론: 독도 가시일수 조사의 배경과 의미,” 『독도! 울릉도에서 보인다』, 동북아역사재단, 2010, 25-26면.

문철영, “‘울릉도에서 독도가 보인다’는 것의 역사적 의미,” 『독도! 울릉도에서 보인다』, 동북아역사재단, 2010, 61, 89-90면.

전영신·이효정, “‘울릉도에서 독도가 보인다’는 것의 기상학적 의미,” 『독도! 울릉도에서 보인다』, 동북아역사재단, 2010, 142-7, 157, 160면.

정태만, “독도문제의 수학적 접근 — 독도는 왜 지리적, 역사적으로 우리 땅이 될 수밖에 없는가?,” 『獨島硏究』, 영남대학교독도연구소, 2008. 12, 177면.

「“울릉도에서 독도가 육안으로 보인다”의 의미는?」(한겨레뉴스, 2008.7.21.)(http://www.hani. co.kr/arti/ society/society_general/299875.html)(검색일: 2013.5.1)

http://www.mofa.go.jp/region/asia-paci/takeshima/pamphlet_k.pdf)(검색일: 2013.5.1)

http://cafe.naver.com/rhfu202/123(검색일: 2013.5.1)

http://www.mofa.go.kr/main/index.jsp(검색일: 2013.5.1)

http://dokdo.mofa.go.kr/kor/(검색일: 2013.5.1)

http://www.dokdo.re.kr(검색일: 2013.5.1)

http://dokdo-or-takeshima.blogspot.kr/2009_04_01_archive.html(검색일: 2013.5.1.)

4 / 정인조(鄭寅朝)의 「울릉도기행(鬱陵島紀行): 식물채집기(植物採集記)」에서 보는 1947년의 울릉도

최 재 목*

Ⅰ. 들어가는 말

개화기의 울릉도 · 독도에 대한 기초자료는 대부분 조사, 집성되어 있으나[1] 예컨대 해방 이후 본격적인 울릉도 · 독도 탐사가 시작된 1947년 전후의 자료는 정병준의 연구(『독도1947』)[2]에서 제시한 자료를 제외하면 별도로 파악되어 있지 않다.

이 글은 해방 후 3년이 지난 시점인 1948년 7월에 발표된 鄭寅朝(1918-?)의 「鬱陵島紀行 : 植物採集記」(『學風』, 1948.7)[3]를 중심으로 울릉도의 식물상황을 살펴보는 것이다. 원고의 말미에는 탈고한 날짜가 '1948.7.20.'로 기록되어 있는데, 기행문 가운데서 그는 "서울을 떠나기 전부터 내리던 장마비는 오늘은 멈추었으나 … "라고 말하고 있다. 여기서 이 기행문이 그 전해 여름의 답사를 다녀오고 나서 약 1년 뒤 발표된

---

* 영남대학교 철학과 교수, 독도연구소장, 중앙도서관장.

1 이에 대해서는 다음을 참고 바람: 유미림 · 조은희, 『개화기 울릉도 · 독도 관련 사료 연구』, 한국해양수산개발원(2008); 주강현, 『울릉도 개척사에 관한 연구』, 한국해양수산개발원(2009).

2 정병준, 『독도 1947』, 돌베개(2010).

3 鄭寅朝, "鬱陵島紀行 : 植物採集記," 『學風』, 乙酉文化社(1948. 9)[영인본 『韓國現代文學資料叢書』 · 14, (景仁文化社, 1989) 수록].

것임을 짚어준다. 따라서 이 글은 1947년 8월 '여름' 문교부의 후원으로 '남조선 과도정부'와 '조선산악회'가 공동으로 '울릉도학술조사대'(이하 '조사대')를 구성하여 울릉도 및 독도를 현지 답사할 때(1947년 8월 18일-26일)[4]의 내용이라 추정할 수 있다.

이 '조사대'가 답사를 마친 뒤 많은 신문 · 잡지에서 관련 기사와 답사보고서 및 기행문 등을 발표한다.[5] 그런데 기존의 연구서에서 이 자료를 언급한 적이 없다. 따라서 이 논문에서는 새로운 자료를 소개하는 의미는 물론 해방 직후 일본에 강탈당했던 국토 울릉도의 자생 식물 포함 및 당시 섬 풍경을 알 수 있는 좋은 자료라고 판단된다.[6]

일반적으로 '紀行'이란 것은 목적을 가지고 여행하며 보고, 듣고, 느낀 것을 수필 등의 형식을 빌려서 쓴 글을 말한다. 더구나 이 글은 '채집기'이므로 비교적 객관적인 사실을 견지하고 있다고 생각된다.

그런데 이 글을 쓴 '정인조'라는 인물은, 현재로서는 정확한 정보를 얻기 어려우나, 張亨斗 등과 더불어 한국의 나무 이름을 붙이는 데 큰 공을 세운 사람으로 보인다.[7]

1947년 8월 남조선 과도정부와 조선산악회가 공동으로 '울릉도학술조사대'(이하 '조사대')를 구성하여 울릉도 및 독도를 현지 답사한 바 있는데, 정병준은 『독도1947』(돌베개, 2010)에서 이 내용을 구체적으로 기술하고 있다. 그 내용에 따르면 '조사대'는 송석하를 대장으로, 홍종인과 도봉섭이 부대장으로 하는 '본부' 15명, 8개의 '학술반' 63명 — '사회과학A · B반'(21명), '동물학반'(6명), '식물학반'(9명), '농림반'(4명), '지질광물반'(2명), '의학반'(8명), '보도반'(8명), '전기통신반'(2명)의 78명 외 — 이 조사에 참여한다. 이 속에는 국어학자 방종현, 고고학자 김원용,[8] 나비박사 석주병, 한학자 임창순, 역사학자인 국사관 관장인 신석호 등 당대 각 분야의 저명 전문가 들이 포진

---

4 원본 보고서는 외교부 자료실을 참조(https://dokdo.mofa.go.kr/m/kor/pds/part03_view21.jsp)(검색일자: 2020.8.5.). 이 조사대에 대한 연구는, 송호열(2015. 9)「1947년 독도 학술조사에 대한 지리적 고찰」, 『한국사진지리학회지』25권3호, 한국사진지리학회 등이 있다.

5 지금까지 파악된 관련 자료는 〈부록〉[표 3] 1947 울릉도 학술조사대 관련 '기사 · 답사보고서 · 기행문 · 사진 목록을 참조.

6 참고로 1947년 洪九杓가 쓴 「無人 獨島 踏査를 마치고(紀行)」가 있다[洪九杓, "無人 獨島 踏査를 마치고(紀行)," 『建國公論』11월호(제3권 제5호), 현암사(1947)].

7 http://webbuild.knu.ac.kr/~china/BAL/bal71/bal71K.pdf(검색일자: 2016년 1월)

8 참고로 김원룡의 조사는 1947년에 이어 1957년에도 이루어졌다. 이후 이 결과는, 국립중앙박물관 고고부 편, 『鬱陵島』, 국립중앙박물관(2008)으로 발간되었다. 이 책의 '머리말'에는 발굴조사에서 겪은 악천후의 고생을 적고 있다(19면 참조).

해있었다. 이들은 8월 18일 포항에서 출발하여 오후 6시 울릉도 도동항에 도착, 20일(1일간) 독도조사, 21일-24일(4일간) 울릉도 조사 기간을 가진 다음, 26일 포항으로 돌아온다.[9]

그런데 아쉽게도 『독도1947』에는 이 논문에서 다룰 鄭寅朝나 그의 기행문 「鬱陵島紀行 — 植物採集記 —」이 언급되어 있지 않다. 아마도 鄭寅朝는 '식물학반'(9명) 가운데 소속되지 않았을까 추정된다.[10]

'조사대'는 울릉도·독도를 조사한 후 玉昇植이 보고서를 작성하는데, 1948년 3월 미군정청 상무부 지질광산연구소에서 『鬱陵島 獨島 調査報文』(별칭: 『지질광산연구소 조사보고서』)으로 간행한다. 2017년 영남대학교 독도연구소에서 이것을 전사하여 현대문으로 윤문하고 해제를 붙여 간행한 바 있다.[11] 당시 옥승식은 미군정청 상무부 지질광산연구소 물리탐사과에서 광지기사 과정으로 재직 중이었다.[12]

이 글에서는 새로 소개하려는 鄭寅朝의 기행문이 '植物採集記'이므로 먼저 〈근·현대기 울릉도 식물조사〉에 대한 객관적 기록을 살필 것이다. 이어서 鄭寅朝의 「鬱陵島紀行 : 植物採集記」의 내용을 분석, 검토 할 것이다. 이런 과정을 통해서 우선 종래의 연구에서 언급되지 않은 '紀行文'의 내용과 그 의미는 물론 해방 직후 울릉도의 식물 상황 등을 추정해볼 수 있을 것으로 본다.

Ⅱ. 1947 이전의 울릉도 식물조사 상황

'조사대'가 울릉도나 독도의 식물 조사를 시행하기 전인 일제강점기에도 여러 건의 조사가 있었다.[13] 이 조사는 어떤 의미일까? 일반적으로 조사란 '사물의 내용을 명확

---

9 정병준, 『독도 1947』, 돌베개(2010), 110-141면 참조.

10 鄭寅朝의 학문적 업적 등에 대해서는 부득이 1947년도 울릉도·독도 기행에 대한 총괄 검토를 진행할 때 보완하는 것으로 한다.

11 최재목·이태우 외 2인, "울릉도독도조사보문," 『해방 이후 울릉도·독도 조사 및 사건 관련 자료 해제·1』, 영남대독도연구소(2017) 참조.

12 최재목·이태우 외 2인, 『해방 이후 울릉도·독도 조사 및 사건 관련 자료 해제·1』, 영남대독도연구소(2017), 21면 참조.

13 이에 대해서는 예컨대 장진선·장계선, "외국인의 한반도 식물 채집행적과 지명재고(IV) Tsutomu Ishidoya

히 알기 위해 자세히 살펴보거나 찾아보는 것'이다.

하지만 일제강점기라는 '식민공간'에서의 조사란 식민지 영내 소유 자산과 물건들에 대한 領有의 표현이자 知的 지배 강화를 의미한다. 동식물은 물론 강탈·취득한 모든 자산들에 대해 새로운 언어로 命名을 하여 불가침의 신성한 영역을 표시해간다. 그런 공간은 많은 조사(관리·감독)를 통해 고유 영역임을 선언하며, 아울러 지배 공동체 내의 소통을 위한 일종의 '특수 언어' 혹은 '프로토콜'(protocol. 대화에 필요한 규약)[14]을 창출해낸다. 이것은 식민지 내 새로운 '공간의 생산'이며, 공간의 지배나 관리, 발견을 위한 '사회적·언어적 협상' 행위[15]였다고 할 수 있다.

이런 조사의 선단에는, 당연한 일이겠지만, 관련 분야의 지식을 갖춘 전문가, 학자들이 동원된다. 유미림이 언급한대로 "울릉도 식물에 대한 본격적인 조사는 1912년 岡本金藏(오카모토 긴조)의 조사, 1917년 石戸谷勉(이시도야 쓰토무) · 河內春一(카와치 슌이치)의 조사 및 나카이 다케노신(中井猛之進)의 조사"[16]를 들 수 있다.

서효원에 따르면, 오카모토 긴조는 조선총독부 산하 임업시험장의 기사로서 1912년 울릉도를 다녀온 것으로 보인다.

> 지금으로부터 100년 전 <u>1917년</u> 어느 날 강원도 죽변항(현재는 경북 울진군으로 편입)에서 출발한 한척의 배를 타고 조선총독부 촉탁 中井猛之進(나카이 다케노신) 박사, 임업시험장 기수 정태현, 미국 식물학자 윌슨(E.H. Wilson) 박사 등 다국적 식물 조사단이 울릉도 도동항에 도착한다. 나카이는 <u>5년전 이 섬에 다녀온 임업시험장의 岡本金藏(오카모토 긴조)</u>와 1년 전 다녀온 이시도야 쓰토무(石戸谷勤)가 채집해 온 식물표본 중에 당시 일본과 우리나라에서는 볼 수 없었던 새로운 종들이 있음을 알아채고 울릉도 행을 결심했던 것 같다. 하버드대 아놀드수목원에서 아시아식물을 담당했던 윌슨 박사를 대동한 것은 새로운 종을 발견했을 때 서구 학계에 신종보고를 위한 검토와 조언을 듣기에 최적의 인물이었기 때문으로 보인다."[17](밑줄은 인용자)

(石戸谷勉)," 『식물분류학회지』 40권 2호, 한국식물분류학회(2010. 6) 등을 참조.

14 마거릿 버트하임, 『공간의 역사』, 박인찬 옮김, 생각의 나무(1999), 424면.

15 마거릿 버트하임, 『공간의 역사』, 박인찬 옮김, 생각의 나무(1999), 428면 참조.

16 유미림, "일제강점기 일본인의 '독도' 호칭," 『영토해양연구』 Vol. 5, 동북아역사재단(2014. 2), 207-208면. 아울러 나카이 다케노신[中井猛之進], 『鬱陵島植物調査書』, 조선총독부(1919); 오수영, "울릉도 관속식물상에 관한 연구," 『경북대논문집』 25호, 경북대학교(1978).

아울러 식물학자 정태현(鄭台鉉. 1882-1971)의 회고를 보면 다음과 같은 대목이 있다. 울릉도 식물 조사에 대한 건이다.

> 필자가 본 도를 최초로 갔을 때는 나카이(中井) 박사와 미국식물학자 윌슨(Wilson) 박사와 동행을 했습니다. 본 도의 식물은 1912년에 岡本金藏 씨에 의하여 최초로 채집되었고 그 후 국내외의 많은 학자들에 의하여 답사되었습니다. 우리들의 답사 결과는 1914년에 울릉도식물조사서(鬱陵島植物調查書)로 발표되었습니다. 본 도의 식물 특히 수목은 해발 600미터를 경계로 하여 현저히 다릅니다. 600미터 이하에는 후박나무(Machilusrimosa var. Thunbergii), 굴거리나무(Daphniphyllum macropodum), 감탕나무(Ilex integra var. typica), 동백나무(Camellia japonica), 보리밥나무(Elaeagnus macrophylla), 송악(Hedera Tobleri), 식나무(Aucuba japonicavar. typica), 순비기나무(Vitex rotundifolia), 꾸지나무(Broussonetia papyrifera), 솔송나무(Tsuga Sieboldii), 섬잣나무(Pinus parviflora), 바위수국(Schizophragma hydrangeoides) 같은 온대식물이 있고, 600미터 이상에는 너도밤나무(Fagus multinervis), 털고로쇠(Acer mono var. paxii), 홍만병초(Rhododendeum Fauriei var. roseum), 두메오리나무(Alnus maximowiczii), 섬대(Sasa kurilensis) 같은 것이 있고, 난지성 상록활엽수(暖地性常綠闊葉樹)는 전연 볼 수 없습니다.[18](밑줄은 인용자)

경북대학교 울릉도·독도 종합학술조사단의 보고서 『鬱陵島·獨島踏査紀要』에 들어 있는 權炳奎의 「鬱陵島 및 獨島의 生物相 概觀」(1977.12)이라는 논문[19]을 보면 1947년 이전 및 이후의 울릉도·독도 식물 답사의 기록을 볼 수 있다. 여기서는 일단 그 내용을 소개하면서 필요한 경우에는 각주로 보완해두고자 한다. [?는 원고 자체에 빠져 있는 것을 인용자가 표시한 것이다. 파악된 사항은 각주로 밝혀두기로 한다.]

---

17 서효원의 글([서효원의 시시콜콜 과학사] 울릉도 식물에 대한 오해와 진실)(조선일보, 2016.10.1.) (http://it.chosun.com/site/data/html_dir/2016/09/30/2016093085012.html)(검색일자: 2020.8.1) 참조.

18 [정태현 회고_야책을 메고 50년(완)_조선식물향명집 이야기(9)-화우의 야단법석 꽃 이야기 · 129] (http://www.indica.or.kr/xe/flower_story/6283344)(검색일자: 2020.8.1)

19 權炳奎, "鬱陵島 및 獨島의 生物相 概觀," 『鬱陵島·獨島踏査紀要』, 경북대학교 울릉도·독도 종합학술조사단(1977. 12), 94면.

[표 1] 權炳奎 정리 '1947년' 전후 울릉도·독도 식물 답사 목록

1. 岡本金藏, 1912, ?[20]
2. 石戸谷勉·河野春日, 1917, 鬱陵島의 森林植物
3. 中井猛之進, 1919, 鬱陵島植物調査書
4. 森爲三, 1922, ?
5. 石戸谷勉, 1928, 鬱陵島의 植物區系에 關한 考察
6. 山本榮, 1931, 鬱陵島의 動植物
7. 植木秀幹·佐方敏男, 1935, 鬱陵島의 事情
8. 都逢涉·沈鶴鎭, 1936, ?
9. 北村四郎, 1939, 鬱陵島의 菊科植物, 5種
10. 朴萬奎·朱尙宇, 1949, ?
11. 朱尙宇, 1955, ?
12. 楊麟錫, 1956, 울릉도의 식물
13. 李德鳳·朱尙宇, 1958, 鬱陵島 植物相의 再檢討
14. 吳修榮, 1971, 鬱陵島 羊齒植物에 關한 硏究
15. 李永魯, 1972, 鬱陵島의 植物相
16. 吳修榮, 1977, 鬱陵島産 羊齒植物 分布에 關한 硏究

위의 표에서 1947년 이전의 조사는 9건(1∽9)이다. 즉 일본인 8건(岡本金藏, 石戸谷勉·河野春日, 中井猛之進, 森爲三, 石戸谷勉, 山本榮, 植木秀幹·佐方敏男, 北村四郎의 10인), 한국인이 1건(都逢涉·沈鶴鎭 2인)이다.

이렇게 식민치하 조선에서 일본인들의 주도로 식물조사연구의 근대적 기법이 시도되고 있었다. 그것은 조선 통치관리의 주요한 방식이었다.

---

20 岡本金藏는 다음의 서효원의 글[[서효원의 시시콜콜 과학사] 울릉도 식물에 대한 오해와 진실](조선일보, 2016.10.1.)(http://it.chosun.com/site/data/html_dir/2016/09/30/2016093085012.html)[검색일자: 2020. 8.1]을 참고하면, 조선총독부 산하 '朝鮮産業技師'(임업시험장 근무) 자격(『조선총독부관보』 국사편찬위원회DB 참조)으로 1912년 울릉도에 다녀온 것으로 보인다.
"지금으로부터 100년 전 1917년 어느 날 강원도 죽변항(현재는 경북 울진군으로 편입)에서 출발한 한척의 배를 타고 조선총독부 촉탁 나카이 다케노신(中井猛之進) 박사, 임업시험장 기수 정태현, 미국 식물학자 윌슨(E.H.Wilson) 박사 등 다국적 식물 조사단이 울릉도 도동항에 도착한다. 나카이는 5년전 이 섬에 다녀온 임업시험장의 오까모도 긴조(岡本金藏)와 1년전 다녀온 이시도야 쓰토무(石戸谷勤)가 채집해 온 식물 표본 중에 당시 일본과 우리나라에서는 볼 수 없었던 새로운 종들이 있음을 알아채고 울릉도 행을 결심했던 것 같다. 하버드대 아놀드수목원에서 아시아식물을 담당했던 윌슨 박사를 대동한 것은 새로운 종을 발견했을 때 서구 학계에 신종보고를 위한 검토와 조언을 듣기에 최적의 인물이었기 때문으로 보인다."(밑줄은 인용자)

Ⅲ. 鄭寅朝의 「鬱陵島紀行 — 植物採集記 —」의 내용 검토

1. 내용 검토

[도 1] 鄭寅朝의 「鬱陵島紀行 — 植物採集記 —」(1948.9.)

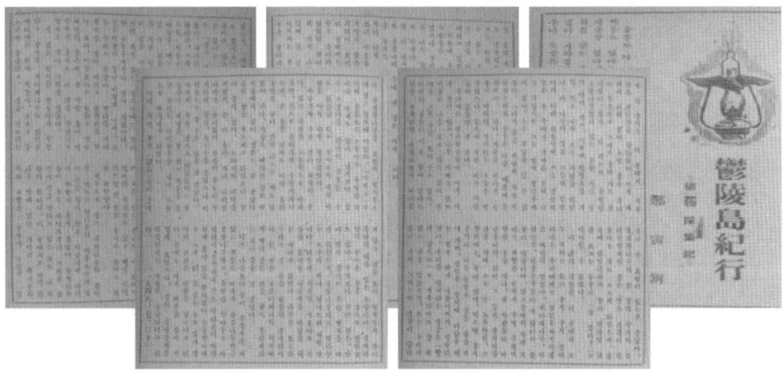

위의 내용을 나누어서 검토해보기로 한다.(구분을 위해 원문에 ⓐ~ⓗ로 표기/인용자)

> ⓐ 울릉도의 겨레가 바람과 물과 싸우고 있다는 것을 아는 사람도 적을 상 싶다. 배를 타고 울릉도에 처음 닫는 사람은 멀리 보이는 집이 기와집인 줄로 잘못 알기 쉬우다. 실상은 너와를 잇고 무거운 돌을 올려놓은 것인데, 무서운 바람이 몹시 불고 눈이 많이 오기 때문이다. 유일한 항구인 도동에 배가 다았을 때 절벽이 눈앞에 막아서고 있는 데는 놀라지 않을 수 없었다. 그러나 이 조그마한 항구를 둘러싸고 있는 이 두 봉우리는 국유림으로 되어 있고, 그 날카로운 바위 위에는 여기 아니면 볼 수 없는 나무가 붙어살고 있다는 것을 아는 우리는 배를 빨리 내리고 싶었다.

① 도동항에 다가서면서 울릉도의 집 풍경, 절벽, 국유림, 바위, 나무에 대한 이야기이다. 1947년의 『鬱陵島 · 獨島 照査報文』에 따르면, "경상북도 포항과 울릉도 - 도동 간에는 월 3회의 정기선(200톤 정도)이 있으나 풍랑관계로 결항이 많다."[21]고 한다.

21 최재목 · 이태우 외 2인, "울릉도독도조사보문," 『해방 이후 울릉도 · 독도 조사 및 사건 관련 자료 해제 · 1』,

ⓑ 도동에 올라 보니 흰 옷 입은 사람들은 우리 겨레에 틀림없었으나 우리 땅이라는 생각이 얼핏 나지 않았다. 길은 좁아서 우리 일행의 세 사람이 가로 서 가면 다 차지하는 것이었고 이것조차 산길이라 등에 진 짐은 어깨를 누르는 것이었다. 좁은 길 양쪽의 함석 이층집들은 음침한 것이 마음을 괴롭게 하여, 배에 시달린 몸은 더욱 무거워졌다. 생각하여 보니, 이 도동만 하여도 이 섬에서는 가장 문화의 혜택을 받는 곳이라, 왜놈들이 독차지 하고 있었던 것이다. 지금은 일본에 쫓겨 가서 나막신 코끈이나 만들어 입에 풀칠하기가 바쁜 그네들이 여기서는 경찰서장이니 학교장이니 무슨 장이니를 다 하여 먹고, 함석 이층집에서 술만 마시며, 우리 겨레에게는 채죽질만 하였을 것을 생각하니 이가 갈리었다.

② 도동항에 내려서 현지인들의 '흰 옷 입은' 겨레의 모습, 잃어버린 땅을 찾은 어색한 느낌, 좁은 산길, (일본인들이 살았던) 함석 이층집들, 일제강점기에 문화의 혜택이 있었던 도동, 해방 후 일본인들에 붙어살던 사람들이 지배 권력으로 등극하는 것에 대한 분노 담긴 논평으로 되어있다.

ⓒ 이러한 우리네의 겨레가 해방된 오늘날 우리 땅인 독도에서 귀한 피를 많이 흘리었다는 것은 나의 머리에 아직 새로웠다. 이 독도야 말로 우리 땅의 동쪽 끝이며, 우리의 삼천리 강산을 지켜 줄 동해의 섬인 것이다. 섬은, 비록 작고 사람은 살 수 없을지언정 우리의 피로 지켜야만 할 섬인 것이다. 이러한 생각으로 나의 머리는 무거웠으나, 작은 상점으로부터 가장 큰 도청에 이르기까지, 우리글로 힘차게 쓰인 간판이 달려 있고, 무슨 청년단이니 무슨 당이니 하는 간판은 하나도 볼 수 없는 것이 매우 기뻤다. 이 섬의 겨레들은 한 뭉치로 되어 바다와 싸우고 있는 것이었다.

③ '우리네 겨레', '우리 땅 독도', '우리 땅의 동쪽 끝', '우리의 삼천리 강산을 지켜줄 동해의 섬', '우리의 피로 지켜야할 섬'이라는 해방 후 지식인들의 국토, 국민에 대한 의식을 살필 수 있다. 아울러 작은 상점부터 도청에 이르기까지 '우리 글'의 간판이 달려 있고, 당시 울릉도에는 내륙에서 볼 수 있는 정치적 구호나 '당의 간판'을 볼 수 없어 '기뻤다'고 한다.

영남대독도연구소(2017), 23면. 같은 내용이 「鬱陵島地質照査概要」, 같은 책, 43면에도 있다.

ⓓ 도청과 삼림보호구의 절대한 원조를 얻어 동식물의 채집을 하기로 한 우리는 이 섬에서 가장 높은 성인봉을 향하였다. 어제 배에서 내려 걸어오던 좁은 길이 이 봉우리로 그대로 올라가는 것이었다. **절로 난 것으로 유명한 오동나무들이 있는 곳을 지나 얼마 아니 가서, 지게에 만병초를 가뜩 지고 내려오는 사람을 만났다**. 이 나무의 잎은 그늘에 말렸다가 다려 위장약에 쓰는 것인데 높은 산 꼭때기 가까운 곳에 나는 것임으로 그는 벌써 성인봉까지 갔다 오는 것임을 알 수 있었다. 「이지 풀을 캐면서 가면 저물겠는데요. 상봉은 이슬 때문에 못가리다.」라고 한다. 서울을 떠나기 전부터 내리던 장마비는 오늘은 멈추었으나 숲속에 내린 비는 마를 틈이 없었던 것 같다.(강조는 인용자. 이하 같음)

④ 관청의 허가를 얻어 동식물 채집을 하러 성인봉으로 향하면서 주변 풍경과 만난 현지인의 성인봉 상황을 언급한다. 이어서 오동나무가 눈에 띈 것을 말하고 지게에 '만병초'를 가득 채취하여 지게로 지고 오는 모습을 기술하고 있다.

길가에는 **섬초롱꽃**들이 여기 저기 뭉켜 있고, 나무 아래는 **섬꼬리풀**이 나를 보소 하는 듯이 귀여운 푸른 꽃을 보여주고 있다. 이러한 풀들이 이 섬 밖에 없다는 것을 생각하면 선취하면서 바다를 건너 온 보람이 있는 것 같았다. **섬쥐똥나무**의 흰 꽃의 향기와 **섬나무딸기**의 좋은 맛은 산길이 힘들다는 것도 모르게 하였으며, 숲속에 **섬말나리**가 꽃이 한창인 것을 보고는 누구나 「참 좋다!」고 아니 할 수 없었다.

⑤ 장마비가 그친 울릉도에서, 성인봉에 오르는 길가에 '섬초롱꽃', 나무 아래의 '섬꼬리풀', 그리고 '섬쥐똥나무', '섬나무딸기', '섬말나리'의 꽃과 향기에 감동하여 '참 좋다!'고 언급한 대목이다. 이어서

ⓔ 이 섬의 식물을 이 산에서 모두 캐려는 듯이 구석구석 찾아다니는 우리에게는 성인봉까지의 길은 대단히 멀었다. **쥐다래나무**, **바위수국**, **넌출수국**들이 폭 덮이어 흰꽃이 한창이며, 말오줌대의 독해 보달린 곳을 지나, 섬사람들이 비단풀이라 하여 그 잎과 줄거리를 간장약에 쓰는 **큰 노루와귀**, 그 뿌리에는 독이 있어, 먹으면 몹시 구역이 나는 인영초 같은 풀을 캐어 가며, 성인봉 중턱에 다았을 때는 벌써 해가 기울어지기 시작하였다. 우리를 안내하는 정군은 「빨리 갑시다」고 재촉하여도 쓸데없는 것을 알았는지. 또는 우리가 홍이 나서 그러는데 기분이 좋아 졌는지 「저물면 산에서 자고 가도 좋지요」한다. 이 섬에는 뱀도

없다는 것을 아는 우리는 모두 「좋다 말고요」라고 맞장구를 쳤다. 재목이나 화목에 좋은 **너도밤나무**, **고래솔나무**, **섬피나무** 같은 특산 식물이 무성한 산 꼭때기에 다았을 때는 안개가 끼어 방향을 알 수 없을 지경이었으나, 오늘밤을 지낼 남양동은 여기서도 이십리 길을 내려가야 한다. 얼마 내려가지 않은 경사면에는 **맹이와 큰 두루미꽃**이 덮여 있었는데, **두루미꽃**의 잎이 이렇게 큰 데는 모두 놀라고 말았다. 맹이를 캐어 뿌리를 짤라 버리고 줄거리를 먹어 보니, 마늘보다는 연하고 맛도 대단히 좋은데, 섬사람 들이 어린애가 울어도 이것을 주겠다고 달래는 것이 그럴 상 싶었다. 세 길은 됨직한 **왕싱아**가 무성하고 **왕머루**, **개다래나무**로 덮인 골짝이에는 해가 저물어, 흐르는 물소리만 유난하고, 길을 인도하는 정군이 없으면 한 발자국도 내어 걸을 수 없을 지경이었다.

⑥ 이어서 성인봉 가는 길, 내려오는 길에서 만난 풀들, '쥐다래나무', '바위수국', '넌출수국', '말오줌대', '비단풀=노루와귀', '인영초', '너도밤나무', '고래솔나무', '섬피나무', '맹이'(산마늘), '두루미꽃', '왕싱아', '왕머루', '개다래나무'를 소개하고 있다. 그리고 "이 섬에는 뱀도 없다는 것을 아는 우리는∽"처럼, 당시에도 울릉도를 三無五多島 즉 '도둑, 공해, 뱀'이 없다는 '3無', 水(물), 美(미인), 石(돌), 風(바람), 香(향나무)이 많다는 5多의 섬을 기본적으로 인지하고 있었음을 추정할 수 있다.

ⓕ 남양동을 떠나 천부를 향하는 해안 일주 도로를 걷기 시작한 우리는, **동백나무**, **사철나무**, **후박나무**, **감랑나무**, **식나무**들의 상록수를 볼 수 있어, 남쪽나라에 온 것 같았다. 섬사람들은 통 만날 수 없는 것은 아마도 아침부터 내리기 시작한 가랑비가 제법 쏟아지는 탓인 듯 싶엇다. 길은 해안 일주 도로라고는 하나, 바다를 통 보지 못하며, 재를 넘는 길이라, 이 섬에는 한 대의 자전거도 없고 배를 타지 않으면 제 발로 걸어야 한다는 것을 깨달았다.

⑦ 남양동에서 면사무소가 있는 천부로 가는 해안 일주 도로에서 '동백나무, 사철나무, 후박나무, 감랑나무, 식나무' 같은 상록수를 만난다. 섬을 탐사하는 동안 해안길을 줄곧 걸어 다녔음을 알 수 있다.

ⓖ 재목으로 좋은 **후박나무**와 종이를 만드는 **닥나무**의 아름드리가 있는 곳을 지나, 현포 바닷가에 나서니 바람이 몹시 불었다. **동백나무**들이 모두 바다로부터 고개를 돌리어 산

을 향하고 있는 것도 이 바람의 탓이다. 이 섬에서도 단지 한 나무 밖에 없는 **가마귀쪽나무**와 독한 새빨간 열매가 두알씩 달린 **섬괴불나무**를 보면서 면사무소가 있는 천부에 다았다, 「마카오」무역에 울릉도의 오징어는 유명한 것이나 미끼도 없이 낚시로만 잡는 오징어를 한 마리 구경할 수도 없음을 알고 장마비와 세찬 바람을 다시 한 번 원망하였다.

⑧ 남양동에서 현포리를 지나 천부리에 닿는 동안 '후박나무, 닥나무, 동백나무, 가마귀쪽나무, 섬괴불나무'를 만난다. 마카오와 무역 하는데 유명했던 '울릉도 오징어'를 맛보고 싶어 했으나 비바람으로 여의치 못했음을 알 수 있다.

ⓗ 바닷가에 송곳 같이 뾰족히 솟아 있는 추산을 오른쪽으로 바라보며, 산으로 올라가면 수원지가 되는데, 큰 돌을 던져도 다시 올라 올만큼 물이 솟아 나오는 때도 있었다 하나, 지금은 메워진 돌과 바위틈에서 물이 샘솟는 것 같았다. 흘린 땀을 씻으려고 하였으나 물이 몹시 찼다. 도라지와 더덕을 캐면서 좀 더 올라가니 나리골이라는 곳이었다 산속의 유일한 평지인데 감자, 옥수수를 심었으나 비행장으로 쓸 수도 있을 것 같았다. 여기서 거둔 것으로 만들었다는 엿청주의 대접을 잘 받고 기운을 돋군 우리는 나리동봉을 넘어 도동으로 빠지기로 하였다. 여기저기 *浮石*들이 흩어져 있는 것을 보니 언제인지 산이 폭발한 때가 있는 모양이다. **섬백리향**의 귀여운 분홍 꽃으로 깔린 곳도 있다. 무엇보다 놀란 것은, 맛이 별로 좋지도 못한 배지를 따기 위함인지, **섬벗나무**라는 벚나무는 모조리 베어 넘어뜨려 버린 것이다. 더욱이 자기의 키보다도 큰 톱을 짊어진 어린애를 만났을 때는 어이가 없엇다. 나무를 보호하는 데는 산 속을 엄중히 감시하여야 할 것은 물론이거니와 저자에서 빽지 같은 것을 팔지 못하게 하는 것이 좋을 것 같았다. 다른 나무보다 높이 우뚝우뚝 서있는 것들은 대개가 **솔송나무거나 섬잣나무**였고, 유명한 **향나무**는 바닷가나 산꼭때기 같은 험한 곳의 바위 위에 붙어 있을 뿐이었다. 산골짝이에는 **스기**(杉)를 심은 곳도 있어 잘 자라 큰 것은 만원을 넘는다고 한다. 산에는 대개 해송을 심어 거멓게 보였으나, 섬의 신탄문제를 해결하기는 대단히 곤란하다고 한다. 1948.7.20.

⑨ 산속의 유일한 평지인 나리골에 감자, 옥수수를 심었으나 이곳에 비행장을 만들 수 있다는 생각도 한다. 여기서 만든 엿청주 대접을 받고 기운을 차려서, 나리동봉을 넘어 도동으로 빠지는 동안 섬백리향, 섬벗나무, 솔송나무, 섬잣나무, 향나무, 일본인들이 심은 것으로 보이는 스기(杉. 삼나무), 해송 등을 만난다. 당시 필자는, 벚나

무를 다 베어버린 것, 그리고 '자기의 키보다도 큰 톱을 짊어진 어린애'를 만났을 때는 '어이가 없었다'고 한다. 잘 자란 큰 삼나무는 '만원이 넘는' 고가였다고 하니 벌목이 성행했을 것이라 추정된다. 따라서 필자는 나무를 보호하는 데는 '산 속을 엄중히 감시'하여야 함은 물론 뺏은 것을 팔지 못하게 하는 것이 좋겠다는 말을 보탠다. 산에는 해송을 심기는 했지만 薪炭(신탄), 즉 '땔나무와 숯' 문제를 해결하기에는 곤란하다고 보았다. 이렇게 식물 상황만이 아니고 지형에 대한 것, 벌목이나 땔감의 문제 등에도 관심을 기울이고 있다.

2. 식물 및 풍경의 특징

우선, 위에 나온 식물들을, 정태현 외 공편인 『朝鮮植物鄕名集』[22] 및 김태원의 『울릉도자생식물도감』[23] 등을 근거로 기행문에서 언급된 당시의 식물 30여 종이 현재 존재하는가를 살펴보면 아래와 같다.

[표 2] 鄭寅朝의 기행문 속 등장 식물 30종 목록

번호	명칭	식물존재 여부
1	만병초 (Rhododendron brachycarpum)	有
2	참오동나무 (Paulownia tomentosa (Thunb.) Steud)	有
3	섬초롱이꽃 (Campanula takesimana Nakai)	有
4	섬쥐똥나무 (Ligustrum foliosum Nakai)	有
5	섬나무딸기 (Rubus takesimensis Nakai)	有
6	섬말나리 (Lilium hansonii Leichtlin)	有
7	쥐다래 (Actinidia kolomikta Maxim)	有
8	바위수국 (Schizophragma hydrangeoides Siebold & Zucc.)	有

22 鄭台鉉·都逢涉·李德鳳·李徽載 共編, 『朝鮮植物鄕名集』, 朝鮮博物硏究會(1937).

23 김태원, 『울릉도 독도 식물도감』, 자연과생태(2018).

9	등수국(넌출수국) (Hydrangea petiolaris Siebold & Zucc)	有
10	큰노루귀 (Hepatica maxima (Nakai) Nakai)	有
11	닥나무 (Broussonetia kazinoki Siebold)	有
12	가마귀쪽나무 (Litsea japonica (Thunb.) Juss)	有
13	너도밤나무 Fagus japonica var. multinervis (Nakai)	有
14	섬피나무 (Tilia insularis Nakai)	有
15	섬괴불나무 (Lonicera morrowii A.Gray)	有
16	맹이(산마늘) (Allium victorialis var. platyphyllum)	有
17	큰두루미꽃 (Maianthemum dilatatum (Wood) A. Nelson & J. F. Macbr.)	有
18	왕싱아(왕호장) (Reynoutria sachalinensis (F.Schmidt) Nakai)	有
19	개다래나무 (Actinidia polygama Maxim.)	有
20	솔송나무 (Tsuga sieboldii Carriere)	有
21	동백나무 (Camellia japonica L)	有
22	사철나무 (Euonymus japonicus Thunb)	有
23	후박나무 (Machilus thunbergii Siebold & Zucc)	有
24	식나무 (Aucuba japonica Thunb.)	有
25	더덕 (Codonopsis lanceolata (Siebold & Zucc.) Trautv)	有
26	섬잣나무 (Pinus parviflora Siebold & Zucc.)	有
27	섬백리향 (Thymus quinquecistatus var. japonica)	有
28	섬벚나무 (Prunus takesimensis Nakai)	有
29	향나무 (Juniperus chinensis L.)	有
30	섬꼬리풀 (Veronica insularis Nakai)	有

다음으로, 등장하는 사람은 '도동의 흰 옷 입은 사람들', (성인봉까지 갔다 내려오는) '만병초를 지고 오는 사람', '자기의 키보다도 큰 톱을 짊어진 어린애'이다. 울릉도 주민으로서 약초를 캐거나 나무를 베러 다니는 어린아이이다.

마지막으로 음식과 경관에 대해서이다. 우선 '좁은 길', '뾰족한 산봉우리', 무서운 바람이 몹시 불고 눈이 많이 오기 때문에 '너와를 잇고 무거운 돌을 올려놓은 집', '날카로운 바위', 도동의 좁은 길 양쪽의 음침한 '함석 이층집들', '우리 글'의 간판이 달려있는 '작은 상점과 도청', 나리골에서 나온 곡물로 만든 '엿청주' 등이다. 당시 장마 시기라서 사람들이 적었으며, 오징어도 맛볼 수 없었다고 한다.

Ⅳ. 나오는 말

이 글은 종래 소개된 바 없는, 1948년 7월에 발표된 鄭寅朝의 「鬱陵島紀行 : 植物採集記」을 통해서, 1947년의 울릉도 식물 및 현지 상황을 살펴본 것이다.

위의 논의에서 알 수 있었던 것은 다음과 같다.

첫째, 鄭寅朝는 이미 울릉도의 식물에 대한 많은 기초지식을 가지고 있었음을 알 수 있다. 그것은 이 기행문이 1947년 8월 '남조선 과도정부'와 '조선산악회'가 공동으로 구성한 '울릉도학술조사대'의 식물전문조사팀에 소속되어 울릉도 현지답사를 수행한 필자에 의해 작성된 것이기 때문이다.

둘째, 기행문에서 언급된 당시의 식물 30여종은 현재 생육 식물들과 대조해본 결과 모두 현존하고 있음을 알 수 있었다.

셋째, 기행문에서는 조국, 국토라는 확고한 의식을 갖고 있었고, 해방 직후 멀리 떨어진 국토를 밟는 기쁨을 잘 드러내주고 있다.

넷째, 해방 직후의 울릉도 풍경은 정치적으로는 고요했으나, 약초 및 채소 채취는 물론 벌목이 일상적으로 행해지고 있음을 감지할 수 있다. 물론 이런 행위는 당시뿐만이 아니라 일제강점기와 그 이전 일본인들의 잠입에 의해, 또는 조선의 內地 및 섬(거문도 등) 사람들에 의해 지속되어왔던 일이라고 하겠다.

다섯째, 일제강점기가 일본인들이 남긴 현지 풍경으로서 도동항의 '함석 이층집들', 산에 식재된 '스기'(杉. 삼나무)를 살필 수 있다. 그 외의 것은 기록되지 않아 파악할 수가 없었다.

덧붙이자면, 〈부록〉에 보듯이 1947년 현지 조사 때 참가한 洪九杓가 쓴 「無人 獨島 踏査를 마치고(紀行)」[24] 등 여러 자료가 있다. 이들을 총괄 검토하면 해방 직후의 울릉도·독도 상황과 풍경을 기록자료 내에서 재현해낼 수 있을 것으로 본다. 이에 대한 구체적 검토는 다음 기회로 돌린다.

〈부록〉

[표 3] 1947 울릉도 학술조사대 관련 '기사·답사보고서·기행문·사진 목록

「울릉도답사기(1)」, 『민주일보』(1946.6.16.) 「울릉도답사기(2)」, 『민주일보』(1946.6.17.) 「울릉도답사대, 조선산악회서 파견」, 『한성일보』(1947. 8. 3.) 「독도조사단 16일 발정」, 『대구시보』(1947. 8. 17.) 「울릉도학술조사대, 현지착 활동에 착수」(울릉도 21일발 조선), 『서울신문』(1947. 8. 22.)
「독도는 이런 곧」, 『남선경제신문』(1947. 8. 27.) 「독도는 이런 곧」, 『남선경제신문』(1947. 8. 28.)
권상규, 「동해의 孤島 울릉도기행(1)」, 『대구시보』(1947. 8. 27.) 권상규, 「울릉도기행(2), 『대구시보』(1947. 8. 29.)
〈독도사진공개, 본사 최촉탁 촬영〉 『대구시보』(1947. 8. 30.) 「독도사진」, 『대구시보』(1947. 8. 31.)
석주명, 「울릉도의 연혁」, 『서울신문』(1947. 9. 2.) 석주명, 「울릉도의 자연: 石宙明」, 『서울신문』(1947. 9. 9.) 석주명, 「鬱陵島의 人文」, 『신천지』 1948년 2월호(제3권 제2호). 석주명, 「特別附錄・德積群島 學術調査報告」, 『신천지』 1950년 6월(통권 47호).
〈울릉도사진〉 ≪大邱時報≫ 1947. 9. 3. 〈울릉도사진〉 ≪大邱時報≫ 1947. 9. 4. 〈울릉도사진〉 ≪大邱時報≫ 1947. 9. 5.
「울릉도조사대의 귀환보고강연회」, 『서울신문』(1947. 9. 9.) 「울릉도보고, 10일에 강연회」, 『工業新聞』(1947. 9. 9.)
구동련, 「鬱陵島紀行(1) 浦項支局 具東鍊」, 『수산경제신문』(1947. 9. 20.) 구동련, 「鬱陵島紀行(2) 浦項支局 具東鍊」, 『수산경제신문』(1947. 9. 21.) 구동련, 「鬱陵島紀行(3) 浦項支局 具東鍊」, 『수산경제신문』(1947. 9. 23.) 구동련, 「鬱陵島紀行(4) 浦項支局 具東鍊」, 『수산경제신문』(1947. 9. 24.)

---

24 洪九杓, "無人 獨島 踏査를 마치고(紀行)," 『建國公論』 11월호(제3권 제5호), 건국공보사(1947).

「鬱陵島 學術調査隊 報告記(1) 洪鍾仁」, 『한성일보』(1947. 9. 21.) 「鬱陵島 學術調査隊 報告記(2) 洪鍾仁」, 『한성일보』(1947. 9. 24.) 「鬱陵島 學術調査隊 報告記(3) 洪鍾仁」, 『한성일보』(1947. 9. 25.) 「鬱陵島 學術調査隊 報告記(4) 洪鍾仁」, 『한성일보』(1947. 9. 26.)
「가제(於獨島): 尹炳益」, 『서울신문』(1947. 11, 15.) 「가제(獨島産): 尹炳益」, 『서울신문』(1947. 11, 15, 11. 18.)
도봉섭, 1937, 「鬱陵島植物相; 孤島植物踏査記 特히 天然記念物을 찾아서 〔제1~6회〕」, 『동아일보』(1937. 9. 3~9. 11.)
「독도를 탐사」, 『대구시보』(1947. 8. 22.)
「鬱陵島學術踏査隊, 獨島踏査, 意外의 海菊發見」, 『조선일보』(1947. 8. 23.)
「東海 神秘境인 獨島의 生態에 恍惚, 山岳會調査隊」, 『자유신문』(1947. 8. 24.)
「聖人峰을 踏破? 科學하는 朝鮮」, 『工業新聞』(1947. 8. 28.)
「돋도 가제에 대하여」, 『자유신문』 (1947. 9. 1.)
특파원, 「절해의 울릉도: 학술조사대 답사①」, 『조선일보』(1947. 9. 4.)
김원용, 「울릉도의 여인」, 『서울신문』(1947. 9. 6.)
方鍾鉉, 1947, 「獨島의 하루」, 『경성대학 예과신문』 13호(정해년 추석전야: 1947. 9. 28.)
「독도의 국적은 조선, 입증할 엄연한 증거자료 보관」 『工業新聞』(1947. 10. 15.)
洪九杓, 「無人獨島 踏査를 마치고(紀行)」, 『建國公論』 11월호(제3권 제5호), (건국공보사, 1947)
「울릉도 보고전」, 『독립신보』/『서울신문』(1947. 11. 5.)
「울릉도전시회에 도민대표가 상경」, 『大邱時報』(1947. 11. 8.)
「鬱陵島報告展을 열면서: 洪鍾仁」, 『서울신문』(1947. 11. 15.)
鬱陵島學術調査隊長 宋錫夏, 「古色蒼然한 歷史的 遺跡 鬱陵島를 찾어서!」(1947. 12. 1.)
「東海의 내 國土, 슬프다 流血의 記錄: 踏査回顧, 洪鍾仁記」, 『조선일보』(1948. 6. 17.)
鄭寅朝, 「鬱陵島紀行 : 植物採集記」, 『學風』(乙酉文化社, 1948. 9.)[영인본 『韓國現代文學資料叢書』·14(景仁文化社, 1989) 수록]
申奭鎬 「獨島所屬에 대해서」, 『史海』, 1948年12月号(第1卷 第1號)
한국산악회50년사편찬위원회, 「울릉도 독도 학술조사대」, 『한국산악회50년사』(한국산악회, 1996)
『鬱陵島及獨島地質調査概報』(地質鑛物班 玉昇植), 독도박물관 소장[영남대학교 독도연구소, 『독도자료총서』 4권에 번역 재수록]
韓國山岳會, 「(檀紀四二八五年七月) 鬱陵島獨島學術調査團派遣計劃書」

[참고문헌]

국립중앙박물관 고고부 편, 『鬱陵島』, 국립중앙박물관(2008), 19면.

김태원, 『울릉도 독도 식물도감』, 자연과생태(2018).

마거릿 버트하임, 『공간의 역사』, 박인찬 옮김, 생각의 나무(1999), 424, 428면.

유미림·조은희, 『개화기 울릉도·독도 관련 사료 연구』, 한국해양수산개발원(2008).

정병준, 『독도 1947』, 돌베개(2010), 110-141면.

鄭台鉉·都逢涉·李德鳳·李徽載 共編, 『朝鮮植物鄕名集』, 朝鮮博物硏究會(1937).

주강현, 『울릉도 개척사에 관한 연구』, 한국해양수산개발원(2009).

權炳奎, "鬱陵島 및 獨島의 生物相 概觀," 『鬱陵島·獨島踏查紀要』, 경북대학교 울릉도·독도 종합학술조사단(1977. 12), 94면.

中井猛之進, 『鬱陵島植物調查書』, 조선총독부(1919).

유미림, "일제강점기 일본인의 '독도' 호칭," 『영토해양연구』 Vol. 5, 동북아역사재단(2014. 2), 207-208면.

송호열, "1947년 독도 학술조사에 대한 지리적 고찰," 『한국사진지리학회지』 25권 3호, 한국사진지리학(2015. 9).

오수영, "울릉도 관속식물상에 관한 연구," 『경북대논문집』 25호, 경북대학교(1978).

장진선·장계선, 「외국인의 한반도 식물 채집행적과 지명재고(IV) Tsutomu Ishidoya(石戸谷勉)」, 『식물분류학회지』 40권 2호, 한국식물분류학회(2010. 6).

鄭寅朝, 「鬱陵島紀行 : 植物採集記」, 『學風』, 乙酉文化社(1948. 9).

최재목·이태우 외 2인, 『해방 이후 울릉도·독도 조사 및 사건 관련 자료 해제·1』, 영남대독도연구소(2017), 21, 23, 43면.

洪九杓, "無人 獨島 踏查를 마치고(紀行)," 『建國公論』 11월호(제3권 제5호), 현암사(1947).

5 / 고유영토론과 상극하는 미국의 영토형성과 독도에 관한 인식

최 장 근*

Ⅰ. 들어가면서

미국의 영토인식은 미국의 영토형성과정과 그 정책에서 확인할 수 있다. 일반적으로 미국의 영토형성에 관해 "1783년 미국은 13개주를 영토로 하여 독립했다." 그후 미국은 "1803년 루이지애나를 프랑스에서 사들였고", "1819년 플로리다를 에스파냐에서 사들였다". "1818년 루이지애나의 윗부분(역삼각형)"을 영국에서 사들였고, "1845년 텍사스를 합병"했다. "1848년 캘리포니아를 멕시코로부터 넘겨받았다". 1846년 "영국의 식민을 받아 공통의 문화유산을 이어 받은 미국과 캐나다는 앵글로색슨계의 색채가 짙어 앵글로아메리카라고 일컬으며, 멕시코 · 중앙아메리카 · 서인도제국은 남아메리카 제국과 함께 에스파냐 · 포르투갈을 중심으로 한 라틴계 문화의 영향과 에스파냐인의 색채가 짙어 라틴아메리카라고 일컫는다."[1]라고 하는 것처럼 오늘날 미국영토가 완성되었다는 인식이다. 이는 피상적인 해석에 불과하다. 그

---

* 대구대학교 일본어일본학과 교수, 일본정치 전공, 독도영토학연구소장.

1 「5대양 6대주 와 제국주의 시대 식민지 개관」, http://cafe.daum.net/internationale/Jzlt/8348?docid=3345977180&q=%BD%BA%C6%E4%C0%CE%B1%C7%C0%C7%20%BD%C4%B9%CE%C1%F6%B1%B9%B0%A1(검색일: 2013년 2월4일).

래서 본고에서는 미국의 영토형성과정을 세밀히 분석하여, 미국이 제국주의의 영토 침략의 역사를 갖고 있어서 고유영토 론에 대한 인식이 부족하여 제국주의국가들의 입장을 대변하는 입장에서 제정된 종래의 편파적인 국제법적 인식을 갖고 있어서 고유영토 론을 주장하는 피식민지국가들의 입장이 무시당할 수도 있는 영토인식을 갖고 있다[2]는 사실을 증명하려고 한다. 이를 통해 과거 미국이 독도문제에 개입했을 때의 행동 배경과 미래에 있을 독도문제에 대한 행동의 방향성에 관해 고찰하려고 하는 것이 목적이다.

연구방법으로서는 미국의 영토 확장에 관한 선행연구를 분석하여 재해석으로 영토팽창을 성격별로 분류하여 미국영토의 형성의 성격을 고찰한 것이다.

연구목적은 미국의 '고유영토론'을 지지하는지, 아니면 제국주의적인 방식에 해당하는 '무주지 선점론'이라는 현행 국제법의 영토취득요건에 의한 '신영토선점설'을 지지하는 지를 분석할 것이다. 선행연구에서 미국의 영토인식을 분석한 논문도 없을 뿐만 아니라 독도문제를 미국의 영토인식과 관계를 연구한 논문도 없다.

Ⅱ. 전쟁에 의한 영토팽창

영국의 식민지였던 13개주의 개척자들은 영국으로부터 독립을 위해 미국의 건국

---

2 한국은 일본의 식민지를 겪은 나라이다. 식민지시대에는 일본에게 모든 영토를 침탈당했다. 일본은 제2차 세계대전에서 중국을 비롯한 광대한 지역을 침략하려고 하다가, 미국을 중심으로 한 연합국에 패전을 당하고, 연합국이 요구는 포츠담선언에 의거하여 일본제국주의가 침략한 해외영토를 전적으로 박탈할 상황에 놓였다. 연합국은 1946년 종전직후 SCAPIN 667호를 발령하여 독도에 관해서도 일본제국영토에서 한반도와 더불어 한국영토로서 분리시켰다. 그런데 미국은 소련을 중심으로 한 공산진영과 미국을 중심으로 한 자유진영이 대립되는 상황에서 동아시아의 군사전략상 일본을 자유진영에 포함시킬 목적으로 일본정부에 호의적인 입장을 견지했다. 일본정부는 미국의 이러한 정치적인 입장을 고려하여 최대한 제국주의영토를 그대로 보유하려는 정책을 실시하여 독도에 관해서도 일본영토에 포함시키려고 미국에 로비했다. 미국은 일본의 요구에 응하여 1949년 이후 초안을 작성하는 과정에서 당초 1-5초 안에서 한국영토로 인정하고 있던 입장을 바꾸어 독도를 일본영토라고 초안을 변경하기도 했다. 미국의 이러한 입장은 다른 연합국의 일원인 영연방국가들에 의해 저항을 받고 독도문제를 한국영토로 명확히 하는 것을 피하여 독도를 애매하게 처리하는 대일평화조약을 체결했다. 따라서 미국은 독도가 한국영토로서 영토적 권원을 갖고 있음에도 불구하고 이를 인정하는 것을 무시하고 국가이익에 부합하는 정치적 상황에 따라 특정국가의 입장을 편드는 경향이 없음을 간과해서는 안 될 것이다.

을 선언하여 미국을 건국했다. 영국과의 독립전쟁에서 11만 5000명의 미국인이 목숨을 잃었다. 전쟁결과 미국 내에는 영국에 충성하는 왕당파, 독립파, 중간파로 거의 같은 비율로 나누어져 서로 다른 이념을 갖고 출발했다.[3] 미국 독립의 바탕이 된 곳은 영국의 식민지를 비롯해서 영국이 전쟁으로 확보한 스페인, 프랑스, 네덜란드의 식민지 지역이었다. 북아메리카대륙을 바탕으로 건국한 미국은 그 영토가 동부지역 일부에 국한되었다. 건국한 미국은 여전히 영국의 식민지로 있는 서부지역과 남부 멕시코와의 국경지역, 북부의 캐나다지역으로 영토 확장과 더불어 경계선의 획정이 필요했다.

새롭게 성립한 미국은 원주민들의 지역, 영국령, 멕시코령, 스페인령에 대한 영토야욕과 더불어 영토 확장을 위해 전쟁을 통해 영토 확장을 서둘렀다. 구체적으로 고찰해보기로 한다.

1. 원주민지역에 대한 미국의 영토팽창과 보호구역 설치

미국은 동부지역을 바탕으로 영국에서 분리 독립전쟁을 통하여 미국을 창건했다. 미국건국 이전부터 인디언들은 영국인들이 동부지역에 식민지를 개척함으로써 노예로 전락되는 것을 싫어하여 점차로 그 근거지를 서쪽으로 이동했다. 한편으로 영국과 대항적으로 식민지를 개척하고 있던 프랑스와 연합하여 인디언-프렌치의 연합군으로 영국인들에게 대항하기도 했다. 인디언은 1739년 프랑스와 연합한 600명의 연합군으로 버지니아 민병대 300명을 포함한 영국군 400명을 쳐부수는 성과를 올리기도 했다.[4] 그러나 생존을 위한 인디언의 노력은 결국 실패로 끝나고 1776년 영국으로부터의 독립을 선언하고 미국을 건국했다.[5]

미국은 남부와 서부와 북부지역에 대해서도 꾸준히 영토 확장 정책을 실시했다. 미국은 주민들이 서부와 남부로 퍼져 나감에 따라, 영토적 주권을 갖고 있는 아메리

---

3 강준만, 『미국사산책1』, 인물과 사상사(2010), 288면.

4 「네세시티 요새 전투(1739)」, http://economy.hankooki.com/lpage/economy/201007/e2010070217000769890.htm(검색일:2013년12월5일).

5 아루가 나츠키 · 유이 다이자부로 지음, 양영철 옮김, 『미국의 역사』, 삼양미디어(2008), 108-111면.

카 인디언들과 멕시코와 물리적 충돌은 불가피했다. 인디언들은 그들의 영토를 보전하기 위해 오리건에 정착하고자 하는 미국인, 텍사스에 농사짓고자 하는 멕시코인과 경합해야 했다. 미국은 서부로 영토를 확장하면서 인디언과의 전쟁으로 인디언을 제거하는 정책을 실행했다. 그 과정에서 많은 인디언들이 미국인들과의 전투에서 목숨을 잃기도 했다. 그들을 인디언들과 협정하여 보호구역을 만들어 인디언 보호구역[6]으로 보냈다.

미국이 1838년 체로키 인디언들을 오클라호마로 강제 이주(Trail of Tears)시켰던 것이 인디언 보호 관리의 시초이다, 1851년 미국 의회는 인디언 지원법을 제정했고, 1868년에는 인디언 보호구역을 설정하여 강제로 이주시켰다. 그런 과정에 1876년-1881년 사이에 미육군은 인디언과 전쟁하여 인디언 대학살을 감행했다(Siox War/Great plain war/Battle of little bighorn/Nez perce war).[7] 1890년 인디언 원주민은 영토를 잃고 운디드 니 학살로 최후로 대규모 무장 투쟁을 벌였으나 실패하고 말았다.

요컨대, 인디언들은 1776년 미국이 건국되기 이전은 물론이고 그 이후에도 자신들의 영역을 수호하기 위해 미국과 전쟁을 벌였다. 미국은 전쟁으로 인디언의 영토를 침략하고 여기에 저항하는 인디언을 학살하고 이들의 영토를 강제로 수탈했다. 그리고 보호구역을 만들어 인디언들을 미국사회와 격리시켰다.

2. 영국령에 대한 미국의 영토팽창(1812년전쟁)

미국은 1812년 제임스 매디슨 대통령이 영국에 대해 프랑스로 가던 미국 선박들을 나포하여 수출에 타격을 주었다고 하여 선전 포고했다.[8] 전쟁 초기에는 인구 700만 명에 달하는 미국이 소수 영국군이 주둔하고 인구 50만 명 미만의 캐나다를 상대로 수적으로 우세하여 전세가 유리했다. 영 연방파의 본거지인 뉴잉글랜드지방은 전쟁에 협조하지 않았다. 그러나 1814년 영국은 나폴레옹 전쟁을 종결시키고 본격적으로

---

6 참고로 미국 내 인디언은 202종족이 있으며, 보호구역은 310개소, 그 면적은 225,410평방 킬로미터이다.

7 그후 인디언정책은 1934년 인디언 지원 특별법안 통과, 1935년 인디언 뉴딜 정책 발표.

8 「1812년 전쟁」, http://ko.wikipedia.org/wiki/1812%EB%85%84_%EC%A0%84%EC%9F%81(검색일: 2013년12월7일). 이하 관련 내용은 「1812년 전쟁」을 참고했다.

정예부대 6,000명을 영국에서 5,000km나 떨어진 미국 메릴랜드에 상륙시켰다. 영국의 육해군은 체서피크 만(灣) 해안을 황폐화시켰고, 워싱턴 D.C.의 공공건물들을 불태웠다. 메릴랜드의 맥헨리 요새도 처참하게 파괴되었다. 한편 미국군도 미국 선박들이 영국 상선을 방해함으로써 선전했고 있었으나, 영국은 여전히 해상통제권과 미국해안을 봉쇄하고 있었다. 결국 전투의 성과는 미국과 영국 3 대 3으로 별다른 성과 없이 끝났다. 미영 양국군은 이리 호(湖), 온타리오 호, 샘플레인 호의 지배권을 확보하기 위해 격전을 벌였다. 그 결과 1814년 시점에서 미국은 디트로이트를 탈환했지만, 영국이 여전히 미시간 호를 지배하고 있었으며, 새롭게 미시시피 강 북쪽유역을 점령했다. 전쟁은 1814년 12월 24일 벨기에 겐트에서 조약을 조인하고 종결되었다. 그러나 통신사정이 나빠 겐트조약 체결을 알지 못했던 미영 양 진영은 뉴올리언스에서 치열한 전투를 벌였다. 이 전투에서 영국군은 2,037명이 전사했고, 미국군은 21명이 전사했다. 이 전쟁을 지휘한 앤드루 잭슨이 미국의 영웅이 되었다. 이 전쟁은 승패가 분명하지 않았으나, 미국에 대해 민족주의를 강화하는 계기가 되었다.[9] 그후 1846년 미국은 영국과 오리건조약을 체결하고 미국의 북서부를 통치하게 되었다. 다시 1872년 영국이 밴쿠버 섬 남쪽 바다 부분으로 최종 경계선으로 확정하여 지금의 캐나다와 미국의 경계선을 결정했다.

요컨대, 영국은 캐나다지역을 식민지로 지배하고 있었는데, 미영 양국은 국경지대를 유리하게 확보하기 위해 서로 전쟁으로 대립하고 있었던 것이다. 최종적으로 양국은 오리건 조약[10]을 통해 국경을 결정했고, 미국은 현미국의 북서부지역을 확보했던 것이다.

---

9 이대에 미국 백악관이 잿더미가 되었는데, 메디슨이 희게 칠하여 오늘날까지 이어지고 있다.

10 "스페인 · 러시아 · 미국 · 영국 사이에 태평양 북서부 오리건을 둘러싸고 소유권을 주장했다. 모든 나라들이 자기 나라 사람들이 그곳을 탐험했거나 정착했다는 주장이었다. 스페인은 영국과의 눗카 만 협약(1790), 미국과의 대륙횡단 조약(1819)으로 소유권을 포기했다. 미국과 영국은 1818년 북위 42°와 북위 54° 40′ 그리고 로키 산맥 서쪽을 경계로 하는 '오리건지역'을 확정짓고, 이 지역을 공동소유하기로 합의했다. 러시아는 그후 미국과 영국과 개별적인 조약으로 소유권을 포기했다(1824~25). 미국의 제임스 K. 포크를 대통령은 오리건의 단독 지배를 주장했다. 그 사이에 미국은 멕시코와의 전쟁(1846~47), 1846년 영국은 아일랜드 분쟁 때문에 자연스럽게 오리건조약을 체결하게 되었다. 이 조약으로 영국은 콜롬비아 강 운항권을 보장받았고, 북위 49°선을 따라 경계선으로 확정했다. 다시 1872년 밴쿠버 섬 남쪽 바다 부분으로 최종 경계선은 확정했다." 「오리건문제」, http://preview.britannica.co.kr/bol/topic.asp?mtt_id=67262(검색일: 2013년62월24일).

3. 멕시코령에 대한 영토팽창

(1) 텍사스의 분리 독립

미국이 1803년 에스파냐(스페인) 제국으로부터 루이지애나 주를 구입한 이후, 미국인들은 서부지역으로 정착지를 옮겨갔다. 1819년, 미국인 사업가 모세 오스틴은 텍사스에 이주민 정착사업을 결심했다. 1820년 스페인으로부터 300명이 머물 수 있는 공유지를 불하받았다. 1821년에 그가 사망한 후 아들 스티븐 F. 오스틴이 그 토지를 상속하여 뉴올리언스에서 300명을 산 펠리페 주변의 육지와 바다 근처에 이주시켰다. 그러나 1821년에 독립한 멕시코 공화국을 건설한 산타안나가 스페인이 인정한 불하를 인정하지 않았다. 오스틴은 3년 동안의 노력으로 모든 새 정착민이 가톨릭교회로 개종하는 조건으로 불하를 인정받았다.[11] 이들 앵글로계 정착민을 텍시언이라 불렀다.[12] 오스틴은 멕시코 공화국으로부터 1825년, 1827년, 1828년 세 번에 걸쳐 새로운 이주민 영입과 그에 대한 책임을 지는 교환 조건으로 새로운 토지를 불하 받았다. 그러나 그 기간에도 허용된 식민지 이주민 이외에도 미국인들이 들어오고 있었다.

1827년 미국의 존 퀸시 애덤스 대통령은 텍사스 매입을 위해 100만 달러를 멕시코에 제시했는데 거절당했다. 1829년 앤드루 잭슨 대통령이 다시 500만 달러를 제시했지만, 멕시코정부로부터 거절했다. 이처럼 미국은 텍사스에 대한 영토적 관심이 높았다.

1829년 스페인이 독립한 멕시코[13]를 점령하기 위해 침략해왔으나, 멕시코 대통령 탐피코에서 스페인 침략군을 빠르게 물리치고 국가적 영웅이 되었다. 1830년 산타안나는 국경을 넘어 멕시코로 유입되는 많은 미국인 이민자들을 경고했다. 이러한 상황을 극복하기 위해 오스틴과 정착민은 멕시코 대통령 산타안나를 지지하면서 더 많은 투자를 원했다. 오스틴은 코아우일라에서 주 분할 탄원서를 내었다. 그러나 이를 인정받지 못하고 반란 선동자로 체포되어 18개월간 감옥신세를 졌다. 1824년 산타안

---

11 「텍사스혁명」, http://ko.wikipedia.org/wiki/%ED%85%8D%EC%82%AC%EC%8A%A4_%ED%98%81%EB%AA%85(검색일: 2013년6월4일).

12 상게, 「텍사스혁명」 참조.

13 1810년 수도사 미겔 이달고가 스페인에서 독립을 선언했고, 11년간의 전쟁 끝에 1821년 스페인 장군 아구스틴 데 이투르비데와 산타안나가 멕시코를 지지하여 전쟁에 승리한 멕시코가 독립되었다.

나는 텍사스에 미국 이민자가 급증하는 것은 미국이 이 지역을 지배하려는 음모라고 간주했다. 그래서 주의 헌법을 폐지하고 연방원리 중앙집권적 헌법을 선택하여 주 의회를 해산시키고 주 시민군의 무장을 해제시켰다. 그리고 불법으로 정착한 미국인들의 추방을 명했다.

텍사스는 멕시코 공화국이 에스파냐 제국으로부터 독립하여 30년간 멕시코 영토로서 지배한 곳이다. 로마가톨릭을 국교로 하고 있는 멕시코 정부는 개신교도의 미국인들이 늘어나는 것을 원하지 않았다.

1835년 미국인 정착인 텍시언들이 멕시코가 시행한 노예제도 폐지를 거부하고 곤잘레스에서 멕시코의 코아우일라 테하스 주의 분리 독립을 목표로 무장혁명을 일으켰다.[14] 1836년 텍사스 혁명으로 멕시코로부터 분리하여 오스딘을 대통령으로 하는 텍사스 공화국의 독립을 선언했으나 멕시코정부는 이를 인정하지 않았다. 산타안나는 오스틴에 대한 체포령, 민병대의 무장 해제 요구, 불법 이민자들의 추방을 명했다. 오스틴은 곤잘레스에서 군인들을 모병하고, 미국으로부터 자원병들을 받아들이고,[15] 미국은 중장비의 포대를 지원했다.[16] 결국 미국의 지원을 받은 텍시언들은 곤잘레스에서 멕시코의 주 임시정부를 선언하고 헨리 스미스를 주지사, 미국의 앤드류 잭슨 대통령과 오랜 친구인 샘 휴스턴을 정규군 총사령관으로 임명했다.

산타안나는 멕시코군에게 텍사스로 몰려드는 미국 민병대를 즉결 처형시킬 것을 명했다. 또한 미국 대통령 앤드류 잭슨에게 "멕시코 정부와 싸우는 어떤 미국인이 발견되건 해적으로 간주할 것"이라고 강한 항의 편지를 보냈다. 그러나 산타안나 대통령이 지휘하는 멕시코군은 샘 휴스턴군대에 의해 패하여 결국 강압적으로 멕시코로부터 분리하여 샘 휴스턴을 대통령으로 하는 텍사스를 독립시켰다.[17] 그러나 멕시코 정부는 워싱턴에 포로가 된 산타안나를 멕시코 대통령에서 퇴위시키고 텍사스공화국의 독립을 승인하지 않았다. 산타안나는 1838년 패스트리 전투에서 영웅이 되어 다시 선거에 의해 멕시코 대통령이 되었고, 그는 텍사스를 수복하기 위해 샌안토니오

---

14 「텍사스 혁명」, http://ko.wikipedia.org/wiki/%EB%A9%95%EC%8B%9C%EC%BD%94-%EB%AF%B8%EA%B5%AD_%EC%A0%84%EC%9F%81(검색일: 2013년7월12일).

15 상게, 「텍사스 혁명」 참조.

16 상게, 「텍사스 혁명」 참조.

17 상게, 「텍사스 혁명」 참조.

를 점령했다. 그후 텍사스와 멕시코 양자 간의 충돌은 계속되었다.

요컨대, 미국은 텍사스지역을 멕시코로부터 분리하여 미국에 병합하기 위한 목적으로 멕시코를 공격하여 텍사스지역을 멕시코의 일개의 주 임시정부로 분리시킨 후 텍사스 공화국을 선언했던 것이다.

(2) 미국의 텍사스 합병

1837년 텍사스 공화국은 멕시코에서 독립을 쟁취하고, 샘 휴스턴 대통령은 처음으로 투표로 미국과 합병을 결정했다. 1837년 워싱턴 DC에 파견된 텍사스 공화국 대사가 미국의 마틴 밴 뷰런 대통령에게 합병을 제안했지만, 미국은 멕시코와의 전쟁을 우려하여 거절했다.

1838년, 텍사스 공화국 대통령 미라보 라마는 독립 유지와 영토 확장을 주장하여 대통령 취임 후 일단 합병 제안을 철회했다. 1839년 프랑스, 1840년 네덜란드와 영국, 1841년 벨기에도 텍사스공화국을 승인하고 미국과의 합병을 반대했다.

그러나 미국 대통령이 된 존 타일러가 취임 초기에는 합병을 주저하다가, 1843년 텍사스가 영국의 중개로 멕시코정부에 접근하려는 움직임을 보고 태도를 바꾸어 통합을 추진했다. 이에 대해 멕시코 산타안나 대통령은 텍사스의 합병은 "선전 포고와 같다"고 미국에 경고했다. 그럼에도 불구하고 타일러는 1844년 4월 대통령 직권으로 텍사스 합병조약을 체결했다. 그러나 상원 3분의 2 이상의 찬성을 얻지 못해 비준되지 못했다.[18]

1844년 미국 대통령이 된 제임스 K. 포크는 영토 확장을 주장하며 텍사스의 합병에 적극적이었다.[19] 그래서 1845년 2월 텍사스 합병을 위해 법안을 바꾸어 비준시켰다.[20] 텍사스 공화국도 비준함으로써 텍사스가 미국의 주가 되었다.

멕시코는 1845년 텍사스가 미국의 주로 승인되자 미국과 외교관계를 단절했다.

---

18 상게, 「텍사스 혁명」 참조. 합변에 반대한 것은 텍사스 주가 노예를 인정하는 주였기 때문에 미국의 여러 주 사이에서 논쟁을 불러일으켰다. 미국에 텍사스의 합병은 대외적으로 멕시코와의 적대관계, 대내적으로는 노예제도의 확대에 따른 남북 대립의 격화된다고 하는 이유가 있었다.

19 앨런 브링클리 지음, 황혜성 외 공역, 『미국인의 역사2』, 비봉출판사(1998), 39-42면.

20 1845년 2월 상원 27 대 25의 근소한 차이로, 하원에서는 132 대 76으로 선택권을 대통령에게 부여한다고 결의하였다.

1846년 미군의 도발로 리오그란데에서 충돌이 생겨 미군 16명이 멕시코 군에게 살해당하는 사건이 일어나자 미국이 멕시코에 선전 포고했다. 미국은 1846년 8월 뉴멕시코를 점령하여 텍사스정부가 행정적 조치를 취했다.[21] 1847년 2월 5일 미국이 푸에블로 데 타오스를 점령함으로써 멕시코가 평화협정을 요청하고 전쟁은 종결되었다. 1848년 3월 양국은 미국이 멕시코의 문화와 가치관을 존중하고, 텍사스를 매입한다는 내용으로 강화조약[22]을 체결하고 멕시코-미국전쟁은 종결시켰다. 멕시코는 텍사스와 뉴멕시코를 미국영토로 승인했지만, 리오그란데 동쪽의 뉴멕시코는 할양하지 않았다. 이 전쟁으로 캘리포니아와 오늘날의 미국 남서부지역을 확보했다.[23] 전쟁 후 1848~49년 사이에 캘리포니아 골드러시가 시작되어 미국 서부로 이주가 한층 가속화되었던 것이다.[24]

요컨대, 미국의 역사에서는「1845년의 텍사스 합병으로 독립된 텍사스 공화국이 오랫동안 모색해 오던 미국과의 자발적인 합병을 이루었다.」라고 한다. 사실은 그렇지 않다. 미국은 스페인에서 멕시코가 독립한 이후 멕시코지역에 미국인들이 지속적으로 이주했고, 미국정부는 텍사스를 지원하여 텍사스가 멕시코에서 분리 독립을 선동했다. 최종적으로 미국은 텍사스의 독립을 인정하지 않는 멕시코에 대해 전쟁을 감행하여 독립을 인정하도록 한 후 미국의 26째로 주로 편입시켰던 것이다. 결국 미국이 무력으로 멕시코영토를 분할한 것이다.

---

21 패트리샤 넬슨 리메릭 지음, 김봉중 옮김,『정복의 유산』, 전남대학교출판부(1998), 264면.

22 과달루페 이달고 조약, 이 조약으로 미국은 겨우 1,825만 달러를 지급하고 멕시코로부터 뉴멕시코, 캘리포니아, 콜로라도, 와이오밍 주 등을 할양 받아 한반도 넓이의 15배에 달하는 300평방킬로미터의 영토를 넓혔다.

23 미국 남서부 지역, 현재의 캘리포니아, 네바다, 유타 전역, 애리조나(이후 개즈던 매입에 의해 합병된 남부지역을 제외한 주요 부분), 콜로라도(구 텍사스 공화국의 경계 이서), NM (개즈던 매입 지역을 제외한 리오그란데 강 서쪽), 와이오밍(구 텍사스 공화국의 경계 이서 및 북위 42도선 이남)을 할양 받았다. 양국은 이후 매입된 개즈던을 제외하고 그곳을 멕시코와 미국의 국경으로 삼는다는데 합의했다. 이 지역은 멕시코가 1821년 스페인으로부터 독립하여 1848년까지 멕시코 영토였다. 멕시코 전체 면적의 3분의 1에 해당된다.

24 전국역사교사모임 지음,『처음 읽는 미국사』, 청아문화사(2010), 169면.

4. 스페인령에 대한 미국의 영토팽창[25]

(1) 플로리다

미국의 제임스 매디슨 대통령이 1810년 서부 플로리다를 미국령으로 선포되었다. 미국 군대가 플로리다를 수차례 침입하면서 1818년 영국과 조약[26]을 체결하여 레드강 분지를 습득하였다. 그리고 미국은 스페인에게 플로리다 구매를 오랫동안 요구해왔다. 스페인은 1818년부터 오랫동안 반도 전쟁에 시달리고 있었기 때문에 재정적으로 플로리다에 군사력과 정부를 구축할 수 없는 상황이었다. 동부 플로리다에 근거지를 둔 인디언 세미놀들이 일상적으로 국경을 넘어 미국의 마을과 농장을 습격했다. 스페인은 이를 제어할 능력이 없어서 뉴스페인(오늘 날의 뉴멕시코)과 미국 간의 국경을 우려하였다.[27] 앤드루 잭슨은 세미놀들을 추적하여 스페인령 플로리다로 들어가 스페인의 요새를 기습하였다. 1817년-1818년 앤드루 잭슨은 조지아개척 미 국민에 대한 세미놀의 약탈을 멈추기 위해 한층 더 스페인영토를 침범했다. 이렇게 해서 미국은 동부 플로리다를 전적으로 통제하였다.[28]

스페인은 북미대륙에서 힘이 약화해져 있어서 1819년 플로리다에 개척민을 보내거나 주둔을 시킬 여유가 없었고, 플로리다 서부지역 식민지의 반란으로 협상을 시작할 수밖에 없었다. 스페인은 영국의 도움을 요청했지만 거부당하고 결국 미국 제임스 먼로 대통령과 조약을 체결하여 플로리다를 할양하기로 결정하고,[29] 국경분쟁을 종결되었다. 미국은 남미의 스페인 식민지에서 혁명 움직임에 대해 미국이 관여하지 않을 것과 텍사스 새바인 강 서쪽 지역과 다른 스페인 영토에 대해 더 이상 영토취득

---

25 「미서전쟁」, "http://ko.wikipedia.org/w/index.php?title=미국-스페인_전쟁&oldid=9246792"(검색일: 2013년7월9일).

26 앵글로-아메리칸 조약 (1818년).

27 Vanderheide, Albert. Priest led party of emigrants to Wisconsin's frontier territory. godutch.com(검색일: 2013년5월8일).

28 제1차 세미놀 전쟁.

29 국무 장관인 존 퀸시 애덤스와 스페인 외무 장관 루이스 데 오니스에 의해 애덤스-오니스 조약(Adams-Onís Treaty), 이 조약으로 록키산맥과 태평양까지 미국 영토를 설정하여 텍사스의 새바인 강의 국경 분쟁을 해결했고, 스페인의 동부 플로리다와 사바인 자유주의 할양과 오리건 국가에 대한 모든 권리도 포기하는 내용을 규정했다.

을 하지 않는다는 조건으로 스페인에 총 500만 달러의 보상금을 지불하고 플로리다와 로키 산맥에서 태평양까지를 미국영토로 확보했다.[30]

요컨대, 미국은 스페인령 플로리다에 대한 영토 확장 의욕을 갖고 있었다. 미국이 강압적인 형태로 영토 확장정책을 추진하고 있었기 때문에 부득이 플로리다를 포기하지 않을 수 없었다. 그런데 미국은 형식적으로는 매각이라는 형태를 취했던 것이다.

(2) 오리건국가의 분할

오리건국은 '북위 42도 북쪽, 북위 54도 40분 남쪽, 그리고 로키산맥의 서쪽에서 태평양까지 북미 서쪽 지역'을 가리킨다.[31] 원래 미국, 영국, 프랑스, 러시아, 스페인이 영유권을 주장하던 곳이었다. 미국은 1792년 콜롬비아 강을 발견하여 탐험했다고 하여 영유권을 주장했고, 영국도 콜롬비아 강을 탐험했다고 하여 영유권을 주장했다. 스페인은 18세기 후반 태평양을 탐험했다는 이유로 영유권주장을 했다. 러시아는 자국민들의 정착촌이 알래스카에서 오리건까지 펼쳐져 있다고 하여 영유권을 주장했다. 프랑스와 스페인은 "18세기 양국의 서쪽과 북위 42도선을 따라 영토 분할"을 주장하고 있었다.[32]

미국은 스페인이 북미대륙에서 힘이 약해지고 있었기 때문에 스페인영토에 대한 영토야욕이 강했기 때문에 스페인령 플로리다를 획득하기 위해 수시로 침범했다. 결국 스페인은 1819년 애덤스-오니스 조약을 체결하여 플로리다를 미국에 할양하고 북위 42도 이북의 모든 영유권주장을 포기한다고 규정함으로써 오리건국을 포기하는 것으로 국경분쟁을 끝내었다.[33] 프랑스는 7년 전쟁에 패배하여 종래의 주장을 사실상 포기했다. 러시아는 1824년 미국과의 조약, 1825년 영국과의 조약으로 영유권 주장을 포기했다.

---

30 「애덤스-오니스조약(Adams-Onís Treaty」, http://ko.wikipedia.org/wiki/%EC%95%A0%EB%8D%A4%EC%8A%A4-%EC%98%A4%EB%8B%88%EC%8A%A4_%EC%A1%B0%EC%95%BD(검색일: 2013년6월8일).

31 「오리건 컨트리」, http://ko.wikipedia.org/wiki/%EC%98%A4%EB%A6%AC%EA%B1%B4_%EA%B5%AD%EA%B0%80(검색일: 2013년4월12일).

32 상게의 「오리건 컨트리」 참조.

33 「애덤스-오니스 조약」(Adams-Onís Treaty).

그 사이에 미국과 영국은 1818년 앵글로-미국 회담에서 북위 49도 따라 서쪽 로키 산맥까지 땅을 양국의 경계로 연장하는데 협의했다. 양국은 로키산맥의 서쪽에서 태평양까지의 땅을 '공동의 점유'하기로 합의했다. 여기서 양국이 영유권 주장으로 충돌하여 오리건 국경 분쟁이 발생했다. 미국 대통령 제임스 K. 포크는 북위 49 도선에 평행하게 경계를 설정한다고 한 것에 대해 영국이 거부했다. 그후 미국 내에서 오리건의 북쪽 경계인 북위 54도 40분까지 모든 영역을 통합할 것을 요구하기도 했다. 그러나 멕시코-미국 전쟁 때문에 미국의 군사자원이 멕시코 쪽에 집중되면서 1846년 6월 미 국무장관 제임스 뷰캐넌과 영국 사이에 오리건 조약[34]이 체결되었다.[35]

오리건 조약은 북미의 미국과 영국의 경계를 밴쿠버 아일랜드를 제외하고 북위 49도선에 평행하는 것으로 결정했다. 밴쿠버 아일랜드는 영국령이 되었다. 캐나다 성립 이후 북위 49도선은 워싱턴과 브리티시 콜롬비아 주 동안(東岸)에 미국과 캐나다 국경이 되었다. 미국령이 된 부분은 1848년 8월 오리건 준주가 되었다.[36]

이 조약은 환 데 푸카 해협의 경계를 주요 수로로 정의했다. 영국과 미국은 조지아 해협의 주요 항로의 위치와 해석의 차이로 같은 섬을 점령했다. 영국은 미국과의 애매했던 조약으로 1846년 이후 샌환제도의 공동점유를 주장하였다. 1859년 양국은 조지아 해협의 불명확한 경계로 인해 산후안 제도의 영유권을 둘러싸고 전쟁을 했다. 영국은 콜롬비아 강 하구까지를 주장했고, 미국은 북위 49도선을 주장했다. 결국은 1872년 중재로 이들 모두가 완전히 미국영토에 편입되었다.[37]

요컨대, 미국은 오리건 지역을 차지하기 위해 북미에서 권력이 쇠퇴해지고 있던 스페인과는 전쟁을 통해 포기하도록 했고, 영국과는 지금의 캐나다 지역과의 국경선을 결정하는 과정에서 최종적으로는 전쟁을 통해 미국이 원하는 형태로 결정했다. 이처럼 미국은 자신들이 영토로서 확장하려는 대상에 대해서는 평화적으로 해결이 되지 않을 경우 무력을 사용하는 한이 있더라도 목적을 달성하려고 했던 것이다.

---

34 Oregon Treaty 또는 Treaty of Washington), 허드슨 베이 회사는 콜롬비아 강을 이용 권리를 유지했다.

35 1840년대 초 일부 오리건 주민이 3명의 행정 직원과 1명의 최고 행정관으로 임시공화국을 설립했다고 주장했다. 오리건은 한 정치 파벌이 세운 독립국가로서 계속적인 오리건의 정치적 발전을 희망했지만, 미합중국 가입에 대한 압력은 1848년까지 점점 수위가 높아졌다.

36 전게, 「애덤스-오니스조약(Adams-Onís Treaty」 참조.

37 전게, 「애덤스-오니스조약(Adams-Onís Treaty」 참조.

Ⅲ. 평화를 가장한 해외영토의 강제 병합에 의한 영토팽창

1. 하와이왕국의 강제 합병

미국은 북아메리카대륙에서 원주민 인디언의 지역과 다른 열강 즉 스페인, 영국 등이 지배하는 식민지 지역에 대해 강압적인 방법으로 영토를 확장했다. 최종적으로는 소기의 목적을 달성하기 위해 전쟁이라는 방법도 유감없이 발휘했다. 이렇게 북미대륙에서의 영토 확장을 대체로 마무리한 미국은 해외로도 영토 확장을 추진했다.

하와이 왕국은 태평양 한 가운데에서 1782년 카메하메하 1세 이후 왕조체계를 유지해온 독립된 군주국가였다. 미국인으로서는 19세기에 최초로 전도사가 갔다. 그 다음은 사업가가 사업목적으로 건너가 열대과일과 사탕수수를 재배했다. 미국은 1887년 하와이왕국과 호혜통상조약을 체결하고 진주만(Pearl Harbor)을 해군기지로 확보했다. 19세기 후반에는 많은 미국인들이 이민하여 사탕수수와 파인애플을 재배하여 성공했다. 이로 인해 조선과 일본 등의 아시아인을 포함해 외국이민자들도 증가하였다.

그런데 1890년 미국이 관세법을 개정하게 되어 하와이거주 미국인들이 제당업에 타격을 받게 되자 미국과 합병을 주장했다. 1891년 이런 분위기 속에서 즉위한 릴리우오칼라니 여왕이 미국 농장주들의 면세혜택을 폐지하는 헌법을 개정하려고 했다. 1893년 일부 미국과 유럽 사업가들이 지리적, 경제적 이유로 미국과 합병을 위해 미군을 배경으로 쿠데타를 일으켰다. 여왕을 하야시키고 공화국을 설립했다. 미국인을 중심으로 한 미국과의 합병운동이 일어났다. 결국 1897년 6월 16일 매킨리 미국 대통령과 하와이 공화국이 합병조약을 체결했다.[38] 이 조약이 1898년 7월 7일 미국 의회에서 비준되어 하와이 공화국이 미국에 합병되었다.[39]

요컨대, 하와이왕국에 미국인들이 사업차 들어가서 미국인들이 중심이 되어 혁명

---

38 프란시트 휘트니 외 지음, 이경식 옮김, 『미국의 역사』, 미국국무부 발행, 주한미대사관 공보과(2004), 253-259면.

39 미국 합병 직후에는 준주(準州)였으나, 제2차 세계 대전 후 주(州) 승격운동이 활발해져 1959년 8월 21일 알래스카에 이어 미국의 50번째 주가 되었다.

을 일으켜서 군주국을 없애고 하와이 공화국으로 만든 후 이를 미국에 합병시켰다. 이것은 미국이 멕시코에 미국인들을 보내어 그들이 중심이 되어 텍사스를 멕시코에서 분리 독립을 시킨 후 미국에 편입한 것과 거의 흡사하다.[40] 외형적으로는 하와이 왕국이 원하여 평화적으로 미국의 일개 주가 된 것과 같은 형태를 띠고 있다. 사실은 미국이 하와이왕국을 강제적으로 없애고 합병한 것이었다.

2. 구아노 제도의 무주지 점유

1855년 미국은 태평양에 농업용 비료와 화약을 만드는데 필요한 질산의 원료인 구아노가 대량으로 퇴적된 섬들이 있다는 것을 알게 되었다. 1856년 8월 미국은 연방의회에서 구아노를 채취하기 위해 「어떤 섬, 바위, 산호초이건 구아노 매장지를 미국 시민이 발견했을 때는 다른 나라 정부의 법적 통제 하가 아니라 다른 나라 정부의 시민에 점령되지 않고 평화롭게 점유하고 그 섬의 바위, 산호초를 점령했을 때는 언제든지 미국 대통령의 재량에 따라 미국이 소유했다고 판단한다(구아노 제도법 제 1절)」라는 '구아노 제도법(Guano Islands Act)'을 제정했다. 즉 구아노 제도법은 미국 시민이면 누구나 외국정부의 관리 하에 있지 않은 구아노가 매장된 섬을 영유할 수 있도록 한 것이다. 권익 보호를 위해 미국 대통령이 군을 활용할 수 있고, 미국의 사법이 적용되도록 했다.

구아노 제도법에 의해 미국이 점령하지 않은 구아노가 매장된 섬에 대해 영토로 주장할 수 있는 근거가 마련된 것이다. 이 구아노법은 미국이 섬을 점령하여 구아노가 고갈되면 점유를 계속할 필요가 없다는 것으로, 쓸모가 없어진 후 영토처리를 어떻게 할지에 대해서는 정하지 않았다. 당시의 국제법으로는 무주지(terra nullius)가 되는 것이었다. 당시 미국은 도서지역 영토처럼 생각하였다. 도서지역은 국가가 영토 취득의 의도가 없어도 정부 소유가 될 수 있다는 것이다. 이렇게 해서 미국국민에 의

40 먼저 다른 국가로 이민을 간 미국인들을 중심으로 미국과 합병운동이 일어난다. 그 다음 단계로 미국인들이 중심이 된 공화국을 세우고, 이 공화국이 미국에 자신들을 합병해달라고 요청하면 미국이 이를 받아들여주는 형식이다.

해 100개가 넘는 섬에 대해 영유권이 선언되었다. 대부분의 섬은 자원고갈로 영유를 포기했고, 현재는 베이커 섬, 자비스 섬, 하울 랜드 섬, 킹맨 섬, 존스턴 섬, 팔미라 섬 그리고 미드웨이 환초만이 미국의 관리 하에 놓여있다.

현재 존슨 어톨은 1858년 미국과 하와이 사이에 영토분쟁이 있었으나 1898년 미국이 하와이를 병합함으로써 해결되었다. 그러나 나바사 섬은 지금도 미국과 아이티 간에 분쟁지역이 되고 있고, 세라냐 뱅크와 바호 누에보 뱅크는 더욱 복잡하게 얽혀 미국을 포함한 3개국이 영유권을 주장하고 있다. 1971년 미국은 온두라스와 조약을 맺고 스완제도가 온두라스의 영토임을 인정했다.

요컨대, 미국은 구아노가 매장된 섬에 대해서는 미국국민이면 누구나 점유할 수 있도록 법을 제정하여 외국이 선점하지 않은 도서지역까지 미국이 통치하는 미국 영토로 만든 것이었다.

Ⅳ. 영토매입에 의한 영토 확장

1. 루이지애나(1783-1848)의 매입

미국은 영토 확장의 대상을 정하고 그것을 헐값으로 매입하든가, 그것이 허용되지 않으면 전쟁이나 강제조약을 통해 영토를 확장했다.

미국은 독립 후 얼마 지나지 않아 프랑스령의 루이지애나를 구매했다. 미국 최초 영토를 확장하는 일대사건이었다. 미국의 개척민들이 작물을 운반하기 위해 미시시피 강의 수로를 이용하는데, 강 입구의 프랑스령 뉴올리언스를 통과해야하기에 때문에 통행료를 지불해야했다. 그래서 미국의 3대 대통령 토머스 제퍼슨은 의회를 설득하여 뉴올리언즈를 1,000만 달러 상한으로 매입하기로 결정했다. 토머스 제퍼슨은 프랑스에 사절단을 파견했고, 나폴레옹은 "쓸데없는 땅을 팔아 군비를 확보한다"고 하여 양국이 '뉴올리언스 매입'에 관한 협상으로 1803년 루이지애나 전체를 1,500만 달러에 매각하기로 합의했다.[41] 우선적으로 미국정부는 금 3백만 달러로 계약했고,

---

41 「루이지애나 매입」 참조, http://ko.wikipedia.org/(검색일: 2013년 12월 10일).

잔금은 런던의 배링스 은행과 암스테르담의 호페은행으로부터 대부하여 지불했다. 미국은 루이지애나 매입으로 미국영토를 거의 두 배로 확장했다.[42]

그런데 스페인은 1803년 미국이 매입한 루이지애나 영토를 인정하지 않았다. 스페인은 루이지애나가 미시시피와 뉴올리언즈로 구성되어 있다고 생각했고, 반면 미국은 로키산맥 정상까지 모든 것을 매입했다고 주장했다. 결국 미국은 스페인의 요구를 인정하여 서쪽으로 새바인 강까지라고 했지만, 스페인은 아로요 혼도 경계까지라고 주장하였다.[43] 루이지애나의 일부는 1818년 레드 강 분지와 교환하는 대가로 영국에게 할양되었다. 이 땅의 대부분은 1819년 플로리다 매입의 대가로 스페인에 할양되었다. 그러나 이것은 그후 미국이 텍사스 합병과 멕시코 할양을 통해 재매입을 하였다.

요컨대, 미국은 프랑스로부터 대체로 양국이 평화적인 방법으로 루이지애나 매입했다. 그런데 스페인과의 경계지역에 대해서는 주장하는 부분이 서로 달라 미국이 강압적으로 플로리다와 함께 미국이 원하는 대로 확보했던 것이다.

2. 개즈던의 매입

1853년 미국은 남부에 대륙횡단철도 건설을 위해 멕시코와의 국경지대 30,000제곱마일(77,700Km²)지역을 멕시코로부터 1000만 달러(현재의 2억 6300만 달러)로 매입했다.[44] 이 지역은 길라강 남쪽과 리오그란데 강 서쪽지역의 산악 고원지대로서 지금의 뉴멕시코 주와 애리조나 주가 여기에 해당한다.

3. 알라스카의 매입과 쿠바

당시 알레스카에는 2,500명의 러시아인과의 혼혈인, 8천 명의 토착인, 1만여 명의

---

42 「루이지애나 매입」 참조, http://ko.wikipedia.org/(검색일: 2013년 12월 10일).

43 「애덤스-오니스조약」, http://blog.naver.com/PostView.nhn?blogId=braveattack&logNo=10132530076 (검색일: 2013년5월24일).

44 「개즈던 매입」, http://ko.wikipedia.org/(검색일: 2013년5월24일).

러시아 모피회사 직원이 거주하고 있었고, 관할 영역 밖에는 5만여 명의 에스키모와 인디언이 살고 있었다. 유럽인들은 알래스카에서 이용하기 편리한 섬과 해안에 23개의 교역소를 설치했다.[45] 미국에게 러시아는 남북전쟁 내내 소중한 동맹 국가였다. 미국은 러시아와 영국(지금은 캐나다의 영토)이 인접해 있었기 때문에 영국을 제압하는데 러시아를 필요로 했다. 알레스카는 영국에게는 전략적 가치가 없었기 때문에 거의 미국에 둘러싸여져 있어 미국에 매입될 수 있는 지역이었다.[46]

러시아 제국 차르 알렉산드르 2세는 재정적으로 어려운 상황에 있었고, 또한 영국 해군이 공격하면 방어하기 어려워서 쉽게 점령당하는 것을 우려하여 알레스카를 미국에 팔기로 결정했다. 러시아는 1867년 3월 초 주미 러시아공사 에두아르트 스테클로 하여금 미국 국무 장관 시워드 사이에 협상하도록 했다. 미국정부는 평상시에 영토 확장 야욕을 갖고 있었기 때문에 아시아와의 무역을 위한 선박 연료충전기지로 활용하기 위해 1,600,000km²를 $720만(지금의 1억 1130만 달러)로 매입했다.

또한 미국은 쿠바에 대해서도 루이지애나를 프랑스로부터 매입했듯이 마드리드 주재 미국공사를 통해 1억 5,000만 달러로 의사를 타진했으나 스페인의 거부로 실행되지 못했다.

요컨대, 북미대륙에서 스페인이 쇠퇴한 후 미국은 강자로서 영토 확장 의욕을 강하게 갖고 있었다. 미국의 안보나 미국인의 삶에 직접적인 영향이 없는 지역까지 영토 확장을 시도했다. 그 결과 알래스카는 러시아와 의견이 일치하여 매입할 수 있었으나, 쿠바는 스페인이 미국의 세력 확대를 원하지 않았기 때문에 매입을 거부했던 것이다.

---

45 알래스카의 날은 알래스카가 러시아에서 미국으로 공식 이전된 1867년 10월 18일을 기리는 날이다. 현재 알래스카는 3월 마지막 월요일에 시워드의 날로 알래스카 매입을 기리고 있다.

46 프란시트 휘트니 외 지음, 이경식 옮김, 『미국의 역사』, 미국국무부 발행, 주한미대사관 공보과(2004), 253-259면.

Ⅴ. 전쟁에 의한 미국의 쿠바와 푸에르토리코, 괌, 필리핀의 영토확장

미국은 점차로 쇠퇴해가는 스페인을 대신해서 세계적 패권국가로 부상하기 시작했다. 북아메리카대륙에서 영토 확장을 완성한 미국은 남북전쟁으로 노예문제 등 국내문제를 해결하고 본격적으로 제국주의 정책으로 해외영토에 눈을 돌렸다.

쿠바는 스페인의 식민지 지배를 받고 있었는데, 「유럽 열강이 아메리카 대륙의 어떠한 나라라도 억압하고 통제하려고 한다면, 이는 미국에 대한 적대행위로 간주될 것」이라고 성명한 미국 먼로대통령[47]의 영향으로 스페인의 통치로부터 자치권을 얻기 위해 때때로 투쟁했다.[48] 미국은 쿠바에게 스페인으로부터 분리 독립을 재정적으로 지원했다. 1895년 쿠바 독립군은 스페인에 대항하여 무장 봉기를 일으켰다.[49] 1896년 스페인은 본국에서 진압군(웨일러 장군)을 파견하여 반란군의 보급로를 차단하기 위해 쿠바의 일반 민중과 반란군을 격리시켰다. 1897년 30만 명이상의 쿠바인들이 스페인군의 집단수용소에 강제 이주되어 10만 여명이 목숨을 잃었다. 이러한 상황 속에서 미국은 쿠바 독립을 지원했다.[50]

미국은 이 기회에 스페인의 잔존 해외영토인 필리핀, 푸에르토리코, 괌 등을 병합하려고 했다.[51] 1898년 2월 쿠바 거주 자국민 보호를 명목으로 아바나 항에 미국 전함 메인호를 파견했다. 친스페인계 쿠바인들은 스페인에 충성을 다짐하고 아바나에서 소요를 일으켰다. 독립군(미국계)과 스페인군 간에 전투가 계속되던 중에 원인모를 폭발이 일어나 미해군 266명이 사망했다.[52] 미국은 1898년 4월 스페인측의 공격이라고 단정하고 선전포고를 했다.[53] 이로 인해 미국과 스페인 전쟁은 그해 8월까지

---

47 「먼로주의」, 1823년 12월 2일 먼로 대통령이 「① 미국은 유럽 열강의 국내문제나 열강 사이의 세력다툼에 개입하지 않는다. ② 미국은 아메리카 대륙의 기존 식민지와 보호령을 인정하고 간섭하지 않는다. ③ 장차 아메리카 대륙에서의 식민지 건설을 엄금한다. ④ 유럽 열강이 아메리카 대륙의 어떠한 나라라도 억압하고 통제하려고 한다면, 이는 미국에 대한 적대행위로 간주될 것이다.」라고 주창한 내용이다.

48 「미서전쟁」, http://ko.wikipedia.org/wiki/%EC%8A%A4%ED%8E%98%EC%9D%B8-%EB%AF%B8%EA% B5%AD_%EC%A0%84%EC%9F%81(검색일: 2013년 6월14일).

49 상게, 「미서전쟁」 참조.

50 상게, 「미서전쟁」 참조.

51 프란시트 휘트니 외 지음, 이경식 옮김, 『미국의 역사』, 미국국무부 발행, 주한미대사관 공보과(2004), 253-259면.

52 상게, 「미서전쟁」 참조.

스페인과 쿠바와 필리핀에서 전개되었다.[54]

미국은 쿠바는 물론이고, 미 동양함대를 필리핀에 파견했다. 이때 필리핀 독립군은 미국의 편에서 스페인군을 공격했다. 또한 1898년 미 해군 전함들은 푸에르토리코의 해안을 정찰하고, 산후안 항구를 봉쇄했다. 또한 3,300여명 미군이 과니카에 상륙하여 푸에르토리코인 레지스탕스들과 함께 섬을 점령했다. 그리고 미국 순양함 찰스턴 호는 괌을 점령했다. 미국과 스페인 전쟁이 미국이 기습적으로 공격하였기 때문에 스페인이 패할 수밖에 없었다.[55] 파리 강화조약에서 미국은 스페인에 2,000만 달러를 지불키로 하고, 스페인은 쿠바를 포기하고 필리핀[56] · 괌 · 푸에르토리코[57]를 미국에 할양했다. 미군정 정부가 4지역을 보호국(1901~1934년)으로 점령 통치하였다. 그런데 쿠바가 1902년 정식으로 독립하여 미군정이 종료되었으나, 타국과 동맹을 맺을 수 없고, 관타나모를 영구히 미국에 임대하는 등 쿠바정부에 많은 제한을 부과했다. 이 전쟁으로 스페인은 제국으로서의 지위를 상실했고, 미국은 태평양지역까지 영향력을 확장하며 유럽 열강과 대등한 경쟁할 수 있게 되었다.

요컨대, 미국은 쿠바가 스페인으로부터 독립을 요구하는 상황을 이용하여 쿠바는 물론이고 스페인의 식민지였던 필리핀, 푸에르토리코, 괌에서 스페인을 몰아내고 미국이 점령통치를 시작했다. 이로 인해 미국은 태평양지역까지 영향력을 미쳤다. 미국은 스페인과 전쟁에서 필리핀[58]을 식민지하기 위해 일본의 조선침략을 묵인했다. 이런 것이 당시 미국의 영토인식이었다.[59]

---

53 양재열, 『한국인을 위한 미국사』, 혜안(2005), 159면.

54 상게, 「미서전쟁」 참조. 미국-스페인전쟁(영어: Spanish-American War) 또는 미서전쟁(美西戰爭).

55 John M. Gates, War-Related Deaths in the Philippines, Pacific Historical Review, College of Wooster(1984), August.

56 스페인은 1521년 포르투갈의 마젤란이 세계 일주 항해 도중에 세부 섬에 상륙하면서 필리핀의 식민통치를 시작했다. 19세기 말 민중을 압제하는 종교권력에 항거하여 필리핀 독립운동가들은 스페인 식민통치 권력과 결탁하여 각지에서 민중항쟁을 일으켰다.

57 전게, 「미스전쟁」 참조. "푸에르토리코는 원래 스페인 영토였는데, 1898년 미국-스페인 전쟁에서 미국이 전격적으로 푸에르토리코를 침략, 점령에 성공하였고, 공식적인 평화조약에서 미국이 스페인으로 부터 정식으로 푸에르토리코를 매입하게 되었다. 푸에르토리코 독립당은 독립운동 단체이며, 사회자유주의와 사회민주주의를 표방하면서 푸에르토리코 민중민주당이 독립에 대한 의지가 쇠퇴하였다고 판단한 독립운동 지도자들이 모여 1946년 10월 20일 창립하였다. 독립당은 푸에르토리코의 미군철수운동, 반전운동을 계속 이어나가고 있다."

58 필리핀은 1946년 미국으로부터 독립을 한다.

Ⅵ. 미국의 영토인식과 독도와의 관련성

미국을 얄타협정에서 소련을 참전의 대가로 쿠릴열도와 사할린전부를 소련에 양도한다고 약속을 했다. 사실 그 이전에 쿠릴열도와 사할린은 원래 아이누민족의 땅이었는데, 일본과 러시아 양 제국이 분할 지배했다. 1855년 1차 국경조약에서는 쿠릴열도의 남방 4도를 일본영토로 인정하고, 사할린의 공동으로 관리하기로 합의했다. 1875년 제2차 국경조약에서 러일 양국은 사할린은 러시아, 쿠릴열도 전부는 일본이 지배하기로 합의했다.[60] 그런데 1905년 일본이 러시아를 침략하여 사할린 남부를 할양하여 일본영토가 된 상황이었던 것이다. 미국은 러시아와 일본 간의 영토문제에 개입하여 참전의 대가로 사할린 남부는 물론이고, 쿠릴열도 전부를 소련영토로 인정했던 것이다.[61] 여기에는 힘의 논리에 의해 영토를 확장하는 '영토팽창 론'만 있고, 원래부터 소속된 국가에 영유를 인정한다는 '고유영토론'의 개념은 어디에도 찾아볼 수 없었다.

앞에서도 언급했듯이 미국이 필리핀을 점령하기 위해 일본의 '조선'지배를 쉽게 인정한 것에서도 알 수 있듯이 영토팽창 론은 존재하지만, 고유영토론은 존재하지 않았다.[62] 또한 대일평화조약을 체결하는 과정에 연합국이 SCAPIN 677호로 독도를 한국영토로 인정하여 한국이 실효적으로 관리하고 있는 것에 대해 미국은 제1차에서 5차까지는 한국영토로 명기해오다가, 제6차 초안에서 일본의 로비를 받아 독도영유권을 일본영토로 인정하려고 했던 것이다.[63] 그 이유는 미소가 대립되는 냉전체제 속에서 일본이 공산진영에 들어가는 것을 막기 위해 독도의 소속을 쉽게 일본영토로 변경하려고 했던 것이다.[64] 여기에는 미국의 영토팽창 론은 존재하지만 고유영토 론은 존

---

59 1905년 가쓰라-태프트 밀약으로 미국과 일본 사이에 미국은 필리핀 지배, 일본은 조선 지배를 상호 인정했다.

60 西口光, 早瀬壯一, 川邑重光『日ソ領土問題の真実』, 新日本出版者(1981), pp. 21-51; 木村汎,『北方領土』, 時事通信社(1989), 4-15면.

61 芹田健太郎,『日本の領土』, 中公叢書(2002), 28-30면.

62 최장근,「일본의 영토 팽창주의와 한국의 고유영토 수복주의」,『동아시아영토분쟁의 패러다임』, 제이앤씨(2011), 11-54면.

63 김병렬,「대일강화조약에서 독도가 누락된 전말」, 독도연구보전협회편,『독도영유권과 영해와 해양주권』, 독도연구보전협회, 1998, 165-195면.

재하지 않았다. 미국은 영국을 비롯한 유럽 열강들이 북아메리카 인디언의 고유영역을 침략하여 새롭게 건국된 나라이다. 그런데 미국은 영국 식민지로부터 「독립」된 나라라고 한다. 사실 그 이전에 스페인, 프랑스, 네덜란드, 영국이 먼저 북아메리카 인디언의 고유역역을 침략했던 것이다. 영국 식민지가 다시 유럽 열강들의 식민지 지역을 통합하여 본국의 영국으로부터 독립을 선언하여 미국을 건국한 것이다. 여기에는 인디언의 고유영토가 전적으로 무시되고 있다. 이것이 오늘날 미국의 영토인식이다. 미국은 인디언의 고유영토를 침략하여 건국한 나라이기 때문에 '영토팽창론'은 존재하지만,[65] '고유영토론'은 존재하지 않는다.

이러한 영토인식을 갖고 있는 미국이 제2차 대전 직후 한국의 독립과 독도문제에 깊숙이 관여하고 있다. 한국은 독도에 대해 고유영토 론을 가지고 있다. 그런데 미국은 고유영토 론에 대한 인식이 결여되어 있었다. 그래서 미국은 같은 제국주의적인 입장에 있었던 일본의 「무주지 선점론」을 인정하려고 했다. 일본은 신라시대 이후 조선영토로서 관리해오던 독도에 대해 러일전쟁 중에 은밀히 시마네 현에 편입하여 「무주지 선점」 이론에 의해 국제법상으로 일본의 새로운 영토가 되었고 주장한다.

이러한 부분이 미국의 영토인식과 일본의 영토인식이 합치하는 부분이다. 그러나 한국의 고유영토 론과 미국의 영토인식과는 합치된 부분이 그다지 많지 않다. 이는 과거는 물론이고, 미래에도 미국이 독도 영토문제 해결에 개입하게 된다면 그것에 미치는 영향이 적지 않을 것으로 판단된다.

Ⅶ. 맺으면서

본 연구는 미국의 영토형성과정을 분석하면서 미국의 영토인식을 검토했고, 그것이 향후 독도문제에 미칠 영향에 관해 고찰했다. 이상의 내용을 요약하면 다음과 같다.

첫째, 미국은 유럽에서 북아메리카대륙에 도항하여 원주민 인디언의 토지를 착취

---

64 최장근, 「대일평화조약에서 영토처리의 정치성」, 『일본의 영토분쟁』, 백산자료원(2005), 33-71면.
65 에밀리 로젠버그 지음, 양홍식 옮김, 『미국의 팽창』, 동광서(2003), 79-84면.

한 제국주의자들에 의해 18세기에 건설된 국가이다. 새롭게 건국된 미국은 매입과 전쟁, 협박에 의한 합병과 같은 방법으로 프랑스, 스페인, 영국, 멕시코, 러시아 제국으로부터 영토를 획득하였다. 따라서 미국의 영토인식에는 고유영토 론이 존재하지 않는다.

둘째, 미국에는 고유영토 론이 존재하지 않기 때문에 현행 국제법이 제국주의적 방식으로 영토를 취득한 미국이 중심이 되어 제정된 것이기 때문에 「무주지 선점」론에 의한 영토취득 론만을 인정하고 고유영토 론을 무시하는 경향이 있다. 고유영토 론을 가지고 있는 국가들과는 영토인식이 상반된다. 사실은 고유영토 론이 무주지 선점 론에 우위에 있어야하지만, 이를 인정받지 못하고 있다.

넷째, 미국이 과거 독도문제에 관여하였을 때에도 제국주의적인 무주지 선점 론을 주장하는 일본의 입장을 전적으로 부정하지 않았다. 그 때문에 고유영토론을 갖고 있는 한국의 입장을 적극적으로 지지하지 않았다.

다섯째, 오늘날 국제사회에서 헤게모니를 쥐고 있는 미국이 고유영토 설을 전적을 우선시하는 영토인식을 갖고 있지 않고 있기 때문에 현행 국제 법에 고유영토 론에 의한 영토점유의 정당성에 관한 정의가 결여되어 있다.

여섯째, 지금은 제국주의적 유산을 완전히 청산해야 할 시점이고, 소수자의 인권과 주권을 존중해야 하는 시대에 살고 있다고 할 수 있다. 따라서 제국주의적인 유산을 내포하고 있는 현행 국제법은 수정 보완되어야 한다. 이것이야말로 독도문제를 비롯하여 세계도처에 존재하는 영토문제를 해결하기 위한 당대의 시급한 과제이다.

마지막으로 지금 국제사회에는 독도처럼 영토문제에 해당되거나, 쿠릴열도나 센카쿠제도처럼 영토분쟁에 해당되는 지역들이 많다. 미국은 국제사회에서 정치적 경제적 주도권을 쥐고 있는 국가로서 영토분쟁이나 영토문제를 다루는 국제기구에서도 커다란 영향력을 행사할 개연성을 높다. 따라서 국제사회에 미치는 미국의 영향력은 지대하다고 하겠다.

[참고문헌]

패트리샤 넬슨 리메릭 지음, 김봉중 옮김, 『정복의 유산』, 전남대학교출판부(1998), p. 264.

강준만, 『미국사산책1』, 인물과 사상사(2010), p. 288.

앨런 브링클리 지음, 황혜성 외 공역, 『미국인의 역사2』, 비봉출판사(1998), pp. 39-42.

프란시트 휘트니 외 지음, 이경식 옮김, 『미국의 역사』, 미국국무부 발행, 주한미대사관 공보과(2004), pp. 253-259.

에밀리 로젠버그 지음, 양홍식 옮김, 『미국의 팽창』, 동광서(2003), pp. 79-84.

양재열, 『한국인을 위한 미국사』, 혜안(2005), p.159.

전국역사교사모임 지음, 『처음 읽는 미국사』, 청아문화사(2010), p. 169.

아루가 나츠키 · 유이 다이자부로 지음, 양영철 옮김, 『미국의 역사』, 삼양미디어(2008), pp. 108-111.

西口光・早瀨壯一・川邑重光, 『日ソ領土問題の真実』, 新日本出版者(1981), pp. 21-51,

木村汎, 『北方領土』, 時事通信社(1989), pp. 4-15.

芹田健太郎, 『日本の領土』, 中公叢書(2002), pp. 28-30.

김병렬, 「대일강화조약에서 독도가 누락된 전말」, 독도연구보전협회편, 『독도영유권과 영해와 해양주권』, 독도연구보전협회(1998), pp.165-195.

최장근, 「대일평화조약에서 영토처리의 정치성」, 『일본의 영토분쟁』, 백산자료원(2005), pp. 33-71.

______, 「일본의 영토 팽창주의와 한국의 고유영토 수복주의」, 『동아시아영토분쟁의 패러다임』, 제이앤씨(2011), pp. 11-54.

○ 〈5대양 6대주와 제국주의 시대 식민지 개관〉, http://cafe.daum.net/internationale/Jzlt/8348?docid=3345977180&q=%BD%BA%C6%E4%C0%CE%B1%C7%C0%C7%20%BD%C4%B9%CE%C1%F6%B1%B9%B0%A1(검색일: 2013년 2월4일).

○ 〈네세시티 요새 전투(1739)〉, http://economy.hankooki.com/lpage/economy/201007/e2010070217000769890.htm (검색일:2013년12월5일).

○ 〈1812년전쟁〉, http://ko.wikipedia.org/wiki/1812%EB%85%84_%EC%A0%84%EC%9F%81(검색

일:2013년12월7일).

○ 〈오리건문제〉,

http://preview.britannica.co.kr/bol/topic.asp?mtt_id=67262(검색일: 2013년62월24일).

○ 〈텍사스혁명〉,

http://ko.wikipedia.org/wiki/%ED%85%8D%EC%82%AC%EC%8A%A4_%ED%98%81%EB%AA%85(검색일: 2013년6월4일).

○ 〈미서전쟁〉,

http://ko.wikipedia.org/w/index.php?title=미국-스페인_전쟁&oldid=9246792"(검색일: 2013년7월9일).

○ 〈애덤스-오니스조약(Adams-Onís Treaty)〉,

http://ko.wikipedia.org/wiki/%EC%95%A0%EB%8D%A4%EC%8A%A4-%EC%98%A4%EB%8B%88%EC%8A%A4_%EC%A1%B0%EC%95%BD(검색일: 2013년6월8일).

○ 〈오리건 컨트리〉,

http://ko.wikipedia.org/wiki/%EC%98%A4%EB%A6%AC%EA%B1%B4_%EA%B5%AD%EA%B0%80(검색일: 2013년4월14일).

○ 〈애덤스-오니스조약〉,

http://blog.naver.com/PostView.nhn?blogId=braveattack&logNo=10132530076(검색일: 2013년5월24일).

6 / 1965년 한일간 교환공문으로 본 독도영유권

호사카 유지*

1965년 6월 22일, 한일기본조약과 각종 한일협정이 타결되어 한일양국에 의해 조인식이 거행되었다. 그런데 마지막까지 타결에 진통을 겪은 것이 분쟁발생 시에 적용시킬 교환공문내용이었다. 공식발표로서는 한국 측이 독도는 한국영토임으로 교환공문에 독도문제가 포함되지 않았다고 주장했고 일본은 교환공문이 바로 독도문제 처리를 위한 공문서라고 주장했다. 이 논문은 2007년 이후 일본의 민간단체가 제기한 일본정부에 대한 소송의 결과로 공개된 한일회담 관련문서를 분석하면서 이 문제를 논하고자 한다.

Ⅰ. 공개된 교환공문 회의록 속의 독도

일본 정부는 한일 간 분쟁 처리 시의 대책을 규정한 교환공문에 관한 합의회의록이 없다고 주장해 왔는데 2008년도에 일본 정부가 공개한 한일기본조약과 한일협정

* 세종대학교 대양휴머니티칼리지 대우교수, 세종대학교 독도종합연구소장.

문서 속에는 교환공문에 관한 '회의록'이 포함되어 있었다. 이 회의록은 1962년부터 조인식 당일인 1965년 6월 22일에 이르기까지의 교환공문 작성과정을 담고 있다.

그러면 이 회의록 속에서 교환공문이 독도문제를 어떻게 다루기로 했는지 비밀문서 취급이 해제된 문서를 통해서 보다 상세히 알아보기로 한다. 이하의 내용은 일본 정부가 공개한 한일기본조약 및 한일 협정 타결 당시의 독도관련문서에 의한다.[1]

1. 일본의 국제사법재판소에의 회부제안과 그 포기

1962년 9월 3일에 열린 예비교섭에서 일본 측 대표 이세키(伊關) 국장은 "한일국교정상화와 동시에(혹은 정상화 후 즉시) 다케시마(=독도)문제를 국제사법재판소로 제소할 것을 한국 측이 약속해 주시면 된다"고 말했다.[2] 그는 그 이유로서 "일본의 국회에서 항상 문제가 되어 왔기 때문에 한일간의 관계조약을 심의할 때 다케시마(=독도)문제 이야기도 다 마무리되었다고 설명할 수 있어야 한다"는 점을 들었다.[3]

이에 한국 측은 "독도문제는 한일회담의 현안이 아니기 때문에 현안이 마무리되고 국교가 성립된 후에 취급한다"고 국제사법재판소 회부관련 이야기를 피했다.[4]

같은 해 11월 12일에 열린 오히라 마사요시(大平正芳) 일본외상과 김종필 한국 KCIA부장의 회담에서 오히라 외상은 "국교정상화 후에 본건(=독도문제)을 국제사법재판소로 제소하니 이에 응하겠다는 것을 제발 약속해 달라"고 간절히 요청하면서 "국제사법재판소로 제소하면 판결까지 보통 2년 내외 걸리므로 그 기간 중 양측의 국민감정이 자극될 우려가 있음을 양해해 달라"고 덧붙였다.[5]

이에 대해 김종필 부장은 "제3국의 조정에 맡기기로 희망한다. 제3국이 한일관계를 고려하면서 조정의 타이밍 및 내용을 탄력적으로 배려할 수 있을 것"[6]이라고 대답했다.

---

1 2007~2008년에 공개된 일본 측 한일협정문서 중 독도관련 문서(이하, 문서), 일본 외무성에서 판매.

2 문서 15의 208면.

3 상게문서.

4 상게문서.

5 문서 15의 209면.

6 문서 15의 210면.

일본 측은 김종필 부장의 주장을 수용하여 국제사법재판소와 조정을 절충한 초안을 내놓았다고 회의록에는 기록되어 있으나 어떤 제안이었는지에 대해서는 일본 정부가 문서의 해당부분을 먹칠하여 읽을 수 없는 상태이다.

일본 측은 절충안으로 해결되지 않으면 본건을 국제사법재판소로 회부하자는 제안을 거듭했으나 같은 해 12월 21일 한국 측은 "제3국에 의한 거중조정(居中調停=mediation) 외에는 적당한 방법을 생각할 수 없다"[7]고 대답해 국제사법재판소에 대한 독도문제 회부에 거듭 반대했다. 여기서 '거중조정'이란 '제3국이 분쟁당사국 사이에 서서 평화적 해결을 도모하는 방법'을 뜻하지만 구속력은 없다.

그 후 1965년 3월 24일, 사토 에이사쿠(佐藤栄作) 일본 총리는 이동원 외무부장관과 회담을 갖고 "다케시마(=독도)문제는 금방 결론이 나오지 않더라도 어떤 방향으로 진행시키는가, 라는 점을 분명히 하면 된다"[8]고 제의했다. 사토 총리의 이런 제의는 독도문제의 국제사법재판소 회부를 고집하지 않은 제의로 판단된다. 독도문제를 국제사법재판소에 회부한다는 일본 측 주장은 이 시점부터 조금씩 약해지기 시작한 것이다.

이어서 사토 총리는 "어업문제, 재일 한국인의 법적지위, 청구권문제 등 3가지 안건의 초안문이 결정될 무렵에 정치적 견지에 서서 다케시마(=독도)문제 해결을 목표로 하여 모든 것을 일괄조인하고 싶다"[9]고 말했다. 여기서 사토 총리가 독도문제의 정치적 해결을 주장한 것은 서로의 사정을 고려한 양보를 통해 해결하겠다는 뜻으로 해석된다.

그후 1965년 4월 3일 한일 간에서는 사토 총리가 말한 3가지 안건이 합의에 도달해 가조인이 이루어졌다.[10] 이 시점에서 바로 독도문제만이 남은 상태가 되었다.

그 후 1965년 4월 13일 수석대표회담이 이루어졌고 이 자리에서 김동조 한국 대표(당시의 주일한국대사)는 "앞으로 최대의 난관은 독도문제다. 일본 측의 국제사법재판소 회부제안은 물론 '거중조정'조차 한국에서는 받아들여지지 않고 있다"[11]고 일본 측에 주장했고 6월 5일부터 4일간 개최된 어업회담 때도 김동조 대표는 "독도문제의

---

7 문서15의 213면.

8 문서15의 214면.

9 상게문서.

10 문서15의 214, 215면.

11 문서15의 216면.

금기사항 중 하나는 독도(다케시마)라는 명칭을 조약 속에 기재하는 일, 또 하나는 국제사법재판소 회부를 명기하는 일"[12]이라고 말했다. 이에 대해 일본 외무성의 아토미야(後宮) 아시아국장이 '한일교섭에 관한 약간의 회상(回想)'이라는 글 속에서 한일간의 독도문제 교섭과정을 썼다고 나와 있으나 이 문서에도 중요부분이 먹칠이 되어 있어 알 수 없다.[13] 일본 측이 공표하고 싶지 않은 내용이 있는 것으로 판단된다. 그런 부분은 일본에게 불리한 부분이라 할 수 있다.

같은 해 6월 15일, 조인식을 일주일 앞두고 브라운즈 주한 미국대사와 박정희 대통령이 회담했을 때 둘이 나눈 독도문제에 관한 대회문에도 일본 정부는 먹칠을 하여 읽을 수 없는 상태로 문서를 공개했다.[14] 일본 정부는 독도문제에 관해 일본에 불리한 내용은 모두 먹칠이라는 수단을 동원해 역사의 진실을 은폐하려고 했다는 비난을 면치 못할 것이다.

그러나 여기까지로 확인된 것은 독도문제를 국제사법재판소로 회부한다는 일본 측 주장이 당시 포기되었다는 사실이다. 일본이 제시한 교환공문의 첫 번째 초안이 그것을 분명히 보여주고 있다.

2. 일본, 독도 명칭을 교환공문 초안에서 삭제

일본 측은 조인식을 5일 앞둔 6월 17일 '조약해결에 관한 의정서(안)(일어)'를 김동조대사에 제시했다. 이 '의정서안' 제1조에는 다케시마(=독도)명칭이 분명히 기재되어 있었고 독도문제에 대한 첫 번째 해결 방법으로 '외교상의 경로'를 제시했다.

> 제1조
>
> 양 체결국간의 모든 분쟁은 본일 서명된 모든 조약 및 협정에 대한 해석 또는 실시에 관한 분쟁 및 다케시마(독도)에 대한 주권분쟁을 포함하여, 먼저 외교상의 경로를 통해 해결을 기도하기로 한다. (밑줄은 필자)[15]

---

12 상게문서.

13 문서15의 217면.

14 문서15의 218, 219면.

15 문서15의 221면.

그리고 제2조로 외교상 해결을 못할 때 중재(仲裁)에 의한 해결 방법을 제시했다. 중재란 구속력을 갖는 해결 방법이다. 제3국이 중재위원장 1명을 내고 당사국들이 1명씩 중재위원을 내며 3명으로 중재위원회를 구성하여 조사 후에 다수결로 결론을 낸다. 그러나 김동조대사는 독도 명칭을 거론하는 일과 구속력이 있는 중재위원회를 거론했다고 하여 일본 측 초안에 반대했다.[16]

일본 측 초안을 거부한 한국 측은 한국 측 교환공문 초안을 서한으로 일본 측에 전달했다. 이 한국 측 교환공문의 주요 부분은 다음과 같다.

> 양국정부는 별도로 규정이 있는 경우를 제외하고 양국 간의 분쟁이며 외교상의 경로를 통해 해결할 수 없는 문제는 양국정부가 합의하는 제3국에 의한 조정에 의해 그 해결을 도모하기로 한다. (밑줄은 필자)[17]

이때 한국이 작성한 위의 교환공문 안에 가까운 문언이 결국 한일 간 교환공문의 최종안이 되었다. 그 과정을 살펴보자.

6월 17일에는 중재위원회 구성을 명기한 일본 측 초안이 제시되었고 한국 측이 그것을 거부했다. 그다음 한국 측이 분쟁 해결 방법으로 '중재'가 아닌 구속력이 없는 '조정'을 핵심으로 한 초안을 일본 측에 제시했다. 일본 측은 한국 측 제안을 검토하기 시작했다. 조인식을 앞두고 한국보다 오히려 일본 측이 한국 측에 상당한 '양보'를 해도 한일기본조약과 한일 협정문서들을 타결하고 싶다는 자세를 보이기 시작한 것이다. 한일기본조약과 한일 협정문서들의 조인식 하루 전인 6월 21일 이동원 장관과 시이나(椎名) 일본외상이 한일외상회담을 가졌다.

이때 이동원 장관은 "박정희대통령은 독도문제를 한일회담의 의제 외로 하라고 지시하셨다. 그리고 본건은 한국 정부의 안정과 운명이 걸린 중대한 문제이므로 만약에 한국 측이 수락할 수 있는 해결책이 나오지 않는다면 한일회담을 중지해도 좋다고까지 말씀하셨다"[18]고 일본 측을 압박했다(밑줄은 필자). 이런 박정희 대통령(당시)의

16 문서15의 222면.

17 문서15의 226면.

18 문서15의 236면.

결심은 일본 측으로 하여금 더욱 양보하게 만드는 계기가 되었다.

이에 시이나 외상은 "일본 측은 다케시마(=독도)를 포함하는 일괄 해결이 지상명령"[19]이라고 말했다. 즉 한국 측이 회담 중지까지 거론하고 있는데 일본 측은 한일회담으로 한일 협정이 타결되지 않으면 안 된다고 주장한 것이다. 일본 측이 상황상 '약자'의 입장, 즉 양보하지 않으면 안 되는 입장에 서게 된 것이다.

그런데 그 다음에 나온 이동원장관의 말이 주목할 만했다. 그는 "일본 측에 있어도 섬 자체의 가치에 실리가 있는 것은 아닐 테니 어쨌든 서로 국회에서 설명할 수 있는 방식을 찾자"[20]고 말한 것이다(밑줄은 필자). 이에 일본 측은 이의를 제기하지 않았다. 이런 이동원 장관의 발언은 독도라는 섬 자체에는 가치가 없음을 양국이 인정한 상태였다는 것을 시사한다. 왜냐하면 독도를 얻어도 작은 섬 독도와 독도 주변의 수역 12해리까지만 권리를 주장할 수 있다는 결과밖에 당시는 얻지 못하므로 양국의 대표끼리는 객관적 견지로 볼 때 독도자체의 경제적, 산업적 가치가 없다는데 암묵의 합의, 혹은 구두의 합의에 도달해 있었다고 볼 수 있기 때문이다. 시이나 외상은 독도문제란 "일본 측에 있어도 국민감정의 문제"[21]라고 주장했다. 즉 독도문제는 실리의 문제라기보다 국민감정의 문제이므로 한국과 마찬가지로 독도문제가 일본 국민이 납득할 만한 형태로 타결되지 못하면 자민당(自民黨) 정부자체가 궁지에 몰린다는 뜻이었다.

이에 이동원 장관은 "아무튼 독도명칭을 특기(特記=명기)하는 것만은 절대로 안 된다"[22]고 강조했고 결국 일본 정부는 독도명칭을 교환공문에서 삭제하기로 한국 측과 합의했다. 이것이 일본 정부의 첫 번째의 큰 양보였다.

독도문제에 대한 양국의 관심사는 서로 자기 나라 국회에서 독도문제가 자국에 유리하게 마무리되었다고 설명하는 데 지장이 없도록 초안을 만드는 것이었다. 다만 양국 간의 차이는 한국은 회담을 중지할 수 있으나 일본에 있어 회담 중지는 있을 수 없다는 데 있었다.

한국 국내에서는 당시 야당, 재야 세력, 일반시민들, 그리고 학생들이 매일 한일회

---

19 상게문서.

20 상게문서.

21 상게문서.

22 상게문서.

담 반대시위를 벌이고 있었기 때문에 한일회담이 결렬되어도 야당과 국민들이 오히려 환영하는 상황이었다. 그러나 일본 정부는 독도문제와 이승만 평화선 문제를 확실히 해결해야 한다고 일본 측 야당들과 국민들의 압박을 받고 있는 상황이었기 때문에 회담의 결렬은 꼭 정권붕괴로 이어질 수 있었다. 그러므로 한국이 일본보다 훨씬 유리한 입장에 서 있었던 것이 분명했다. 그런 뜻에서 교환공문 초안작성과정은 결국 한국이 주도하게 되었다.

Ⅱ. 일본, 독도문제 해결책으로 '중재'를 포기한다

1. 일본 측의 중재 방안 포기 경위

일본 측은 6월 21일 밤에 회의를 가졌다. 한국 측이 '중재'를 해결방법으로 명기하는 것이 절대 받아들일 수 없을 뿐만이 아니라 '장래에 생길 분쟁'이라는 문구를 삽입해서 분쟁의 범위를 한정하자고 요구한다는 점을 확인한 다음에 일본 측은 '장래에 생길 분쟁'이라는 식의 문언은 도저히 받아들일 수 없는 문언이라는 결론을 내렸다.[23]

후지사키(藤崎) 조약국장은 만약에 '중재'가 삭제되어 '조정'이 해결 방법으로 명기되었다고 해도 한일 간에 장래에 '생길' 분쟁이라는 표현을 사용하는 것에는 강하게 반대했다.[24] 그러나 이 부분의 기록에도 일본 측이 먹칠한 부분이 있어 일본 측은 자신들에 불리한 부분을 계속 은폐했다고 하지 않을 수 없다.[25]

교환공문에 관한 제2차 한일외상회담은 조인식 당일인 1965년 6월 22일 오전에 열렸다. 이때 한국 측은 전날처럼 교환공문의 문언을 '양국 간에 생길 분쟁'으로 하여 문언에서 '중재'를 삭제해 달라고 주장했고 일본 측이 다른 대안을 제시하자 한국 측은 "양국간에 생길 분쟁"이라는 문언을 일본이 받아드린다면 '중재'는 남겨도 된다는 뉘앙스의 발언을 했다. 이에 일본 측은 '생길'을 뺀 '양국 간의 분쟁'이라는 표현 외는 생

---

23 문서15의 239면.

24 상게문서.

25 문서15의 240면.

각할 수 없다고 하면서도 이 경우에는 '중재'를 삭제하여 '조정'만을 제시하는 것도 어쩔 수 없다고 주장했다.[26]

일본은 이런 내용을 잠정적 결론으로 하여 '생길'라는 표현을 삽입하는지는 최종적으로 사토 총리에 맡기기로 했다.[27] 이 시점에서 일본 측은 '중재'라는 문구를 교환공문에서 삭제하여 조정만을 해결 방법으로 명기하는 방침을 굳혔다.

2. 교환공문 문언 타결

조인식 당일인 6월 22일 오후 4시 15분부터 20분간 사토 총리와 이동원장관의 교환공문에 관한 최종회의가 열렸다. 이때 회의록의 중요 부분(일어)을 번역하면 다음과 같다.

> ① 이때 [일본 외무성] 사무당국으로서는 조인용 교환공문으로 '양국 간에 생길 분쟁'으로 기재된 것과 '양국 간의 분쟁'으로만 되어 있는 초안 두 자지를 준비해 놓고 있었다.
>
> ② 이동원장관이 "(중략) 현재까지의 일본 측 제안은 원안에 비해 상당히 양보해준 것이지만 이에 더해 '두 나라 간에 생길 분쟁'이라는 식으로 '생길'을 삽입해 주십시오. 지금까지 외무성 사무당국과의 교섭으로 이 점을 빼고 다 타결했기 때문에 이제 총리께서 마지막 재단으로 '생길'을 넣어줬으면 한다"라고 간절히 요청했다.
>
> ③ 사토 총리는 "다케시마(=독도)문제는 일본 측에 있어도 큰 문제인데 지금까지의 일본 측 초안이 자신의 예상을 뛰어넘어서 [많은] 양보를 했기 때문에 자신으로서는 불만이지만 대국적 견지에서 그것을 승인하기로 한 게 사실이다. 그러므로 더 이상의 양보는 불가능하다"라고 말하면서 자리를 함께한 아토미야 아시아국장에게 의견을 물었다.
>
> ④ 아토미야 국장은 "'생길'라는 말을 삽입하면 [분쟁의 범위가] 장래의 분쟁에만 한정되게 되므로 다케시마(=독도)문제를 제외했다는 것이 분명해져 버리기 때문에 일본 측으로

---

26 문서15의 245면.

27 상게문서.

는 곤란합니다, 이미 양국 간의 분쟁으로 다케시마(=독도)를 명시적으로 언급하지 않는 형태로 한다는 것으로 양보했으니 현재 남겨진 문제도 포함된다는 해석이 가능한 안을 [한국 측이] 받아들여야 한다, 이 안은 사실 오늘 아침의 외상회담에서 30분이나 휴게시간을 쓰면서 작성했고 외무장관이 최종안으로서 제시한 것이므로 이런 점들을 고려해서 총리로서의 정치적 결단을 하기 바랍니다"고 말했다.[28]

위의 인용문에는 중요한 내용들이 포함되어 있다. 먼저 일본 외무성이 한국 측에 상당히 양보하여 교환공문에 다케시마(=독도)라는 명칭을 명시하지 않았다는 것을 확인했다. 그리고 일본 외무성 사무국이 '양국 간의 분쟁'이라는 문구가 들어있는 초안과 '양국 간에 생길 분쟁'이라는 문구로 작성된 초안 두 가지를 준비해 사토 총리의 재단을 기다렸다는 사실이 확인된다. 이렇게 두 가지 초안을 준비했다는 배경을 생각할 때 일본 외무성은 사토 총리가 '양국 간에 생길 분쟁'이라는 문구로 되어 있는 초안을 선택할 가능성도 고려하여 대비해 놓았다는 뜻으로 풀이된다. 사토 총리가 '양국 간에 생길 분쟁'이라는 문언을 선택할 경우 사실상 일본이 독도를 완전히 포기했다고 인정하는 셈이 된다. 그러나 한국 측이 줄곧 요구해 온 내용이라 양보를 해도 일괄타결하지 않으면 안 되는 입장인 일본으로서는 만약에 사태에 대비하고 있었던 것이다.

독도문제에 대해서는 차후에 논의한다는 문서가 따로 없기 때문에 독도문제를 명기하지 않았던 교환공문은 장래적으로 독도가 분쟁지역이 되지 않는 이상 일본 측이 독도를 한국영토로 인정할 수밖에 없다는 뜻으로 해석된다. 그러므로 일본 측은 현재 독도를 분쟁지역으로 만들려고 기도하고 있는 것이다.

일본 외무성이 독도를 포기하게 될 초안까지 준비했다는 것은 결국 한일 협정 과정 속에서 최악의 경우 소위 '가치가 없는 섬인 독도'를 일본이 포기해도 된다는 마음이 있었기 때문이다.

물론 일본 국회에서는 명분을 내세울 수 있어야 하기에 아토미야 국장은 '양국의 분쟁'이라는 문구를 사용하는 초안을 채택하도록 사토 총리를 설득했다. 계속되는 회의록 부분은 다음과 같다.

---

28 문서15의 246, 247면.

> 이에 대해 총리가 "일본 측 초안은 아슬아슬한 선까지 양보한 내용"이라고 하면서 수락을 최촉했더니 이[동원]장관은 "그렇다면 어쩔 수 없습니다. 일본 측 최종안을 수용하기로 하겠지만 하나 부탁이 있습니다"라고 말하고 "한국 측 대표단이 [한국] 귀국 후에 본건에 대해 [양국이] 양해한 점은 다케시마(=독도)가 포함되어 있지 않다는 것이라는 취지로 이야기할 때가 있더라도 일본 측으로부터 공식적으로는 즉각 반론을 제기하지 않았으면 좋겠습니다(우리의 생명이 걸려 있는 문제입니다). 물론 일본에서 훗날 국회에서 [교환공문이] 다케시마(=독도)를 포함한다는 취지로 답변을 하지 말아야 한다는 뜻은 아닙니다"라고 말했다. 이에 대해 총리는 "잘 알았다"고 답했다.[29]

이 문서 내용을 보면 이동원장관이 결국 '양국의 분쟁'이라는 문구가 들어간 초안을 수용하게 되었다. 그리고 동시에 사토 총리에게, 한국에 돌아간 후에 한국 측이 '교환공문에는 독도가 포함되어 있지 않다'고 공표해도 즉각 반론을 제기하지 말아 달라고 요청한 것을 알 수 있다.[30] 일본 측은 국내용으로 교환공문에 독도문제가 포함되었다고 주장할 수 있는 입장이 되었고 한국 측은 교환공문에 독도문제는 포함되지 않았다고 발표할 수 있는 입장이 된 셈이다.

마지막에 결정된 교환공문은 다음과 같이 아사히신문이 1965년 6월 23일자로 보도했다.

> **한일 양국간의 분쟁의 평화적 처리에 관한 교환공문**
>
> **[한국 측 서한]**
>
> 본 장관은 양국정부 대표 간에서 도달된 다음의 양해사항을 확인하는 영광을 유합니다.
>
> 양국정부는 별도 합의가 있는 경우를 제외하고 <u>양국간의 분쟁은 우선 외교상의 경로를 통해 해결할 것</u>으로 하고 이것으로 해결 못한 경우에는 <u>양국정부가 합의하는 절차에 따라 조정에 의해 해결을 도모</u>하기로 한다.
>
> 본 장관은 더욱이 각하가 상기 양해사항을 일본국정부를 대신하여 확인하심을 희망하는 영광을 유합니다.

---

29 문서 15-248.

30 상게문서.

[일본 측 서한]

본 대신은 금일부로 각하의 다음 서한을 수령한 것을 확인하는 영광을 유합니다.

(한국 측 서한)=생략

본 대신은 더욱이 상기의 양해사항을 일본국정부를 대신하여 확인하는 영광을 유합니다. (밑줄은 필자)[31]

Ⅲ. 일본, 사실상 독도를 포기한다

지금까지 논의해 온 내용을 정리해보면 다음과 같다. 교환공문에서 독도문제는 제외되었다고 한국 측이 주장하고 있고 일본 측은 교환공문에는 독도문제가 포함된다고 주장한다. 그것은 국내용으로 양국이 알아서 국회에서 설명할 수 있도록 합의한 결과였다.

그러므로 일본은 1965년 6월 22일 시점에서 한국의 독도에 대한 실질적 지배를 인정한 셈이다.

그리고 교환공문에는 분쟁 해결 방법으로는 외교상의 경로를 통한 방법과 그것으로 해결되지 않으면 양국이 합의한 절차에 따른 조정에 의한 방법이 합의되었다. 그러나 조정에 의한 해결에는 현실성이 없다. 왜냐하면 한국 측이 독도는 한국의 고유영토로 주장하여 원래의 주장대로 독도분쟁이란 존재하지 않는다고 조정절차를 정할 회의 등을 거부할 수 있기 때문이다.

결국 혹시 일본 측이 교환공문에 독도문제가 포함되어 있다고 해서 해결 방법을 찾겠다고 한국 측에 제의를 해도 그 방법은 성립되기 어렵다. 그러므로 현실적으로는 독도문제가 일어날 경우 그 해결책은 외교상의 경로를 통하는 방법밖에 없다. 일본 측은 이런 기본적인 결과에 대해 한일 협정 조인 당시 잘 알고 있었을 것이다. 그러니 일본이 독도를 사실상 포기한 것이라는 이야기가 일본 측에서도 나오는 것이다.

그리고 외교상의 경로를 통한 해결방법이란 현재까지 독도문제가 일어날 때마다 시도해 온 방법에 불과하다. 만약에 교환공문에 독도문제를 포함시킨다고 해도 일본

---

31 아사히신문(1965. 6. 23.).

에게는 유리하지 못한다. 독도문제가 일본에 불리하게 끝난 것을 눈치 챈 아사히신문은 1965년 6월 22일자 기사로 독도문제에 대해 다음과 같이 보도했다.

> 어려운 "분쟁해결"
> —다케시마(독도) 문제 마감에 쫓겨 양보
>
> [해설] 한일교섭에서 마지막까지 남은 다케시마(독도)문제가 정식조인 전 아슬아슬하게 겨우 타결되었는데 이것은 스스로 마감시간을 설치해 놓고 그것에 맞춰 무리한 양보를 하지 않을 수 없게 된 전형적 예라고 할 수 있다.
>
> 미리 정한 정식조인의 기일인 22일로 이르는 4일간은 관계자들이 거의 수면시간도 없을 정도였다. 외무성 사무당국조차 "이런 교섭은 전대미문"이라고 할 정도로 정성을 다한 모양이었다. 그만큼 제한시간이 우선시되어 그것에 맞추기 위해 일본 측이 상당히 무리를 한 면이 많다.
>
> 다케시마(독도)는 그 예이다. 일본 측은 그 동안 '여러 현안 일괄 해결'이라는 기본적 입장에 서서 국제사법재판소에의 제소를 주장했으나 한국 측이 전면적으로 반대했기 때문에 제3국 알선, 조정으로 태도를 바꿔 더욱 그것을 완화하여 '그 전에 단계로 외교교섭을 둔다'는 데까지 양보했다.
>
> 그러나 한국 측은 다케시마(독도)는 한국의 영토이므로 귀속문제는 한일교섭의 대상이 될 수 없다는 강한 태도로 일관했다. 이 때문에 일본 측은 양국의 합의 문서 속에 '다케시마(독도)'의 글자를 넣는 것은 물론 경위도로 섬의 위치를 명시하는 것마저 단념했다. 게다가 '다케시마(독도)'라는 단어를 제외시켜 '양국간의 미해결의 현안'이라는 일반적인 표현으로 양보해 다케시마(독도)문제에 한정된 형태로 합의를 하는 것조차 못했다.
>
> 결국 합의를 본 것은 '양국간에 있어서의 일반분쟁에 관해 특히 해결방법이 별도로 정해진 것 외는 분쟁처리에 관한 원칙에 의해 해결한다'는 일반적 분쟁처리라는 결정이다. 정부가 그 동안 국회답변으로 되풀이한 '다케시마(독도)문제에 대해 해결의 전망을 확실히 한다'라는 내용과는 상당히 먼 결과가 되었다.
>
> 이것으로는 한국 측이 다케시마(독도)는 한국영토라는 태도를 견지하는 한 실제로 분쟁을 해결할 수 있는 전망은 극히 작다고 하지 않을 수 없다(후략).[32]

---

32 아사히신문, 1965. 6.22.자 기사.

아사히신문은, 양국이 정식조인식을 6월 22일로 정해 놓고 교환공문에 대한 회의를 진행시켰기 때문에 무리가 있었고 결과적으로 일본 측이 한국 측에 많은 양보를 할 수밖에 없었다고 보도했다. 일본의 양보 때문에 한국 측이 독도를 한국영토로 주장하는 한 실제로 분쟁을 해결할 수 있는 전망, 즉 독도를 일본영토로 만들 수 있는 전망은 극히 작다고 이 신문은 실망을 감추지 못했다.

일본의 대표신문이 이렇게 실망을 직접 기사화하여 털어놓았을 정도였기에 한일 협정으로 독도는 사실상 한국영토로 정해졌다고 해도 과언이 아니다. 즉 독도는 한일 회담으로 일본이 한국영토로 인정한 결과와 마찬가지가 되었다.

Ⅳ. 결론

일본이 독도문제에 대해서는 많은 양보를 한 것을 아사히신문도 인정했다. 그런데 '양보했다'는 말을 국제법적으로 말하면 '포기했다'는 말과 동일하다.

그러면 일본은 구체적으로 무엇을 포기했고 무엇이 문제로 남았는가?

첫 번째, 일본은 당초의 목표였던 한일 협정 타결과 동시에 독도문제까지 해결한다는 방침을 포기했고 '독도는 한국의 고유영토이므로 독도문제란 존재하지 않는다'고 강조한 한국 측의 주장을 결과적으로 수용한 상황이 되었다.

두 번째, 일본은 독도가 섬 자체로는 가치가 없다고 인정했다. 그러므로 실제로 독도를 한국으로부터 탈취하는 것보다 일본의 야당과 일본 국민을 납득시켜 독도문제를 수습하려고 했다. 그러므로 실제로는 일본 측이 독도 영유권을 포기하는 결과가 되었다.

세 번째, 일본은 '분쟁해결을 위한 교환공문'에 독도 명칭을 명시하는 것을 포기했다. 그리고 교환공문이 말하는 '양국의 분쟁'에 독도문제가 포함되는지에 대해서는 결국 양국의 주장과 해석의 차이로 남을 수밖에 없게 되었다.

네 번째, 일본은 분쟁해결방법으로 '국제사법재판소'에의 회부를 교환공문에 명기하지 못했다. 그러므로 현재 독도문제에 있어서 일본 측이 '국제사법재판소'를 거론한다고 해도 양국 간의 합의사항이 아니므로 한국 측이 거부하면 국제사법재판소에서의 재판을 시작하지 못한다. 그리고 현재 일본 측은 독도문제를 국제사법재판소에 회부하자고 한국 측에 다시 제안하고 독도문제에 있어 현상 변경을 주장하지만, 중일 간에 존재하는 조어도(=센카쿠열도) 문제에 있어 일본은 일본 지배를 계속하려는 현상 유지를 주장하고 있어 일본의 그런 모순적 태도에 대해 일본은 국제적 공감대를 얻기 어려운 상황이다.

다섯 번째, 일본은 분쟁해결방법으로 구속력이 있는 '중재'방법을 포기했고 구속력이 약한 '조정'방법을 수용했다. 이것으로 결국 소위 독도문제에 대한 해결 방법은 외교상의 경로를 통한 해결 외에는 없다는 것이 현실이고 이 방법은 현재까지 계속 시도해 온 방법에 불과하다.

여섯 번째, 일본은 한국 측 대표단이 '교환공문의 대상에서 독도는 제외되었다'고 한국에서 공표해도 반론 제기를 상당히 오랫동안 포기했다. 그것이 한국 측 요청에 의한 것이었다고 해도 그런 요청을 수용했다는 것 자체가 국제법상 독도를 포기했다고 해석할 수 있는 대목이다.

일곱 번째, 일본이 교환공문 초안 작성 과정에 관한 공문서 중 몇 군데 먹칠을 하여 기록자체를 은폐하고 있다. 이런 부분은 일본이 독도문제에 있어 불리한 부분이라 할 수 있으므로 먹칠한 부분이 공개되면 더욱 선명하게 일본이 독도를 포기했다는 증거가 나올 것이다.

이런 사실들은 만약에 일본이 독도에 대한 영유권을 주장한다고 해도 그 주장을 관철시킬 수 있는 수단을 모두 잃어버렸음을 시사한다. 결국 일본은 1965년 시점에서 가치 없는 섬으로 생각한 독도를 실제로 일본영토로 만들 생각이 약했고 구속력이 약한 교환공문을 일본 국내용으로 한국 측 요구를 거의 다 수용하면서까지 작성한 것이다. 그러므로 이동원장관은 한국국회에서 여야 국회의원들에게 다음과 같이 교환공문과 독도문제를 설명했다.

> (전략) 이번에 우리도 분쟁해결에 관한 문서를 교환했으나 이것에는 독도를 포함시키지 않았고 한일회담에 관한 모든 현안문제에 대해 만약에 분쟁이 발생한 경우의 해결방법을 제시한 것이다. 만약에 일본이 사토정권이 아니라 다른 정권이 되어 독도문제를 거론해 문

제를 일으킬 때에는 이번의 교환공문으로 어떤 결과가 될 것인가 국민들이 걱정할 것이라 생각한다. 이번의 교환공문에 의하면 양국정부가 합의하지 않으면 모든 문제는 '해결'할 수 없다. 절차가 전혀 없는 것이 아니지만 '조정'에 의한다고 하였으며 '해결한다'고 법적으로 규정하지 않고 '도모한다'고 되어 있다. 독도문제는 분쟁해결에 관한 교환공문과 관계가 없지만 만약에 관계가 있을 것이라고 걱정한다고 해도 독도는 영원히 우리[한국]의 것으로 영유권을 행사할 수 있게 모든 법적 여건을 갖추고 있다(1965년 8월 10일 한국국회 특별위원회).[33]

이동원장관은 훗날에 사토 정권이 아닌 다른 일본 정권이 만약에 교환공문에는 독도문제가 포함된다고 하여 일본의 독도영유권을 다시 주장한다고 해도 양국정부가 합의하지 않는 한 조정절차는 시작되지 않는다고 지적했다. 그리고 교환공문은 문제가 일어났을 때 그것을 '해결한다'고는 명기하지 않았고 해결을 '도모한다'고만 했기 때문에 독도는 영원히 한국땅으로 영유권을 행사할 수 있는 법적 조건을 다 갖췄으므로 걱정할 필요가 없다고 설명했다.

그러므로 현재 일본은 한일협정 체결 당시 한일 간에서 합의했던 양보(=포기)사항들을 알면서도 그것을 대폭 어기면서 독도도발에 나서고 있는 셈이다. 한일협정 시에 분쟁해결방법으로는 완전히 포기한 국제사법재판소에의 회부가 마치 지금도 유효한 것처럼 일본은 국제적 분위기를 조성하고 있고 당시는 가치가 없다고 하여 포기한 독도임에도 불구하고 배타적 경제수역 200해리가 세계적 추세가 되자 '가치 있는 섬 독도'로 마음대로 주장을 바꿔 새로운 독도 도발을 시작한 셈이다.

그리고 하나 중요한 문제를 지적하지 않을 수 없다. 1965년 당시, 어업문제와 독도문제는 각각 어업협정과 교환공문으로 마무리되었다. 그러므로 1999년 1월 한일어업협정이 '한일 신어업협정'으로 개정되었으나 그 신협정은 그때까지의 어업협정을 대신하는 것이지 교환공문까지 부정한 것은 아니다.

구 어업협정 때는 독도주변이 '공동수역'으로 되어 있었고 한국이 독도와 주변 12해리까지 영토와 영해로 관리했다. 신어업협정으로도 독도 주변은 공동관리수역(중간수역)이 되었으나 역시 독도는 그 주변 12해리까지는 영토, 영해로 한국이 관리하고

---

33 문서 15-253.

있는 것이다. 그런 면에서 독도에 대한 한국 지배에는 한일 신어업협정 체결 후에도 변함이 없다.

그러나 일본은 2006년 4월에는 일방적으로 독도영해 12해리에 순시선을 보내겠다고 성명을 내고 한국의 독도영해 침범이라는 도발행위까지 감행하려고 움직였다. 그때는 결국 한일 양국이 외교상의 경로를 통해 문제를 해결했다.

그러면 일본이 마음을 먹고 독도 영해를 침범함을 선언하여 실제로 독도 영해를 침범했다면 어떻게 될까? 그런 일본의 행동은 외교상의 경로와 조정에 의해 문제를 해결한다는 한일 협정의 교환공문을 스스로 파기하는 조약위반행위가 된다. 그러므로 국지전이 일어날 가능성이 매우 크다. 그때는 일본이 한일 협정을 파기했기 때문에 교환공문의 규정이 효력을 상실하여 일본의 침공에 의한 전쟁상태가 된다. 그때 UN 안보리 이사회가 소집되어 일본의 침공과 전쟁상태에 대한 처리를 논의하게 될 것이다. 이런 상태가 일본이 포기한 '국제사법재판소'로 가는 마지막 길인 것이다. 그러나 이런 상황은 미국이 한일 양국에게 큰 영향력을 갖는 한 쉽게 일어나지 못할 것이다.

결론적으로 한국정부는, 현재 일본의 독도도발은 1965년에 타결된 '한일협정'에 위배되는 조약위반 행동임을 지적해 1965년 당시의 역사적 사실을 국제법적 논리로 해석하여 일본 정부의 독도영유권주장의 부당성을 세계에 알려야 할 것이다.

7 / 샌프란시스코 조약으로 흡수된 SCAPIN 문서와 독도의 영유권

호사카 유지*

Ⅰ. 서론

일본의 패전 후 1946년 1월 29일 연합국 최고사령부(SCAP)는 SCAPIN 677호를 일본정부에 발령했다. SCAPIN 677호로 연합국 최고사령부는 독도를 일본의 정치·행정적 범위에서 분리해 한국의 수역으로 포함시켰다.

이에 일본 측은 SCAPIN 677호로 독도가 한국영토가 된 것이 아니라고 주장해 왔다. 일본 측 주장의 근거는 SCAPIN 677호 제6항이다. 이 제6항에는 "이 지령 중의 조항은 모두 포츠담선언 제8조[1]에 있는 작은 섬들의 최종적인 결정에 관한 연합국 측의 정책을 나타내는 것으로 해석해서는 안 된다"[2]라고 기재되어 있다.

---

* 세종대학교 대양휴머니티칼리지 대우교수, 세종대학교 독도종합연구소장.

1 제8항 카이로 선언의 조항은 이행되어야 하며, 또한 일본국의 주권은 혼슈, 홋카이도, 규슈 및 시코쿠, 그리고 우리가 결정할 여러 작은 섬들로 국한되어야 한다. (第8項　カイロ宣言の条項は履行せらるべく `また `日本国の主権は `本州 `北海道 `九州及び四国並びに吾等が決定する諸小島に局限せらるべし °) https://www.cas.go.jp/jp/ryodo/taiou/takeshima/takeshima02-01.html, (2024.4.10. 검색일)

2 6. Nothing in this directive shall be construed as an indication of Allied policy relating to the ultimate determination of the minor islands referred to in Article 8 of the Potsdam Declaration. (https://www.cas.go.jp/jp/ryodo/shiryo/takeshima/detail/t1946012900101.html), (2024.4.10. 검색일)

일본 측은 이 조항으로 SCAPIN 677호로 독도가 한국영토가 되었다고 할 수 없다고 주장해 왔다.

SCAPIN 문서란 일왕과 일본정부가 포츠담선언을 수락하여 연합국과 조인한 항복문서에 의거한 '연합국최고사령관 지령'이다.[3] 그러므로 SCAPIN 문서는 항복문서를 법적 근거로 하여 연합국최고사령관(SCAP)이 일왕과 일본정부에 내린 행정명령이다.

이 조항에서 언급된 포츠담선언 제8조에는 일본의 작은 섬들을 최종적으로 결정할 주체는 '우리'라고 적혀 있다. '우리'란 포츠담선언에 서명한 미국, 영국, 중화민국을 뜻했다. 그러나 일본의 패전 후 중화민국은 대만으로 물러나서 중국공산당이 중국 본토를 차지했기 때문에 중화민국은 사실상 '우리'에서 탈락했고 미국과 영국이 일본의 작은 섬들을 결정하는 연합국의 중심이 되었다.[4]

그리고 샌프란시스코 조약 초안을 최종적으로 결정하는 과정에서 미국과 영국의 결정을 극동위원회가 검토하여 승인하고 나서 패전 후의 일본영토가 결정되었다.

한국 측의 기본적인 견해도 이와 크게 다르지 않다. 단, SCAPIN677호가 그 제6항에서 말하듯이 일본의 작은 섬들에 대한 연합국 측의 최종적인 결정을 나타낸 것이 아니더라도 결국 독도의 지위는 SCAPIN 677호가 보여준 대로 한국의 영토로서 샌프란시스코 조약에 반영되었다는 것이 한국 측의 견해이다. 그럼 한국 측 견해의 근거는 어디에 있는가?

이 문제를 알기 위해 본고에서는 샌프란시스코 조약과 SCAPIN 문서들의 관계를 알아보는 데 목적을 둔다. 이 문제의 가장 최근의 선행논문으로 김원희 저 「샌프란시스코 강화조약의 영토 조항과 SCAPIN 제677호의 관련성에 대한 국제법적 검토」, 『독도연구』 제34호(영남대학교 독도연구소, 2023.6, pp. 7-36)가 있다.

---

3 항복문서의 일부(일본정부가 '연합국최고사령관 지령'〈=SCAPIN〉을 수용한다는 내용) : "We hereby undertake for the Emperor, the Japanese Government, and their successors to carry out the provisions of the Potsdam Declaration in good faith and to issue whatever orders and take whatever action may be required by the Supreme Commander for the Allied Powers or by any other designated representative of the Allied Powers for the purpose of giving effect to that Declaration.", https://www.mofa.go.jp/mofaj/files/000097065.pdf, (2024.4.13. 검색일)

4 호사카 유지, "샌프란시스코 평화조약, 한일협정 및 신해양법과 독도 해법," 『독도연구』 21호, 2016.12, 113-114면.

Ⅱ. 샌프란시스코 조약으로 계승된 SCAPIN 문서의 사례

독도의 귀속을 알기 위해 우리가 검토해야 할 문제는 SCAPIN677호로 독도는 일본의 정치적, 행정적 범위로부터 분리가 되었고 한국영토로 기재되었는데 그런 독도의 지위가 샌프란시스코 조약으로 계승되었는가 하는 문제다.

이 문제를 검토하기 위해 SCAPIN 문서의 다른 사례를 살펴보기로 한다.

1946년 3월 26일 연합국최고사령부는 SCAPIN 841호를 발령하여 SCAPIN 677호를 일부 개정했다. SCAPIN 841호의 요점은 도쿄 이남의 이즈제도 및 난포제도 북부의 Sofu Gan까지를 일본영토로 복귀시킨다는 데 있었다. 해당 섬들은 SCAPIN 677호로는 일본에서 분리된 지역이었으나 SCAPIN 841호는 이 섬들을 다시 일본으로 복귀시킨 것이다.[5]

그런데 SCAPIN 841호 제4항을 보면 다음과 같이 SCAPIN 677호 제6항과 똑같은 내용이 적혀 있었다. 즉 이 제4항은 SCAPIN 841호가 일본영토에 대한 연합국의 최종적인 결정이 아니라는 내용이다.[6]

한편 SCAPIN 841호 제3항을 보면 "일본 정부는 이로써 연합국 최고사령관의 권한에 따라 이 섬들에 대한 정부 및 행정 관할권을 재개하도록 지시를 받았다"[7]고 적혀

---

5 SCAPIN-841: GOVERNMENTAL AND ADMINISTRATIVE SEPARATION OF CERTAIN OUTLYING AREAS FROM JAPAN. (중략) 1. Reference is made to the following:
a. Memorandum to the Japanese Government AG 091 (29 Jan. 46) GS (SCAPIN-677), subject: "Governmental and Administrative Separation of Certain Outlying Areas from Japan."
b. Memorandum from the Japanese Government C. L. O. No. 918 (1.1) of 26 February 1946, subject, "Request for Information Regarding Status of Izu Islands."
2. Paragraph 3 of reference "a" is hereby amended so that the Izu Islands and the Nanpo Islands north of and including Lot's Wife (Sofu Gan) are included within the area defined as Japan for the purpose of that directive. (후략)
https://jahis.law.nagoya-u.ac.jp/scapindb/docs/scapin-841, (2024.2.17. 검색일)

6 SCAPIN841호 제4항: "Nothing in this directive shall be construed as an indication of Allied policy relating to the ultimate determination of the minor islands referred to in Article 8 of the Potsdam Declaration (이 지령 중의 조항은 모두 포츠담선언 제8조에 있는 작은 섬들의 최종적인 결정에 관한 연합국 측의 정책을 나타내는 것으로 해석해서는 안 된다)." https://jahis.law.nagoya-u.ac.jp/scapindb/ docs/scapin-841, (2024.4.9. 검색일)

7 SCAPIN 841호 제3항: "The Japanese Government is hereby directed to resume governmental and administrative jurisdiction over these islands, subject to the authority of the Supreme Commander for the

있다.

이처럼 일본 정부는 SCAPIN 841호로 이즈제도와 난포제도 일부(Sofu Gan까지)에 대한 통치를 재개했다. 이 SCAPIN 841호의 결정 사항은 1951년 4월 7일자 영국초안에 반영되었고 그대로 샌프란시스코 조약에도 반영되었다.

샌프란시스코 조약에는 일본영토에 대한 규정이 없다. 대신 일본이 포기하는 지역이 기재가 되었다. 예를 들어 샌프란시스코 조약 제3조에는 "북위 29도 이남의 난세이(南西)제도, 소후(孀婦)암 남쪽의 난포(南方) 제도 등을 미국의 신탁통치제도 하에 둔다"고 규정되었는데 이 규정은 SCAPIN 841호의 결정과 일치한다.[8]

일본 정부는 이미 SCAPIN 841호로 해당 섬들에 대한 통치권을 회복했고 그 결정을 폐지하거나 개정하는 다른 SCAPIN 문서는 다시 발령되지 않았기 때문에 샌프란시스코 조약도 SCAPIN 841호의 결정 내용을 계승한 것으로 해석된다.

Ⅲ. 맥아더라인으로 본 SCAPIN 문서의 폐기 처분

연합국최고사령부(SCAP)는 일본을 점령통치하는 기간에 SCAPIN 문서를 수시로 발령하여서 일본정부에 명령을 내렸다. 그러나 거의 대부분의 SCAPIN 문서는 다른 SCAPIN 문서에 의해 개정하거나 폐기되었다. 그 경위를 보기 위한 사례로 맥아더라인에 관한 SCAPIN 문서를 살펴본다.

맥아더라인이란 1946년 1월 SCAP가 SCAPIN 1033호로 일본 정부에 명령을 내린, 일본의 어업구역을 제한하는 해양선을 뜻한다.[9] SCAP는 SCAPIN 1033호로 규정한

Allied Powers." https://jahis.law.nagoya-u.ac.jp/scapindb/docs/scapin-841, (2024.4.9. 검색일)

8 대역 샌프란시스코 평화조약: "제3조 : Japan will concur in any proposal of the United States to the United Nations to place under its trusteeship system, with the United States as the sole administering authority, Nansei Shoto south of 29deg. north latitude (including the Ryukyu Islands and the Daito Islands), Nanpo Shoto south of Sofu Gan (including the Bonin Islands, Rosario Island and the Volcano Islands) and Parece Vela and Marcus Island." http://www.chukai.ne.jp/~masago/sanfran.html, (2024.4.11. 검색일)

9 외무성 다케시마 사이트: https://www.mofa.go.jp/a_o/na/takeshima/page1we_000061.html, (2024.2.17. 검색일)

맥아더라인으로 일본의 어업구역을 제한했다.

한편, SCAPIN 1033호 제5항에 맥아더라인이 연합국의 최종적인 정책이 아니라고 적혀 있었다.[10] 이 조항은 SCAPIN 677호 제6항이나 841호 제4항과 같은 종류의 조항이다.

최종적으로 1952년 4월 25일 SCAP는 맥아더라인을 폐기했다. 그 시기는 샌프란시스코 조약 발효 3일 전이었다.[11] 맥아더라인은 SCAPIN 1033호로 규정되었고 일본정부에 명령되었지만 그 후에 개정과 일부 폐기를 되풀이했다. 맥아더라인에 대한 개정, 일부 폐기를 되풀이한 문서로서는 'SCAPINs 2046, 2050, 2050/1, 2097'들이 있다.[12]

이처럼 SCAP는 SCAPIN 1033호에 의해 결정한 맥아더라인을 그후에 개정, 일부 폐기를 되풀이했고, 샌프란시스코 조약 발효 3일 전에 전면적으로 폐기했다.

즉 SCAP가 SCAPIN 문서로 규정하여 운영한 맥아더라인은 샌프란시스코 조약으로 계승되지 않았다.

[그림 1] 맥아더라인

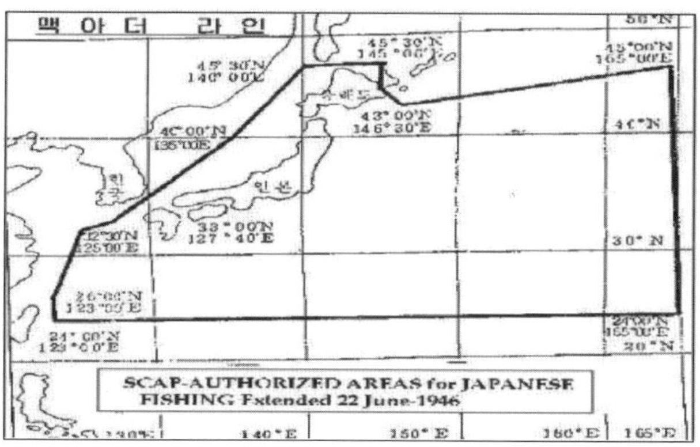

---

10 위와 같은 사이트, "Paragraph 5 of the same instruction note, however, states that "[t]he present authorization is not an expression of allied [sic] policy relative to [the] ultimate determination of national jurisdiction, international boundaries or fishing rights in the area concerned or in any other area," (2024. 2.17. 검색일).

11 위와 같은 사이트, (2024.2.17. 검색일).

12 (Unnumbered) AG 800.217 (25 Apr 52), (1952/04/25, DS.).
AREA AUTHORIZED FOR JAPANESE FISHING AND WHALING AND ACTIVITIES RELATED THERETO Rescinds SCAPINs 2046, 2050, 2050/1, and 2097, [Supreme Commander for the Allied Powers Directives to the Japanese Government (SCAPINs)] : https://dl.ndl.go.jp/pid/9887687/1/1, (2024.2.17. 검색일).

Ⅳ. SCAPIN 문서의 개정과 폐기

SCAPIN 문서들은 1945년 9월 3일 발령된 SCAPIN 1호로부터 1952년 4월 26일 마지막으로 발령된 SCAPIN 2204호까지 약 2,200개가 있다. 일본의 국회도서관 헌정자료실에 보관된 SCAPIN문서집을 보면 각 SCAPIN 문서에는 [Title](제목)과 [Alternative Title](대안제목)이 기재되어 있고 [Alternative Title](대안제목) 부분에 그 문서를 개정한 문서명과 폐기한 문서명이 명기되어 있다.[13] 예를 들면 다음과 같다.

> [Title] SCAPIN-4: INTENDED MINESWEEPING OPERATIONS BY AMERICAN NAVAL FORCES IN JAPANESE WATERS(1945/09/03, GC)
> [Alternative Title] Amended by SCAPIN 9. Rescinded by SCAPIN 2175.[14]
> (해석 : [Title] SCAPIN-4: 일본해역에서 의도된 미국 해군에 의한 지뢰 제거 작전(1945/09/03, GC.) [Alternative Title] SCAPIN 9에 의해 개정됨. SCAPIN 2175에 의해 폐기됨)

위 내용은 1945년 9월 3일 발령된 "일본해역에서 의도된 미국 해군에 의한 지뢰 제거 작전"이라는 제목의 SCAPIN 4호가 1945년 9월 6일 발령된 SCAPIN 9호에 의해 개정되었고 1951년 10월 8일 발령된 SCAPIN 2175호에 의해 폐기되었음을 명기한 내용이다.

그리고 위의 [Alternative Title(대안제목)]에 기재된 SCAPIN 2175호를 보면 다음과 같다.

> [Title] SCAPIN-2175: MINE SWEEPING(1951/10/08, TO)
> [Alternative Title] Rescinds SCAPIN 4, 5, 9, 13, 14, 36, 228 and 888. Amends SCAPINs 1, 2 and 1791. The Japanese Government has full responsibility for all nine sweeping activities in territorial Japanese waters and notification of mine conditions to mariners

---

13 Supreme Commander for the Allied Powers Directives to the Japanese Government (SCAPINs): https://ndlsearch.ndl.go.jp/rnavi/occupation/SCA_1 (2024.2.17. 검색일).

14 위와 같은 사이트, (2024.2.18. 검색일).

and world shipp[15]

(해석 : [Title] SCAPIN-2175: MINE SWEEPING(1951/10/08, TO)

[Alternative Title] SCAPIN 4, 5, 9, 13, 14, 36, 228 및 888을 폐기한다. SCAPIN 1, 2 및 1791을 개정한다. 일본 정부는 일본 영해에서의 9가지 활동과 선박 및 세계 선박에 대한 광산 상황 통보에 대한 모든 책임이 있다)

즉 위의 [Alternative Title(대안제목)]에 의하면 SCAPIN 2175호에 의해 앞에서 발령된 SCAPIN 4, 5, 9, 13, 14, 36, 228 및 888호가 폐기되었고, SCAPIN 1, 2 및 1791호가 개정된 것을 알 수 있다. 그리고 SCAPIN 2175호가 SCAPIN 1, 2 및 1791호를 개정한 부분을 보면 그때까지 SCAP의 관할이었던 작업을 일본정부의 관할로 이전한다는 내용이 적혀 있다.[16]

이렇게 하여 대부분의 SCAPIN 문서는 발령 후에 개정되어 최종적으로는 폐기되거나 SCAPIN 문서의 내용이 SCAP 관할에서 일본정부 관할로 이전되었음을 명시했다.

SCAPIN 문서의 유효기간에 대해서는 SCAP가 일본을 통치하는 기간이라고 상식적으로 알려져 있다. 그러나 SCAPIN 문서의 유효기간을 규정한 문서는 존재하지 않는다. 그러므로 SCAPIN 문서들을 폐기하지 않는다면 일본의 재독립 후에도 그 효력이 남을 수 있기 때문에 SCAP가 일본을 통치하는 기간에 대부분의 SCAPIN 문서들은 폐기되었다.

반대로 말하면 일본의 재독립 후에 SCAPIN 문서들의 효력이 국제법적으로 완전히 사라진다면 SCAP가 일본을 통치하는 동안에 많은 SCAPIN 문서들을 폐기할 필요가 없었을 것이다. SCAPIN 문서들 중에는 폐기되면서 일본정부의 법으로 흡수된 것들도 있다.

그러나 일부 SCAPIN 문서들은 폐기되지 않았다. 즉 SCAP가 일본을 통치하는 기간의 종료, 즉 샌프란시스코 조약의 발효로 일본이 재독립한 1952년 4월 28일부로 SCAPIN 문서들이 모두 자동적으로 폐기된다고 명기된 문서가 없다. 그러므로 1952

---

15 위와 같은 사이트, (2024.2.18. 검색일).

16 SCAPIN-2175: MINE SWEEPING 1951.10.08 [Supreme Commander for the Allied Powers Directives to the Japanese Government (SCAPINs)]: https://dl.ndl.go.jp/pid/9887392/1/2, (2024.2.18. 검색일).

년 4월 28일까지 폐기되지 않은 문서들이 규정한 내용은 샌프란시스코 조약으로 계승되었는지를 알아봐야 한다.

Ⅴ. SCAPIN 677호의 효력과 SCAPIN 841호

SCAPIN 문서 중, 폐기되지 않은 문서들 중 대표적인 문서가 SCAPIN 677호다. SCAPIN 677호는 개정되었으나 폐기되지는 않았다.

일본 국회도서관의 SCAPIN문서집을 보면 SCAPIN 677호에는 다음과 같은 Title과 Alternative Title이 붙어 있다.

> [Title] SCAPIN-677: GOVERNMENTAL AND ADMINISTRATIVE SEPARATION OF CERTAIN OUTLYING AREAS FROM JAPAN(1946/01/29, GS)
> [Alternative Title] Directs the Japanese Government to cease exercising governmental or administrative authority over any area outside of Japan, or any persons in such area. For purposes of this directive, Japan is defined, and excluded areas are also indicated. Amended by S.[17]
> (해석=[Title] SCAPIN-677: 일본으로부터 특정 외부 지역의 정치적 및 행정적 분리(1946/01/29, GS)
> [Alternative Title] 일본 정부가 일본 외의 지역, 또는 그런 지역에 있는 모든 사람들에 대해 정치적 또는 행정적 권한 행사를 중단하도록 지시한다. 이 지침의 목적을 위해 일본이 정의되고 제외된 지역도 표시된다. S에 의해 개정됨)

위의 Alternative Title 마지막 부분을 보면 SCAPIN 677호는 'S에 의해 개정'되었다고 적혀 있다. 'S'란 다른 SCAPIN 문서명의 첫 번째 대문자다. 'S'를 알기 위해 일본 국회도서관의 SCAPIN 문서집을 보면 SCAPIN 677호 다음 SCAPIN 677/1호가 수록되

---

17 SCAPIN-677: GOVERNMENTAL AND ADMINISTRATIVE SEPARATION OF CERTAIN OUTLYING AREAS FROM JAPAN 1946.01.29., [Supreme Commander for the Allied Powers Directives to the Japanese Government (SCAPINs)], https://dl.ndl.go.jp/pid/9885747/1/1, (2024.2.18. 검색일).

어 있고 'S'는 SCAPIN 677/1호임을 알 수 있다.

SCAPIN 677/1호에는 다음과 같은 [Title]과 [Alternative Title]이 붙어 있다.

> [Title] SCAPIN-677/1: GOVERNMENTAL AND ADMINISTRATIVE SEPARATION OF CERTAIN OUTLYING AREAS FROM JAPAN(1951/12/05, GS)
> [Alternative Title] Amends SCAPIN 677.[18]
> (해석 : [Title] SCAPIN-677/1: 일본으로부터의 특정 외부 지역의 정치적 및 행정적 분리(1951/12/05, GS.), [Alternative Title] SCAPIN 677을 개정한다)

위 내용을 보면 SCAPIN 677호를 개정한 것이 SCAPIN 677/1호임을 알 수 있다. 즉 SCAPIN 677호를 개정한 'S'란 'SCAPIN 677/1호'의 첫 번째 대문자 'S'인 것이다.

독도를 일본의 정치적, 행정적 영역에서 분리하고 한국 수역으로 포함시킨 SCAPIN 677호를 개정한 것이 SCAPIN 677/1호였고 그후 SCAPIN 677/1호가 폐기되었다는 문서는 존재하지 않기 때문에 SCAPIN 677호와 그것을 개정한 SCAPIN 677/1호의 내용은 결국 샌프란시스코 조약으로 계승되었다.

그리고 샌프란시스코 조약 발효 전에 폐기되지 않은 SCAPIN 문서로서 SCAPIN 841호가 있다. SCAPIN 841호도 SCAPIN 677호를 다음과 같이 일부 개정한 문서이지만 폐기되지 않았다.

> [Title] SCAPIN-841: GOVERNMENTAL AND ADMINISTRATIVE SEPARATION OF CERTAIN OUTLYING AREAS FROM JAPAN(1946/03/22, GS.)
> [Alternative Title] Amends SCAPIN 677. Informs the Japanese Government that the Izu Islands and certain Nampo Islands are to be included within the area defined as Japan for purposes of SCAPIN 677[19]

---

18 SCAPIN-677/1: GOVERNMENTAL AND ADMINISTRATIVE SEPARATION OF CERTAIN OUTLYING AREAS FROM JAPAN 1951.12.05., [Supreme Commander for the Allied Powers Directives to the Japanese Government (SCAPINs)], https://dl.ndl.go.jp/pid/9885748/1/1, (2024.2.18. 검색일).

19 SCAPIN-841: GOVERNMENTAL AND ADMINISTRATIVE SEPARATION OF CERTAIN OUTLYING AREAS FROM JAPAN 1946.03.22., [Supreme Commander for the Allied Powers Directives to the Japanese

(해석=[Title] SCAPIN-841: 일본으로부터 특정 외곽 지역의 정치적 및 행정적 분리(1946/03/22, GS.) [Alternative Title] SCAPIN 677을 개정하여 이즈제도 및 특정 남방제도가 일본으로 정의된 지역 내에 포함될 것임을 일본 정부에 알린다)

Ⅵ. SCAPIN 문서가 반영된 샌프란시스코 조약 초안

1951년 4월 7일 작성되어 일본 측에도 제시된 샌프란시스코 조약 영국초안은 SCAPIN 677호와 SCAPIN 841호의 규정을 반영한 초안이었다.

영국초안에는 SCAPIN 677호가 제시한 대로 독도는 일본영토에서 분리되었고 SCAPIN 841호가 제시한 대로 도쿄 이남의 이즈제도와 난포제도 일부가 일본영토에 포함되어 있었다.

일본에도 제시된 이 영국 초안에 대해 일본 측은 여러 가지 의견을 제시했지만 독도가 일본에서 분리되었다는 부분에는 반대 의견을 주장하지 않았다.[20] 즉 미국 측이 영국초안을 일본 측에 제시했을 때 일본 측은 영국초안에서 SCAPIN 677호를 반영해서 독도가 일본에서 분리된 사실을 알면서도 반대하지 않아 그 사실을 수용했다고 해석할 수 있는 행동을 취했다.[21]

다만 일본 측은 '심리적 부담이 된다'는 이유로 영국초안에서 일본을 둘러싼 선을 제거해 줄 것을 미국 측에 요청했고 결과적으로 미국과 영국은 일본 측 요청을 수용했다.[22] 일본 측 요청이 반영된 샌프란시스코 조약 미영공동초안에는 1951년 4월 7일자 영국초안에 삽입된 약도 등 어떤 그림도 삽입되지 않았고 문장만으로 조약 내용이 기재되었다. 이런 형태로 최종적으로 극동위원회의 승인을 거쳐 샌프란시스코 조약의 최종문안이 결정되었다.

극동위원회에서 뉴질랜드가 "일본을 둘러싼 선을 제거한다면 장래 작은 섬에서 문제가 생길 우려가 있다"고 반대의견을 내놓았으나 최종적으로는 뉴질랜드도 미영공

Government (SCAPINs)], https://dl.ndl.go.jp/pid/9885921/1/1, (2024.2.18. 검색일).

20 정병준, 『독도1947』, 2010, 돌베개, 653면.

21 같은 책, 653면.

22 이석우, 『동아시아의 영토분쟁과 국제법』, 2007, 집문당, 193면.

동초안에 합의하여 샌프란시스코 조약의 문안이 결정되었다.

Ⅶ. 1951년 9월 8일 샌프란시스코 조약 조인

1951년 9월 8일 미국 샌프란시스코시에서 샌프란시스코 평화조약이 조인되었다. 이 조약의 제2조 (a)항이 한국영토 조항인데 이 조항에는 독도 명칭이 명기되지는 않았다.

한국영토 조항에 독도명칭이 명기되지 않았다는 사실에 대해 현재 일본 측은 독도가 '일본영토로 남았기 때문'이라고 주장한다. 그러나 그런 증거는 없다. 독도명칭이 샌프란시스코 조약의 한국영토 조항에 명기되지 않은 이유는 일본영토에 대한 샌프란시스코 조약 결정까지의 합의, 즉 SCAPIN 677호, 841호, 영국초안 등을 샌프란시스코 조약이 계승해서 독도가 한국영토라는 취지에는 어떤 변경도 없었기 때문으로 해석된다.

영국초안이 샌프란시스코 조약의 최종적 초안인 미영공동초안으로 바뀔 때 변경된 부분은 일본영토의 범위를 '북위30도 이북의 류큐'에서 '북위29도 이북의 류큐'로 변경하여서 일본영토 범위를 어느 정도 넓힌 내용뿐이다. 변경사항이 있다면 이와 같이 명확히 기재가 되었기 때문에 SCAPIN 677이나 영국초안에서 일본영토에서 분리되어 있던 독도가 미영공동초안으로 갑자기 일본영토가 되었다고 할 수 없다.

Ⅷ. 미영 공동초안 작성과정에서의 미영합의 검토

샌프란시스코 조약 최종초안은 미영공동초안이라고도 불린다. 미영 공동초안이 작성된 경위에 대해 일본의 영토·주권전시관 웹사이트에는 다음과 같은 설명이 있다.

"1951년 4월 25일부터 5월 4일에 걸쳐 워싱턴에서 집중적으로 행해진 미영 협의 중에서 제7회 협의에서 미영 쌍방의 대표단은 '일본이 주권을 포기하는 영토만을 특정한다'는 것이 바람직하다는 뜻에 합의하여 미국 초안의 조선 포기 규정에 '제주도, 거문고 및 울릉도 세 개의 섬'을 삽입할 필요가 있음을 확인했다."[23]

상기와 같은 미영 양국의 합의에 대해 일본 측은 다음과 같이 주장한다. 일본 측 주장은, 미국과 영국이 샌프란시스코 조약의 한국영토 조항에 '일본이 주권을 포기하는 영토만'을 특정했고 그것이 '제주도, 거문도 및 울릉도'였으므로 독도가 '일본이 주권을 포기하는 영토'에 포함되지 않았다는 것이다.

일본이 주장하는 대로 '일본이 주권을 포기하는 영토'에 독도가 포함되지 않았다면 그것은 SCAPIN-677호와 1951년 4월 7일자 영국초안과 다르기 때문에 독도가 일본영토가 되었음이 명기해야 하는데 미영공동초안에는 독도에 대한 어떤 언급도 없었다.

1950년 10월 26일 호주의 질문에 답하는 형식으로 미국은 독도를 일본영토로 할 생각이라고 답변했다. 이에 호주를 비롯한 영연방국가와 영국이 반대해 작성된 것이 독도를 SCAPIN 677호대로 일본으로부터 분리시킨 1951년 4월 7일자 영국초안이었다. 그 시점에서는 미국과 영국의 독도의 귀속에 대한 의견이 정반대였다. 그리고 독도는 이미 SCAPIN 677호로 한국이 정치적 행동적으로 실효지배하고 있는 상황이었다. 그러므로 독도를 일본영토로 변경한다면 명확한 표현이 꼭 필요한 상황이었다. 그러나 미영공동초안에 독도의 귀속에 대한 구체적인 언급이 없었다는 것은 변경사항이 없었다는 뜻으로 볼 수밖에 없다.

전술한 바와 같이 미국이 영국초안을 일본 측 대표들에 제시했을 때 일본 측은 독도가 일본으로부터 분리되어 있는 조항에 대해 어떤 반대의견도 주장하지 않았다. 즉 이 시점에서 일본이 포기한 영토에 독도는 포함되어 있었다.

그리고 하나 기술적인 문제도 있었다. 독도와 같은 작은 섬을 일본이 포기하는 영

23 영토·주권전시관 웹사이트(영어버전). "At the 7th meeting of the US-UK consultations held intensively in Washington, DC, from April 25 to May 4, 1951, both delegations agreed that it would be preferable "to specify only the territory over which Japan was renouncing sovereignty," and confirmed that "the insertion of the three islands: Quelpart, Port Hamilton and Dagelet" was required for the provision on the renunciation of Korea in the US draft."(2024.2.21., 검색일), https://www.cas.go.jp/jp/ryodo_eg/taiou/takeshima/takeshima02-03.html.

토로 언급하려면 한국에 3,000개 이상 있는 독도와 같은 작은 섬들을 많이 언급해야 하므로 미영공동초안은 그런 섬들을 언급하는 것을 생략하여 대표적인 세 섬만 기재하는 '단축형'을 택한 것이다.[24]

1951년 4월 23일 영국외무성이 호주외무성에 보낸 서한에서 "다케시마(=독도)가 장차 조선에 의해 영유되는 것을 저지하는 것이 바람직하다면 일본이 보유할 수도 있다"[25]는 내용이 확인된다. 이 문장을 두고 일본 측은 영국도 독도가 일본영토라는 미국의 입장에 동의했다고 주장한다.[26] 그러나 영국외무성의 의견은 "독도(=다케시마)가 장차 조선에 의해 영유되는 것을 저지하는 것이 바람직하다면"이라는 가정법으로 쓰여 있어 미영협의 때 결정된 내용이 아님을 알 수 있다. "장내에 그런 상황, 즉 독도가 조선에 의해 영유되는 것을 저지하는 것이 바람직하다는 상황이 된다면"이라는 가정 아래 "그럴 때는 일본이 보유할 수도 있다"는 것이 1951년 4월 23일 때 영국이 호주에 보낸 서한 내용이므로 하나의 의견에 불과하므로 조약내용을 결정한 것이라 볼 수 없다.

1951년 7월 19일 한국 정부는 이런 미영공동초안의 일본이 포기하는 영토에 독도를 명기해 달라는 요청을 했으나 1951년 8월 10일 미국무성은 소위 '러스크 서한'을 통해 한국 측 요청을 거절했다. 그러나 러스크 서한은 미국만의 견해이자 한국에게만 송부되어 다른 연합국에 공개되지 않았던 비밀문서였으므로 샌프란시스코 조약

---

24 이석우, 같은 책, 193면.

25 Commissioned Research Report on the Takeshima-related Documents (FY2019), p. 71: https://www.cas.go.jp/jp/ryodo_eg/kenkyu/assets/pdf/takeshima/report/takeshima-report-no39.pdf. "Draft Brief on the United States Provisional Draft Peace Treaty with Japan", Chapter III. Territory. Article 3 (Articles 2,4,6 and 7 of the United Kingdom Draft and Paragraphs 5 and 6 of the United States Government's Aide-Memoire) 1. 1st Sentence of Art. 3. Korea. Korea is not defined to include Quelpart Island, nor as including Utsuryo Shima or the Hornet Islands (Liancourt Rocks) This may lead to difficulty since these islands' ownership may be disputed. If the United Kingdom Draft Paragraph 1 is accepted Japanese sovereignty will be extinguished. Quelpart and Utsuryo were always regarded by the Japanese as part of Korea. If it is desirable to prevent future Korean acquisition of the Hornet Islands which are uninhabited, they might be retained by Japan. 2. Formosa and the Pescadores. His Majesty's Government prefers the wording of Article 4 of the United Kingdom Draft." (2024.2.19. 검색일).

26 같은 웹사이트, (2024.2.19. 검색일).

의 결론이 되지 못한다.[27]

미영공동초안에서 일본이 포기하는 영토에 독도가 포함되지 않았다면 미국이 영국 측에 러스크 서한을 비밀문서로 할 필요가 없었다. 그러므로 독도가 일본영토라는 견해는 미국만의 견해이고 미국과 영국 및 기타 연합국 사이에 합의가 없었다.

1954년 8월 26일 미국 측 샌프란시스코 조약 책임자였던 덜레스는 후에 미국무장관이 되어, "독도에 대한 미국의 견해는 평화조약에 대한 많은 서명국 중 하나의 견해일 뿐이다"라고 인정해 독도가 일본영토가 된 것이 아니라는 점을 강조했다.[28]

이런 경위를 봐도 독도가 일본영도라는 미영합의나 연합국합의는 없었기 때문에 최초의 합의였던 SCAPIN677호와 1951년 4월 7일자 영국초안에서의 독도가 일본에서 분리되었다는 결정이 샌프란시스코 조약상 바뀌지 않았다고 해석된다.

IX. SCAPIN 677/1호의 효력

각종 SCAPIN 문서는 1952년 4월 28일 샌프란시스코 조약 발효 시까지 계속 SCAP가 일본정부를 상대로 발령했고 마지막 문서 SCAPIN 2204호는 1952년 4월 26일 발령되었다.

이런 SCAPIN 문서 중 1951년 9월 8일 샌프란시스코 조약이 서명된 후인 1951년 12월 5일 발령된 SCAPIN 677/1호[29]는 전술한 바와 같이 SCAPIN 677호를 개정한 문서다. SCAPIN 677/1호는 그 후에 개정되거나 폐기되지 않았기 때문에 샌프란시스코 조약으로 계승된 문서로 판단된다. SCAPIN677/1호의 전체 내용은 다음과 같다. 여기서 SCAPIN 677/1호의 전체 내용을 인용하는 이유는 SCAPIN 677/1호가 샌프란시스코 조약 조인 이후에 발령되어 샌프란시스코 조약의 내용을 반영하고 있기 때문이다.

---

27 Yuji Hosaka, Ibid, p. 157.

28 이석우, 같은 책, 201면; 호사카 유지, 『독도, 1500년의 역사』(2016, 교보문고), 73면.

29 SCAPIN-677/1: GOVERNMENTAL AND ADMINISTRATIVE SEPARATION OF CERTAIN OUTLYING AREAS FROM JAPAN. 1951.12.05., [Supreme Commander for the Allied Powers Directives to the Japanese Government (SCAPINs)], https://dl.ndl.go.jp/pid/9885748/1/1, (2024.2.18. 검색일).

SCAPIN-677/1: GOVERNMENTAL AND ADMINISTRATIVE SEPARATION OF CERTAIN OUTLYING AREAS FROM JAPAN

GENERAL HEADQUARTERS

SUPREME COMMANDER FOR THE ALLIED POWERS

AG 091 (29 Jan 46) GS APO 500

SCAPIN-677/1 5 December 1951

MEMORANDUM FOR IMPERIAL JAPANESE GOVERNMENT.

THROUGH Central Liaison Office, Tokyo.

Subject Governmental and Administrative Separation of Certain Outlying Areas from Japan

1. Reference:

a. Memorandum for the Japanese Government, AG 091 (29 Jan 46) GS (SCAPIN 677), 29 January 1946, subject, "Governmental and Administrative Separation of Certain Outlying Areas from Japan".

b. Memorandum for the Japanese Government, AG 091 (22 Mar 46) GS (SCAPIN 841), 22 March 1946, subject, "Governmental and Administrative Separation of Certain Outlying Areas from Japan".

2. Paragraph 3 of reference a, as amended by reference b, is further amended so that the Ryukyu (Nansei) Islands north of 29° north latitude are included within the area defined as Japan for the purpose of that directive.

3. The Japanese Government is directed to resume governmental and administrative jurisdiction over these islands, subject to the authority of the Supreme Commander for the Allied Powers.

FOR THE SUPREME COMMANDER:

H.W.Allen

Colonel,A.G.D.

Asst Adjutant General

(해석=

1. 참조:

a. 1946년 1월 29일, 일본 정부에 대한 각서 AG 091 (1946년 1월 29일) GS (SCAPIN 677), "일본으로부터 특정 외곽 지역의 정치적 및 행정적 분리".

b. 1946년 3월 22일, 일본 정부에 대한 각서 AG 091 (1946년 3월 22일) GS (SCAPIN 841), "일본으로부터 특정 외곽 지역의 정치적 및 행정적 분리".

2. 참조 b에 의해 수정된 참조 a의 제3항은 북위 29° 이북의 류큐(난세이) 열도가 해당 지침의 목적상 일본으로 정의된 지역 내에 포함되도록 추가로 수정된 것이다.

3. 일본 정부는 연합국 최고사령관의 권한에 의해 이 섬들에 대한 정치적 및 행정 관할권을 재개할 수 있도록 되어 있다.)

위와 같이 샌프란시스코 조약 조인 후 발령된 SCAPIN 677/1호는 일본영토에서 분리하는 영역에 관해서는 SCAPIN 677호와 SCAPIN 841호를 참조하라고 규정했다. 즉 독도가 일본에서 분리되어 한국영토가 되었다는 SCAPIN 677호 내용에는 변함이 없다는 것이 SCAPIN 677/1의 내용이다.

SCAPIN677/1호는 SCAPIN 677호를 개정하는 내용으로서 북위 30도 이북의 류큐를 북위 29도 이북의 류큐로 수정하여 그 영역을 일본에 포함시킨다고 기재했다. 이 내용도 이미 샌프란시스코 조약에 기재된 내용이자 SCAPIN677/1호는 그것을 확인했다. SCAPIN677/1호는 샌프란시스코 조약의 내용을 반영했기 때문에 폐기될 필요 자체가 없었고 그대로 샌프란시스코 조약으로 계승되었다고 판단된다.

X. SCAPIN677/1호 발령 후 일본이 취한 행동

1951년 12월 5일 발령된 SCAPIN 677/1호 제2항에는 전술한 바와 같이 "북위 29도 이북의 류큐(난세이) 열도가 (중략) 일본으로 정의된 지역 내에 포함되도록 추가로 수정"되었다고 적혀 있다. 이 내용은 1951년 4월 7일자 영국초안에서 일본영토의 범위를 "북위 30도 이북의 류큐"[30]라고 규정한 것을 "북위 29도 이북의 류큐"로 개정한 내용이다. 이 개정된 내용은 1951년 9월 8일 연합국들이 조인한 샌프란시스코 평화조약 제3항[31]에 이미 기재된 내용을 다시 SCAPIN 문서로 설명한 내용이다.

즉, SCAPIN 677/1호는 1951년 9월 8일 조인된 샌프란시스코평화조약 내용을 해설한 문서인 것이다.

일본정부는 SCAPIN 677/1호가 발령되었으므로 1952년 4월 28일 샌프란시스코 평화조약의 발효를 기다리지 않고 SCAPIN 677/1호로 일본에 복귀된 북위30도 이남~북위29도 이북의 섬들에 대한 행정권한을 행사하기 시작했다.

1952년 2월 11일부터 북위30도 이남~북위29도 이북의 섬들에 대한 일본의 행정권한 중 '외국 환율 및 외국무역관리법'이 적용되기 시작한 것은 그런 사례 중 하나다.[32]

이 사례는 일본 정부가 샌프란시스코 조약의 발효 이전에 이미 SCAPIN 문서에 의해 일본에 복귀되었다고 명시된 영토에 대해 행정권한을 행사한 사례다. 즉 SCAPIN 문서 발령만으로 일본은 해당 영역에 대한 행정권을 회복시켰다. 마찬가지로 한국측은 1948년 8월 15일 대한민국 정부를 수립한 후 SCAPIN 677호로 일본에서 분리된 독도를 한국영토로 행정적으로 관리하기 시작했다.

SCAPIN 677호는 개정되어 SCAPIN 677/1호가 되었으나 독도 부분은 변화가 없었으므로 한국은 계속 독도를 영유했고, 일본도 SCAPIN 677/1호로 일본의 행정권 범위로 복귀된 북위30도 이남~북위29도 이북의 섬들에 대한 일본의 행정권을 행사하

---

30 이석우, 같은 책, 집문당, 2007, 338면.

31 Treaty of San Francisco : https://en.wikisource.org/wiki/Treaty_of_San_Francisco, (2024.2.18. 검색일)

32 문서명 : 1 外国為替及び外国貿易管理法に於ける附属の島に関する命令の一部を改正する命令の制定について(1.「외국환 및 외국무역관리법」에서의 부속섬에 관한 명령 일부를 개정하는 명령의 제정에 관해서), 아시아역사자료센터 사이트, https://www.jacar.archives.go.jp/, (2024.4.10. 검색일). 러포런스 코드=A16110827400, 〈(전략) 昭和二十六年十二月五日付SCAPIN六七七の一により ˋ北緯三十度以南-北緯二十九度以北の南西諸島(通称下七島)の行政権は ˋ日本政府に委譲されることとなったが ˋ外国為替及び外国貿易管理法の適用については ˋ本年二月十一日から実施することとなった °(후략)〉, 번역=〈(전략)1951년 12월 5일자 SCAPIN 677의 1에 의해 북위 30도 이남-북위 29도 이북의 난세이제도(통칭 시모시치도)의 행정권은 일본정부에 이양되었는데, 외환 및 외국무역관리법의 적용에 대해서는 1952년 2월 11일부터 실시하게 되었다. (후략)〉

기 시작했다. SCAPIN 677/1호는 폐지되지 않았으므로 한국에 의한 독도지배와 일본에 의한 북위30도 이남~북위29도 이북의 섬들에 대한 지배는 정당화되었고 샌프란시스코 평화조약 발효로 그 양쪽 지배는 현재까지 정당화되어 있다.

XI. 1952년 4월 28일 샌프란시스코 조약 발효와 일본영역도

1952년 4월 28일 샌프란시스코 조약이 발효함에 따라 일본은 재독립했다. 그 직후 마이니치신문사가 『대일평화조약対日平和条約(TREATY OF PEACE WITH JAPAN)』 이라는 책자 속에 '일본영역도'[33]를 공표했다. 이 '일본영역도'에는 SCAPIN 677호, SCAPIN 841호 및 SCAPIN677/1호와 샌프란시스코 조약의 관계가 그려져 있다.

이 약도에는 SCAPIN 677호를 반영해 독도가 한국영토로 그려졌고, SCAPIN 841호를 반영해 도쿄 이남의 이즈제도와 난포제도 일부가 일본영토로 그려졌다. 그리고 샌프란시스코 평화조약과 SCAPIN 677/1호의 결정을 반영해 북위 29도 이북의 섬들을 일본영토로 인정하고 있다.

이 약도를 봐도 마이니치 신문사가 일본 정부를 취재하면서 독도가 한국영토가 되었다는 사실을 알고 있었고 이런 인식이 당시의 일본 측 인식이었음을 알 수 있다.

[그림 2] 샌프란시스코조약 발효 후의 일본영역도(마이니치신문) 1952.4

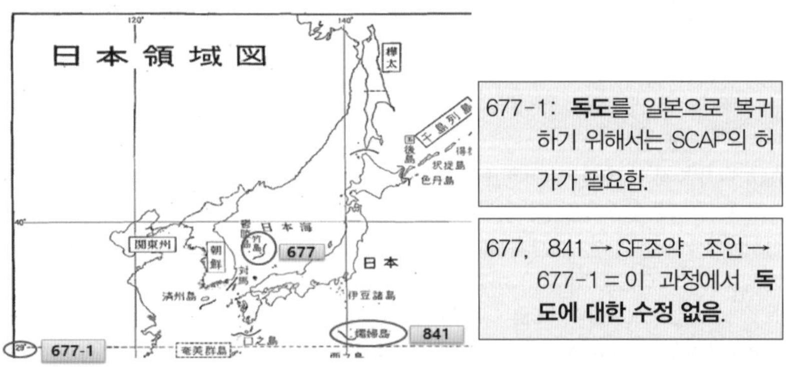

33 対日平和条約, 毎日新聞社出版図書編集部, 毎日新聞社, 1952.4. 권두쪽, 埼玉県立図書館 소장.

XII. 결론

일본 측은 SCAPIN 677호 제6항을 거론하면서 SCAPIN 677호로 독도가 한국영토가 된 것은 아니라고 주장해 왔다. SCAPIN 문서들은 모두 2,200개 정도가 있는데 전체적으로 SCAPIN 문서들을 검토해 보면 한번 발령된 SCAPIN 문서는 그 후에 새로 발령된 SCAPIN 문서에 의해 대부분 폐기되거나 그 내용이 일본정부의 관할로 이전되었다. 즉 SCAPIN 문서들의 효력은 연합국의 통치 기간 중만이라는 것이 종래 언급되어 왔지만 연합국최고사령부(SCAP)는 SCAPIN 문서들의 유효기간에 대해 문서를 남긴 적이 없다. 그러므로 SCAP는 대부분의 SCAPIN 문서들을 1952년 4월 26일까지 폐기시키거나 이에 준하는 조치를 취했다. 그것은 샌프란시스코 조약이 발효되는 1952년 4월 28일 이후의 법적문제를 정리하기 위안 조치였다고 판단된다. SCAPIN 1033호로 설정된 맥어더 라인이 1952년 4월 25일 SCAP의 명령에 의해 폐지된 것이 그 좋은 사례이다. 그러나 폐기되거나 그와 같은 조치가 이루어지지 않았던 SCAPIN 문서들이 있다.

그 대표가 SCAPIN 677호, 841호, 그리고 677/1호다. 1951년 12월 5일 발령된 SCAPIN 677/1은 677호, 841호를 계승하여 샌프란시스코 조약의 내용을 설명하는 문서임이 확인된다. SCAPIN 677호, 841호와 이들을 설명한 677/1호의 내용은 샌프란시스코 조약의 합의 사항과 같으므로 SCAPIN 677/1호의 효력은 샌프란시스코 조약으로 계승되었다고 판단된다.

일본은 1946년 3월에 발령된 SCAPIN 841호로 도쿄 이남의 이즈 제도와 난포제도 일부에 대한 통치권을 회복했고, 1951년 12월 발령된 SCAPIN677/1로 일본의 영역으로 복귀된 북위30도 이남으로부터 북위29도 이북의 섬들에 대한 정치적, 행정적 지배를 개시했다. 이런 일본의 행위는 샌프란시스코 조약 발효 이전에도 SCAPIN 841와 677/1로 일본의 통치권을 회복하고 실제로 해당지역을 통치했다는 증거이자 그런 일본의 통치권이 샌프란시스코 조약으로 계승되었다는 사실을 증명하고 있다.

마찬가지로 SCAPIN 677/1에 기재된 SCAPIN 677호의 효력도 샌프란시스코 조약으로 계승되었다고 봐야 한다. 즉 SCAPIN 677호로 한국의 정치적 행정적 관리하에 두어진 독도의 지위는 샌프란시스코 조약으로 계승되었고 조약상 독도는 한국영토로 확정되었다.

일본의 시마네현 다케시마문제연구소의 고문 후지이켄지藤井賢二는 일본 정부의 내각부 산하의 영토주권전시관 웹사이트[34]에 칼럼을 기고해 1951년 4월 23일 영국과 호주가 독도를 일본영토로 한다는 미국 측 의견에 동의했다고 주장했으나 그런 증거는 없다. SCAPIN 문서와 샌프란시스코 조약의 관계성, 그리고 당시 벌어진 여러 일들을 종합적으로 분석할 때 독도는 한국영토가 되었다고 보는 것이 가장 합리적인 판단이다.

---

34 후지이켄지藤井賢二의 칼럼: (2024.4.10. 검색일). https://www.cas.go.jp/jp/ryodo/kenkyu/takeshima/chapter02_column_01-01.html.

8 / 전후 일본의 독도 정책

현 대 송*

Ⅰ. 서론

2012년 12월 26일 출범한 제2차 아베 내각은 2014년 7월 1일, 집단적 자위권 행사를 용인하는 헌법 해석 변경안을 각의결정했다. 일본이 패전 이후 지켜온 '전수방위 원칙'을 폐기하고 일본 자위대의 무력 행사 범위를 타국에까지 확대한 것이다.

아베 신조(安倍晋三) 수상은 재집권 직후 출간한 자신의 저서에서 '센카쿠(尖閣) 문제에 외교 교섭의 여지는 없다. 센카쿠 해역에 요구되는 것은 교섭이 아니라 물리적인 힘이다'(安倍晋三, 2013, 248)라며 중국에 대해 일전을 불사한다는 결기를 나타내었다. 독도 문제로 긴장관계에 있는 우리로서도 당시 아베 내각의 움직임에 눈을 뗄 수 없는 상황이 전개되었다.

특히 아베 내각은 영토 문제에 대한 일본의 주장을 적극적으로 발신하기 위해 2013년 2월 5일 내각관방에 '영토 · 주권대책기획조정실'을 설치했고, 동월 22일 시마네현에서 개최된 '다케시마의 날'에는 한국 측의 강력한 반발에도 불구하고 내각부

---

* 전 도쿄대학교 교수 · 국민대학교 연구교수, 한국해양수산개발원 명예연구위원, 이 논문은 한국정치학회, 한국정치학회보 제48집 제4호(2014.9)에 게재된 글을 수록하였음을 밝힌다.

정무관을 참석시켜 강경한 입장을 분명히 했다. 또한 애국심 교육을 강화시키며 초등학교 교과서에까지 '일본의 고유 영토인 다케시마를 한국이 불법점거 하고 있다'는 내용을 기술하도록 했다.

통산 재직 일수 3,188일로 일본 헌정사(憲政史)상 가장 오랫동안 수상으로 재임했던 아베 수상이 이토록 영토 문제에 대해 강경한 태도를 보임으로써 집권 기간 내내 한일 관계는 극도로 악화되었으며 아베가 남긴 유산은 지금까지 한일 간 관계 개선의 커다란 걸림돌이 되고 있다.

독도 문제는 해방 직후에 태동한 이래, 잠복기, 소강기를 거치며 한일 간의 구조적 문제로 자리 잡았고, 점차 분쟁 수준이 높아지며 오늘에 이르게 되었다. 이와 같이 소위 '독도 문제'가 '독도 분쟁'[1]으로 변천해 온 주원인은 바로 일본에 잔존하고 있는 제국주의와 군국주의의 노스탤지어이며, 패전 후 상실한 영토에 대한 실지회복주의(Irredentism)에서 비롯된 일본 측의 '도발'이라는 것이 한국사회의 일반적인 인식이다. 과연 그러한 것인가? 더 나아가 만약 그렇지 않다면 왜 일본은 한국과 일전을 겨루지 않는 이상 다시는 가질 수 없는 독도에 대해 영유권 주장을 굽히지 않고 있는 것일까?

또한 일본의 독도 정책은 장기적이고 치밀한 전략에 의해 강화되어 왔다는 주장과 일관성을 결여하고 있다는 주장이 양립하고 있다. 과연 어느 쪽의 주장이 타당한 것인가?

본고는 이와 같은 의문에 답하기 위해 전후 일본의 독도 정책이 어떠한 궤적을 그려 왔는지, 그러한 정책의 배경과 특징 등이 일본의 정치시스템, 국제정치시스템과 어떻게 관련되어 있는지를 분석하는 것을 목적으로 한다.

논문의 구성은 해방 후부터 현재에 이르기까지 독도 문제의 발전단계를 여섯 단계로 나누어 일본의 독도 정책의 추이를 고찰한 후, 아베 내각의 독도 정책에 대해 살펴보고, 마지막으로 향후 일본의 정책이 어떠한 방향으로 전개될 것인지를 전망한다.

---

1 한국 정부의 공식 입장은 한일 간에 영토 문제는 존재하지 않는다는 것이고, 학계를 비롯하여 사회 일반에서도 '독도 분쟁'이라는 용어는 금기시 되고 있다. 그러나 국제적으로는 '영토 경계에 대한 국가 간의 의견의 불일치, 혹은 어느 국가의 영토에 대한 주권 행사에 일방 국가가 이의를 제기하는 경우' 영토 분쟁(Territorial dispute)이 있는 것으로 보는 견해가 우세하다(Huth, 2000, 19-26). 또한 본고에서는 독도 문제의 심각성 정도를 단계별로 구분하여 표현하기 위한 차원에서 '문제' 및 '분쟁'이라는 표현을 쓰도록 한다.

Ⅱ. 일본의 독도 정책

1. 선행연구의 검토

일제 강점기인 1926년 5월 발행된 월간지 『동광(東光)』 창간호에 안용복에 관한 기사가 게재된 이래 2013년 12월 말 현재까지 한국에서 생산된 독도 관련 연구는 국회도서관 데이터베이스에 따르면 학위논문, 학술기사, 도서만 하더라도 약 1,880건에 이른다(학위논문 101건, 학술기사 1,252건, 도서 531건 등).[2] 특히 독도 연구가 비약적으로 증가한 1996년 이후에는 해마다 약 100~150편 정도의 연구 성과가 쏟아져 나오고 있다.

이렇게 많은 연구가 이루어지고 있음에도 불구하고 일본의 독도 정책을 거시적으로 다룬 연구는 많지 않다. 또한 일본의 독도 정책을 다룬 논문들이라 하더라도 접근 방법은 주로 각 내각의 단기 정책이나 개별 쟁점, 이벤트에 대한 일본의 대응을 다루고 있을 뿐이다. 예를 들어 미국의 전후처리 정책의 형성과정에서 한일국교정상화 교섭에 이르기까지 독도 문제의 처리를 둘러싼 한 · 미 · 일의 정치과정(정성화, 1991; 현대송 2006)과 대일평화조약 성립과정에서 독도의 영토규정이 어떻게 변천했으며 그 과정에서 일본 정부가 어떻게 정책적으로 대응 했는지를 밝힌 연구(쓰카모토 다카시, 1983, 1994; 정성화, 1990, 1993; 이석우, 2003, 2005; 박진희, 2005, 2008, 2010; 정병준, 2005, 2010) 등이 그것이다.

일본의 독도 정책을 학술적으로 분석한 연구 중 주목할 만한 것으로는 선거제도와 정치적 이해관계라는 국내 변수에 유의하여 일본의 관점에서 분석한 김재한 외(2013)의 논문이 있다. 이 논문은 '선출인단(Selectorate) 이론'을 분석틀로 하여 선거에서의 지지집단(승리연합)의 영토적 이해관계 등 독도 문제에 대한 일본 내부의 입장 등에 기초하여 아베 정권의 독도 정책의 향방을 분석하고 있다. 그러나 전후 일본의 독도 정책을 일본을 주체로 독도 문제의 태동에서 현 시점에 이르기까지 거시적으로 다룬 논문은 거의 없어, 연구 상의 공백으로 남아 있다.[3] 그나마 전후 일본의 독도 정책의

---

2 2025년 10월 현재, 학위논문 501건, 학술기사 4,784건, 도서 1,535건이다. (https://dokdo.nanet.go.kr/dokdo/getFrontTotalList.dokdo)(최종 검색일: 2025.10.28)

추이를 조감할 수 있는 시도로는 이창위(1993, 1997)가 해양법과 국제법 분야에 대한 일본의 제도적 정비 및 정책에 포커스를 맞추어 분석하고 있고, 현대송(2007), 정미애(2011)가 일본 국회에서의 독도에 관한 논의를 통해 일본의 '독도론'의 전개와, 독도 정책의 지속성과 변화 등을 고찰한 정도이다.[4]

이와 같이 전체적으로 보아 일본의 독도 정책을 통합적으로 이해할 수 있는 연구가 부족한 것은 우리의 연구가 한국의 영유권을 주장하거나 일본 측 주장의 부당성을 비판하는 연구, 그리고 독도 문제를 둘러싼 갈등 상황에 대한 관계사 연구에 집중해 있기 때문이다.

2. 분석 대상과 연구 방법

메이지 시대 이래 일본 정책결정의 구조적 특성은 정치가, 관료, 재계가 '철(鐵)의 삼각형'을 이루어, 그 틀에서 상호 조정의 과정을 거쳐 하나의 정책이 생성된다는 것이다. 그러나 안보 정책이나 영토 정책 등 소위, 체제관련정책(constituent policy)의 영역에서는 정치가의 역할이 두드러진다고 볼 수 있다(Lowi, 1972, 298-310). 특히 내각의 정점에 있는 수상의 리더십이 중요한 것은 이론의 여지가 없다.

한편, '또 하나의 정부'로 기능하는 여당, 공식적으로 정책논의가 이루어지는 국회 등에서 독도에 관한 논의가 어떻게 이루어졌는가를 살펴보는 것도 불가결하다.

일본 정부의 구체적인 정책을 분석하려면 영토 문제의 주무 관청인 외무성은 물론이고 영토·주권대책기획조정실을 관할하는 내각관방(內閣官房), 국가전략실, 국가안전보장국, 국제홍보 및 종합해양정책본부를 관할하는 내각부(內閣府), 해상보안청을 관할하는 국토교통성, 그리고 방위성 등의 정책과정도 살펴보아야 한다.

---

3 한국의 독도 정책을 거시적으로 다룬 논문으로서는 이수형(2010)의 "독도 영유권 논쟁에 대한 한국 역대 정부의 대응정책"이 있다.

4 이창위는 19세기 말 이후부터의 일본의 영해, 어업수역, 대륙붕 및 심해저 개발에 대한 해양 관련법제의 제정과 선포 과정에 대해 고찰하고, 일본이 '넓은 공해 · 좁은 영해' 체제를 계속 지지해온 탓에 전후 해양에서의 국가 관할권 확대(creeping jurisdiction)라는 세계적 추세에 소극적으로 따르다 1970년대 후반부터 자국연안어업의 보호와 석유개발을 위해 영해 12해리 확대와 200해리 어업수역을 선포하였으나 대륙붕협약에 가입하지 않은 채 대륙붕개발을 진행하는 등 해양법정책을 일관성 있게 펴지 못했다고 분석했다(이창위, 1993, 234).

영토 문제는 원칙적으로는 중앙 정부의 정책영역이다. 그러나 독도와 직접적인 이해관계를 가지고 있는 시마네현은 다양한 경로를 통하여 중앙 정부의 정책에 영향을 미치고 있다. 따라서 시마네현을 중심으로 지방자치체의 역할도 살펴 볼 필요가 있다.

다만 본고에서는 정책결정과정의 분석수준을 개별 액터의 역할(Micro-level)에 맞추기보다 해방 후부터 현재까지의 한일관계사 속에서 독도 문제가 '문제'에서 '분쟁'으로 발전하는 단계를 역사적 관점에서 분석하는 과정에서 이러한 액터의 정책결정이 어떠한 구조(정치적 · 제도적 조건)에서 이루어졌는지, 또한 그러한 구조가 장기적인 시공간 속에서 어떻게 변화해 왔는지를 일본의 정치시스템(Meso-level)과 국제정치시스템(Macro-level)의 두 가지 수준에서 분석하고자 한다.

Ⅲ. 전후 일본의 독도 정책의 추이

이면우(2008, 57-89)는 해방 이후의 한일관계를 먼저 국제정치적 상황과 한일 간의 정치적 사건에 따라 시기구분을 한 후 다시 독도를 둘러싼 분쟁의 양상을 중심으로 다음과 같이 다섯 시기로 재구분하고 있다. 첫 번째는 일본이 미군정하에 놓여있던 시기(1945-1952), 두 번째는 1952년부터 1965년까지로 독도를 선점하려고 한일 양국이 서로 경쟁한 '선점 경쟁기', 세 번째는 1965년부터 1990년까지로 독도에 대한 한국의 실질적인 점유가 한일 양국 간에 공고화된 '실질점유 정착기' 혹은 '분쟁 정착기', 네 번째는 1990년부터 1997년까지로 독도를 둘러싼 갈등은 노정되었으나 큰 분쟁으로는 발전하지 않은 '분쟁 잠복기', 다섯 번째는 1998년부터 2008년까지로 제4기에 잠복되어 있던 분쟁이 분출하여 50년대의 분쟁이 재연된 '분쟁 재연기'로 칭하고 있다.

그러나 본고에서는 한일 간에 독도 문제가 심각한 이슈로 부각되고 일본의 정책변화에 모멘텀이 되었던 사건을 중심으로 다음과 같이 시기 구분하여 분석한다.

① 해방 후부터 샌프란시스코 강화조약 체결까지(1945-1952): 독도 문제의 태동기

② 샌프란시스코 강화조약에서 한일기본관계조약 체결까지(1952-1965): 독도 문제의 탄생기

③ 한일국교정상화 이후 영해법 개정까지(1965-1977): 독도 문제의 잠복기

④ 영해법 개정에서 UN해양법협약 비준까지(1977-1996): 독도 문제의 소강기(독도 문제의 구조화 단계)

⑤ UN해양법협약 비준에서 '다케시마의 날' 제정까지(1996-2005): '독도 문제'에서 '독도 분쟁'으로의 전환기

⑥ '다케시마의 날' 제정 이후 민주당 노다(野田) 내각까지(2005-2012) : 독도 분쟁기(독도 분쟁의 공고화 단계)

⑦ 자민당 아베 제2차 내각 이후(2012-)

이러한 분류 기준의 또 하나의 근거는 일본의 정책결정자들이 국회에서 독도 문제를 어느 정도 심도 있게 논의했느냐에 따른 것이다. [그림 1]에서 보는 바와 같이 전후 6차례의 '독도 위기'에 일본 국회에서는 독도 문제에 관한 언급빈도가 60회를 상회하고 있다.[5]

[그림 1] 일본 국회에서의 '다케시마' 언급빈도

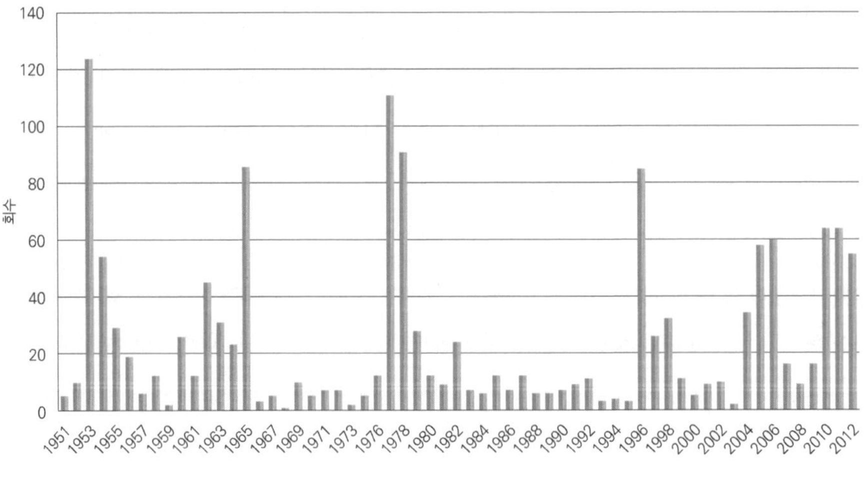

5 [언급빈도의 총합 = 회의 × 발언자 수]로 집계했다. 예를 들어 같은 날, 같은 회의에서 동일 인물이 독도에 관해 2회 이상 언급하더라도 1회로 계산하였다. 이는 동일 인물이 발언 중에 '다케시마'라는 용어를 반복 사용하는 것이 여러 번 계산되는 것을 막기 위한 것이다.

각 시기의 전환점이 되는 사건과 사건의 유발국(誘發國), 독도 문제의 발전단계 및 당 시기의 분쟁수준을 당시의 국제정치시스템, 국제해양법질서 그리고 일본정치시스템과 결부시켜 정리하면 [표 1]과 같다. 각 시기의 일본의 정책에 대해서는 본문에서 상술하기로 하나 독도 문제에서의 분쟁수준은 냉전체제의 붕괴, 국제해양법질서의 변화, '55년 체제'의 붕괴와 같은 매크로 및 메소(meso) 레벨에서의 시스템 변이와 상관관계가 있음을 알 수 있다.

[표 1] 독도 문제의 발전 단계 시기구분 및 분쟁 수준

<table>
<tr><td colspan="2">간 기</td><td>1945-1952</td><td>1953-1965</td><td>1966-1977</td><td>1978-1996</td><td>1997-2005</td><td>2006-2012</td><td>2013-현재</td></tr>
<tr><td colspan="2">분수령</td><td>평화선 선포, 샌프란시스코 강화조약</td><td>한일기본 조약</td><td>영해법 개정</td><td>UN해양법 협약 비준</td><td>다케시마의 날 제정</td><td>대통령 독도 방문</td><td>학습지도요령 개정</td></tr>
<tr><td colspan="2">사건 유발국</td><td>한국</td><td>일본</td><td>일본</td><td>한국</td><td>일본</td><td>한국</td><td>일본</td></tr>
<tr><td colspan="2">독도 문제의 발전단계</td><td>태동기</td><td>탄생기</td><td>잠복기</td><td>소강기 (구조화 단계)</td><td>분쟁전환기</td><td>분쟁기 (분쟁의 공고화 단계)</td><td>분쟁고조기</td></tr>
<tr><td colspan="2">분쟁 수준</td><td>저</td><td>고</td><td>저</td><td>저</td><td>고</td><td>고</td><td>고</td></tr>
<tr><td rowspan="2">대외적 요인</td><td>국제 정치</td><td colspan="4">냉전(1945-1991)</td><td colspan="2">포스트 냉전</td><td>신냉전</td></tr>
<tr><td>국제 해양</td><td colspan="4">1958년 해양법 4조약[6]</td><td colspan="3">UN해양법협약 (UNCLOS)</td></tr>
<tr><td>대내적</td><td>일본정치 시스템</td><td>연합국 일본점령통치</td><td colspan="3">55년 체제(1955-1993) (자민당 정권 체제)</td><td colspan="3">포스트 55년 체제 (연립정권 체제)</td></tr>
</table>

6 1958년 제네바에서 채택된 '영해 및 접속수역에 관한 조약,' '공해에 관한 조약,' '어업 및 공해의 생물자원 보존에 관한 조약,' '대륙붕에 관한 조약'을 말한다. 당시 영해의 폭은 결정 되지 않았고, 대륙붕의 한계는 수심 200미터 또는 개발 가능한 한도까지, 사법적 분쟁해결 절차는 규정 없이 임의관할(任意管轄)이었다.

1. 해방 후부터 샌프란시스코 강화조약 체결까지(1945-1952): 독도 문제의 태동기[7]

1945년 8월 15일 일본은 포츠담 선언을 수락하여 항복하였고, 포츠담 선언 제8항은 "카이로 선언의 조건은 이행되어야 하고 또 일본국의 주권은 혼슈(本州), 홋카이도(北海道), 규슈(九州), 시코쿠(四國) 그리고 장래 우리들이 결정할 여러 작은 섬들에 국한될 것이다"라고 규정하고 있다. 메이지 시대 이후 67만 5,000평방 킬로까지 확대되었던 일본제국의 영토는 항복 조항에 의해 약 37만 평방 킬로의 본토만이 보장되고, 해외영토 25만 6,000평방 킬로는 이미 박탈이 예정되어 있었으며, 나머지 5만 평방 킬로 정도의 본토 주변의 작은 섬들은 연합국의 결정에 그 운명을 맡기게 된 것이다(高野雄一, 1962, 1).

이와 같은 상황에서 패전국으로서 강화를 맞이하는 입장이던 일본의 최대의 관심사는 강화에 의해 부과될 지도 모르는 가혹한 조건의 회피였다. 외무성은 패전 후의 혼란이 채 가시지도 않았던 1945년 11월, 곧 닥쳐 올 강화회의에 대비하기 위해 '평화조약문제연구 간사회'를 구성할 것을 결정했다. 간사회는 다음 해 1월 16일 제1회 회합을 열며 활동을 개시했다(西村熊雄, 1971, 21).

강화에 대처하는 요시다 시게루(吉田茂) 수상의 근본적인 인식은 다음과 같았다. 첫째, '대일강화회의는 종래의 포츠머스 회의나 베르사이유 회의와 같이 승전국 측과 패전국 측이 마주 앉아 강화 조건을 토의하는 회의는 결코 되지 않을 것이다. 평화조약의 내용은 새로운 사태를 만들어 내기 보다는 연합국의 점령 기간 동안 서서히 형성된 기성사실을 추인하는 것이 될 것이다. 그렇다면 연합국 최고사령관 총사령부(GHQ/SCAP: General Headquarters, Supreme Commander for the Allies Powers, 이하 GHQ)에 대한 일상적 접촉 자체가 강화조약 협상의 의미를 가지는 것이 된다.' 둘째, '강화회의는 연합국 측의 타협으로 이미 정해진 조약안을 형식적으로 채택하는 회의가 될 가능성이 많을 것이다. 그렇다면 연합국 간의 타협에서 일본의 대변자가 되어 일본의

---

7 이시기는 제1차 요시다 시게루(吉田茂) 내각(1946.5.22.~1947.5.24.)에서 가타야마 데쓰(片山哲) 내각(1947.5. 22~1948.3.10.) 아시다 히토시(芦田均) 내각 (1948.3.10.~1948.10.05.)을 거쳐 제 2차 요시다 내각(1948.10.15. ~1949.2.16.), 제3차 요시다 내각까지(1949.2.16.~1952.10.30.)에 해당된다.

이익을 옹호해 줄 국가가 필요하다. 그 나라는 미국 이외에는 없다(吉田茂, 1957, 23-4).'

이러한 요시다 수상의 인식으로부터 일본 측은 GHQ 수뇌부와 빈번히 접촉했고, 미국을 일본의 대변자로 만들기 위해 미국 측에 일본에 유리한 자료를 건네주려고 했다. 그에 따라 1946년 가을 경부터 작업을 시작하여 1950년 12월까지 총 36권에 이르는 설명 자료를 작성하여 미국 국무부에 제출했다. 이중 영토 문제 자료는 총 7권이 만들어 졌다(西村熊雄, 1971, 25-26). 그 중 팸플릿『일본 본토 주변의 소도(Minor Islands Adjacent to Japan Proper)』는 당시, 외무성 조사국의 오키타 사부로(大來佐武郎), 가와카미 겐조(川上健三)가 정리한 초안을 하기와라 도오루(萩原 徹) 조약국장이 검토한 뒤에 영문으로 작성한 것이다. 4부로 구성된 이 문서는「제1부 쿠릴 열도, 하보마이 군도(齒舞群島), 시코탄(色丹)」이 1946년 11월에,「제2부 류큐(琉球)제도 및 난세이(南西) 제도」와「제3부 오가사와라(小笠原) 군도 및 이오(硫黃) 열도」는 다음 해 3월에 완성되었다. 6월에는「제4부 태평양 및 일본해의 여러 섬들(Pt. IV. Minor islands in the Pacific, minor islands in the Japan Sea)」이 완성되었고 이 조서는 9월 23일, GHQ 외교국을 통해서 국무부에 전달되었다(鈴木九萬, 1973, 173-174). 이 문서는 일본이 옛날부터 울릉도, 독도와 관계해 왔고 "1905년 2월 22일 시마네현 지사가 다케시마를 오키(隱岐)의 관할권으로 한다고 공표해서 공식적으로 일본 영토가 되었다"는 것과 "다케시마는 한국식의 이름도 가지고 있지 않고, 한국에서 작성한 지도에는 다케시마가 표시되지 않고 있으므로, 한국은 다케시마의 영유권을 주장할 수 없다"고 주장하고 있다.[8] 이렇게 해서 일본은 전후 처음으로 독도에 대한 영유권을 미국 측에 공식적으로 제기했다.

한편, 전후 냉전의 심화는 미국의 일본점령정책을 급변시켰다. '초기대일방침'[9]에 따라 일본의 비군사화, 민주화 정책을 추진하던 미국은 1948년 말경부터는 일본을 공산주의의 방파제로 삼기 위해 한정적 재군비를 용인하고, 노동운동과 공산주의 세력들을 탄압하며 공직에서 추방했던 전전(戰前) 세력들을 다시 등용하는 등 소위 '역(逆)코스'를 밟기 시작했다. 대일평화조약도 "가능한 한 간결하고, 일반적이며, 비징벌적인" 성격으로 할 것을 결정한다.[10] 한국전쟁은 이러한 움직임에 박차를 가하게

---

8 "Minor Islands Adjacent to Japan Proper," POLAD to the Secretary of State, 894.014/ 9-2347, RG 59, Internal Affairs of Japan.

9 "U.S. Initial Post-Surrender Policy for Japan" (SWNCC 150/4/A, Sep. 22, 1945).

만들었다. 결국 1951년 9월 체결된 샌프란시스코 강화조약에서, 구체적이고 상세해야할 일본의 영토 조항은 '간결하고, 일반적'인 내용으로 처리된다. 이는 오늘날까지 일본이 한국을 비롯한 주변국들과 영토를 둘러싼 갈등을 빚는 근원이 된다.[11]

2. 샌프란시스코 강화조약에서 한일국교정상화까지(1952-1965): 독도 문제 탄생기

(1) 구상서를 통한 항의와 영유권 주장

샌프란시스코 강화조약이 독도의 귀속을 애매하게 한 채 체결되자 조약 발효를 약 3개월 앞둔 1952년 1월 18일, 이승만 대통령은 '인접 해양에 대한 주권에 관한 선언'을 선포하고, 독도를 우리 영토로 천명했다. 그러자, 24일 일본 외무성 정보문화국장은 독도에 대한 한국의 영유권을 인정하지 않는다는 담화를 발표하고, 28일에는 정식으로 한국 정부에 구상서(Note Verbale)를 제출했다.

한국 측이 평화선 설정 이후 독도에 대한 실효지배를 강화하자 시마네현은 이에 대응해, 농림대신에게 '다케시마' 부근의 강치어업을 전전(戰前)의 신고어업에서 허가 어업으로 변경해 줄 것을 요청해, 1952년 5월 16일, 규칙 제29호로 [시마네현 해면어업 조정규칙(島根県海面漁業調整規則)](1951년 8월 29일, 규칙 제88호)의 일부를 개정하여, 강치어업을 지사(知事)의 허가어업으로 변경하는 조치를 우선적으로 취했다.[12] 다음 해 6월 19일, 시마네현은 독도 부근 해역의 공동어업권 면허를 오키 어업협동조합연합회에 부여함과 동시에 독도에서의 강치어업을 2인에게 허가하고, 같은 달, 시마네현은 수산전문가를 독도에 파견하여 조사하기도 했다.[13]

---

10 "Recommendations with Respect to United States Policy toward Japan" (NSC 13/2, Oct. 7, 1948), *Foreign Relations of the United States*, 1948, Volume VI, 691-719.

11 하라 키미에(原 貴美恵)는 미국이 대일평화조약의 영토조항을 간결하게 함으로써 일본으로 하여금 관계국들과 마찰을 빚을 여지를 남긴 것은 공산주의 확대 혹은 도미노 현상을 막기 위한 전략에서 일본과 주변국 사이에 박아 놓은 쇄기(wedge)로서, 덜레스(John F. Dulles) 주도로 일부러 미해결 문제를 남겼으며, 특히 독도에 대해서는 한국전쟁에서의 패전으로 인한 상실(喪失) 가능성을 염두에 두었기 때문이라고 주장한다(原 貴美恵, 2005, 64-65).

12 일본 외무성 한일회담문서 제5차 공개 문서(2008년 5월 2일) 『XV 竹島問題』, 15-3~5.

13 『XV 竹島問題』, 15-5.

한편 일본 외무성은 동년 6월 2일, 5일, 9일 세 차례에 걸쳐 관계 성청을 모아 대책을 협의, '다케시마 문제 대책요강(竹島問題對策要綱)'을 결정하고, 7월 13일에는 독도 영유의 근거를 상술한 구상서를 한국 측에 송부했다.[14] 외무성은 다음 해 2월, 1956년 9월, 62년 7월 등, 세 차례 더 독도의 영유권을 주장하는 구상서를 한국 정부에 보내왔다(외무부, 1977).

일본 외무성은 1952년 1월 28일 한국 정부에 최초의 구상서를 보낸 이후 1965년 말까지 14년간, 한 해도 거르지 않고 총33회에 걸쳐 영해침범, 불법어로, 불법시설, 경찰 상주 등에 항의하는 구상서를 보내 왔다. 이에 대해 한국 정부도 1953년 9월, 54년 9월, 59년 1월 등, 세 차례에 걸쳐 일본의 영유권 주장을 반박하는 구상서를 보낸 것을 포함하여 26차례 일본 정부의 주장에 반박하는 구상서를 보냈다(동북아역사재단, 2011, 46).

[표 2] 일본 외무성이 한국 정부에 보낸 구상서의 내용(1952-65)

구상서 주요 내용	연도														합계
	52	53	54	55	56	57	58	59	60	61	62	63	64	65	
일본 영유의 근거에 대한 견해		1	1		1						1				4
국제사법재판소 부탁 제의			1												1
독도우표 발행에 항의			1												1
등대 설치 통보에 항의			1	1											2
총포 사격에 항의		2	2												4
영해침범, 불법어로, 불법시설, 관헌 상주에 항의		1	2	1		2	1	1	1	1		1	1	1	13
무선 통신 불법 활동 항의											1				1
한국 측 항의에 반박													1		1
한국 영유권 부인	2	3	1												6
	2	7	9	2	1	2	1	1	1	1	2	1	2	1	33

출전: 동북아역사재단. 2011. 『1952-1969 독도관련 일본 측 외교문서 6권』, 58. 서울: 동북아역사재단.

14 『XV 竹島問題』, 15-7~8.

(2) 해상보안청 순시선의 독도 파견

평화선을 넘은 일본 어선이 한국 측에 나포되기 시작하자 1953년부터는 해상보안청의 순시선이 독도에 접근하여 감시활동을 벌였다. 그 횟수는 53년, 54년에 각각 16회, 14회로 가장 빈번했다. 그러나 55년에 5차례 순시선을 파견한 후에는 59년까지 2-3차례 파견하는 수준이었고, 60년대에 들어서서는 65년 한일국교 정상화가 이루어 질 때까지 63년을 제외하고는 연간 1차례정도 파견하는데 그쳤다([그림 2] 참조).

[그림 2] 해상보안청 순시선 파견과 구상서 송부 횟수

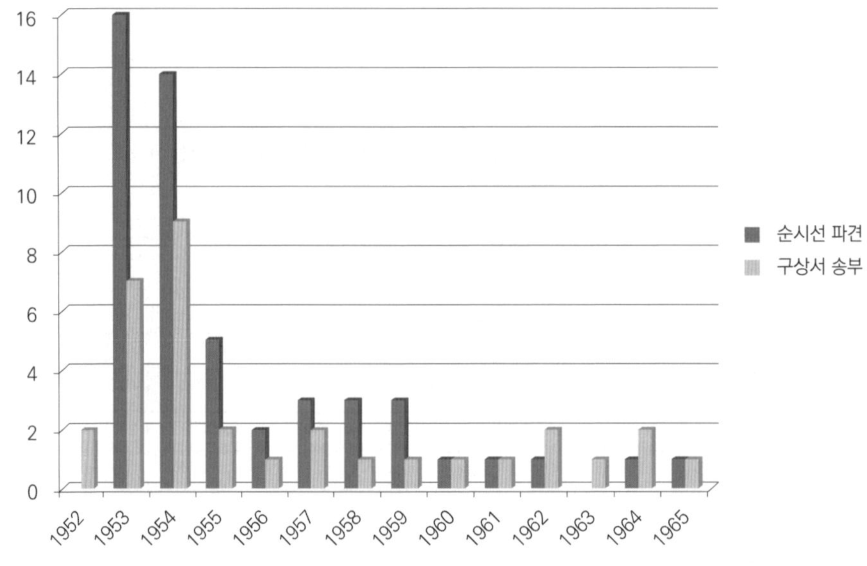

(3) 국제사법재판소 제소 제안

전술한 바와 같이 일본 정부는 1954년 9월 25일자 구상서를 통해 독도 문제를 국제사법재판소에 부탁할 것을 제안했었다. 또한 1962년 3월 12일, 도쿄에서 개최된 제1차 한일외상회담 제1회 회의에서 고사카 젠타로(小坂善太郎) 외상은 최덕신 외무장관에게 독도 문제를 국제사법재판소에 제소할 것을 제안하고, 적어도 국교정상화 전에 이 문제를 국제사법재판소에 제소한다는 원칙에라도 합의하자고 요구했다.

제1차 한일외상회담은 10년간 정체되었던 한일회담이 박정희 군사정권 성립이후 다시 속도를 내어 1961년 10월 20일부터 시작된 제6차 한일회담에서 청구권 문제 및 재일 한국인의 법적지위 문제에 관하여 어느 정도 실무적 교섭이 일단락된 후 정치적 절충을 위해 마련된 회담이었다. 여기에서 고사카 외상은 의제 외의 문제였던 독도 문제를 꺼내 "현안문제가 해결되더라도 영토 문제가 해결되지 않으면 국교정상화는 무의미한 것이라고 생각한다"며 국제사법재판소 제소 카드로 최 장관을 압박했다. 이에 대해 최 장관은 "국교가 정상화된 이후에도 양국이 이 문제를 외교 경로를 통하여 교섭할 수도 있을 것"이라며 회피했다.[15]

그러나 일본 측은 9월 3일에 개최된 제2차 정치회담 예비절충 제4차 회의에서 이세키 유지로(伊關佑二郎) 아시아 국장이 "한일 국교정상화와 동시에 혹은 정상화 후 즉시, 다케시마 문제를 국제사법재판소에 제소할 것을 약속해 달라"고 요구하고, 10월 23일의 김종필·이케다 회담, 11월 12일의 제2회 김종필·오히라 회담에서도 국교정상화 후에 독도 문제를 국제사법재판소에 부탁하는 것에 합의해 달라고 계속해서 요구했다.[16] 특히 제2회 김종필·오히라 회담에서는 오히라 마사요시(大平正芳) 외상이 청구권 문제와 독도 문제의 일괄타결을 주장하며 국제사법재판소 부탁을 요구했고, 그에 대해 김종필 중앙정보부장은 '제3국 조정안' 을 제의하며 오히라 외상의 제안을 거부했다.

(4) '점거'에 대한 암묵의 양해

한일 양국은 미국의 정책적 요청이라는 압력에 의해 1962년경부터 교섭의 타결을 서두르게 되고 이때부터 회담타결을 우선하자는 '독도보류론'이 자민당 지도부 내에서 자주 언급되기 시작했다. 또한 1962년 9월 3일 동경에서 있었던 제6차 한일회담 예비교섭에서 이세키 국장이 '독도폭파론'을, 다음 해 1월에는 오노 반보쿠(大野伴睦) 자민당 부총재가 '독도공유론'을 제기하는 등 일본 측에서 여러 가지 고육지책을 내놓게 된다(현대송, 2007, 44-55).

---

15 한일회담문서「최덕신 고사카 외상회담」(723.1JA 정 1962.3, 733, 아주과, 1962, C1-0006, 0001-0533). (분류번호, 등록번호, 생산과, 생산년도, 필름번호, 프레임번호 순).

16 『XV 竹島問題』, 15-208~220-2.

그러나 독도 문제의 처리가 가닥이 잡히는 것은 1965년 6월 17일 경이 되어서였다. 일본 측은 총 5조로 된 '분쟁 해결에 관한 의정서'안을 한국 측에 제시했다. 그러나 한국 측은 제1조에 "양 체약국 간의 모든 분쟁은 -금일 서명된 모든 조약 또는 협정의 해석 또는 실시에 관한 분쟁 및 다케시마에 대한 주권에 관한 분쟁을 포함하여- 우선 외교상의 경로를 통해 해결을 도모하는 것으로 한다"고 하여 독도가 명기된 것과 제4조에서 중재위원회의 재정에 구속력을 준 것에 반대했다. 한국 측은 독도를 명기하지 않고, 양국 간의 분쟁에서 외교상의 경로로 해결할 수 없는 것은 제3국에 의한 조정(調停)에 의해 해결을 도모한다는 취지의 '교환공문안'을 제시하여 맞섰다. 다음 날 일본 측은 교환공문안은 받아 들였으나 여전히 외교상의 경로를 통해 해결하지 못한 때는 중재위원회에 맡긴다는 안을 견지했다.[17]

6월 21일, 시이나 에쓰사부로(椎名悦三郎) 외상과 이동원 장관 사이에 제1회 외상회담이 열렸다. 이때 일본 측은 최종안으로 "양국 간의 모든 분쟁은 우선 외교상의 경로를 통해 해결하는 것으로 하고(중략) 양국 정부가 합의하는 절차에 따라 중재에 부탁하는 것으로 해결하는 것으로 한다"는 안을 제시했다. 조인식 당일인 22일에 개최된 제2회 한일외상 회담에서 이동원 장관은 교환공문의 문언을 '양국 간에 발생하는 분쟁'으로 하고, '중재'를 삭제할 것을 주장했다. 이에 대해 일본 측은 '발생하는'이란 문구를 넣는 것을 거부하고, 한국 측이 '양국 간의 분쟁'이라는 안을 받아들일 경우는 '중재'를 빼고 '조정'으로 할 수 있다고 제안했다. 최종적으로는 사토 에이사쿠(佐藤榮作) 수상과 이동원 장관의 회담에서 교환공문의 문언을 '양국 간의 분쟁'과 '조정'으로 하는 타협이 이루어졌다. 이렇게 해서 '분쟁 해결에 관한 교환공문'의 형태로 한국의 독도 '점거'에 대한 암묵의 양해가 성립된 것은 5시로 예정된 한일기본조약 조인식 25분 전이었다.[18]

---

17 『XV 竹島問題』, 15-220~226.

18 『XV 竹島問題』, 15-246~249.

3. 한일국교정상화 이후 영해법 개정까지(1965-1977): 독도 문제의 잠복기

국교정상화 후 독도 문제는 일단 수면 하에 들어가게 된다. 전술한 바와 같이 일본 측으로서는 독도 문제의 해결 없이는 한일교섭을 타결할 수 없다던 완강한 자세에서 '해결하도록 목표를 정한다', '국제사법재판소에 의한 재판', '제3국에 의한 중재', '제3국에 의한 조정'으로 점차 태도를 완화했고, 박정희 정권도 청구권 문제의 타결을 위해 평화선 문제를 양보한 경위가 있어, 양국 정부 모두 독도 문제가 부상하는 것을 억제했기 때문이다. 그러나 일본 측은 한국 측의 '평화적이며, 지속적인' 실효지배를 저지하기 위해 국교정상화 이후, 지속적으로 구상서를 통해 항의해 왔다. 또한 외교청서에 "한국의 다케시마 불법점거에 대해 항의하고 즉시 철퇴를 요구하는 구상서를 보냈다"(외교청서, 1971년판)고 기술하는 등 거의 매년 '불법점거에 항의'했다는 내용을 기술하고 있다.

4. 영해법 개정에서 UN해양법협약 비준까지(1977-1996): 독도 문제의 소강기

국교가 정상화 된 후에는 양국 정부가 독도의 영유권을 두고 공식적으로 논쟁을 벌인 적은 없었으며, 학술적 차원의 연구도 별반 없었다. 그런데 1977년 5월 일본이 영해를 기존의 3해리에서 12해리로 확대하는 영해법을 개정, 공포했다.

영해는 18세기부터 국제 관습법상 3해리로 정착되었으나 19세기말부터 6해리로 연장하려는 움직임이 있어났고, 2차 대전 이후에는 트루먼 선언의 영향으로 칠레, 페루, 에콰도르처럼 200해리 영해를 주장하는 국가까지 나오게 되었다. 그리하여 영해의 폭을 둘러싸고 1958년 제1차 UN해양법회의와 1960년 제2차 UN해양법회의에서 논의를 했으나 합의를 얻지 못하자, 국가실행에 의해 12해리 영해를 주장하는 국가가 늘어나기 시작했다. 그러자 일본도 1977년 5월 영해법을 개정하여 영해를 12해리로 확대한 것이다. 이 과정에서 당시 후쿠다 다케오(福田赳夫) 수상이 독도를 '일본 고유의 영토라는 전제하에서 12해리를 설정한다'고 국회에서 발언한데 대해 한국 측이 크게 반발했다.[19] 동년 5월 일본이 영해법을 공포하자 한국도 12월 독도를 포함한 12해리 영해법을 제정했다.

한일 양국이 독도에 대해 법적 지위를 부여함에 따라 독도 문제는 단기간에 해결 불가능한 '구조적 외교 문제'로 자리 잡게 되었다. 그러나 냉전이라는 국제정치체제 속에서 미국 주도의 반공(反共) 광역 동맹 네트워크의 한 축을 담당해야 했던 일본은 그 후 약 20년간 독도 문제로 한국 측을 필요이상으로 자극하지 않도록 유의 하며, 매년 외교청서에 독도 문제를 기술하는 정도의 정책을 유지했다.

5. UN해양법협약 비준에서 '다케시마의 날' 제정까지(1996-2005): 독도 문제의 분쟁화 전환기

1990년대는 '냉전체제의 종언'이라는 국제정치시스템의 구조적 변화와 함께 일본 정치시스템도 대변혁을 거치는 시기이며, 독도 문제에 있어서도 중요한 변곡점을 내포하고 있는 시기이다. 먼저 일본의 정치체제와 특성이 어떠한 변화를 거쳤는지를 살펴보기로 한다.

(1) 1993년 이전의 일본의 정치 구도: 55년 체제

일본의 정치 구도는 패전 후 한때 360개가 넘는 정당들이 난립한 '원자화 정당제'에서 '극단적 다당제'를 거쳐 '55년 체제'가 성립함으로써 '안정적 2당제'로 정착되었다(升味, 1964; 현대일본정치학회, 2007, 106). 55년 체제하의 일본의 정당구도는 자민당과 사회당의 보혁(保革) 이데올로기가 대립하는 '국내 냉전 구조'로 노사문제보다는 방위 문제가 중심축을 이루었다(大嶽, 1999, 5-6). 또한 55년 체제는 정권 교체가 없는 자민당의 일당우위체제이면서, 자민당이 헌법 개정을 위한 3분의 2 이상의 의석을 확보하지 못해 헌법 개정이 불가능했던 체제였다. 55년 체제 성립이후 처음으로 치러진 1958년 총선에서 자민당은 287석, 사회당은 166석을 획득했다. 양대 정당이 전체 467의석 중 97%를 차지한 것이다(Shinoda, 2013, 21). 이후의 선거에서도 약간의 예외

19 1977년 2월 5일, 제80회 국회 참의원 본회의에서의 발언.

는 있지만 자민당과 사회당의 의석수가 2대 1 정도의 비율을 유지했다.[20]

그러나 자민당 장기 집권으로 인한 정·관·재계의 유착과 부패, 관료 정치 등은 국민의 정치 불신을 초래했고, 1988년 다케시다 내각 시 리크루트 사건이 발각되면서 국민의 정치 불신은 극에 달한다.[21] 위기감을 느낀 자민당은 1991년 가이후 도시키(海部俊樹) 내각에서 공직선거법과 정치자금법, 정당조성법 등 정치개혁 관련 3법 제출을 국회에 제출했다. 그러나 걸프전쟁과 평화유지협력(PKO)법안을 둘러싸고 당내외에 혼란이 생기면서 결국 내각이 총사직하기에 이르렀다. 다음 해인 1992년에는 사상 최대의 배임사건으로 일컬어지는 도쿄사가와큐빈 사건으로 가네마루 신(金丸信) 자민당 부총재가 체포되면서 기업의 정치헌금문제가 도마에 올라 정치개혁 논의가 다시 고양되었으나 미야자와 기이치(宮澤喜一) 내각은 93년 6월에 정치개혁 관련 법안을 단념했고, 이에 반발한 개혁파 의원들이 탈당하면서, 자민당은 분열하고 이어 중의원이 해산되었다. 정계의 권력항쟁의 혼탁 상에 국민들의 정치 불신이 깊어진 가운데서 치러진 선거는 일본 정당 정치에 대변혁을 몰고 왔다. 자민당은 단독과반수를 확보하지 못했고, 사회당도 의석수가 137석에서 77석으로 거의 반 토막이 나는 참패를 당했다. 반면, 자민당 탈당 세력들이 결성한 신생당, 신당 사키가케 등이 선전하였다(石川・山口, 2010, 171-179). 특히 호소카와 모리히로(細川護熙)가 이끈 일본신당은 붐을 일으키며 최종적으로 39석을 획득, 자민당, 사회당, 신생당, 공명당의 뒤를 이어 5위를 차지했다. 자민당은 일본신당에 연립을 제의했으나 호소카와는 비(非)자민 연립정권을 선택했다.[22] 이로서 55년 체제는 막을 내렸다.

(2) 1993년 이후의 일본의 정치 구도: 포스트 55년 체제

1) 제도적 변화: 중선거구제에서 소선거구제로

일본 정치가 1993년 이후 크게 변모한 배경에는 선거제도의 변화가 있다. 호소카

---

20 따라서 55년 체제는 '1과 2분의 1 정당제' 혹은 '1.5대 정당제'라고도 불린다.

21 리쿠르트・코스모스사가 비상장 주식을 정・관・언론계의 유력인사에게 싸게 양도하여 상장 후에 차익을 챙기게 하는 수법으로 뇌물을 공여한 사건이다.

22 일본 신당은 자민당이 223석으로 과반수에서 33석이 부족하고, 선거 후 연립정권 수립에 합의했던 사회당, 신생당, 공명당, 민사당, 사회민주연합 등 5당이 합계 195석에 머문 상황에서, 13석을 획득한 신당 사키가케와 함께 캐스팅보트를 쥐게 되었다.

와 내각은 1993년 8월 출범 직후부터 자민당 정권하에서 답보를 보였던 국회의원 선거제도 개혁에 착수 했다. 그리하여 다음 해 1월 선거제도가 소선거구 비례대표병립제(小選挙区比例代表並立制)로 바뀌었다. 선거제도 변화는 55년 체제에서 형성된 일본 정치를 두 가지 면에서 구조적으로 변화시키는 기폭제가 된다.

첫째, 양대 정당제를 촉진하여 결국 2009년 9월, 자민당에서 민주당으로 정권교대가 가능한 시스템이 되었다. 둘째, 자민당 내 파워밸런스를 가져와 파벌의 영향력을 축소시켰다. 이는 소장파들이 당내 원로급 실력자들의 영향력에서 벗어나 자기주장을 가능하게 했고 결과적으로 정치가의 세대교체가 이루어지게 되었다(Shinoda, 2013, 77).

2) 자민당의 구조 변화: 파벌 연합에서 총재 우위 체제로

자민당은 1994년 6월, 사회당 · 신당 사키가케와 연립정권을 구성하여 다시 여당으로 복귀했다. 정권의 좌에서 물러난 약 1년 뒤, 사회당, 신당 사키가케와의 연립으로 정권을 되찾은 자민당은 하시모토 류타로(橋本龍太郎) 내각이 경제위기에 대처하지 못한 영향으로 1998년 7월 참의원 선거에서 과반수를 상실했다. 하시모토 퇴진으로 등장한 오부치 케이조(小渕恵三) 수상이 뇌경색으로 사망하자 모리 요시로(森喜朗) 간사장이 총재가 되었으나 밀실에서 결정된 수상 선출에 대해 비판적 여론이 형성되어 모리 수상은 결국 약 1년 만에 물러났다. 후임 총재선거에서는 고이즈미 준이치로(小泉純一郎)가 선풍을 일으키면서 당선되었고, 고이즈미 수상은 높은 지지율을 배경으로 이권 정치와 관료를 표적으로 삼아 구조 개혁을 전개했다. 각료 인사도 파벌의 균형과 다선 의원의 대우와 같은 종래의 기준을 무시하고 소장파와 민간인을 발탁했다. 정책 형성도 관저주도(官邸主導)의 톱다운 식으로 추진하면서 우정(郵政) 민영화, 수상 공선제(公選制)의 검토 등의 과제를 던졌다. 이러한 고이즈미의 정치행태는 이전의 자민당 정치와는 완연히 다른 형태였고 그것이 국민들로부터 지지를 받는 현상이 일어났다. 자민당은 변하지 않을 수 없었다(현대일본정치학회, 2007, 138). 고이즈미 이후 당정(黨政)관계, 정관(政官)관계에서 수상과 내각이 차지하는 비중과 역할이 높아졌다.

3) 연립 정권의 영향: 정책의 방향성과 추동력 상실

1994년 6월, 자민당이 여당으로 복귀하자 야당은 다시 정권을 빼앗기 위해 이합집산을 거듭했다. 94년 12월 중의원 의원 178인, 참의원 의원 36인으로 양원 의원 214인이 합동해서 신생당을 결성했다. 자민당의 양원 의원 295인에 육박하는 대 정당의 출현이었다. 그리하여 선거제도 개혁이후 첫 선거였던 1996년 10월의 중의원 총선거에서는 오자와 이치로의 신생당이 자민당과 정권의 좌를 놓고 대결했다. 결과는 자민당이 단독 과반수에 못 미치는 239석을 획득하는 데 그쳤으나 제1당의 지위를 유지했다. 자민당은 여당으로 복귀한 이래 2009년 민주당에 정권을 뺏기기 전까지 단독정권이 아닌 연립정권의 형태로 여당의 지위를 유지했다. 연립정권으로 자민당은 예전과 같이 독자적인 정책을 추진하기 어렵게 되었다. 97년 자민당은 외교 비전을 제시하긴 했지만 정권 파트너를 무시한 정책 추진이 불가능하기 때문에 추동력은 상당히 약화되었다.

4) 중의원과 참의원의 불일치와 정책결정의 정체(停滯)

1996년 이후 일관되게 연립정권이 계속되는 배경에는 참의원이 있다. 법안 심의에서 중참의원의 의결이 다른 경우 중의원의 3분의 2 이상 찬성으로 재가결하지 않으면 성립되지 않는다. 그래서 1998년 참의원 선거에서 과반수에 크게 미치지 못한 자민당은 자유당, 공명당과 연립을 하게 된다(中北, 2012, 113).

1989년 참의원 선거에서 자민당이 참패하여 중의원의 다수파(정권 여당)와 참의원의 다수파가 불일치하는 이른바 '비틀림' 현상이 일어났다. 이후 1998년, 2007년, 2010년의 참의원, 2012년의 중의원 선거에서 '비틀림'이 발생하여, 집권당이 중점정책을 실현하는 것이 어려워졌다. 2007년 참의원 선거 이후의 정책결정의 정체는 이후 아베 내각, 후쿠다 내각의 퇴진을 가져왔다. 이래 비틀림은 민주당 정권의 한 시기를 제외하고 6년간 계속되다, 2013년 참의원 선거에서 자민당이 과반수를 확보하면서 비로소 풀렸다.

(3) 일본 정치구조의 변화와 독도 정책의 경화(硬化)

일본 정치구조의 변화와 궤를 같이하여 독도 문제는 한일 양국이 UN해양법협약을 비준하는 1996년에 다시 격랑에 휩싸이게 된다.

'바다의 헌법' 을 제정하기 위해 1958년부터 진통을 겪어 왔던 국제해양법 회의가 1973년 제3차 회의 시작 후 10년만인 1982년, 드디어 제정됨으로써 국제해양질서는 새로운 전기를 맞게 되었다. 일본은 UN해양법협약(United Nations Convention on the Law of the Sea) 제정 다음 해인 1983년 2월에 서명하고, 1996년 6월 20일 이를 비준했다. 한국은 이에 앞서 1월 29일 협약을 비준했다.

이로서 독도 문제는 '섬의 영유권 문제'에서 섬을 포함한 '바다의 문제'로 확대되었다. 일본은 비준과 동시에 독도를 일본 측 배타적 경제수역(EEZ) 획정의 기점으로 삼고, 한국 측이 독도에 선착장을 건설하는 것에 대해 강력히 항의했다. 여기에 한국 여론이 크게 반발하면서 독도 문제가 한일관계를 파국적인 상황으로 몰고 가며 '분쟁화'하기 시작했다.

한국에서 독도 문제로 반일감정이 폭발하자 일본에서도 그에 대한 반발로 국민감정이 크게 악화되었다. 일본인의 한국에 대한 친밀감의 추이는 일본 내각부가 실시하는 '외교에 관한 여론조사'에서 알 수 있듯 독도 문제와 밀접한 상관관계가 있다([그림 3]). 1978년부터 1995년까지의 평균을 보면 일본인이 한국에 대해 친밀감을 느낀다고 응답한 비율은 42.0%, 한국에 대해 친밀감을 느끼지 않는다고 응답한 비율은 49.7%로, 한국에 대해 친밀감을 느끼지 못한다는 비율이 8% 정도 높다. 그런데 그 기간 중 친밀감이 큰 폭으로 떨어졌던 해는 전두환 정권이 일본의 방위 및 안전보장을 언급하며 60억 달러 차관을 고압적으로 요청한 1981년, 그리고 일본 고교 일본사 교과서 검정 문제로 한국 측이 반발, 황태자의 방한이 무산되고, 이어서 당시 후지오 마사유키(藤尾正行) 문부상이 "한국 병합은 합의에 형성된 것으로, 한국 측에도 책임이 있다"고한 망언을 계기로 양국 관계가 악화되었던 1986년이었다.

특히 1996년 한국 측의 독도 선착장 건설에 일본 정부가 항의한 것을 계기로 폭발한 1996년의 독도 문제는 양국의 국민감정을 크게 악화 시켰다. 1996년의 경우 한국에 대해 "친밀감을 느낀다"고 응답한 비율은 36%에도 못 미쳤고, "친밀감을 느끼지 않는다"고 응답한 비율은 60%에 이르렀다.

1998년 김대중 정권이 성립되고 10월 8일에는 오부치 케이조(小渕恵三) 수상과 '한일 공동 선언-21세기를 향한 새로운 한일 파트너십'을 선언하는 등 양국관계가 크게 개선되고, 또한 이때부터 서서히 시작된 한류(韓流) 붐의 영향으로 한국에 대해 친밀감을 느끼는 비율이 크게 늘어났으나 2005년 시마네현의 '다케시마의 날' 조례 제정, 이어 2006년 해저지명 표기 문제와 해양조사선 파견 문제로 양국 정부가 대립함에 따라 다시 한국에 대한 친밀감이 낮아졌다. 결정적인 것은 2012년 8월의 이명박 전 대통령의 독도 방문이었다. 그리고 며칠 후의 천황사죄 발언은 일본의 대한 국민감정을 크게 악화시켜 한일관계를 30년 전의 수준으로 되돌려 놓고 말았다.

[그림 3] 독도 문제와 한국에 대한 친밀감의 상관

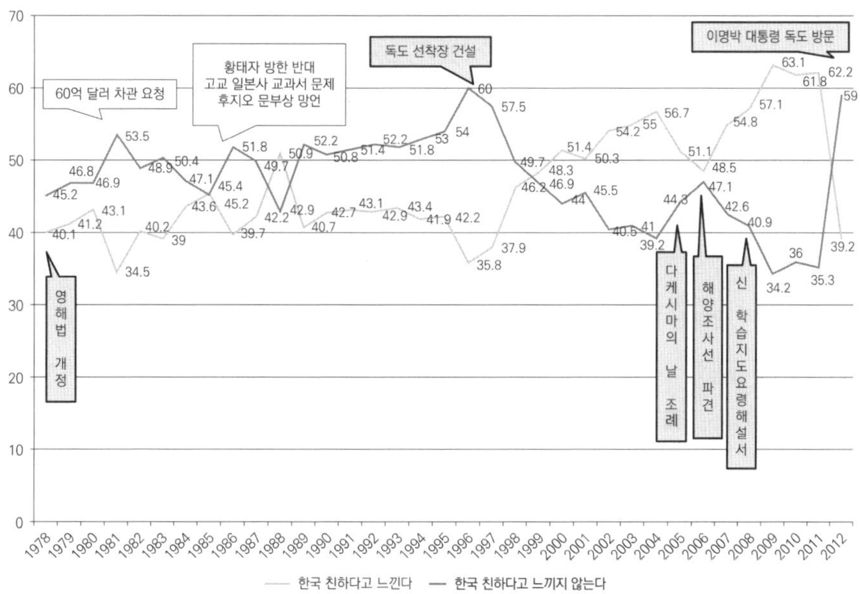

출전: 일본 내각부 외교에 관한 여론조사(http://www8.cao.go.jp/survey/index.html)를 토대로 필자 작성

UN해양법협약 비준으로 한일 양국 간에 200해리 EEZ 설정 문제가 대두하자 어업권으로 직접적인 영향을 받는 시마네현의 움직임이 활발해졌다.

6. '다케시마의 날' 제정에서 민주당 정권까지(2005-2012): 독도 분쟁기

(1) '다케시마의 날' 제정: 중앙 정부와 지방 정부의 정책 갈등

한일 양국은 수교 40주년을 맞는 2005년을 '한일 우정의 해'로 정했다. 그러나 시마네현 의회는 2005년 3월 16일, 독도 일본영토 편입 100주년이 되는 2005년에 독도 문제에 대한 일본 국민의 여론을 환기시키고, 중앙 정부를 압박해서 독도 영유권 확보 운동을 전국적으로 확산시킬 것을 목적으로 독도를 시마네현 영토로 고시한 2월 22일을 '다케시마의 날'로 하는 조례를 제정했다. 2004년 3월 4일, 시마네현의회 의원연맹이 '다케시마의 날' 제정 요구 의견서를 현의회에 제출하고, 15일 현의회가 찬성 다수로 의견서를 가결한 뒤 꼭 1년만이었다.

시마네현의 공세적인 움직임은 이때부터 본격화 되었다. 다케시마의 날 조례 제정 3개월 후, 한국의 영유권 주장에 대한 분석과 반박을 목적으로 '다케시마문제연구회'를 설치했으며, 2006년 4월부터는 독도 문제를 담당하는 과장급 전임직원을 배치했다. 다음 해 4월에는 현청에 '다케시마 자료실'을 개설하고, 9월에는 현의 홈페이지에 '웹(Web) 다케시마 문제 연구소'를 개설하여 시마네현의 주장을 전개하기 시작했다. 2008년 2월에는 시마네현 최대도시인 마쓰에시(松江市)의 중심인 JR마쓰에 역 앞에 '다케시마, 돌아오라 섬과 바다'라는 계몽광고 탑을 설치하고, 시민을 대상으로 하는 '다케시마 문제를 생각하는 강좌'를 시작하여 지금까지 이어 오고 있다.

시마네현의회 의원연맹이 조례안을 제출한 2005년 2월 23일, 한국 정부는 외교부 대변인 명의로 조례안에 대해 항의 논평을 발표했다. 그런데 조례안 상정에 대한 한국 정부의 강한 유감 표명이 있었던 당일 다카노 도시유키(高野紀元) 주한 일본대사가 서울 주재 외신기자들과 가진 간담회에서 '독도는 일본 땅'이라고 발언하여 파문이 확산되었다.

얼마 후 3.1절을 맞아 노무현 대통령은 경축사에서 과거사에 대한 일본의 배상 문제를 처음으로 언급하고 "과거의 진실을 규명해서 진심으로 사과하고 반성하고, 배상할 일이 있으면 배상하고, 그리고 화해해야 한다"며 그것이 "전 세계가 하고 있는 과거사 청산의 보편적인 방식"이라고 주장했다.

이에 대해 고이즈미 수상은 대통령의 발언이 "일본과의 우정뿐만이 아니라 국내사정을 생각하면서 발언했다고 생각한다"고 말하고, 일본 주요언론들도 대통령의 발언을 '국내용'으로 폄훼했다. 일본 측의 잇따른 '망언'으로 3월 4일, 반기문(潘基文) 외교통상부 장관은 11일 도쿄에서 개최될 예정이었던 한일외무장관 회담 참석의 연기를 결정하고, 3월 9일에는 독도에 관한 정부 입장을 설명하면서 '독도 문제는 우리들의 국토 또는, 주권과 관련된 문제인 만큼 한일관계보다 상위개념'이라고 까지 언급하며, 한일관계를 희생하더라도 독도는 지킨다는 입장을 분명히 했다.

한국의 강렬한 반발에도 불구하고 3월 16일 시마네현의회가 '다케시마의 날' 조례를 제정하자 다음 날 한국 정부는 국가안전보장회의(NSC)에서 향후 한일관계의 4대 기조와 5대 대응방향을 담은 '대일 신(新)독트린'을 확정하여 공식 발표했다. 일본의 독도 관련 도발을 "단순한 영유권 문제가 아니라 해방의 역사를 부인하고 과거침탈을 정당화하는 행위"[23]로 간주하고 강경대응하기로 한 것이다.

이어 노무현 대통령은 23일, 원고지 28장 분량의 '한일관계 관련 국민에게 드리는 글'을 통해 일본과 '외교전쟁'도 불사하겠다고 선언했다. 2004년 7월 제주도에서 개최된 한일 정상회담에서 "임기 중에 역사적인 문제를 외교적 쟁점으로 삼지 않겠다"고 천명했던 노무현 대통령이 대일정책을 급선회한 것이다.

'다케시마의 날' 제정은 지방 정부 차원에서 시작되었다. 일본 외무성은 한일관계가 악화될 것을 우려해 제정에 반대하는 입장을 표명했으나 시마네현 의회가 밀어 붙이면서 결국 한일관계를 크게 악화시켰다. 사태악화의 또 하나의 변수는 한일 정치 리더십의 세대교체에도 있었다. 당시 노무현 대통령과 고이즈미 수상은 전후 한일관계를 이끌어 왔던 주류 리더들과는 전혀 이질적인 지도자로 식민지시대의 유산에 대한 인식의 갭이 상당히 컸다. 당시 고이즈미 수상은 9월 총선에서 개선 전 237석에서 296석으로 대승한 여세를 몰아 야스쿠니신사 참배를 강행, 한일관계는 '우정의 해'에 오히려 관계가 악화되고 말았다.

---

23 정동영(鄭東泳) NSC 상임위원장 겸 통일부 장관이 발표한 성명.

(2) '다케시마의 날' 행사의 정치화와 중앙화

시마네현은 2006년부터 '다케시마의 날' 기념행사를 시작했다. 2007년 2회째 행사부터 시마네현 지역구 출신 중의원 2명, 참의원 2명 등 국회의원 4명이 행사에 참석했다. 그러나 2008년에 1명, 2009년에 3명이 참가하는 정도로 국회의원들의 관심은 미미했다. 그런데 2009년 8월 실시된 중의원 선거에서 민주당이 총 480개 의석 중 308석을 획득하는 전후 일본 선거사상 최대의 압승을 거두면서 반세기에 걸친 자민당 집권에 종지부를 찍었다.

자민당은 정권을 잃고 나서는 영토 문제에 적극적이 되었다. 2010년 행사에는 자민당의원 8명이 참가했다. 그러자 2011년에는 집권 민주당에서도 가세하여 13명의 의원이 참가하는 등 행사에 참가하는 정치인들의 수가 늘어나기 시작했다. 2012년에는 11명, 2013년에는 20명, 2014년에는 16명의 국회의원이 참석했다.

그렇다고 하더라도 '다케시마의 날'은 어디까지나 지방 정부의 행사에 불과한 것이었다. 2012년 4월 11일, 일본 국회의 초당파 의원 연맹인 '일본의 영토를 지키기 위해 행동하는 의원연맹'이 주최하고 시마네현이 후원해서 도쿄에서 처음으로 개최한 독도 문제 관련 집회에 당시 외무 부대신과 수상보좌관이 출석했으나, '다케시마의 날' 기념행사에 정부 고관이 참석하는 일은 없었다. 그런데 2013년에는 아베 수상의 지시에 따라 해양정책 · 영토문제담당 내각부 정무관이 참석함으로써 '다케시마의 날' 기념행사가 사실상 정부 행사 수준으로 격상되었고, 그후 매년 내각부 정무관이 참석했다.

(3) 고유영토론의 강화

일본 정부는 1962년 7월 13일, 한국 정부에 보낸 구상서에서 독도를 '예로부터 일본 고유(固有)의 영토'라고 주장한 이래 기회 있을 때마다 '독도는 역사적 사실에 비추어도, 국제법상으로도 명백한 일본 고유의 영토'라는 주장을 일관되게 하고 있다.[24] 일본의 외교청서에 독도에 관한 기술이 등장한 것은 1963년판부터이지만 1990

---

24 일본의 영토 문제에서 '고유영토'라는 용어가 등장한 것은 1955년부터이며, 일본 정부는 "한 번도 다른 나라의 영토가 된 적이 없고, 계속 일본의 영토였던 토지"라는 의미로 사용하고 있다(와다 하루키, 2013,

년판부터 "한국과의 사이에 귀속관련 분쟁이 있는 독도는 법적으로도 역사적으로도 일본 고유의 영토라는 점은 분명하며, 한국에 대해서는 수시로 일본 측의 입장에 입각해서 항의하고 있다"고 고유영토론을 기술하고 있다.

방위백서에서는 1978년판부터 독도에 관한 기술이 등장하고, 2005년부터 "일본 고유의 영토인 북방영토 및 다케시마의 영토 문제가 여전히 미해결인 채로 존재하고 있다"라고 하며, 독도가 일본의 고유 영토라는 주장을 강조하는 기술로 바뀌면서 2013년판까지 계속해서 답습하고 있다.[25]

(4) 다케시마 영토 교육 강화

2006년 9월, 내각 출범 시에 아베 수상은 '아름다운 나라, 일본'을 만드는 것이 내각의 목표이며 그를 위한 주요 방침의 하나로 교육 재생을 들었다. 그리고 내각 출범 후 채 석 달이 지나지 않은 12월 15일, 방위청(防衛庁)을 방위성(防衛省)으로 승격시키는 내용의 '방위성 설치법안'과 함께 개정 교육기본법을 성립시켰다. 약 60년 만에 개정된 교육기본법은 교육의 목표로 "전통과 문화를 존중하고 우리나라(일본)와 향토를 사랑하는 태도를 함양한다"고 규정하여, 애국심과 영토애를 전면에 내걸고 있다. 교육기본법이 개정되자 문부과학성은 개정 교육기본법을 근거로 2008년에 초·중교 학습지도요령, 2009년에는 고교 학습지도요령을 새로 만들었다. 또한 학습지도요령 해설서의 작성과 교과서 검정 단계에서 문부과학성의 입김이 크게 작용하면서 독도의 일본 영유를 주장하는 교과서가 크게 늘어났다(현대송, 2013, 12-13).

2006년 3월 29일 문부과학성은 2008년부터 사용될 고교2년생용 교과서 검정의 내용을 공표했다. 검정에서는 위안부 문제에 대해 일본군의 책임을 애매하게 하고, 한국인의 강제연행을 '납치'라고 기술한 교과서는 검정의견에 의해 삭제되는 등, 일본의 침략 실태를 감추려고 한 사실이 들어났다. 특히 지리·역사·현대사회·정경(政經) 등의 각 교과서가 독도를 비롯하여 북방영토, 센카쿠제도 등 영토 문제에 관한 기술을 늘렸는데, 문부과학성이 검정단계에서「일본 고유의 영토」라고 분명히 기술할 것을 요구하여, 수정한 곳이 29개소에 달했다는 것이 밝혀졌다.[26]

34-35면).

25 현대송, "(일본)방위백서," 한국해양수산개발원 편, 『독도사전』, 2011, 161면.

문부과학성은 2008년 3월 발표한 '초 · 중학교 학습지도요령'(2012년부터 전면실시)에 독도 영유권 주장을 넣으려다가 당시 "이명박 대통령의 적극적인 대일관계 개선 의지를 감안한다"며 제외했었다(경향신문, 2013/03/30). 그러나 7월 14일 공표한 '중학교 신 학습지도요령 해설서'에 처음으로 '독도 문제'에 대해 명기했다. 학습지도요령 해설서는 "우리나라(일본)와 한국 사이에 다케시마를 둘러싸고 주장에 차이가 있다는 점 등도 언급하여, 북방영토와 마찬가지로 우리나라의 영토 영역에 대해 이해를 심화시킨다"고 기술하고 있다. 고유영토라는 표현은 피했지만 한국의 불법점거를 간접적으로 표현한 것이다.[27] 문부과학성은 2009년 3월의 '고교 학습지도요령'에서 "일본의 영역을 둘러싼 문제도 다루라"고 지시하고, 동년 12월 개정된 '고등학교 신 학습지도요령 해설서'에는 "중학교 학습에 이어 당면한 영토 문제에 대해 우리나라가 정당하게 주장하고 있는 입장을 기초로 적절하고 명확하게 다뤄 이해를 심화할 필요가 있다"고 강조했다.

2013년 3월 26일 발표된 고교 사회과 교과서 검정결과, 독도가 기술된 교과서는 21종 중, 15종(71%)이었다. 2012년 시행된 1차 검정을 통과한 교과서 22종과 더불어 2년에 걸쳐 검정을 통과한 전체 60종(윤리 · 사회과부도 제외)의 고교 교과서 중 일본의 영유권 주장을 기술한 것은 37종(62%)으로, 과거 50% 정도의 비중에서 중학교 사회 교과서 수준(66.7%)에 약간 못 미칠 정도로 높아졌다(경향신문, 2013/03/27). 교과서 검증과정에서 문부과학성은 '독도와 북방영토는 영유권 분쟁이 있지만 센카쿠 제도는 분쟁이 없다'는 입장 아래 독도와 센카쿠제도 문제를 같은 선상에서 거론한 교과서에 대해서는 반드시 수정토록 지시했다(매일경제, 2013/03/27).

한편 자민당은 검정을 통과한 고교 교과서 중 '한국이 다케시마를 불법점거하고 있다'는 일본 정부의 공식입장을 기술한 교과서가 전무한 것으로 나타나자, 4월부터 당 문부과학부회, 교육재생실행본부 등을 중심으로 학습지도요령 해설서에만 들어 있

---

26 일본 공산당 http://www.jcp.or.jp/akahata/aik4/2006-03-30/2006033015_01_0.html(검색일: 2013. 06. 01).

27 그 결과, 2011년 3월, 중학교 사회과 교과서 검정을 통과한 18종(지리 4종, 역사 7종, 공민 7종) 가운데 12종이 '다케시마는 일본 고유의 영토'라는 기술을 담았다. 직 · 간접적으로 독도 문제를 언급한 교과서가 그 전에는 '23종 중 10종(43.5%)'이었으나 '18종 중 12종'(66.7%)으로 비율이 크게 늘어났다(한겨레신문, 2012/03/26).

는 '다케시마' 및 '센카쿠'를 학습지도요령에도 넣는 문제를 논의하고, 현재 10년으로 되어 있는 학습지도요령의 개정 시기도 수시로 바꿀 수 있게 하는 방안을 검토하기 시작했다(경향신문, 2013/03/30).

(5) 해양탐사선 파견

2006년 4월, 한국 정부는 한국의 동해 쪽 EEZ 내에 있는 해저지명을 국제수로기구(IHO)에 등재하겠다고 밝혔다. 이에 맞서 동월 14일 일본 정부도 독도 주변 해양 조사를 위해 탐사선을 보내겠다는 것을 국제수로기구에 통보하고, 18일 일본 해상보안청의 해양탐사선 두 척을 도쿄 항에서 출항시켰다.

이에 대해 한국 측은 크게 반발했다. 19일 민주당이 대변인 성명으로 "과거 침략의 역사에 대한 반성은커녕 침략의 야욕을 노골적으로 드러내고 있는 일본의 해양조사선 파견은 대한민국의 영해를 도발하는 행위이며, 나아가 동북아 질서를 유린하고 평화를 해치는 침략행위이다. 일본 정부는 양국 간의 긴장을 고조시키고, 동북아 평화를 위협하는 해양조사선 파견을 즉각 중단하라."고 주장하는 한편 "정부는 일본의 침략행위에 단호히 대처할 것"을 촉구했다.[28] 전월 3월 일본 고교교과서 검정발표에서 드러난 일본군 위안부와 독도에 관한 수정 내용으로 고조된 반일여론도 최고조에 달했다.

노무현 대통령은 만약 일본 탐사선이 독도 근처에 오면 해양경찰청 함정을 부딪쳐 탐사선을 깨뜨리라고 지시했다.[29] 사태가 해상에서의 물리적 충돌로 번질 상태까지 악화되자 한일 양국은 외교차관 회담을 통해 타협을 시도했고, 한국은 해저지명 등재 신청 연기를, 일본은 독도 인근 해역의 탐사계획을 중단했다.

그러나 25일 노무현 대통령은 한일관계에 관한 대국민 담화를 직접 작성 발표하여 독도수호 의지를 밝히는 한편, 그동안의 독도 문제에서의 '조용한 외교' 방침에서 선회하여 "독도 문제를 일본의 역사교과서 왜곡, 야스쿠니신사 참배 문제와 더불어 한일 양국의 과거사 청산과 역사인식, 자주독립의 역사와 주권 수호 차원에서 정면으로

---

28 2006년 4월 19일 민주당 대변인 성명.

29 '사람 사는 세상 노무현 재단' 홈페이지 '노 대통령의 독도 연설, 김병준 실장의 증언'제하의 김병준 전 청와대 정책실장의 증언. http://www.knowhow.or.kr/(검색일: 2011.08.17, 재검색일: 2013/02/25).

다루어 나가겠다"고 선언하고, "물리적인 도발에 대해서는 강력하고 단호하게 대응할 것"이며, "일본 정부가 잘못을 바로잡을 때까지 국가적 역량과 외교적 자원을 모두 동원하여 지속적으로 노력"하고 "그 밖에도 필요한 모든 일을 다 할 것"이라는 것을 밝혔다(연합뉴스, 2006/04/25). 이로써, 독도 문제에 대한 한국 정부의 '조용한 외교' 정책 노선은 강경 대응으로 180도 변화했다.

한편 일본에서는 4월 24일, 스즈키 무네오(鈴木宗男) 의원이 정부 측에 '다케시마 문제에 관한 질문주의서'를 제출했다. 5개항으로 된 질문에서 스즈키 의원은 '다케시마가 일본 고유의 영토인 역사적, 법적 근거' '다케시마에 대해 홍보용 책자를 만들어 배포하는 것에 대한 정부의 견해'를 물었다. 그에 대해 5월 12일, 일본 정부가 '한국의 다케시마 점거는 불법점거'라는 답변서를 각의 결정하자 한국 정부는 즉각 "독도에 대한 우리의 정당한 주권 행사에 대해 일본 정부가 불법 점거라고 주장하는 것을 결코 용인할 수 없다"고 반박했다(동아일보, 2006/05/13).

곧이어 한국 정부는 6월 1일 독도 인근 해역에서의 해양조사계획 실시를 밝히고, 5일에는 그 다음 주 도쿄에서 열릴 예정인 한일 EEZ 협상에서 한국 측 기점을 기존 울릉도에서 독도로 변경하기로 결정했다.[30] 그리고 7월 2일, 국립해양조사원 소속 해양조사선 '해양 2000호'가 독도 해역에 파견되었다. 아소 다로(麻生太郎) 일본 외상은 3일 반기문 외교통상부 장관에게 전화를 걸어 해양조사를 취소할 것을 요구했고, 야치 쇼타로(谷内正太郎) 외무성 사무차관은 5일 주일대사를 외무성으로 초치해 항의하는 한편, "극히 유감이다. 즉각 중단을 요구한다"는 보도관 명의의 담화를 발표했다.

한국 측이 조사를 강행하자, 일본 측은 해상보안청 순시선을 보내 중단을 요구했고, 당시 노무현 대통령은 해군 함정을 주변 해역에 파견해 유사시엔 발포하라는 명령까지 내렸다. 일본 측이 물리적으로 조사를 저지하면 총격전까지 벌어질 수 있는 상황이 전개되자 당시 아베 신조 관방장관은 자신의 판단으로 순시선의 조사 저지활동을 중단시켰다(産經新聞, 2010/10/09).

---

30 종전까지 한국 정부는 독도 문제와 EEZ협상을 분리 대응한다는 차원에서 울릉도와 일본 오키 섬의 중간선을 EEZ 경계선으로 제안해 왔었다(파이낸셜뉴스, 2006/06/05).

(6) 관저 주도의 해양 정책

2007년부터는 일본의 독도 정책에 관한 결정과정에 중대한 변화가 생겼다. 2007년 4월 20일, 일본 정부는 해양기본법을 제정하고, 내각부(內閣府)에 수상을 본부장으로 하는 종합해양정책본부를 설치하여 해양 정책에 관한 주요 정책을 결정, 추진하도록 했다. 21세기에 새로운 경제발전의 동력을 해양에서 찾아 '해양입국'을 모색하던 일본은 해양환경 오염, 수산 자원의 감소, 해적사건 등 일본의 해양권익에 영향을 미치는 사건이 빈발하고, 해양 영토를 둘러싼 문제가 현재화함에 따라 해양에 관한 시책을 종합적으로 추진하기 위한 새로운 제도적 틀을 구축할 필요가 있었기 때문이다.[31]

해양기본법 시행 이전에는 해양에 관한 관계성청의 국장급들이 참가하는 '해양개발관계성청연락회의'(내각관방, 문교과학성, 총무성, 외무성, 농림수산성, 경제산업성, 국토교통성, 환경성 참가)와 '대륙붕 조사, 해양 자원 등에 관한 관계성청연락회의'(내각관방, 외무성, 문교과학성, 농림수산성, 경제산업성, 국토교통성, 환경성, 해상보안청, 방위성 참가)를 통해 정책을 조율했으나 해양기본법 시행 이후에는 종합해양정책본부 간사회가 그 기능을 맡아 내각관방 기능이 강화되었다.[32] 이와 같은 제도변화에 의해 영토 정책의 중심축이 외무성에서 관저로 이동하게 됨에 따라 영토 문제에서의 정관관계는 정치우위가 현저해졌고, 이는 독도 정책이 포퓰리즘과 내셔널리즘에 한층 더 영향을 받게 되었음을 의미한다.

(7) 다케시마 홍보 강화

시마네현의회가 2005년 3월, 제정한 '다케시마의 날' 조례(시마네현 조례 제36조)는 제1조 제정의 취지에서 "현민(県民), 시정촌(市町村) 및 현(県)이 일체가 되어 다케시마의 영토권 조기 확립을 목표로 운동을 추진해 다케시마 문제에 대한 국민 여론의 계

---

31 http://www.kantei.go.jp/jp/singi/kaiyou/konkyo4.pdf (2014년 3월 10일 검색); 해양기본법에 의거 종합해양정책본부는 5년간 시행되는 '해양기본계획'을 작성, 실시하도록 되어 있다. 2008년 3월 18일, 제1기 해양기본계획, 2013년 4월 26일에는 제2기 해양기본계획이 각의결정되었다.

32 현대송, "종합해양정책본부," 한국해양수산개발원 편, 『독도사전』, 한국해양수산개발원, 2011.

발을 도모하기 위해 '다케시마의 날'을 정한다" 라고 하고 제3조 현의 책무에서 "현은 '다케시마의 날'의 취지에 맞는 대책을 추진하기 위해 필요한 시책을 강구하도록 노력한다"고 하고 있다. 전술한 바와 같이 시마네현은 '다케시마문제연구회'를 설치하여 영유권을 주장하는 연구를 추진했다. 동 연구회는 2007년 3월 최종보고서를 작성하여 현에 제출했고, 현은 동년 7월 12일 최종 보고서를 외무성에 제출했다. 보고서를 수교 받은 야마다 시게오(山田重夫) 당시 동북아 과장은 "보고서 내용을 공부해서 활용할 수 있는 부분은 외무성 홈페이지에 게재하고 싶다"고 답변했다(山陰中央新報, 2007/07/13).

결국 2008년 2월, 외무성은 홈페이지 상에 팜플렛 '다케시마 문제를 이해하기 위한 10의 포인트'를 수개국어로 게재했다. 2009년 12월에는 '다케시마 문제의 개요'를 게재하는 한편 국제사회에 일본의 영유권 주장을 발신하기 위해 팸플릿을 10개국어로 게재했다.

일본 정부는 1952년부터 약 10년간 한국 정부와 벌였던 영유권 논쟁을 다시 한 번 벌이기 위해 도화선을 당긴 것이다. 지난번 영유권 논쟁의 상대는 한국 정부였으나 2008년부터의 논쟁은 양국 국민뿐만 아니라 국제사회를 상대로 한 전방위적 홍보전의 성격을 가진다.

(8) 국제사법재판소 제소 제안

2009년 8월 30일의 총선거에서 민주당이 압승하며 정권교체에 성공했다. 독도 문제에서는 민주당이 선거전에 발표한 매니페스토 「민주당 정책집 INDEX 2009」에 "일본이 영토주권을 가지고 있는 북방영토, 다케시마 문제를 조기에 평화적으로 해결하기 위해 끈기 있게 대화를 계속해 간다"라고 밝히고 있어 자민당과 차별성을 가지기는 어려웠지만, 상대적으로 개혁적 성향이 강하고, 과거사 문제에 대해서도 전향적 입장을 취하고 있는 만큼 한일관계도 어느 정도 개선될 것으로 기대 되었다.

그러나 2012년 8월 10일 이명박 대통령의 전격적인 독도 방문으로 촉발된 '2012년의 독도 문제'는 한일관계를 파국으로 몰고 갔다. 대통령의 독도 방문 열흘 후인 8월 21일, 일본 정부는 '다케시마의 영토 문제에 관한 관계각료 회합'을 개최했다. 참가자는 노다 수상을 비롯하여, 부총리, 관방장관(官房長官), 외상, 재무상, 경제산업상, 국토교통상, 그리고 경제재정정책 및 과학기술정책 담당 특명대신 등, 총 8명으로, 한국 측을 필요 이상으로 자극하지 않기 위해서 방위상은 제외 되었다. 회합에서 노다 수상은 한국 정부에 대해 국제사법재판소 제소 합의 회부 및 분쟁해결에 관한 교환공문에 따른 조정의 제안에 응해 줄 것을 요구했다. 한일회담이 진행되던 1954년 9월 25일과 이어 1962년 3월 12일, 제1차 한일외상회담 제1회 회의 등에서 국제사법재판소에 제소할 것을 제안한 이래 약 50년 만에 독도 문제는 다시 독도 문제가 탄생했던 시기의 분쟁 상황으로 되돌아가고 만 것이다.

이상과 같이 볼 때, 전후 일본의 독도 정책은 거시적으로 보면 [그림 4]에 보이는 것처럼 '고유영토 주장'과 ' 국제사법재판소(ICJ) 제소'라는 두 가지 축에 의해 진행되어 왔다. 또한 구체적인 정책으로서는 '영해법과 UN해양법 협약의 비준, 영토 교육과 해외 홍보의 강화, 영토 문제 전담기구 설치' 라는 순으로 유향폐로(有向閉路)그래프(Directed Cycle Graph)를 그리며, 그 성격은 적극적 공세 후에는 소극적 공세로 돌아 서는 단순 반복 주기를 가지고 있다.

[그림 4] 일본의 독도 정책 전개 사이클

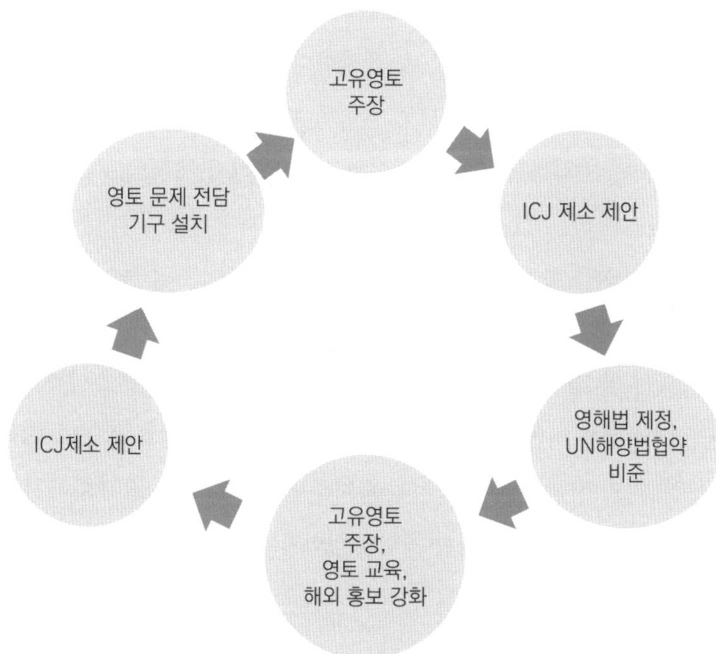

7. 제2차 아베 내각 이후(2013-) 일본의 독도 정책: 관저 주도의 영토 · 해양 정책의 추진과 중앙 정부와 지방 정부의 정책 수렴

아베 수상은 제1차 내각 때부터 '강한 일본,' '강한 관저'를 캐치프레이저로 수상이 리더십을 발휘하는 관저 주도의 정치를 펼쳐나갈 것을 명백히 했다. 관저의 정책기능을 보강하기 위하여 국회의 견제를 받지 않는 수상보좌관제를 도입해, 제1차 내각에서는 국가안전보장문제 · 경제재정 · 납치문제 · 교육재생 · 홍보 등 5부문의 보좌관을 임명했었다. 제2차 내각에서는 해양정책 · 영토문제담당 내각부 특명대신을 설치, 야마모토 이치타(山本一太) 참의원을 임명한 것을 비롯해 고향(故鄕) · 국가안전보장회의 및 선거제도 · 국정 중요 과제 · 국토 강인화(强靭化) 및 재건 등의 사회 자본 정비, 지역 활성화 및 건강 의료에 관한 성장 전략 · 정책기획 등 5부문의 보좌관을 임명했다.

또한 제2차 아베 내각은 경제재생과 함께 교육재생을 일본의 최중요 과제로 책정하고, 2013년 1월 15일 각의결정으로 수상, 내각관방장관, 문부과학대신 겸 교육 재생 담당 장관 및 지식인으로 구성하는 교육재생실행회의를 설치, 월 2회 회의를 개최하고 있다.[33] 2월 5일에는 영토 문제를 전담하는 총리 직속 기구로 15인 규모의 '영토 · 주권대책기획조정실(이하, 영토실)'을 신설했다. 이는 2012년 8월 이명박 대통령이 독도를 방문한 것을 계기로 동년 11월 발족한 '다케시마 문제 대책준비팀'을 개편하여, 센카쿠제도 관련 업무를 추가한 것이다. 영토실의 구체적 임무는 내각부의 북방대책본부와 연계해, 독도를 비롯하여 센카쿠제도, 북방영토 등의 상황 조사 및 검증, 국내 및 국제 사회를 향한 계몽 활동의 기획, 입안, 종합조정 등이다(日本經濟新聞, 2013/02/06).

영토실은 동년 6월 20일부터 30일에 걸쳐 독도에 관한 특별여론조사를 실시했고, 7월에는 센카쿠에 관한 여론조사를 실시하는 등 활발하게 활동하고 있다. 또한 영토실은 11월 22일, 외교 정책 등과 정합성을 확보하면서 내외 발신을 강화하기 위해 '영토 · 주권을 둘러싼 내외 발신에 관한 종합조정회의(이하, 종합조정회의) 개최', '유식자

---

33 http://www.kantei.go.jp/jp/singi/kyouikusaisei/kaigi.html(검색일: 2013. 06. 30).

간담회 재개', '경제계 등 각계와의 대화', '독자 Web Site의 개설', '해외 출장을 활용한 대외 발신' 등을 내용으로 하는 이니셔티브를 발표했다. 이중 종합조정회의는 영토 담당대신이 주재하고, 내각부에서 내각관방(영토실), 북방대책본부, 정부 홍보실, 내각홍보실, 관저 국제홍보실, 외무성, 국토교통성, 해상보안청, 방위성, 문부과학성 등 관계 중앙 성청이 참가하여 종합조정을 행하는 것으로 되어 있다.[34]

한편 자민당 정무조사회 산하 '영토에 관한 특명위원회'는 2013년 12월 17일 '영토 주권에 관한 정보 발신 및 교육에 관한 제언'을 정리해 다음날 아베 수상에게 직접 전달했다. 제언은 크게 국제여론형성, 국내계발, 기타의 세 부문으로 나뉘어져 있는데 해외 발신 거점으로서 대사관, 영사관 등의 태세를 강화하고, 관계국의 주장에 적절, 신속하게 반론할 것과 정부 홍보자료의 충실, 국내외의 연구자와 미디어 매체와의 연계 및 지원 강화, NHK국제방송과 라디오, 통신사를 통한 발신 강화, 인터넷 및 SNS의 적극 활용, 교과서 영토 기재 사항의 충실, 북방 영토와 다케시마의 영토 반환 국민운동에 대한 정부의 관여 및 지원 강화 등을 내용으로 담고 있다.[35]

Ⅳ. 결론

본문에서 살펴본 바와 같이 전후 일본의 독도 정책은 결코 즉흥적이거나 일회적인 것은 아니지만 처음부터 장기적인 전략에 따라 치밀하게 진행된 것으로 보기도 어렵다. 일본의 정치시스템, 국제정치시스템 그리고 국제해양법질서의 변화라는 구조변동과 상호 연동되며, 한국과의 상호 작용 속에서, 결과적으로 장기간에 걸쳐 서서히 강화되는 방향으로 추진되어 왔다. 즉 대외적인 직접적 요인으로서 1996년의 UN해양법협약 비준으로 상징되는 국제해양법질서의 변화가 있었으며, 냉전체제의 붕괴는 반공(反共) 광역 동맹 네트워크로서의 한일 간 결속의 약화를 가져왔고 이는 영토 문제에서의 갈등이 쉽게 표출되는 원인(遠因)으로 작용했다. 대내적 요인으로서는 1993년의 자민당 일당우위체제의 종언과 뒤이은 중선거구 제도에서 소선거구 제도

34 http://www.cas.go.jp/jp/ryodo/torikumi/ryodoshitsu/ryodoshitsu-ini.html(검색일: 2014. 06. 01).

35 http://www.nipponkaigi.org/opinion/archives/6113(검색일: 2014. 06. 01).

의 변화에 따른 자민당 파벌정치의 약화, 정치가의 세대교체, 행정개혁에 따른 정관 관계의 변화가 있었다.

이러한 제반 요인 속에서 일본의 독도 정책은 '고유영토 주장'과 '국제사법재판소(ICJ) 제소'라는 두 가지 축을 중심으로, 법제도의 정비, 영토 교육과 해외 홍보의 강화, 영토 문제 전담기구 설치의 순으로 유향폐로 그래프를 그리며 진행되어 왔고, 그 성격은 적극적 공세 후에는 소극적 공세로 돌아서는 단순 반복 주기를 가지고 있다.

그리고 전후 일본의 독도 정책은 결정 주체가 성청(省廳)에서 관저(官邸)로 옮겨지면서 정치적 입김이 강하게 작용하고 있고, 그에 따라 시마네현과 외무성의 정책 갭이 좁혀지면서 '중앙과 지방이 갈등'하는 구조에서 점차 독도 정책이 수렴하는 양상을 보이고 있다.

이와 같은 분석을 토대로 향후 일본의 독도 정책을 전망하면 다음과 같은 예측이 가능하다. 우선, 아베 내각부터 일본 정부는 '교육재생' '전후 레짐으로부터의 탈각' '주장하는 외교'라는 슬로건을 내걸고 일본의 주장을 강력히 개진하는 정책을 취하고 있다. 이러한 정책은 독도 문제에 그대로 반영되어 영토 교육과 애국심의 연계 및 강화, 독도에 대한 일본 영유권의 정당성 홍보 강화 등의 형태로 전개 될 것이다.

한편, 시마네현은 오래 전부터 내각부에 '북방영토와 마찬가지로 내각부에 다케시마 문제에 관한 홍보계발활동을 소관 하는 조직을 설치할 것', '다케시마 영토 문제와 국경 이도(離島)가 하고 있는 역할 등을 국민에 계발하는 시설을 오키노시마초(隱岐之島町)에 설치할 것' 등을 요구해 왔다. 또한 외무성에는 '다케시마에 시설을 건설하는 등의 한국의 움직임에 대해서 엄중한 항의를 계속함과 동시에 국제사법재판소에서의 해결을 포함하여, 영토권의 조기 확립을 향한 외교교섭의 새로운 전개를 도모할 것'과 문부과학성에는 '학교교육에서 다케시마 문제를 적극적으로 다루도록 지도를 강화할 것' 등을 요구해 오고 있다.[36]

또한 자민당 '영토에 관한 특명위원회'는 2011년 4월 12일, 독도 문제에 대해 한일 양국 정부의 공식적인 협의의 장(장관급)을 설치할 것을 제의하는 성명을 낸 적이 있다.

이와 같은 상황을 종합해 볼 때, 앞으로 일본은 독도 정책을 북방영토 정책의 수준

---

36 2012년 6월 제출 시마네현의 제안 요망서.

으로 격상시키려고 할 것이다. 내각부에 독도를 소관 하는 조직은 이미 설치되었으니, 앞으로 '다케시마의 날' 기념행사의 중앙 정부 주최, 다케시마 자료관의 건립, '다케시마의 날'의 국가 기념일 지정 등의 수순이 남아 있다.

마지막으로 위안부 문제 등과 같은 과거사 문제에서 수세에 몰릴 때는 협상의 레버리지로서 한국 정부에 대해 독도 문제의 해결을 요구하며, 공식적인 협의의 장으로서 한일 각료급 회담을 요구할 것이다. 이러한 과정에서 한국 정부에 내미는 최후의 카드는 국제사법재판소에의 단독 제소가 될 것이다.

국제법상 금반언(estoppel)의 원칙처럼 영토 문제는 한번 전진하면 좀처럼 뒤로 물러 설 수 없는 특성을 갖는다. 독도를 실효지배하고 있는 한국의 입장에서는 더 이상 분쟁 수준이 높아지지 않도록 저강도(Low profile) 정책으로 대응하는 한편 일본의 독도 정책의 향방을 예의 주시하며 유연하게 반응하는 전략이 필요하다.

[참고 문헌]

김재한, 조윤수, 임지혜. 2013. "민주정치와 일본의 독도정책 : 선출인단 이론을 중심으로." 『한국정치학회보』47집 5호, 431-457.

대한민국 외무부 편. 1962. 『대한민국 외교 연표- 부 주요 문헌 1948-1961』.

동북아역사재단 편. 2011. 『1952-1969 독도관련 일본 측 외교문서 6권』. 서울: 동북아역사재단.

박진희. 2005. "戰後韓日관계와 샌프란시스코平和條約." 『한국사연구』131호, 3-34.

박진희. 2008. 『한일회담: 제1공화국의 對日정책과 한일회담 전개과정』. 서울: 선인.

와다 하루키 저 · 임경택 역. 2013. 『동북아시아 영토 문제, 어떻게 해결할 것인가-대립에서 대화로』. 서울: 사계절.

외무부. 1977. 『독도관계 자료집(1) 왕복 외교문서(1952-76)』.

이면우. 2008. "영토분쟁과 한일관계." 진창수 편. 『동북아 영토분쟁과 일본의 외교정책』. 성남: 세종연구소.

이석우. 2003. 『일본의 영토 분쟁과 샌프란시스코 평화조약 』. 인천: 인하대학교출판부.

이석우. 2005. "1951년 샌프란시스코 평화조약에서 독도의 영토 처리 과정에 관한 연구." 『북방사논총』 7호, 107-41.

이수형. 2010. "독도 영유권 논쟁에 대한 한국 역대 정부의 대응정책." 『政策硏究』 166호, 107-29.

이창위. 1993. "일본의 해양법정책." 『국제법학회논총』 38집 2호, 217-36.

이창위. 1997. "독도 문제와 관련된 일본의 국제법정책." 『社會科學論文集』26호, 21-42.

일본 외무성 한일회담문서 제5차 공개 문서 (2008년 5월 2일), "XV 竹島問題"

정미애. 2011. "한일회담기 독도에 대한 일본의 인식과 대응 변화." 『영토해양연구』 1호, 116-143.

정병준. 2005(a). "윌리암 시볼드(WilliamJ.Sebald)와 '독도 분쟁'의 시발." 『역사비평』71호(여름), 140-70.

정병준. 2005(b). "영국 외무성의 對日평화조약草案 · 부속지도의 성립(1951.3)과 한국독도 영유권의 재확인." 『한국독립운동사연구』 24집, 131-67.

정병준. 2010. 『독도 1947 : 전후 독도 문제와 한·미·일 관계』. 파주: 돌베개.

정성화. 1993. "전후 한국과 일본의 영토분쟁의 기원." 『인문과학연구논총』 10호, 195-214.

한국해양수산개발원 편. 2011. 『독도사전』. 서울: 한국해양수산개발원.

현대송. 2006. “아베 ‘일본호’의 진로와 한국의 대응.” 『동아시아 브리프』1권 3호, 40-5.
현대송. 2007. 『일본 국회에서의 독도논의에 대한 연구』. 서울: 한국해양수산개발원.
현대송 편. 2008. 『한국과 일본의 역사인식』. 파주: 나남.
현대송. 2013. “아베 내각의 독도정책과 한일관계.” 『독도연구저널』 21권, 12-8.
Cheong, Sung-Hwa. 1991. *The Politics of Anti-Japanese Sentiment In Korea-Japanese-South Korean Relations Under American Occupation*, 1945-1952. New York: Greenwood Press.
Lowi, J. Theodore. 1972. “Four Systems of Policy, Politics, and Choice.” *Public Administration Review* 32(4): 298-310.
Huth, Paul K. 1996. *Standing Your Ground: Territorial Disputes and International Conflict*. Ann Arbor: University of Michigan Press.
Shinoda, Tomohito. 2013. *Contemporary Japanese Politics: Institutional Changes and Power Shifts*. New York: Columbia University Press.
United States Department of State. *Foreign Relations of the United States*, 1948, Volume VI.
中北浩爾(나카기타 고지). 2012. 『現代日本の政党デモクラシー』. 東京: 岩波新書.
西村熊雄(니시무라 구마오) 監修. 1971. 『日本外交史　第27巻-サンフランシスコ講和条約』. 東京: 鹿島研究所出版会.
高野雄一(다카노 유이치). 1967. 『日本の領土』. 東京: 東京大学出版会.
升味準之輔(마스미 준노스케). 1964. 「1955年の政治体制」『思想』, 759-76.
鈴木九萬(스즈키 규만) 監修. 1973. 『日本外交史　第26巻-終戦処理から講和まで』. 東京: 鹿島研究所出版会.
塚本孝(쓰카모토 다카시). 1983. 『ISSUE BRIEF サンフランシスコ条約と竹島－米外交文書集より(資料)』. 東京: 日本国立国会図書館.
塚本孝(쓰카모토 다카시). 1994. 『ISSUE BRIEF 平和条約と竹島-再論-』. 東京: 日本国立国会図書館.
塚本孝(쓰카모토 다카시). 2011. 『ISSUE BRIEF 竹島領有権問題の経緯(第3版)』. 東京: 日本国立国会図書館.
安倍晋三(아베 신조). 2013. 『新しい国へ-美しい国へ 完全版』. 東京: 文春新書.
大嶽秀夫(오타케 히데오). 1999. 『日本政治の対立軸』. 東京: 中公新書.
吉田茂(요시다 시게루). 1957. 『回想10年　第3巻』. 東京: 新潮社.

石川真澄・山口二郎(이시카와 마스미・야마구치 지로). 2010.『戦後政治史 [第3版]』. 東京: 岩波新書.

原 貴美恵(하라 기미에). 2005.『サンフランシスコ平和条約の盲点-アジア太平洋地域の冷戦と「戦後未解決の諸問題」』. 広島: 溪水社.

9 / 세계 4대 해전(海戰)의 기원(起源)과 명명(命名)

지 영 환* · 윤 대 현** · 조 기 환***

Ⅰ. 세계 4대 해전 역사를 바꾸다 — 세계 4대 해전?

"'세계 4대 해전'은 세계 역사의 흐름을 바꿨다는 4개의 해전을 가리키는 말이라고 한다. 이 '세계 4대 해전'[1]에는 다음과 같은 해전이 들어간다. 1. BC 480년 살라미스

---

* 성균관대 국가전략대학원 겸임교수 · 중앙대학교 행정대학원 객원교수 · 국가공무원 · 서울대학교 객원연구원.

** 성균관대학교 경영학학사 · 정치학석사, FM 그룹 회장.

*** 성균관대학교 대학원 경영학석사, ㈜ 에머티바이오 대표이사.

1 https://namu.wiki/w/%EC%84%B8%EA%B3%84%204%EB%8C%80%20%ED%95%B4%EC%A0%84 2022. 5.30. 검색. "S: 살라미스 해전 Battle of Salamis 그리스 아테네 vs 페르시아 역사적 의미: 아테네 민주정의 확립. A: 악티움 해전 Battle of Actium 로마 제국 옥타비아누스 vs 안토니우스 & 이집트의 클레오파트라 7세, 역사적 의미: 알렉산드리아를 중심으로 한 헬레니즘 문화의 쇠퇴와 로마의 확실한 제정체제 확립. 하지만 이 시기는 또 다른 의미로도 중요한데, 이집트 치하에 있던 유태인과 이스라엘 때문이다. 즉 기독교 역사에도 막대한 영향을 미쳤을 것이란 의미. L: 레판토 해전 Battle of Lepanto, 베네치아, 제노바, 에스파냐의 신성동맹 함대 vs 오스만 제국, 역사적 의미: 오스만 제국의 팽창을 막은 것. 이로써 오스만 제국은 지중해에서의 팽창정책을 포기하게 된다. 당시 오스만의 재상이었던 소콜루 메메드 파샤가 콘스탄티노플 주재 베네치아 대사와의 회담에서 '키프로스는 팔과 같고, 우리네 패전은 수염과 같다. 당신네들은 팔을 뽑혔으니 다시 자랄 리 없지만, 우리의 수염은 다시 풍성하게 자랄 것이다'라고 호언장담했을 정도로 오스만 제국은 이 해전에서 입은 피해를 금세 복구했으나 그것은 함선뿐이었고, 숙련된 선원들과 병사들을 대거 잃은

해전 2. 1588년 칼레 해전 3. 1592년 한산도 해전 4. 1805년 트라팔가르 해전 세 번째로 꼽히고 있는 한산도 해전! 이것은 이순신 장군이 왜군을 무찌른 그 유명한 학익진의 한산대첩을 가리키고 있는 것이 아닌가! 한국에서 벌어진 대승이 무려 세계 4대 해전의 하나라니!"[2] "살라미스 해전 · 칼레 해전 · 트라팔가르 해전 · 한산도대첩. 근대 영국 해군사관학교 교재에 처음 언급된 세계 4대 해전이다. 획기적인 전술, 열세의 상황을 뒤엎는 기적적인 승리, 역사 흐름의 전환점이 된 전투가 공통점이다. 영화 '300'의 배경으로 유명한 살라미스해전은 기원전 480년 페르시아와 그리스 간에 벌어진 해전이다. 마라톤의 유래가 생겨난 '세기의 해전(海戰)'이자 유럽권과 아시아권이 맞붙은 최초의 대전투이기도 하다. 군함 200여 척에 불과한 그리스 해군은 1,000여 척을 거느린 페르시아군을 살라미스 해협으로 유인해 격파했다. 승리한 그리스는 이를 계기로 그리스 문명을 지켜내며 융성의 발판을 다질 수 있었지만 페르시아는 쇠퇴의 길로 접어들었다. 칼레 · 트라팔가르 해전은 영국 해군이 거둔 승리의 기록이다. 칼레해전은 1588년 영국 하워드 제독이 스페인의 무적함대 '아르마다'를 수장시킨 전투였다. 서양권에서 함상 포격전의 개념이 도입된 첫 해전으로 배에서 배로 한 명의 군사도 넘어가지 않고 포격전만으로 승부했다. 1805년 영국 넬슨 제독의 함대가 프랑스 나폴레옹을 상대로 대승을 거뒀던 트라팔가르 해전도 있다. 두 해전은 중요한 고비에 일어난 세기의 주도권 다툼으로 영국의 절대 강국 등극으로 귀결됐다."[3]

피해는 끝내 극복하지 못했다. 더군다나 이후 오스만 제국에서는 암군들이 줄줄이 등장하는 한편 하렘 세력이 정치에 개입하기 시작하는 등 국정에 혼란을 겪으며 침체기를 맞이했다. 이후 오스만 제국은 1683년에 2차 빈 공방전에서 패하면서 육지에서의 팽창도 멈추었고, 본격적으로 쇠퇴하기 시작했다. T: 트라팔가르 해전 Battle of Trafalgar 프랑스의 나폴레옹 보나파르트 & 스페인 연합함대 vs 영국 호레이쇼 넬슨, 역사적 의미: 프랑스의 영국정복 야욕을 저지한 사건이다. 나폴레옹은 이 전투 이후 영국침공을 포기했으며, 영국침공용으로 훈련시키던 대육군을 그대로 중부유럽으로 진군시켜 결국 아우스터리츠 전투에서 대승하고 유럽대륙의 헤게모니를 잡는다. 가끔 레판토 해전이나 악티움 해전이 빠지고 칼레 해전(영국 vs 스페인 무적함대 아르마다)이 들어간 경우도 있다." 원 출처는 리즈시절 영국해군에서 가르치던 해전사에 등장하는 세계 3대 해전이다. 이는 각기 살라미스 해전, 칼레 해전, 트라팔가르 해전이며, 이후 시대의 변천에 따라 또 국가에 따라 4대 해전(한국, 미국, 독일 등), 5대 해전(일본) 등으로 확장하기도 한다.

2 이문영, "이순신 장군의 한산대첩, 세계 4대 해전이라고?," 매경프리엄, 2017.1.30.

3 임석훈 논설위원, "세기의 해전," 한국일보, 2014.8.11.

Ⅱ. 살라미스 해전(Battle of Salamis): BC 480년 9월

1. 그리스 함대가 페르시아 함대를 대파하다(BC 480년 9월 12일)[4]

고대 그리스 데미스토클레스(Themistocles)[5][6] 제독의 살라미스(Salamis) 해전

---

4 https://terms.naver.com/entry.naver?docId=1835982&cid=43073&categoryId=43073 2022.10.2. 검색.

5 테미스토클레스(Themistocles)? 고대 그리스 정치인 기원전 524년 출생 기원전 459년 사망 화폐의 인물 아테네 출신 인물이다. 아테네의 정치가, 군인. 살라미스 해전의 승리자인 명장. 그리스 연합군이 페르시아 전쟁에서 승리하게 한 1등 공신. 국내에는 잘 알려져 있지 않으나 서구권에서 최고의 제독을 논할 때에는 호레이쇼 넬슨, 체스터 니미츠와 함께 항상 언급된다. 2. 생애: 피리에프스 만을 새로운 아테네의 항구로 만들 것을 주장하고 대규모 함대 건조계획을 실천에 옮겨 아테네를 고대 그리스 시대 최강의 해군국으로 만든 아테네 해군의 아버지. 그는 모친이 아테네인이 아니었기 때문에 BCE 508년 클레이스테네스가 아테네의 모든 자유민에게 시민권을 주는 법을 제정했을 때 비로소 아테네 시민권을 얻을 수 있었다. 이 일로 그는 민주제에 공감하게 되었으며, BCE 493년에 사법과 민정(民政)을 담당하는 아테네의 최고 행정관인 아르콘으로 뽑혔다. 이후 피리에프스 만의 항구 건설 사업을 추진해 만들어냈고, 밀티아데스의 재판에 참여, 그를 무죄로 만드는 데도 공헌했다. 이후 마라톤 전투에 참여했다. 그 이전까지 아테네는 마라톤 전투에서도 알 수 있듯 육군국이었으나, 라우리온 일대에서 대규모 은광이 발견되자 테미스토클레스는 이 은을 가지고 200여 척에 달하는 갤리선을 건조해 그리스 최대의 해군을 양성하는 계획을 추진했고, 특유의 말빨과 계략으로 정책을 수립하는 데 성공한다. 이후 크세르크세스 1세가 직접 지휘하는 2차 페르시아 원정군이 침공하자, 사실상 그리스 해군의 사령관이 되어(명목상 사령관은 스파르타인이었다) 아르테미시움 해전에서 페르시아 해군을 1차 저지하려 기도한다. 플루타르크 영웅전에 기술된 바에 따르면, 상당한 숫적 열세 속에서도 나름 잘 싸웠지만 테르모필레 전투가 3일 만에 그리스 연합 육군(스파르타)의 패배로 끝났고, 페르시아 군이 포키스를 거쳐 남쪽으로 진군하고 있다는 소식이 연합 사령부에 전해지자 아테네 측에서는 사령부에 연합군이 먼저 나서서 페르시아가 아테네에 도달하기 전에 저지해 달라 요청했으나 사령부 측은 "이렇게 된 이상 펠로폰네소스라도 지켜내야 한다"며 아테네 측의 요청을 거부했다. 그러자 테미스토클레스는 시민들에게 "육지를 포기하고 바다에서 싸우는 수밖에 없다. 시민들을 모두 아이기나 섬으로 피신시키고, 남자들이 나서서 해상에서 싸우자"고 설득했으나 이미 자포자기 상태에 빠진 아테네 시민들은 아테네를 떠나려 하지 않았다. 그러자 테미스토클레스가 신전 대사제에게 부탁을 하여 제단의 제물을 거두지 말라고 부탁했는데, 제단의 제물이 없어지지 않는다는 것은 곧 신이 제물을 받지 않는다는 의미이므로 불안에 빠진 사람들이 사제에게 영문을 물었다. 사제는 '여신 아테나께서 바다로 떠났기 때문이다'라고 대답했고, 여신이 안 계시는데 우리는 어쩌란 말이냐며 사람들이 동요하자 사제는 '나무 성으로 대피해야 한다'고 말했다. 테미스토클레스는 사제의 이 말을 이용하여 '나무로 만든 성이란 배를 말하는 것'이라 시민들을 다시 한번 설득했고, 시민들은 결국 고향을 버리기로 결정하고 모두 아이기나로 향하는 피란길에 오른다. 이후 페르시아는 텅 빈 아테네에 들어와 아테네를 불바다로 만들어버렸다. 그 후 장정들이 탄 200척 함대를 이끌고 연합으로 복귀한 테미스토클레스는 작전회의를 열었는데, 코린토스 쪽으로 퇴각하여 육군과 합류하자는 의견이 나왔고, 다수결의 원칙으로 인해 결국 후퇴론이 채택되었다. 그러나 테미스토클레스는 끝까지 반대하여 총사령관 에우리비아데스를 찾아가 간곡히 설득하여 다시 회의를 열었고, 후퇴하려는 다른 함대 사령관들을 설득했으나 결국 회의는 결론을 내지 못한 채 끝나고 만다. 그러자 테미스

토클레스는 페르시아인 가정교사 시킨누스에게 부탁하여 크세르크세스에게 다음과 같은 편지를 쓰게 했다. "그리스 연합이 전의를 상실해 후퇴하자는 의견이 중론인데, 사령관 테미스토클레스가 항복을 계획하고 있습니다." "연합이 살라미스에서 이탈하면 전쟁이 장기화될 것이 우려되므로 그들의 퇴로를 차단할 방법을 찾아야 합니다." 편지를 수령한 크세르크세스가 움직이기 시작하자 테미스토클레스는 과거 자기가 도편 추방했던 아리스테이데스를 다시 데려와 "우리가 힘을 합쳐봤자 이미 장군들이 코린토스로 후퇴하려고 하니 도리가 없소"라고 능청을 떨었다. 당연히 아리스테이데스는 "페르시아의 200여 척 함대가 이미 퇴로를 차단하는 것을 보고 왔는데 무슨 수로 후퇴를 한단 말이오?"라고 반응했고, 테미스토클레스는 짐짓 몰랐다는 듯이 "퇴로까지 막혔다면 결사항전밖에 답이 없구려"라고 한다. 사실상 여기서 테미스토클레스는 아리스테이데스를 장군들을 설득할 히든 카드로 만든 것이었다. 예상대로 다음 회의에서 아리스테이데스가 이미 퇴로가 차단당했다는 사실을 장군들 앞에서 알리고, 후퇴마저 불가능하다는 것이 확인되자 결국 후퇴론이 꺾이게 된다. 이렇게 벌어진 것이 바로 살라미스 해전이며 항목에 있듯이 살라미스 해전은 그리스 연합의 대승으로 끝나게 된다. 승리 후 테미스토클레스는 아리스테이데스에게 은근슬쩍 "헬레스폰트 해협의 뱃길을 끊어버리면 페르시아 군은 사면초가의 상황이 될 것이오"라고 제안했는데, 아리스테이데스는 "그랬다간 이번 해전에서 우리가 결사항전했듯이 저들도 결사항전하려 들 것이니 절대 안되오."라며 펄쩍 뛰었다. 테미스토클레스는 그 말이 맞다며 동의한 뒤 페르시아 포로를 풀어주며 크세르크세스에게 '연합이 헬레스폰트 해협의 뱃길을 끊어 우리를 봉쇄한 뒤 포위해 공격하려 한다. 그러나 테미스토클레스가 대왕을 존경하여 이를 늦추고자 하니 대왕께서는 그 틈에 속히 철군하시라'라고 귀띔하게 한다. 완벽히 속아 넘어간 크세르크세스는 마르토니우스만을 남겨두고 속히 철수했는데, 테미스토클레스는 이 틈을 노려 군사들을 이끌고 나가 플라타이아이 전투에서 마르토니우스를 전사시키고 페르시아를 몰아내는 데 성공한다. 그 후에도 테미스토클레스는 멈추지 않았는데, 우선 연합을 배신하고 먼저 항복했던 안드로스 섬으로 찾아가 영주에게 벌금을 지불하라고 요구하며 "우리에게는 '설득'이라는 신과 '강제'라는 신이 있으니 둘 중 하나를 고르시오"라며 협박했다. 그런데 영주가 "우리에게는 '가난'이라는 여신과 '불능'이라는 여신이 있습니다"라며 지불을 거부했고, 테미스토클레스는 즉시 공격을 개시해 안드로스를 평정했다. 이 소문이 퍼지자 안드로스 섬 외에 페르시아에게 항복했던 여러 국가에서 먼저 나서 벌금을 지불했고, 이로 인해 테미스토클레스의 주가가 상승하게 된다. 살라미스 해전 전후 그리스 소속 국가들이 모여 델로스 동맹을 결성했는데, 그 중 아테네가 전쟁 중에 파괴된 해안의 성을 보수하는 작업에 돌입하자 '아테네가 스파르타를 공격하기 위해 성을 증축한다'는 소문이 퍼졌고, 이 소문을 들은 스파르타가 아테네 측에 항의하자 테미스토클레스는 직접 스파르타로 담판을 지으러 나갔다. 그런데 막상 스파르타에 도착한 테미스토클레스는 핑계를 대며 담화 날짜를 자꾸 미루거나 "사실무근이다"라며 책임을 회피하며 시간을 끌다가 "정 의심되면 사신을 보내어 알아보시오"라고 말했고, 스파르타는 할 수 없이 사신을 파견했는데, 아테네에서는 사신들을 가두어버렸다. 그리고 노인, 여자, 아이들까지 모두 나선 성 증축이 거의 끝나간다는 소식이 들어오자 테미스토클레스는 그제야 "아테네를 지키겠다고 아테네의 시민들이 하는 일인데 스파르타가 왜 자꾸 이래라저래라 하는 거요?"라며 스파르타의 뒤통수를 친다. 이 성은 피레우스 항구를 줄줄이 연결하는 대규모의 성으로 당대 최고의 해상무역 중계점이자 군항으로 자리잡게 되었다. 그러나 테미스토클레스의 전성기는 거기까지였다. 스파르타에 잡혀있는 테미스토클레스와 아네테 측의 잡혀있는 사신들을 교환하여 아테네로 돌아온지 얼마 되지 않아 아리스테이데스가 뛰어난 정치로 인기를 얻자 자연히 인기가 떨어진 테미스토클레스는 결국 BC 479년 집정관직에 선출되는 데 실패해 정계에서 물러나게 되었다. 이후 반 스파르타 정책을 펼치다가 친 스파르타 정치인이었던 키몬(밀티아테스의 아들)의 정치적 공세에 밀려 BC 472년 도편 추방당한다. 그 다음해, 한 스파르타인이 페르시아와 내통하다 발각된 사건이 있었는데 테미스토클레스가 관련자로 지목되어 누명을 쓰게 되고, 테미스토클레스는 결국 유랑자가 되었다. 반역죄까지 뒤집어 쓴 테미스토클레스는 한때의 적 페르시아로 도주해 크세르크세스의 아들인 아르타크세르크세스 1세의 부하가

2. 테미스토클레스 리더십?

(1) 테미스토클레스의 '선견지명'[7] – 혼란과 위기 속 등장한 리더 테미스토클레스는 어떻게 나라를 구했나

페르시아 크세르크세스 왕이 일으킨 살라미스해전을 주제로 한 빌헬름 폰 카울 바

되어 사트라프(페르시아의 지방 총독)로 여러 지역을 전전하다가 마그네시아 총독 재임기에 66세의 나이로 사망한다. 플루타르코스 영웅전에는 페르시아를 배반한 이집트를 아테네가 함대를 보내 원조했다는 이유로 테미스토클레스를 총사령관으로 임명해 아테네를 정벌하라는 명령을 받았는데 고민 끝에 친구들과 잔치를 베푼 후 음독자살했다고 되어 있지만, 자연사했다는 견해가 정설이다. 그래도 실제 역사 또한 테미스토클레스가 조국인 아테네를 침략했다는 기록이나 그와 비슷한 기록이 일체 없으므로, 실제 테미스토클레스 또한 아테네의 적이 되지 않은 상태로 죽음을 맞이했을 것으로 보인다. 3. 여담: 상당히 뇌물을 밝히고, 계략에 능해 그의 정적인 아리스티데스를 도편추방시키기도 했다. 특히 그의 계략이 빛을 발한 것은 살라미스 해전인데, 크세르크세스에게 항복하겠다고 뻥을 쳐서 퇴로를 막으러 함대를 분산시키게 하고, 그걸 다시 동맹국 함대가 일부러 눈치 채게끔 해 철수하려던 동맹국 함대를 저지하고, 이로 인한 분란을 다시 크세르크세스에게 알려 살라미스 해협으로 유인해 격파했다. 그 직후에 그는 또 페르시아에 항복할 테니 아테네인들의 신변보장을 해달라고 크세르크세스에게 요청하기도 했다. 속임수에 능하다는 것이 그리스인들 사이에서도 유명했던지 페르시아군이 퇴로를 막았다는 소식을 동맹국 지휘관들에게 알릴 때 자신이 알리는 것이 아니라, 정적인 아리스티데스를 통해 알렸다. https://namu.wiki/w/%ED%85%8C%EB%AF%B8%EC%8A%A4%ED%86%A0%ED%81%B4%EB%A0%88%EC%8A%A4 2022.10.3. 검색.

6 테미스토클레스가 '위대한 지도자'로 추앙 받는 이유는? 오늘은 아테네 민주주의의 요람이라 할 수 있는 프닉스 언덕에 올랐다. 프닉스 언덕은 파르테논 신전이 있는 아크로폴리스와 길 하나를 사이에 두고 서쪽에 있는 언덕이다. 아테네 민주정과 관련한 두 개의 중요한 유적이 있다. 하나가 민회가 열렸던 광장이다. 솔론에서 페리클레스 시대까지 민회의 권한은 계속 확대되었다. 주요 정책과 법률에 대한 의결권을 지녔고, 정무관, 장군을 선출했다. 나중에는 재판도 했고, 배심원 제도도 도입했다. 도편추방이 행해지는 곳도 민회였다. 또 하나는 아테네부터 피레우스 항구까지 연결된 성벽이다. 테미스토클레스는 라우리온 은광에서 나온 수익을 시민에게 분배하자는 정책에 반대하고, 항구와 함대, 성벽에 투자하게 했다. 성벽 유적은 아슬아슬하게 남아 있지만, 튼튼하고 수준 있는 성벽이었다. 내적인 단합과 국방력, 이 두 가지가 아테네를 페르시아의 침공에서 구하고, 페리클레스 시대의 전성기를 열었다. 다른 하나의 요인은 경제부흥이었다. 테미스토클레스는 농업 국가였던 아테네를 해상무역국가로 바꾸었다. 이때 아테네가 해상무역국가의 본보기로 삼았던 곳이 아이기나 섬이었다. 프닉스 언덕에서 보면 이 섬이 손에 잡힐 듯 가깝게 보인다. 이건 충격이었다. 아테네는 결국 아이기나를 밀어내고 해상패권을 장악하기는 하지만 처음에는 상당히 망설였다. 아이기나에 양심의 가책을 느껴서가 아니었다. 과거의 생활습관에 대한 미련을 버리지 못했기 때문이었다. 이것도 믿기지 않는 곳이 아테네 주변 땅은 염소밖에 살 수 없을 정도로 거친 바위투성이 땅이다. 그럼에도 불구하고, 게다가 바로 눈앞에 성공사례가 있음에도 불구하고 아테네는 망설였다. 이만큼 인간은 보수적이고 자신의 경험, 선입견을 좀체 벗어나지 못한다. 테미스토클레스가 위대한 것은 미래를 정확히 예측했을 뿐 아니라 대중의 선입견, 관습과 싸워 이겼기 때문이다. 그것이 참된 지도자의 사명이다. ; 임용한 역사학자, "테미스토클레스가 '위대한 지도자'로 추앙 받는 이유는?," 동아일보, 2019.9.30. 검색.

7 배철현, 서울대 종교학과 교수, "테미스토클레스의 '선견지명'," 주간조선, 2016.11.04 15:53 호수 2431.

하의 그림. 이 전쟁을 대비한 테미스토클레스의 선견지명 덕분에 그리스 문명은 살아남았다. 페르시아 크세르크세스 왕이 일으킨 살라미스해전을 주제로 한 빌헬름 폰 카울 바하의 그림. 이 전쟁을 대비한 테미스토클레스의 선견지명 덕분에 그리스 문명은 살아남았다. 인류 역사의 거대한 물결은 위에서 아래로만 정해진 길을 따라 흘러가는가, 혹은 한 위대한 리더에 의해 물꼬를 터 새로운 길로 들어서는가? 인류 역사의 진보는 대중이 만드는가, 혹은 선각자가 등장하여 대중을 설득하여 이루어지는가? 한 국가나 집단이 사라질 위기에 봉착했을 때 그것을 타개할 수 있는 방안은 무엇인가? 기존 체제와 그 안에서 연명했던 인물들이 자신이 경험하여 알고 있던 구태의연한 방식으로 위기를 벗어날 수 있는가? 18세기 말 미국이라는 신생국가를 탄생시키는 데 결정적 역할을 한 인물은 미국의 3대 대통령이기도 한 토머스 제퍼슨(1743~1826)이다. 미국 독립선언문을 작성하기도 한 제퍼슨은 아테네 정치가 테미스토클레스(기원전 524년~기원전 459년)를 자신의 정신적 멘토로 삼았다. 테미스토클레스가 활약하던 시기는 기원전 6세기부터 5세기 초 아시아와 유럽을 지배하던 고대 페르시아 제국이 마침내 아테네와 그리스의 도시국가들을 침공할 때였다. 아테네가 풍전등화처럼 사라질 위기에 봉착했을 때 모습을 드러낸 리더가 테미스토클레스다. 그는 페르시아와 그리스 도시국가 간의 전쟁들, 특히 마라톤전투와 살라미스해전을 치르면서 리더가 됐다. 그리스 도시국가들이 페르시아제국의 속국이 될 위기에 등장하여 서양문명의 불씨를 살렸다. 오늘날 그리스문명과 그 자식들인 서양문명은 테미스토클레스의 리더십으로 태어날 수 있었다고 해도 과언이 아니다.

(2) 절체절명의 순간 등장한 프로노이아

테미스토클레스 리더십의 근원은 한마디로 '선견지명(先見之明)'이다. 여기에 자신의 깨달음을 행동으로 옮겨 결과를 도출시키는 '설득의 기술'도 중요한 요소다. 리더는 없던 길을 만드는, 남들이 가본 적이 없는 길을 가야만 하는 고독한 인간이다. 대중은 리더에게 자신들을 이전보다 더 나은 삶으로 인도해달라는 요청을 한다. 리더는 대다수 국민이나 다른 여느 정치 지도자들이 볼 수 없는 길을 끊임없이 모색하고, 그 길을 명약관화하게 볼 수 있는 능력을 지닌 자다. 테미스토클레스는 아테네가 절체절명의 위기에 처한 순간에 그 누구도 볼 수 없는 참신한 전략을 생각해낸다. 이것을 고대 그리스어로 '프로노이아(pronoia)'라고 한다. '프로노이아'는 앞으로 다가올 미래 상황을 사고실험을 통해 구체적으로 선명하게 상상하고, 그것에 대한 대처방안을 내놓는 능력이다. 남들이 볼 수 없는 미래의 일을 상상하는 것은 점을 치거나 기도를 해서 얻어지는 것이 아니다. 자신과 자신이 속한 공동체를 높은 시선에서 전략적으로 볼 때 생긴다. 그러면서 리더는 자기 자신에게 확고한 믿음을 줄 수 있는 능력을 가진 사람이다. 이런 믿음을 고대 그리스어로 '피스티스(pistis)'라고 불렀다. 이런 자기 확신은 이해 당사자들을 설득할 수 있는 매개체인 말에 힘을 선사한다. 어떤 리더가 대중이나 다른 정치지도자들을 설득하지 못하는 이유는 자신의 말에 힘이 없기 때문이다. 여기서 힘이란 오랜 수련을 거쳐 얻은 '선견지명'으로 위기상황을 직시하고 그 해결책을 구체적으로 갖고 있는 것이다. 이렇게 자기 확신을 통해 나오는 말을 고대 그리스어로 '디나미스(dynamis)', 즉 '힘'이라고 불렀다. 테미스토클레스가 활동한 시대는 정치적으로 혼란기였다. 아테네를 지배하던 참주 페이시스트라토스(Peisistratos)는 기원전 527년에 사망하면서 권력을 자신의 두 아들인 히피아스와 히파르코스에게 이양했다. 당시 아테네 귀족들이 권력투쟁을 벌여 첫째 아들 히피아스를 살해하자 히파르코스는 자신에게도 들이닥친 살해 위협에 맞서 점차로 외국 용병들에게 의존한다. 그러자 아테네에서 추방된 클레이스테네스(Cleisthenes)는 스파르타 왕 클레오메네스(Cleomenes) 1세의 힘을 빌려 둘째 아들 히파르코스를 폐위시키는 데 성공한다. 그러나 세상 일이 자신이 원하는 대로 항상 이루어지지 않듯이, 아테네 귀족들은 클레이스테네스를 지도자로 옹립하지 않았다. 그들은 스파르타 왕 클레오메네스 1세가 지지한 이사고라스(Isagoras)를 '아르콘(archon)', 즉 최고행정관으로 옹립한다. 그러자 클레이스테네스는 정치권력을 아테네 시민들에게 부여하는 과감한 개혁을 시도한다. 그리고 이 정치 형태를 '데모크라시', 즉 '민주주의'라고 불렀다. 아테네 시민들은 이사고라스를 폐위시키고 자신들 스스로 새로운 힘을 획득하였다. 아테네 시민들이 자신들을 위해 스스로 아테네를 수호하고 권력을 쟁취한 것이다. 그들은 클레이스테네스에게 새로운 정치구조 개혁을 맡겼다. 그의 '민주주의 개혁'은 부족과 종교를 기반으로 한 전통사회를 헤쳐 새 질서를 만드는 작업이었다. 그는 아테네인이 과거에 속했던 네 개의 부족 집단을 재정비하였다. 그는 오래된 부족들을 없앤 것이 아니라 그들에게 '퓔레(phyle)'라는 이름을 붙여 10개의 새로운 집단으로 나누었다. 그리고 이 집단의 조상으로 신화 속에 등장하는 영웅들을 각각 배치하였다. 그리고 작은 마을들이나 도시의 한 지역을 구성하는 '딤(deme)'이라는 새로운 행정구역을 만들어 재정비하였다.

(3) 민주주의 혁명 '법의 평등'

클레이스테네스는 외적인 행정개혁을 단행하면서 그것을 작동할 체계를 고안해 냈는데, 그것이 '민주주의'였다. '민주주의'라는 단어는 그리스어 '데모크라티아(demokratia)'에서 유래했다. 이 단어를 직역하자면 '대중을 위한 권력'이란 의미다. 그러나 이 용어는 아테네 민주주의를 부정했던 사람들이 만들어낸 용어다. 아테네인은 자신들의 정치체계를 다른 이름으로 불렀다. 그리스 역사가 헤로도토스는 그의 책 '역사'에서 아테네서 실험하고 있는 새로운 정치제도를 '이소노미아(isonomia)', 즉 '법의 평등'이라고 불렀다. 아테네 시민 누구나 동일한 법 아래 있으며, 그 법 앞에서 평등하다는 의미의 정치 제도이다. '이소노미아'는 계급을 통해 자신의 신분이 결정된 아테네 사회의 근간을 허물었다. 모든 사람은 법 앞에서 평등하며 개개인은 고유한 존엄성을 지니고 있기에 자유가 가장 중요한 가치로 등장하였다. 평등과 자유가 인간사회의 기반으로 비로소 등장하였다. 대부분의 나라들이 19세기 말까지 세습에 의한 왕정을 유지하였지만, 고대 그리스는 이론상 모든 사람이 법 앞에서 평등하다는 정치적 혁명을 기원전 5세기에 이루었다는 사실이 놀랍다. 서양문명은 바로 이 시점에서 탄생하였고 아테네는 서양문명의 핵심가치를 창출하였다. '법 앞에서 모든 사람이 평등하다'라는 이소노미아에서 가장 중요한 가치는 무엇인가? 고대 그리스인들은 '이세고리아(isegoria)', 즉 '발언의 평등'이라고 여겼다. 아테네 남성들은 자신이 태어난 계급과는 상관없이 시민 모임인 '민회'에서 말할 수 있는 권한을 가졌다. 당시 아테네는 남성주의 사회였다. 엄밀한 의미에서 진보된 사상이라고 말할 수 없지만, 계급을 이론상 철폐했다는 사실이 혁명적이다. 이전에는 귀족이나 금권을 장악한 사람들만이 발언할 수 있었다. 고대 그리스인들이 당시 남긴 시에서 여러 증거들이 등장한다. 아테네 성인 남성들은 누구나 공적인 모임에서 자신의 생각을 동료 시민들에게 설득할 수 있는 기회가 주어진다. 이와 함께 개인이 상대방을 설득할 수 있는 수사적 능력이 리더의 가장 중요한 덕목으로 등장하였다. 언론의 자유는 아테네가 고안한 자치 정부의 핵심이다. 그리고 투표는 민주주의를 강화하였다. 이런 과감한 시도가 이전의 모든 정치행태를 전복시킨 것은 아니다. 특히 경제권을 쥔 귀족들은 건재했고 귀족들로 구성된 법정인 '아레오파구스(areopagus)'와 귀족들의 집인 '프라트레스(phratres)'는 여전히 남아 있었다. 아테네 일반 시민들은 여전히 귀족들에게 리더십을 요구하는 민주주의였다.

테미스토클레스는 아테네에서 기원전 523년에 태어난다. 그의 아버지 네오클레스는 허울만 귀족일 뿐 플루타르코스가 저술한 '영웅전'의 말을 빌리자면 "아무도 알아주지 않는 사람"이었다. 그의 어머니에 대해서는 두 가지 설이 있다. 한 전설에 의하면 그의 어머니는 트라키아 출신 아브로토논이다. 또 다른 전설에 의하면 소아시아 할리카르나소스 출신 에우테르페다. 한 가지 분명한 사실은 테미스토클레스는 아테네 귀족 가문 출신이 아니었다는 점이다. 그는 아테네 성 외부의 이민자 거주지인 키노사르게스에서 어린 시절을 보냈다. 그는 아테네 성벽 넘어 사는 귀족 자제들을 설득하여 키노사르게스에서 함께 놀며 사회적이며 인종적인 경계를 자연스럽게 허물며 지내는 경계인으로 성장한다. 플루타르코스는 테미스토클레스가 어려서부터 리더가 되기 위해 자신을 수련했다고 전한다. 그는 전통적인 귀족 교육을 받지 못했지만 자신의 연설을 효과적으로 전달하기 위해 수사학 연습에 매진하였다. 플루타르코스는 그가 남긴 말을 전한다. "나는 피리를 연주하는 방법을 모른다. 그러나 나는 아테네를 위대하게 만들 수 있는 방법은 알고 있다." 테미스토클레스가 살았던 시대정신을 대변하는 예술 작품이 하나 있다. 청년을 조각한 작품이다. 이 조각상은 1866년 아테네 아크로폴리스의 폐기물 매장터에서 발견됐다. 기원전 480년 페르시아제국의 크세르크세스가 아테네를 침공하여 신전 안에 있던 성물들을 파괴했다. 후에 아테네인들은 그 성물들을 한곳에 매장하였다. 이곳에서 발견한 한 특별한 조각상이 기원전 480년에 제작되었다고 추정되는 '크리티오스의 소년'이라는 그리스 조각상이다. 이것을 제작한 조각가는 신체의 각 부분이 하나의 체계로 유기적으로 작동한다는 점을 완전히 이해하였다. 그리스 고전기 이전 조각품인 경직되고 비개성적인 '쿠로이(kouroi)'와는 대조적이다. 이 조각품은 그리스의 고전 예술 양식을 창시한 미론(Myron)의 스승인 크리티오스의 작품이라고 추정되나 증거는 희박하다. 대리석으로 조각된 '크리티오스의 소년'은 이제 민주주의를 통해 발화된 아테네 고전문명의 시발

점이라 평가할 만하다. '콘트라포스토'라는 인체 입상의 특징을 처음으로 표현했다. 인체의 중앙선을 S자형으로 그리며 상반신의 무게를 지탱하여 직립하는 다리인 지각(支脚)과 뒤꿈치를 살짝 들고 무릎을 구부린 다리인 유각(遊脚)을 각각 표현하였다. 전체적으로 좌우비상칭(左右非相稱)이지만 묘하게 균형이 잡혀 인체의 정중동(靜中動)과 긴장, 이완의 대비가 신비하게 표현되었다. 이 조각상은 힘이 넘치고 실물처럼 표현되었다. 신체의 모든 부분들이 모두 자신들의 특징을 잘 드러내면서 조화를 이룬다. '크리티오스의 소년' 조각상은 아테네를 구성하는 시민들의 다양성과 복잡성 그리고 일체감을 표현한다. 이 새로운 형식의 조각은 얼마 가지 않아 아테네와 그리스 조각의 기준이 되었을 뿐만 아니라 르네상스를 거쳐 오늘날 조각 예술의 기준이 되었다. 아테네 민주주의는 여전히 머리 역할을 하는 리더가 필요했다. 테미스토클레스는 정치가로서 스승이 없었다. 다른 귀족 자제들처럼, 자신이 흉내 내고 추종해야 할 전범이 없었다. 이 점은 그가 리더로서 성장하기 위한 최대 약점이자 동시에 최대 장점이 됐다. 그는 자기 자신에게 스승이 되어 스승처럼 생각해야만 했다. 예술 분야에 '크리티오스의 소년' 조각상이라는 새로운 방식이 소개되고 실험되었던 것처럼, 테미스토클레스는 자신만의 정치혁신을 시도하였다. 그는 대중을 설득하는 기술은 세련되고 감동적인 연설이라고 판단했고, 연설 중에 가능하면 많은 아테네 시민들의 이름을 기억하고 언급하여 그들의 노고를 치하하기로 결정한다.

(4) 설득의 힘을 기른 테미스토클레스

테미스토클레스는 기원전 493년, 서른 살이 되던 해 아테네의 가장 중요한 선출직 중 하나인 '아르콘'이라는 최고 행정관으로 선출되었다. 그는 자신이 해야 할 가장 중요한 일이 무엇인가 깊이 묵상하여 '프로노이아', 즉 선견지명에 도달한다. 페르시아 제국이 점점 힘을 키우고 있는 아테네를 침공할 것이 분명하기 때문에 아테네로 가는 주요 항구인 피라이우스(Piraeus)에 요새를 구축하기 시작한다. 기원전 491년 페르시아제국의 '위대한 왕' 다리우스가 그리스 도시국가들에 '흙과 물'을 구하는 사절단을 보낸다. '흙과 물'이란 페르시아제국에 승복했다는 표시다. 다리우스는 특히 페르시아의 식민지였던 소아시아 이오니아인들이 반란을 일으켰을 때 아테네가 군사적으로 개입하였다는 점에 불만을 갖고 있었다. 소아시아 이오니아인들은 주로 아테네와 그 주변에서 이주해 간 이민자들이다. 그러나 아테네는 자신들을 찾아온 다리우스의 사절단을 지하 구덩이에 감금시켰다. 당시 스파르타를 제외한 그리스 모든 도시국가들이 페르시아에 승복하였을 때였다. 기원전 490년, 페르시아 군대는 마라톤 항구에 배 600척, 보병 2만명, 그리고 기병 800명을 보냈다. 아테네인들은 전령 피딥피네스(Phidippides)를 시켜 스파르타에 군사적 지원을 부탁했다. 스타르타인들은 중요한 종교 절기 중이라는 이유로 군대 파견을 보류한다. '호플라이트(Hoplites)'라 불리던 아테네 보병들이 페르시아 군대와 홀로 맞설 수밖에 없었다. 아테네 군인들은 전력이 2대 1로 열세였지만 정면대결하기로 결정하였다. 당시 아테네 장군들은 밀티아데스, 칼리마쿠스, 아리스티데스, 크산티푸스, 스테이실아오스 그리고 테미스토클레스 등이었다. 이들은 밀집대형이라는 새로운 전략과 높은 사기(士氣)로 불가능한 전쟁에서 승리하였다. 6,000명이 넘는 페르시아인이 전사했지만 아테네인은 192명만 죽었다. 마라톤전투에서 승리한 후 테미스토클레스는 권력을 잡기 위해 아리스티데스와 투쟁한다. 아리스티데스는 부유한 귀족 출신으로 존경받는 인물이었다. 반면 테미스토클레스는 자수성가한 외톨이였다. 아리스티데스는 자신들의 창과 무기를 들고 자신들의 갑옷을 입고 참전한 아테네의 보수적인 농민들을 대변하였고, 테미스토클레스는 주로 도시빈민 출신으로 수공업에 종사하던 테테스(thetes)라는 하류층 상인들을 대변하였다. 아리스티데스는 호플라이트 보병들을 자신의 권력 기반으로 삼은 반면 테미스토클레스는 다리우스의 아들 크세르크세스의 아테네 침공을 막기 위해서는 해군을 강화해야 한다고 주장했다. 다리우스 대왕은 마라톤전투에서 물러간 후 다시 아테네로 돌아올 수 없었다. 기원전 486년 페르시아제국의 식민지인 이집트가 반란을 일으켜 그리스 원정을 연기할 수밖에 없었다. 다리우스는 불행히도 이집트 원정을 준비하다 사망한다. 다리우스의 아들 크세르크세스는 왕좌를 이어받아 이집트 반란을 진압하고 아버지 다리우스가 실패한 그리스 원정을 준비한다. 크세르크세스는 아버지 그늘 아래에서 자신의 위용을 드러내고 싶었다. 크세르크세스가 일으킨 살라미스해전을 바탕으로 기술된 최초의 그리스 비극 작품인 아이스킬로스의 '페르시아인들'(기원전 472년 초연)에서는 크세르크세스의 이런 이기적인 욕망을 '휴브리스(hubris)'라고 불렀다. '휴브리스'란 자신을 관조하지 못한 채 자신에게 주어진 권력이나 업적을 자기 스스로 이루었다고 생각하고 자만심으로 행동하는 마음의 상태이다.

(5) 살라미스해전을 꿰뚫어본 예지

아이스킬로스는 비극적 인간의 3단계를 기술한다. 첫 단계는 오만이다. 만일 사람이 자신을 있는 그대로 볼 수 있는 내공과 수련이 부족하면, 그는 어리석게도 자기 만족에 빠지는 '오만'이란 늪에 들어간다. 두 번째 단계는 '장님성'이다. 그는 오만이란 늪에서 아첨하는 사람들에 둘러싸여 자신과 주위 사람, 사태를 제대로 파악하지 못하는 장님이 된다. 스스로 사람이나 사물, 그리고 사건을 파악할 정신적 · 영적인 눈이 없기 때문에, 자신이 직접 해야 할 일들을 남에게 맡기고 게을러진다. 이 단계를 고대 그리스어로 '아테(ate)'라고 부른다. 자신이 장님이 되면 반드시 그 대가를 치르게 된다. 세 번째 단계는 '복수'다. 고대 그리스어로 '네메시스(nemesis)'라고 부른다. 이 단어는 영어로 그대로 차용되었다. '네메시스'라는 단어의 원초적 의미는 '내가 당연히 받아야 하는 것을 받는 행위'다. 복수는 내가 남에게, 혹은 남이 나에게 가하는 나쁜 행위가 아니라, 내가 자초하여 다른 사람으로부터 당하는 운명적인 벌이다. 드디어 벌어진 살라미스해전 당시 아테네에는 테미스토클레스라는 리더가 있었다. 그는 마라톤전투를 통해 페르시아제국의 야망을 경험하였고, 마라톤전투에서 패한 페르시아가 반드시 아테네를 재침공할 것이라는 사실을 알았다. 아마도 그 사실을 아는 유일한 아테네의 리더였다. 테미스토클레스는 전열을 재정비하여 오는 페르시아 군대를 이길 방도는 '삼단노선'이라는 배를 증강하는 방법밖에 없다고 판단하였다. 그러나 호플라이트를 중심으로 한 보병 중심의 주력부대를 운영하던 아테네에 해군을 강화하자는 주장은 설득력이 없었다. 테미스토클레스는 삼단노선을 증강하지 않는다면, 아테네는 불타 없어지고 그리스는 인류 역사에서 사라질 것이라고 확신하였다. 그는 깊은 묵상에 빠져 '프로노이아'를 통해 해결책을 찾는다. 위기의 순간 해결책은 미래에 일어날 일을 선명하게 상상하고 입체적으로 구상하고 인내를 가지고 기다리는 자에게만 떠오른다. 기원전 483년 아테네 근처 라우리온(Laurion)에서 대량의 은이 매장된 광산이 발견되었다. 100달란트나 되는 은은 오늘날 수 천 억원에 해당하는 재물이다. 아테네인들이 은 광산을 발견하였을 때 하는 일반적인 일 처리 방식은 은을 채굴하여 골고루 배분하는 것이다. 이 순간, 테미스토클레스의 프로노이아가 그의 정신을 깨웠다. 그는 아테네 시민들에게 페르시아의 공격에 대비하여 발견된 은을 전쟁 비용으로 사용해야 한다고 말했다. 당시 육군을 장악한 아리스티데스는 이 안에 반대하였다. 테미스토클레스는 아테네 시민들의 직접적인 이익에 관련된 예를 들어 다시 설득한다. 그는 아테네에서 17㎞ 떨어져 있는 아이기나섬을 언급한다. 아이기나섬은 마라톤전투 때 페르시아 편을 든 해상강국이다. 그는 아테네가 해상무역으로 부를 축적하기 위해서는 눈앞에 보이는 아이기나의 해군에 맞설 수 있는 삼단노선 구축이 절실하다고 다시 설득한다. 아테네 민회에 라우리온의 은 사용에 대한 안건이 상정되었다. 전통적이며 부유한 호플라이트 계급은 자신들의 삶에 직접적 영향을 줄 수 있는 아이기나를 제어하기 위해 삼단노선을 구축해야 한다는 안에 찬성한다. 아테네의 가난한 도시빈민들은 자신들에게 일거리를 주는 선박 구축에 찬성한다. 삼단노선은 그 당시 크루즈 미사일이었다. 배가 삼단으로 되어 있어 노를 저어 속도를 낸다. 아테네인은 100척의 삼단노선을 건조하여 크세르크세스와의 480년 살라미스해전에서 승리한다. 테미스토클레스의 선견지명은 자신이 처한 상황을 저 멀리서 떠올리며 자신의 모습을 객관적으로 볼 수 있는 독수리의 눈을 가진 자가 지닌 능력이다. 주관적 자아를 선명하게 보고 수련하여 자신이 속한 공동체의 공공이익을 위해 자신이 해야 할 고유한 임무를 자신의 목숨처럼 믿고 신뢰하는 사람이 선견지명을 지닌 리더이다. 리더는 스스로에게 항상 물어보아야 한다. "나는 나에게 믿을 만한 존재인가?" 내가 내 자신을 못 믿는다면 누가 믿겠는가? 선명지명과 자기 확신은 그 사람에게 카리스마를 선물한다. 그것이 그의 말의 힘 '디나미스'다. 선견지명이 있어 자기 확신에 찬 리더의 목소리를 듣고 싶다.

(6) 살라미스 해전[8]

"마라톤 전투에서 패배한 페르시아는 패배를 설욕하고자 다시 치밀하게 전쟁준비에 박차를 가했다. 페르시아는 수많은 병사와 물자를 모으고, 대규모 함대를 구성하고, 다리를 놓고, 운하를 만들어 이동과 보급 경로를 확보하는 등 그리스 원정을 철저하게 준비하였다. 전쟁을 준비하는 동안에 다리우스 대왕이 사망하고 크세르크세스(Xerxes) 1세가 왕위에 올랐다. 그리스도 페르시아가 다시 침공해 올 것이라 예상하고

---

8 최승범 (예) 육군 준장, "재미로 읽는 전쟁 이야기 – '살라미스 해전'편", 미디어저널, 2017.1.17. http://www.mediajournal.co.kr/202828#09k2 2022.10.10. 검색.

전쟁에 대비했다. 특히 그리스 남부 도시국가들은 헬레네 동맹(Hellenic League)을 결성하고 연합하여 페르시아에 대항하고자 했다. 헬레네 동맹은 아테네와 스파르타가 주도하였는데 스파르타가 동맹군의 지휘를 맡았다. 즉 동맹군의 총사령관은 스파르타에서 맡은 것이었다. 이것은 스파르타가 강력한 군사력을 보유하고 있었고, 스파르타의 상무 정신은 이미 정평이 나 있었기 때문에 당연한 결과였다. 스파르타로 하여금 전쟁을 총지휘하게 하도록 한 것은 전쟁지휘의 단일화를 이룩한 것이다. 오늘날 군사학에서는 일련의 전쟁의 원칙을 제시하고 있는데 그중 하나가 '지휘통일의 원칙'이다. 스파르타가 전쟁을 총지휘하게 된 것은 이 원칙이 제대로 적용된 사례라 볼 수 있으며, 이렇게 함으로써 그리스군은 전투에서의 효율성을 기대할 수 있었던 것이었다. 이와 더불어 아테네도 페르시아의 복수전은 당연히 아테네에 집중할 것이라 예상하고 나름대로 치밀하게 전쟁 준비를 한다. 특히 아테네의 실권자 '테미스토클레스(Themistocles)'는 장차 페르시아와의 전쟁은 바다에서 승부, 즉 해전에서의 승리가 전쟁의 향방을 가를 것이라 예상하고 해군력 강화에 온 힘을 쏟는다. 기원전 486년에 그는 의회를 설득하여 100척의 함선을 건조하게 하였는데, 이러한 노력으로 인하여 아테네는 기원전 480년대 말엽에는 200척의 함선을 보유할 수 있게 되었다. 그 당시는 전쟁이 발발하면 육지 전투에서의 승패가 전쟁의 승패를 결정지었으며 전투력의 핵심은 '밀집 중장보병'이었다. 그러한 시대에 해양 방위전략에 중점을 두고 전쟁 준비를 했다는 것은 장차 예상되는 전쟁의 전략적 본질을 예견한 테미스토클레스의 뛰어난 통찰력과 혜안이 있었기에 가능한 것이었다. 기원전 484년 페르시아는 그리스의 기술자 하르팔로스(Harpalos)를 고용하여 아비도스와 세스토스 사이의 헬레스폰트 해협에 다리를 놓았다. 그는 300척 이상의 함선을 닻줄로 연결해 해협에 배를 두 줄로 세운 다음 그 위에 나무로 길을 깔았다. 그런 후 기원전 480년에 페르시아군은 그리스 북부로 진격을 시작했다. 제3차 전쟁이 개시된 것이었다. 헤로도토스에 의하면 페르시아군은 약 16만 명의 인원과 1,207척의 전함, 3,000척의 수송선으로 구성되어 있었다고 한다. 육지에서의 첫 대규모 전투는 테르모필레 지역에서 치열하게 치러졌다. 그리스는 페르시아의 수적 우위를 극복하기 위해 테르모필레의 좁은 협곡에서 결전을 벌이기로 한 것이었다. 테르모필레의 통로는 어느 부분에서는 겨우 마차 한 대가 통과할 수 있을 정도밖에 되지 않는 매우 좁은 협곡이었다. 스파르타의 왕

레오니다스(Leonidas)는 7,000명의 장갑보병을 이끌고 그 길목에 진을 쳤다. 레오니다스는 이틀 동안 페르시아의 공격을 잘 저지했다. 첫날 전투에서 페르시아는 1만 명의 병력을 잃어버렸고, 둘째 날에도 그리스군은 페르시아군의 공격을 잘 막아내었다. 그러자 크세르크스는 협곡이 너무 좁아서 대규모 병력이 한꺼번에 공격할 수 없다는 것을 깨닫고 정면 공격을 포기하고 후방으로 돌아가서 그리스군의 배후를 공격하기로 한다. 그는 테르모필레의 지형을 잘 아는 그리스인을 매수해서 그리스군의 후방을 공격할 수 있는 새로운 길을 알아냈다. 그런 다음 페르시아군은 야간에 은밀히 이동하여 후방으로 돌아가서 새벽에 그리스군의 배후를 공격하였다. 불의에 후방기습 공격을 받은 그리스 연합군은 순식간에 무너졌고 레오니다스는 정예군을 보호하기 위해 즉각 퇴각 명령을 내렸다. 그리고 자신은 스파르타 전사 300명과 함께 남아서 페르시아군에 끝까지 맞서 싸우다가 장렬하게 전사하였다. 2014년에 개봉한 '영화 300'[9][10]은 이 '테르모필레 전투'를 배경으로 제작된 것이다. 페르시아는 병사 2만 명을 잃는 만만치 않은 대가를 치른 후에야 테르모필레를 완전히 장악할 수 있었다. 한편 바다에서는 아르테이시온 곶 일대에서 양 진영이 일대 격전을 치른다. 이틀 동안의 해전에서 승부는 나지 않았지만 페르시아군의 우세였다. 그런데 그리스군에

---

9 살라미스 해전의 시작 〈300: 제국의 부활〉? 페르시아와 맞서 싸운 건 스파르타뿐만이 아니었다. 스파르타의 300 특공대가 육지에서 왕의 군대와 싸우고 있었다면 스파르타를 제외한 그리스 연합군은 바다에서 페르시아 함대와 대치하고 있었다. 그리스의 테미스토클레스 장군(설리번 스태플턴)은 페르시아에 항복하는 대신 잔인하기로 악명 높은 아르테미시아(에바 그린)의 함대와 맞서 싸우기로 결심한다. 페르시아 전쟁의 중요한 분기점이었던 살라미스 해전이 이제 막 시작되려는 것이다. 잭 스나이더는 〈300〉(2007)에서 '정의의 화신'인 스파르타군과 싸우는 페르시아를 절대악으로 설정하고 이들을 '괴물'로 묘사하며 많은 비판을 받았었다. 이번 〈300: 제국의 부활〉은 전작의 실수를 피하려고 나름 노력하지만 '우월한 서방 vs 미개한 비서방'의 대립 구도는 여전하다. 특히 주인공이 "자유," "민주주의," "정의"를 노골적으로 외치는 장면들과 페르시아군을 살인광으로 묘사한 장면들은 이 영화를 마음 편히 즐기기 어렵게 만든다. 민주주의를 지키는 정의의 백인 군대가 정치-문화적으로 미개한 나라를 물리친다는 단순한 메시지가 너무 노골적으로 읽히는 것이다. 이렇게 선과 악을 이분법적으로 나누어 놓았으니 이야기가 재미있기란 힘들다. 물론 이를 만회하기 위해 화려한 액션을 채워 넣었지만 이 역시 이제는 수많은 영화와 TV드라마, 게임을 통해 익숙해진 것들이다. 다시 말해 〈300: 제국의 부활〉은 평면적인 인물들을 데리고 예정된 결말을 향해 걸어가며, 기대했던 액션 장면조차 관습적으로 연출한 영화다. 그나마 에바 그린의 물 만난 악역 연기가 극에 활력을 불어넣지만 그조차 뒤로 갈수록 빛이 바랜다. 그리스의 장군들이 틈만 나면 정의를 외치며 스스로 지루해져버리니 아무리 싸워도 긴장감이 생기지 않는 것이다. 적어도 잭 스나이더가 〈300〉의 주인공들에게 최소한의 인간적 매력을 부여했던 것을 기억하면 이는 안타까운 퇴보로 느껴진다. 김보연 (객원기자), "살라미스 해전의 시작 〈300: 제국의 부활〉", 씨네21, 2014.3.12.

10 https://youtu.be/wJmAXCFfO5s 〈300: 제국의 부활〉, 2022.10.10.

게 테르모필레에서의 전투에서 패했다는 소식이 전해지자 그리스 해군은 후퇴하여 살라미스 섬 부근으로 철수한다. 테르모필레 전투에서 승리한 페르시아는 신속하게 남하하여 9일 만에 아테네시를 점령하고 약탈하였다. 이제 함대만이 그리스를 구할 수 있었다. 그리스 연합해군의 총사령관인 스파르타 에우리비아데스(Eurybiades)는 지휘관 회의를 개최하였다. 회의에서는 치열한 격론이 벌어지지만 결론을 내지 못하였다. 아테네의 테미스토클레스는 살라미스 해협을 결전의 장소로 정하고 에우리비아데스를 설득하였다. 그는 살라미스의 좁은 바다가 기동성은 우수하나 수적으로 열세인 그리스 함대에게는 더없이 이상적이라고 강력히 주장하였다. 하지만 에우리비아데스는 결정을 내리지 못하고 있었다. 그러자 테미스토클레스는 대단히 대담하고 위험하기까지 한 계획을 세웠다. 그 계획은 페르시아로 하여금 그리스 함대를 공격하도록 유인하는 것이었다. 그는 크세르크스에게 편지를 보내서 자신은 페르시아에 투항할 것이며 그리스가 현 진지를 포기하기 이전에 공격한다면 살라미스에서 그리스 함대를 함정 속에 몰아넣을 수 있으리라고 말하였다. 크세르크스는 이를 믿었고 페르시아군은 곧 함정으로 빠져들었다. 그는 곧바로 함대를 살라미스로 진격시켰다. 이제 그리스군도 어쩔 수 없이 '살라미스 해협'에서 결전을 치르는 방법밖에 없었다. 페르시아가 먼저 전투를 개시했다. 해협이 좁아서 페르시아군은 3중 전열을 2열 종대로 바꿔야 했는데 그로 인해 함대가 너무 밀집해 져 버렸다. 그 순간에 그리스 함대가 공격해왔다. 그리스 함선은 페르시아 함선의 노를 부러뜨려 통제 불능 상태로 만든 다음 들이받았다. 때로는 페르시아 함선의 갑판 위로 올라가 육박전을 벌이기도 했다. 결정적인 작전을 수행한 것은 아테네군이었다. 아테네군은 해안선에 바짝 붙어 페르시아의 우측으로 돌아간 다음, 적진의 중앙으로 돌진해 들어갔다. 페르시아의 함대는 당황해서 점점 더 혼란에 빠졌다. 처음 중앙에서의 격전은 막상막하였고, 그리스 함대의 우측은 열세로 보였다. 그러나 하루 종일 치열한 격전을 치른 후에는 그리스군의 승세로 점점 굳어져 갔다. 아테네군은 적의 후미 좌측까지 함락시킬 기세였다. 결국 페르시아 함대가 견디지 못하고 후퇴했다. 그리스군의 대승이었다. 이 전투에서 페르시아는 200척의 함선이 격침되었으나 그리스는 불과 46척의 손실만이 있었다. '살라미스 해전'에서 그리스의 승리요인을 들어보면 다음과 같다. 먼저 그리스군은 '지형의 이점을 잘 활용'했다. 살라미스 수로는 협소하기 때문에 대규모 함대가 기동하기에는 제한적이었다. 따라서 페르시아의 대함대는 좁은 해협에서 제대로 전투력을 발휘하지 못하였던 것이었다. 두 번째는 '기만작전의 성공'이었다. 테미스토클레스가 크세르크스에게 허위로 편지를 보냈는데 페르시아군은 이를 믿고 기동하여 참패를 당하였다. 세 번째는 그리스군의 '철저한 전쟁 준비'였다. 그리스는 장차 페르시아와의 전투는 해전 위주로 전개될 것을 예상하고 시의적절하게 대함대를 건조하였는데 그 예상이 바로 적중하였던 것이다. 마지막으로는 군사력의 절대적 열세를 '지휘관의 탁월한 능력'으로 극복한 것을 들 수 있겠다. 테미스토클레스의 전략적 혜안과 기만작전 방책, 적합한 결전 장소의 선택 등 그의 탁월한 능력 없이는 결코 전투에서 승리할 수 없었을 것이다. 이 '살라미스 해전'은 영국 하워드 제독의 칼레 해전(1588. 8), 영국 넬슨 제독의 트라팔가 해전(1805. 10. 21), 이순신 장군의 한산도 대첩(1592. 7. 8(음력))과 더불어 '세계 4대 해전' 중의 하나로 꼽히고 있다. 기원전 479년 페르시아 육군은 플라타이아이에서 그리스 연합군과 다시 한번 결전을 벌였다. 이 전투에서 그리스 연합군은 수적 열세를 딛고 또다시 승리를 거두어 페르시아와의 전쟁을 완전히 끝냈다. 이 전쟁으로 아테네는 에게해의 맹주로 떠올랐으며 연안의 전략적 요충지를 모두 장악하여 흑해를 오가는 길까지 확보했다. 이렇게 하여 그리스와 페르시아와의 3차례에 걸친 오랜 전쟁에서 그리스가 최후의 승리를 거두었다. 이제 찬란한 그리스 문명이 꽃피기 시작되는 시기가 도래된 것이었다." 페르시아의 크세르크세스[11] 왕은 거대한 함대를 이끌고 그리스로 진격했다.[12][13] 스파르타 왕 레오니

---

11 크세르크세스 1세(Xerxes I)? external/upload.… 아케메네스 왕조. 출생: 기원전 518년. 사망: 기원전 465년 8월(향년 53세) external/upload.… 아케메네스 왕조 재위 기간 아케메네스 왕조 샤한샤 :기원전 486년 10월~기원전 465년 8월(22년). 전임자 다리우스 1세, 전임자 아르타크세르크세스 1세. 부모: 아버지 다리우스 1세, 어머니 아토사, 배우자 아메스트리스. 종교: 조로아스터교. https://namu.wiki/w/%ED%81%AC%EC%84%B8%EB%A5%B4%ED%81%AC%EC%84%B8%EC%8A%A4%201%EC%84%B8 2022.10.3. 검색.

12 B.C. 480년 그리스와의 전쟁을 개시하여 아테네까지 거침없이 진격하였으나 살라미스 해전의 패배와 바빌론의 반란이 결정타가 되어 2년 만에 원정을 중단하게 되었다. 이 전쟁의 여파로 페르시아는 상당한 손실을 입는데, 이 전쟁의 결과로써 페르시아는 에게 해의 제해권을 완전히 상실하였고 현재 터키의 서부 해안 도시들이 몽땅 아테네에게 붙어버리게 된다. 게다가 아테네는 매우 강력해졌으며 이들은 에게해의 제해권을 장악하여 페르시아에 적극적으로 군사원정을 하였는데 가령 페르시아가 해군을 재건한다는 소식을 듣자 아테네는 해군을 이끌고 터키 한복판까지 강을 거슬러와 해군을 궤멸시키기도 하였다. 또한 이집트가 반란을 일으켰고 이를 진압하긴 하였으나 뒤이어 키프로스 섬을 잃게 된다. 이로써 아테네는 제국화되었고 페르시아는 그 이후로 그리스에 대해 군사적인 영향력을 발휘하지 못하게 된다. 즉 크세르크세스의 군사원정의 실패는 마르도니우스가 이끄는 10만 병력과 천 여 척에 달하는 해군의 소멸이라는 직접적

인 손실과 에게 해의 제해권에 이오니아 도시들 및 키프로스의 상실로 이어졌으므로 명백히 페르시아에 큰 손실이라고 할 수 있다. 비록 페르시아가 아테네를 불태운 전과가 있으나 아테네 시민들은 뒤에 곧바로 아테네 제국이나 다름없는 델로스 동맹의 맹주 역할을 하는 것으로 보아 상당수의 재산을 보전한 듯하며[9] 따라서 이것만으로 페르시아 전쟁의 목적을 달성한 것이라고 말하긴 힘들다. 게다가 마르도니우스는 크세르크세스에게 명백히 '우리가 패배했다'라고 말하였다. 즉 페르시아 측에서도 살라미스 해전 때 이미 그들은 패배하였다고 생각하며 설령 그 시점에서 아직 해볼 만하다고 했다 하더라도 플라타이아 전투와 미칼레 해전에서 각각 10만 병력과 3백여 척의 전함이 궤멸되고서도 '아테네를 불살랐으니 이 전쟁의 목적을 달성했다'라고 말할 수는 없는 일이다. 더군다나 아테네는 전쟁의 승리 이후 연맹 도시들한테 자기네가 중심이었고 페르시아의 주적이었고 그래서 우리 도시가 불탔으니 너네 우리한테 보상금 줘라! 라고 말하면서 막대한 보상금을 긁어모아 아테네를 고대도시답지 않게 계획도시로 화려하게 재건했고, 화려한 예술품들도 함께 설치하는 것을 통해 완전히 문화 경제 학술 중심지로 거듭났다. 따라서 고대 세계에서 경천동지할 만한 대군을 일으키고도 무리할 정도로 초장기 원정, 작전과정에서의 혼란 등으로 관련도 없는 머나먼 그리스에서 병사들 목숨을 날리고 영토와 영향력을 잃었으며, 적에게는 승리와 자신감과 번영이라는 선물을 안겨준 암군(暗君)이라고 할 수 있다. 3.4. 최후: 페르시아로 철수한 이후에는 수도 페르세폴리스에 머무르면서 방대한 건축 사업을 벌였다. 수도에 자신만의 궁전을 세웠고 그의 보물창고도 이때 만들어졌다. 말년에는 정치에 관심을 잃고 하렘에 빠져 정사를 내팽개치다가 B.C. 465년 아르타바누스 등의 신하들이 쿠데타를 일으켜 그를 암살하고 그의 아들 아르타크세르크세스 1세를 옹립했다. 3.5. 성경에서의 등장: 또한 의외로 성경에도 등장하고 있다. 성경에 등장하는 현명한 유대인 에스더의 남편이자 페르시아의 황제로 등장하는 인물이 바로 크세르크세스 대제다. 유대인을 몰살시키려다 에스더의 설득으로 그만두었다는 점 때문에 덩달아 대인배로 취급받는다. 단, 개신교에서 주로 쓰는 성경에서는 히브리어 성경에 따라 아하수에로(Ahasuerus)라고 나오기 때문에 이 둘이 동일 인물이라는 사실은 얼핏 봐서는 알기 힘들다. 성경을 읽어보면 에스더는 그리스 원정 전쟁을 기점으로 간택되기 시작했다가 그리스 원정 실패 후에 비로소 왕비가 되는 것으로 추측된다. 전 왕비가 폐위되고 에스더가 새로 왕비가 되는데 전 왕비인 와스디를 폐한 이유가 술자리에 불렀는데 안 나와서인데 이에 대해서는 몇 가지 해석이 있다. 고대에 여성이 남성들의 연회에 함께 하는 것은 고급 매춘부인 경우가 대부분이어서 왕비가 모욕감을 느껴서 오지 않았다는 것 혹은 크세르크세스가 추구한 왕권 강화에 와스디가 심히 반감을 느끼고 왕권 강화책을 반대하는 의미로 불참한 것이라는 주장이 있다. 크세르크세스에게 예의를 어겼던 왕후에게 정치적 목적이 있었는지 논외로 하더라도 전국의 유력인사를 다 모아놓고 벌인 연회에서 왕비가 왕의 명령을 공개적으로 무시한 셈이니 크세르크세스 입장에서는 모욕이라고 여길 소지가 있는 셈이다. 4. 기타: 보물창고를 건설한 말년의 행적 때문에 후대의 왕중왕들과 함께 호프 다이아몬드와 연관이 있다는 설도 있다. 자세한 것은 해당 항목 참조. 5. 창작물에서: 5.1. 영화 300: "나는 관대하다."라는 대사와 함께 매우 개성적인 모습으로 등장해 전 세계에 강렬한 인상을 주었다. 덕분에 저 대사도 너무나 유명해져서 사실 본명이 관대하 씨가 아니냐는 우스갯소리도 있다. 원작에선 대인배의 모습을 보여주면서 레오니다스와 대화도 제대로 나누지만, 영화판에선 열폭 찌질이로 왜곡당했다. 하지만 그럼에도 불구하고 배우의 열연에서 나오는 포스와 카리스마가 워낙에 후덜덜해서 오히려 진 주인공이 아닌가하는 소리까지 나오기도. 그리고 한국에서는 크세르크세스의 담당 배우였던 호드리구 산토루마저도 본명보다 관대하라는 이름으로 불리기도 했다. 배우의 실제 모습을 보고 놀라는 인터넷 반응도 많았다. 이미 잘 알려진 사실이지만 영화 300의 모습과 실제 모습과는 굉장히 차이가 크다. https://namu.wiki/w/%ED%81%AC%EC%84%B8%EB%A5%B4%ED%81%AC%EC%84%B8%EC%8A%A4%201%EC%84%B8 2022.10.3. 검색.

13 크세르크세스 패배하다 연도 BC 480년 9월 12일 저자 피터 퍼타도: 테미스토클레스의 '나무로 된 벽'이 페르시아로부터 아테네 시를 지킨다. 테르모필라이에서 스파르타군에게 '피루스의 승리'(큰 희생을 치른 승

다스가 7일 동안 페르시아 군을 막아내며 그리스 해군의 퇴각 시간을 벌어주었고, 이후 테미스토클레스의 아테네 함대가 살라미스 섬으로 페르시아 함대를 유인해 전술적 · 기술적 이점을 활용하며 대승을 거두었다. 다리우스(Darius I)[14]가 죽고 페르시아

리 — 옮긴이)를 거둔 뒤, 크세르크세스에게는 아티카를 치고 아테네를 공격할 길이 활짝 열렸다. 아테네 장군 테미스토클레스는 황급히 대규모 함대를 마련했는데, 이는 '나무로 된 벽'이 도시를 지키리라는 신탁의 조언에 따른 것이었다. 시민들은 아테네에서 대피했고, 페르시아인이 거의 텅 빈 도시를 약탈하고 아크로폴리스를 파괴하는 동안, 테미스토클레스는 침략군과 함께 온 — 그리고 보급을 맡은 — 페르시아 함대와 싸워야 한다고 그리스의 다른 국가들을 설득했다. 그리스 함대의 반은 아테네 것이었지만, 스무 개의 다른 도시도 참여했다. 그렇다고는 해도, 2대 1의 형세로 숫자가 적었다. 테미스토클레스는 아테네와 가까운 좁다란 살라미스 만(灣)에서 전투를 벌일 것을 주장했으나, 다른 그리스 사령관들의 반대에 부닥치자 시칠리아로 철수하겠다고 위협했다. 이 소식을 전해 듣고(테미스토클레스는 노예 하나에게 조심스레 정보를 흘려보냈던 것이다) 페르시아는 방어군 대부분이 밤 사이 철수하리라 예상했다. 이 예상이 실현되지 않았음에도 페르시아군은 자신만만하게 전투에 임했고, 크세르크세스는 근처 언덕에서 황금 옥좌에 앉아 이를 지켜보았다. 전투는 삼단노선(trireme)이 서로 격돌한 후 해군 병사들이 백병전을 벌이는 방식이었다. 페르시아의 커다란 함선은 조종이 쉽지 않았고, 페르시아의 사령관이 죽자, 함대는 퇴각하려 했으나 강풍이 불어 도로 밀렸다. 페르시아 배 수백 척이 가라앉았고 수천의 군사가 익사했다. 페르시아 근위대는 전부 몰살당했다. 크세르크세스는 대규모 군대에 더 이상 물자를 댈 수 없어 그리스를 떠나야만 했다. 도시를 재건하면서, 아테네인들은 지금껏 어느 때와도 비견할 수 없을 정도인 세련된 문화와 정치술의 정점에 도달한다. 크세르크세스 패배하다(죽기 전에 꼭 알아야 할 세계 역사 1001 Days, 2009. 8. 20., 마이클 우드, 피터 퍼타도, 박누리, 김희진). https://terms.naver.com/entry.naver?docId=799402&cid=43082&categoryId=43082 2022.10. 3. 검색.

14 다리우스 1세(Darius I)? 고대 페르시아의 전성기를 가져온 왕 출생 — 사망 B.C. 550 ~ B.C. 486 "없애자!" "단숨에 해치워야 해!" 일곱 개의 단검을 움켜잡은 일곱 명의 사나이들이 고함을 지르며 궁전 복도를 전력 질주했다. 우지끈 하고 문이 부서졌다. 방 안에 있던 두 사람은 뜻밖의 사태에 잠시 망연자실했지만, 곧바로 무기를 잡고 대응했다. 페르시아 제국의 중심인 왕궁에서도 가장 중심인 왕의 침소는 순식간에 칼 부딪치는 소리, 물건 뒤집히는 소리, 욕지거리와 비명 소리로 뒤덮였다. '가짜'는 과연 가짜였을까? "찔러! 어서 확 찔러 버려!" 두 사람 중 하나와 한데 뒤엉켜 몸싸움을 벌이고 있던 일곱 명 중 하나가, 그들 옆에서 칼을 치켜들고 멈칫거리는 동료에게 소리쳤다. "안 돼, 고브리아스! 잘못하면 자네를 찌르게 된다고!" "상관없어. 그냥 찔러! 어서! 다리우스!" 결국 다리우스의 칼은 내리쳐졌고, 두 친구에게는 다행스럽게도 그들이 암살하려 했던 남자에게 꽂혔다. 잠시 뒤, 일곱 명은 전격적인 암살을 성공적으로 끝내고 단숨에 정권을 장악했다. 기원전 522년, 페르시아 제국은 지금의 이란과 메소포타미아, 시리아, 레바논과 유대를 넘어 이집트까지 뻗쳐 있었다. 하지만 키루스 대왕과 캄비세스에이어 왕위에 오른 바르디아(그리스어로는 스메르디스)는 어딘지 이상하다는 소문이 돌았다. 이집트 원정에 나섰다가 병사한 캄비세스의 동생으로 왕위에 올랐지만, 진짜 바르디아는오래 전에 죽었고 지금은 같은 바르디아라는 별명을 가졌지만 왕실과는 관계없는 메디아계의 마고스(사제) 가우마타가 옥좌를 차지하고 있다는 것이었다. 바르디아가 즉위하고 7개월 후, 딸을 왕의 왕비 중 하나로 보낸 대귀족 오타네스는 딸에게서 그가 가짜라는 확증을 얻었다며 여섯 명의 동지와 함께 가짜 왕을 없애고 왕위를 메디아계에서 다시 페르시아계로 찾아오자는 음모를 꾸몄다. 그 중에는 본래 왕실과 혈연관계가 있던 다리우스(페르시아어로는 '다리야바우시'라는 발음이지만, 널리 알려진 그대로 다리우스라고 부른다)도 있었다. 이들은 모두 페르시아에서도 가장 존귀한 신분이었으므로 왕궁 출입은 아무 제지를 받지 않았다. 하지만 왕의 침실에 이르려면 경비병들과 충돌하지 않을 수 없었고, 각자

왕위에 오른 아들 크세르크세스(Xerxes)[15]는 부왕의 유언을 받들어 제3차 그리스 원정을 준비했다. 기원전 480년 봄 크세르크세스는 약 16만 명의 병력과 1,200척의 함선을 끌고 그리스 북부로 진격했다. 그의 군대는 4년에 걸쳐 노예들을 동원, 헬레스폰토스(오늘날의 다르다넬스) 해협에 선박을 연결시켜 만든 다리를 건넜다. 한편, 마라톤 전투 중 밀티아데스 휘하에서 전쟁수업을 받은 테미스토클레스(Themistocles)는 아테네에서 명망이 높은 지도자로 부상했다. 그는 페르시아의 재침 가능성을 경고하고, 아테네가 육군만으로는 그들의 침략을 막을 수 없으니 해를 지킬 강력한 해군력

단검을 몸에 숨겨 가지고 있다가 순식간에 일을 치른 것이다. '가짜 바르디아'인 가우마타와 그 형제를 없앤(어떤 기록에는 본래 이름이 바르디아인 마고스와 그 형인 가우마타였다고 한다) 일곱 사람은 이제 제국을 어떤 정치체제로 이끌어갈 것인지 토론했다고 헤로도토스는 〈역사〉에 적고 있다. 오타네스는 군주독재체제가 이런 불행한 사태를 가져왔다며, 민주주의 체제로 전환하자고 제안했다. 그러나 다리우스는 민주주의는 어리석은 민중들이 주도권을 갖는 중우정치로 전락할 수밖에 없다며, 전제군주제를 유지할 것을 주장했다. 여기에 소수 귀족들의 과두정치를 주장하는 메가비조스의 의견까지 합쳐 한동안 논쟁이 벌어지다가, 자기 의견을 내지 않은 고브리아스, 인타프레네스, 아스파티네스, 히다르네스가 모두 다리우스를 지지하면서 결론은 군주정으로 났다. 다음 과제는 그러면 누가 다음 왕이 될 것이냐였다. 기권한 오타네스 외의 6인은 모두 말을 타고 성 밖으로 나가 밤을 새고, 동이 틀 때 가장 먼저 운 말의 주인을 왕으로 받들기로 합의했다. 여기서 헤로도토스는 다리우스가 교활한 수단을 썼다고 한다. 다리우스의 마부는 암말을 이용해 다리우스가 탈 말을 잔뜩 홍분시켜 놓고, 해가 떠오를 때 말에게 암말의 냄새를 맡게 해서 가장 먼저 히히힝 울게끔 만들었다는 것이다. 나머지 다섯 명은 즉시 말에서 내려 새로운 왕 앞에 엎드렸다. 다리우스 1세 '대왕'의 탄생이었다. 하지만 오늘의 역사가 중에는 이 이야기의 진실성을 의심하는 사람이 많다. 일단 가우마타가 바르디아였다고도 하고 바르디아가 있고 가우마타가 또 있다고도 하는 등 기록마다 기본 사실이 다르고, '가짜 바르디아'가 가짜임을 숨기고 7개월이나 통치했다는 점은 믿기 어렵기 때문이다. 결국 다리우스가 진짜 바르디아를 시해하고 왕권을 탈취했다는 것이지만, 다리우스가 가짜를 물리치고 왕에 올랐다는 이야기는 다리우스 1세 재위 중 당시 베히스툰 암벽에 새긴 연대기에도 나온다. 적어도 다리우스가 자신의 즉위 정당성을 선전하고자, 자신이 죽인 자는 가짜였다는 말을 퍼뜨린 점은 분명해 보인다. 다리우스 1세 [Darius I]-고대 페르시아의 전성기를 가져온 왕(인물세계사, 함규진). https://terms.naver.com/entry.naver?docId=3568023&cid=59014&categoryId=59014 2022.10.3. 검색.

15 크세르크세스 1세(Xerxes I)? 페르시아제국 제4대 왕(재위 BC 486~BC 465). 이집트・바빌로니아의 반란을 진압하였고 운하와 선교를 만드는 등 그리스원정을 준비하였으나 실패하였다. 크세르크세스 1세 출생~사망: BC 519? ~ BC 465. 국적/왕조: 페르시아제국. 재위기간: BC 486년~BC 465년. 별칭: 크세르크세스대왕. 활동분야: 정치. 다리우스 1세의 아들. 크세르크세스대왕이라고도 한다. 선왕 때부터 끌어 온 이집트・바빌로니아의 반란을 진압하였다. BC 483년 이후로는 아토스곶(岬)의 지협(地峽)에 운하를 만들고 또 다르다넬스해협에 선교(船橋)를 가설하는 등 그리스원정(제3차 페르시아전쟁) 준비를 하였다. BC 480년 봄 육해군을 이끌고 사르디스를 출발하여 각지에서 승리를 거두었으나, 살라미스의 해전에서 그리스군에 패배하자 급거 귀국하였다. 이듬해 마르도니우스가 이끄는 페르시아군이 플라타이아이전투에서 대패하고, 나아가 미카레에서도 패배하였으나 페르시아 영토 그 자체는 손해를 입지 않아 국위는 여전히 융성하였다. 그러나 만년에는 왕궁에서 호화생활을 누리다가 하렘의 음모에 휘말리어 신하에게 암살당하였다. https://terms.naver.com/entry.naver?docId=1151280&cid=40942&categoryId=33431 2022.10.3. 검색.

을 건설해야 한다는 주장을 폈다. 본래 해전은 함선을 건조하고, 또한 선원을 양성하는 데에 비용이 많이 들어 아테네인들은 해전 준비에 소홀한 경향을 보여 왔다. 아테네. 기동성과 충격력이 뛰어난 3단 노함선을 건조하다. 테미스토클레스의 호소에 힘입어 아테네는 3단 노함선(trireme)[16]을 건조했다. 170명까지 노를 저을 수 있는 이 배는 1인당 하나의 노를 맡도록 했으며, 전체적으로는 3단으로 배열되어 있었다. 그리스 도시국가들은 모두 총 380척의 함대를 확보했다. 1,200척의 페르시아 함선과는 비교가 안 되는 숫자지만, 그리스 3단 노함선이 질적으로는 우수했다. 해군력을 증강하기 위해 아테네가 건조한 3단 노함선. 당시 해전은 육지가 보이는 곳이나 해안으로부터 매우 가까운 곳에서 전개되었다. 그리스 3단 노함선은 페르시아 것에 비해 기동성과 충격력에서 훨씬 뛰어났다. 그리스 함선은 단단한 뱃머리를 높이 세우고 최고속력으로 돌진, 적선에 부딪침으로써 적선을 침몰시킬 수 있었다. 페르시아 육군과 레오니다스의 공방전이 일어나다. 페르시아 육군이 에게 해 북쪽 해안을 따라 마케도니아와 테살리아 지방을 통과해오자, 그리스인들은 테르모필레(Thermopylae)의 좁은 산길에서 맞서 싸우기로 했다. 그곳은 테살리에서 아티카로 향하는 관문으로서, 아테네 북쪽 130km 지점이며 동쪽으로는 에보이아 해협이 있다. 스파르타 왕 레오니다스(Leonidas)는 7,000명의 보병을 이끌고 좁은 산길을 지켰다. 요해지 테르모필레에 도착한 페르시아 육군은 우선 정찰행동에 4일을 보냈다. 5일째부터는 쌍방에 치열한 공방전이 벌어졌는데, 창과 방패만으로 방어전을 치르는 스파르타군은 적의 화살이 소나기처럼 쉼 없이 쏟아지는데도 한 걸음도 물러서지 않았다. 그러나 7일째, 어느 그리스인 배신자의 안내로 페르시아의 한 부대가 샛길로 빠져나가 레오니다스군의 배후를 쳤다. 그런데 스파르타는 올림피아 제전 기간 중이어서 레오니다스가 이끌고 온 순수 스파르타 전사들이 그의 정예근위대 300명밖에 없었다. 이들은 레오

---

16 테미스토클레스의 호소로 아테네는 3단 노함선(trireme)을 건조했다. 170명까지 노를 저을 수 있는 이 배는 1인당 하나의 노를 맡도록 했으며, 전체적으로는 3단으로 배열되어 있었다. 그리스 도시국가들은 모두 총 380척의 함대를 확보했다. 1,200척의 페르시아 함선과는 비교가 안 되는 숫자지만, 3단 노함선이 질적으로는 우수했다. 당시 해전은 육지가 보이는 곳이나 해안으로부터 매우 가까운 곳에서 전개되었다. 그리스 3단 노함선은 페르시아 것에 비해 기동성과 충격력에서 훨씬 뛰어났다. 그리스 함선은 단단한 뱃머리를 높이 세우고 최고속력으로 돌진, 적선에 부딪침으로써 적선을 침몰시킬 수 있었다. [출처] 세계(世界) 4대 해전(海戰)|작성자 천석. https://blog.naver.com/gytlr52/221477302648 2022.10.3. 검색.

니다스의 직접 지휘 하에 선봉장을 맡아 싸웠으며 적 기습 포위망에 갇히자, 동맹군 주력부대를 다 철수시키고 자신들만이 남아 끝까지 싸우다 다 장렬하게 전사했다. 레오니다스의 방위전, 그리스 해군의 퇴각 시간을 벌어주다. 레오니다스의 방위전은 무모한 것이었을까? 결코 그렇지 않았다. 레오니다스는 아르테미시온 해전에서 큰 피해를 입은 그리스 해군으로 하여금 적군을 현혹시키면서 에보이아 섬과 본토 사이의 좁은 해협을 통해 무사히 퇴각할 수 있도록 시간을 벌어준 바로 최고 공로자였다. 스파르타 전사들의 장렬한 옥쇄는 전체 그리스인들에게 크나큰 감명을 주었다. 그리하여 훗날 이 싸움터에 시인 시모니데스의 다음과 같은 시를 새긴 비석이 세워졌다.

나그네여, 가서 라케다이몬(스파르타) 사람들에게 전해주오, 우리들은 명(命)을 받들어 여기에 잠들었다고 ….

테미스토클레스, 좁은 해협으로 크세르크세스 유인 계획을 세우다. 이후 페르시아군은 여세를 몰아 파도처럼 중부 그리스를 휩쓸고, 아테네까지 진출했다. 육전에서의 잇따른 패배소식을 들으며 그리스 함대는 해안을 따라 아테네와 살라미스 섬을 향해 멀리 우회했다. 이제 함대 외에는 그리스를 구할 방법이 없음을 알게 된 테미스토클레스는 본격적으로 페르시아 함대를 유인하여 해전을 벌일 계획을 세웠다. 그는 전투 장소를 살라미스(Salamis) 섬과 아티카 사이의 해협으로 결정했다. 그곳 해협은 폭이 2~3km로 좁아서 페르시아의 밀집함대를 끌어 들여 싸운다면, 우수한 해군을 거느린 그리스에 충분히 승산이 있다고 보았다. 본래 살라미스 섬은 바다의 신인 포세이돈이 아들을 낳은 곳으로서, 그곳을 점령한 자가 바다를 장악한다는 전설이 전해오는 섬이었다. 그리스 사로니코스 만에 있는 큰 섬. 함정에 빠진 크세르크세스, 그리스 군에 공격을 개시하다. 크세르크세스는 이미 육지를 거의 점령한 상태에서 해전의 필요성을 별로 느끼지 않았으나, 테미스토클레스가 그를 가만두지 않았다. 테미스토클레스는 크세르크세스에게 위장간첩을 보내 "그리스군은 공포에 빠져 서둘러 달아날 생각만 하고 있다"는 거짓정보를 흘리도록 했다. 함정에 빠져든 크세르크세스는 9월 29일 날이 밝자 공격을 개시했다. 구름떼처럼 몰려오는 페르시아 함대를 본 그리스군 내에서 동요가 일기 시작했으나, 테미스토클레스는 부하들에게 필승의 복안을 발표하고 침착하게 전투대형을 유지하고 끝까지 버티도록 했다. 테미스토클레스의 반격, 페르시아 함대가 격침당하다. 전술적 이점은 그리스 쪽에 있었다. 페르시아 함대가 좁은 해협 때문에 대형을 유지하지 못한 채 무질서하게 공격하는 데 비해, 그리스군은 준비된 장소에서 기다리고 있다가 반격을 취하는 것이 가능했으며, 또한 빠른 속도와 단단한 충각을 이용할 수도 있었기 때문이다. 해협이 페르시아 함대로 꽉 메워질 때까지 기다리다가 테미스토클레스는 일순간에 공격명령을 내림으로써 곧 격전이 벌어졌다. 그리스 3단 노함선은 적선의 노를 부러뜨리고 적선 좌우 측면을 들이받고 하는 등의 기술적 이점을 유감없이 발휘했다. 약 7시간의 격전을 치른 결과 페르시아는 200척의 함선을 격침당하고, 또 그만한 숫자를 그리스군에 포획당했다. 이에 비해 그리스 함대는 불과 40척을 잃었을 뿐이었다. 크세르크세스는 원정 후 시일이 너무 오래 지난데다가 해상에서 대패를 당해 보급마저 끊길 위험에 처하게 되자 서둘러 회군하고 말았다. 그리스 해군은 여세를 몰아 이듬해 여름 소아시아 지역으로 출동하여 페르시아의 나머지 함대를 모조리 쳐부수었다. 살라미스 해전 후 그리스는 두 번 다시 페르시아의 침공을 받지 않았으며, 이로써 막강한 해군력을 가진 아테네는 오랫동안 지중해의 강자로 군림할 수 있었다."[17]

"살라미스 해전(기원전 480년)은 그리스와 페르시아 사이의 해전입니다. 약 420척의 배로 구성된 그리스 함대의 사령관은 테미스토클레스 장군이었고, 약 800척의 배로 구성된 페르시아 함대의 사령관은 페르시아의 왕인 크세르크세서 1세였습니다. 그리스는 이 전투에서 승리함으로서 황금기를 맞이하게 되었습니다."

3. 그리스 주력함대 3단 노선 로마 16단선까지 이용했다

(1) '그리스 범선' 로마의 바다 강자로 떠오르다[18]

갤리선, 로마의 주력선 지중해를 평정하다. 로마인들은 육상 민족으로서 자체의

17 살라미스 해전 – 그리스 함대가 페르시아 함대를 대파하다(BC 480년)(세계전쟁사 다이제스트 100, 2010. 7. 16., 정토웅).

18 김성준 한국해양전략연구소 선임연구위원, "'그리스 범선' 로마의 바다 강자로 떠오르다," 부산일보, 2011.2.28. https://www.busan.com/view/busan/view.php?code=20110228000193 2022.10.3. 검색.

독특한 선박을 개발하지는 못하였고, 대체로 그리스 배를 계승하였다. 다만 로마가 팽창하면서 지중해 일대에서 해전을 치러야 했으므로 전함의 크기를 대형화시켰다. 그리스인들의 주력함대는 3단노선이었지만, 로마인들은 16단선까지 이용했다는 기록이 나타나고 있다. 그러나 이 단수는 뱃전에 설치한 노의 층수가 아닌 노잡이 수를 가리키는 것이라는 설이 유력하다. 실제 고대의 어떤 갤리선도 3층 이상으로 노잡이들을 배치하지 않았다. 그렇다면 16단선은 어떻게 노를 배치하였을까? 16단선은 각층에 노잡이 8명이 젓는 노들을 배치한 2층짜리 갤리선이거나 3층에는 여섯 명이 젓는 노들을 배치하고, 1층과 2층에는 각각 다섯 명이 젓는 노를 배치한 3층짜리 배일 가능성이 크다.

(2) '아르고 호'와 황금 양피

오늘날 유럽 문명의 양대 지주로 헬레니즘과 헤브라이즘을 든다. 유럽의 문명의 기저에 그리스 문명이 자리 잡고 있다는 것은 유럽 문명이 해양활동과 불가분의 관계라는 점을 암시한다. 왜냐면 그리스 문명은 해양문명이기 때문이다. 기원전 15세기 중엽 미케네가 선문명인 미노아 문명을 몰락시키고 에게 해의 패자가 되었다. 이 시기 일단의 영웅들이 황금 양피를 찾아 떠났는데, 그때 탔던 배가 '아르고' 호다. 아르고 호에 승선한 대원들을 '아르고 호의 선원'이란 뜻으로 '아르고너트'라 불렀다. 헤라클레스, 오르페우스, 카스토르, 폴룩스와 트로이전쟁 이전의 쟁쟁한 영웅들이 망라되어 있었다. 호메로스의 '오디세이아'에는 아르고 호에 동승한 영웅들이 50여 명이 거명되어 있다. 기원전 1250년경 이아손을 함장으로 한 아르고 호는 그리스 북부의 이올코스 항(현재의 볼로스)을 출항, 흑해 동안의 콜키스 왕국으로 향하였다. 이 아르고 호의 항해를 제안한 사람은 펠리아스 왕. 그는 이복형인 이아손의 아버지를 왕위에서 쫓아냈으나 장성한 이아손이 왕위계승권을 요구하자 황금 양피를 찾아오라는 조건을 붙였던 것이다. 이아손은 수많은 모험을 한 끝에 1,500여 마일을 항해, 콜키스에 도착하여 아이에테스 왕의 황금양피와 메데이아 공주도 함께 데리고 돌아왔다. 이때 메데이아는 마법으로 이아손을 도와 황금 양피를 얻게 도와주고, 부친이 이아손을 추적하는 것을 방해하기 위해 친동생마저 희생시켜 이아손이 황금 양피를 획득하는 데 결정적으로 기여했다. 그러나 훗날 이아손은 코린토스의 글라우케 공주와 결혼하기 위해 조강지처인 메데이아를 내쫓게 되고, 메데이아는 글라우케와 자신의 두 아이마저 살해함으로써 이아손에게 복수한다. 노인이 되어 썩어가는 아르고 호에 등을 기댄 채 쉬고 있던 이아손은 뱃머리가 부러져 떨어지면서 이에 깔려 죽고 만다. 이아손의 이야기는 기원전 3세기경 알렉산드리아의 도서관장이었던 아폴로니우스에 의해 '아르고 호의 모험'으로 기록되어 오늘날까지 전해지고 있다. 인류 최초로 선명을 가진 배 '아르고 호' 1톤 남짓에 불과한 아르고 호는 용골을 거치하고 뱃전을 이어 붙인 뒤 뼈대를 집어넣는 방식으로 지어졌다. 용골에는 아테나가 제우스의 신탁을 전하던 도도나의 떡갈나무로 만든 신목을 박아 넣었고, 뱃전 너머로 파도가 들어오는 것을 막기 위해 양현에 버드나무로 엮어 짠 방수판을 설치하였다. 돛대는 하나를 설치했고, 50명의 대원들이 절반씩 양현에 앉아 노를 저을 수 있도록 했다. 길이는 20m, 너비는 4m, 흘수는 대략 1m 정도였던 것으로 추정된다. 아르고 호는 선명을 가진 최초의 배라는 점에서 선박사상 의미가 있는 배다. 아르고 호의 이야기는 그저 신화 속의 이야기로나 치부되어 왔었다. 이배로는 기원전 13세기 당시 1,500마일에 이르는 바다를 항해할 수 없었을 것이라는 것이 이유였다. 그러나 1984년에 세버린은 아르고 호의 항해가 실제 가능할 수 있었음을 복원선 '아르고 II'를 통해 실증해 내었다. 1984년 5월 2일 세버린은 자원자 20여명을 '아르고 II'에 태우고 볼로스 항을 출항하여 이스탄불에서 지친 선원들을 교체 승선시킨 뒤 7월 21일 코카서스의 리오니 강에 도착하는 데 성공하였다. 이 사이 '아르고 II'는 키가 두 번 부러졌고, 시속 7.5km의 역류가 흐르는 보스포러스 해협을 통과해야 했으며, 폭풍을 견뎌내야 했고 총 150만 번의 노를 저어야 했다. 이 항해는 토르 헤이에르달의 '콘티키'와 'RA II' 항해 이후 가장 유명한 실험항해로 평가되고 있다. 오디세우스, 뱃전 먼저짜기로 배를 만들다. 기원전 12세기경에는 북방에서 이주해 온 도리아족이 그리스 본토로 밀려들어 왔다. 도리아 족의 남하로 미케네 문명은 완전히 파괴되어 기원전 1100-800년 사이에 그리스는 이른바 '암흑시대'를 맞이하게 된다. 도리아 족을 피하여 남하한 무리들이 아테네와 에게해, 그리고 소아시아 지역에 폴리스를 중심으로 한 도시국가를 건설하고, 해외 식민지를 개척하기 시작하였다. 호메로스의 '오디세이아'는 바로 이 시기 그리스 폴리스들의 활발한 해외 활동을 배경으로 하였다. 호메로스는 '오디세이아'에서 오디세우스가 배를 짓는 모습을 다음과 같이 묘사하고 있다. "오디세우스는 나무 스무 그루를 베어 청동도끼로 옆 가지를 친 다음 먹줄에 따라 똑바르게 했다. 칼립소가 송곳을 가져오자 나무마다 구멍을 뚫어 그것을 함께 이어 붙인 다음 나무못과 꺽쇠로 배를 만들었다.… 그리고 나서 촘촘히 설치된 늑재(frame)에 붙여 외판을 세웠고, 마지막으로 늑재 위에 긴 널빤지를 댔다.… 그는 칼립소가 갖다 준 천으로 돛을 만들고 활대줄을 달고 나서 배를 바다로 끌어내렸다. 나흘째 되던 날 그는 모든 것을 완성했다."(오디세이아, 제5권) 고대 그리스인들이 뱃전을 먼저 만들고 난 뒤 늑재를 붙이고 그 위에 갑판을 까는 '뱃전 먼저 짜기 방식(shell first)'으로 배를 지었음을 알 수 있다. 나무배를 짓는 방법으로는 오디세우스처럼 외판을 먼저 만들고 늑재를 대는 방식과, 늑재를 먼저 만들고 외판을 대는 '골격 먼저 짜기 방식(frame first)'이 있다. 배짓는 법은 '뱃전 먼저 짜기 방식'에서 '골격 먼저 짜기 방식'으로 발전해 갔다. 고대 조선술에서 골격 먼저 짜기 방식이 나타난 것은 대략 기원후 2세기에 이르러서였다. 알키노오스 왕은 오디세우스가 이타케로 돌아갈 수 있도록 배를 내어 주면서 뱃사람 52명도 함께 가도록 했다. 이들 중 최소한 두 명은 고물의 양쪽 뱃전에서 키를 잡았을 것이기 때문에 알키노오스가 내어준 배는 노가 50개인 '펜테콘토로스'였던 것으로 추정할 수 있다. 펜테콘토로스는 '50명이 탄 배(fifty-er)'란 뜻으로 기원전 550년경 그리스 도시국가의 주력선이었다. 알키노스의 펜테콘토로스는 노잡이 1명당 대략 90cm의 공간이 필요하고, 이물 갑판과 고물 갑판, 충각을 합한 길이가 대략 12-15m가량 되었을 것이다. 그러므로 1단 펜테콘토로스의 전체 길이는 이물에서 고물까지 대략 34-38m 정도였고, 2단 갤리선이었다면 이보다 짧은 대략 20-24m 정도였을 것이다. '오디세이아'는 노가 20개인 배도 언급한다. 오디세우스가 폴리페모스의 눈을 찌르는 데 사용한 나무는 폴리페모스가 베어 놓은 몽둥이였는데 그는 그것을 두고 "노가 스무 개 달린 짐배의 돛대만 했다"고 묘사했다. 이 밖에 노잡이가 30명인 '트리아콘테레스'도 있었는데, 트리아콘테레스는 길이가 23m 정도였던 것으로 추정된다. 전체적으로 보았을 때 고대 그리스의 배는 가로 들보의 길이가 배의 앞 뒤 길이의 1/10 밖에 되지 않았을 것이므로 길이에 비해 너비가 아주 좁았다. '오디세이아'는 고대 그리스인들이 배의 외판을 검은빛, 흰빛, 주홍빛 따위로 칠했으나, 검은빛을 가장 널리 애용했음을 적고 있다. 그리스 배의 특징, 물고기 형상과 선수의 '눈' 그리스 배들은 주로 노를 저어 항해했다. 네모 돛을 달고 있기는 하지만, 그리스 배의 주된 동력원은 노였다. 지중해는 비교적 잔잔한 바다였으므로 항구에서 출항하거나 입항할 때, 그리고 바다를 잔잔할 때에는 기본적으로 노를 저어 항해하였고, 뒷바람이 불 때는 이따금 돛으로만 항해하기도 하였다. 돛으로 항해할 때는 키잡이가 방향을 조정했다. 그리스 배는 말할 것도 없고, 이집트와 페니키아의 배에도 키가 달려 있었다. 다만 요즈음 우리가 사용하는 '가운데 키(船尾 中央舵)'가 아니라 '뱃전 키(舷舵, side rudder)'였다는 것이 다르다. 유럽에서 가운데 키는 훨씬 후대인 12세기 한자도시의 '코그'선에 처음으로 장착된다. 반면 중국과 우리나라를 비롯한 동양의 배들은 기원전부터 고물 가운데에 키를 장착하였다. 고대 그리스 배는 전체적으로 물고기 모양을 흉내 내어, 이물에는 사람의 눈을 그려 넣었고, 고물은 물고기 꼬리 모양으로 만들어 매우 날렵한 인상을 준다. 그리스 배들은 이물의 아래에 충각(衝角, ram)을 갖추고 있었다. 이물의 충각은 페니키아의 군선에 처음 등장한다. 이후 그리스인들이 이를 수용한 것으로 보인다. 보통 충각은 해전에서 적선을 파괴하기 위한 무기로만 간주해 왔었다. 그러나 사우스햄프턴에서의 시험항해 결과 충각은 단순한 무기로서뿐만 아니라 능파성을 향상시키는 데 큰 효과를 발휘하는 것으로 확인되었다. 오늘날에 건조되는 모든 배들은 선수를 튀어나게 건조하는 데, 이를 1907년 USS Delaware 호에 처음 적용한 D.W. 테일러의 이름을 따서 '테일러의 돌기' 또는 '구상선수'라 한다. 이물에 눈을 그려 넣은 것과 고물을 물고기 꼬리 모양으로 만든 것은 그리스 배에만 나타나는 독창적인 양식이다. 그리스인 뱃사람, 별을 따라 항해하다. 오디세이아에는 그리스인들이 항로를 찾아가는 방법도 소개되어 있다. "오디세우스는 줄곧 플레이아데스(Pleiades, 비둘기 자리)와 늦게 지는 보오테스(Bootes, 목동 자리), 큰곰자리를 쳐다보고 있었다. 큰곰은 같은 자리를 돌며, 오리온을 마주보고 있다. 큰곰은 오케아노스(Oceanos)의 목욕에 참가하지 않기(지지 않기) 때문에 칼립소는 바다를 항해할 때 이 별을 왼쪽에 두라고 말했던 것이다."(오디세이아, 제5권) 배를 타 본 사람이라면 항해하는 데 가장 긴요한 것은 침로와 동력이라는 것을 잘 안다. 오늘날 뱃사람들이야 자이로 콤파스나 나침반을 통해 방향을 알 수 있지만, 나침반이 항해에 사용된 것은 중국의 경우 11세기, 그리고 유럽의 경우 12세기에 이르러서였다. 따라서 이전까지 난바다를 항해하는 사람들은 낮에는 해를, 그리고 밤에는 별을 보며 방향을 찾을 수밖에 없었다. 고대 그리스의 배는 호메로스가 생존했던 기원전 8세기경의 것이라고 보아야 할 것이다.

현재 대영박물관에 소장되어 있는 고대 그리스의 도자기에 이 시기 그리스의 배의 전형적인 모습이 잘 나타나 있다. 기원전 6세기 말에서 5세기 초에 만들어진 이 유명한 도자기에는 세이렌(Seiren) 자매의 곁을 항해하는 오디세우스의 배가 생생하게 묘사되어 있다. 오디세우스는 사람을 홀리는 세이렌의 노래를 듣지 못하도록 뱃사람들의 귀를 밀랍으로 막았으나, 세이렌의 노래를 듣기 위해 자신의 귀는 막지 않았다. 오디세우스는 세이렌의 노래를 듣고 바다에 빠지지 않기 위해 돛대에 자신의 몸을 묶고 노래를 들었다. 이 도자기에 새겨진 그림을 보면, 이물에는 눈 모양이 새겨져 있고, 고물은 물고기 꼬리 모양으로 되어 있으며, 뱃전 키가 달려 있고, 네모돛은 감아 올린 채 노로만 항해하고 있다. 이것이 호메로스 시대 그리스의 전형적인 배였다. 오디세우스 이후 그리스 도시국가들의 해외 활동이 활발해지면서 그리스의 배들도 발전하기 시작하였다. 그리하여 펜테콘토로스 단층선이나 2층선은 기원전 500년경에 등장한 3층 갤리선인 '트리에레스'에게 자리를 내어주게 되었다. 이 3층 갤리선이 기원전 500년에서 300년에 이르기까지 지중해 해역을 지배하는 주력 전함이 되었다.

Ⅲ. 칼레 해전(Naval Battle of Calais, Batalla de Calais): 1588.8.8.

칼레 해전[19](1588년)은 스페인의 '무적함대'가 영국을 침략하려는 의도로 벌인 해전이었습니다. 당시 영국 함대의 사령관은 해적 출신이었던 드레이크 제독이었으며, 총 197척의 배를 이끌었습니다. 스페인 함대의 사령관인 메디나 공은 총 130척의 배를 이끌었습니다. 영국은 이 해전에서 '무적함대'라 불리던 스페인을 대파하였고, 이후에 영국이 스페인의 뒤를 이어 새로운 해양 강국으로 발전하면서 '해가 지지 않는

---

19 칼레 해전(Naval Battle of Calais, Batalla de Calais)? 아르마다의 패배. 루터버그 作 날짜 1588년 8월 8일 장소 도버 해협, 칼레 앞 바다, 결과 스페인의 결정적인 패배, 무적함대의 허망한 패배. 잉글랜드 왕국 네덜란드 공화국 지휘관 찰스 하워드 노팅엄 백작 프랜시스 드레이크 경 존 호킨스 경 유스티누스 반 나사우. 병력 — 군함 34척, 무장상선 163척(배수량 30~200 톤), 평저선 30척. 피해규모 — 전사: 50~100명, 부상: 400명, 화공선 8척 전소, 질병: 6,000~8,000명 // 스페인 제국&이베리아 연합 지휘관: 메디나 시도니아 공작 후안 마르티네스 데 레칼데 알레산드로 파르네세 파르마 공작. 병력 — 포르투갈과 카스티야의 갈레온 무장상선 104척, 나폴리 갈레아스 4척, 피해규모 — 전사: 600명 이상, 부상: 800명, 포로 397명, 군함 5척 침몰 또는 나포. 총합 — 배 33척 손실, 10척 자침, 20,000명 사망. https://namu.wiki/w/%EC%B9%BC%EB%A0%88%20%ED%95% B4%EC%A0%84 2022.10.3. 검색.

나라'의 토대를 마련할 수 있게 되었습니다. "1588년에 벌어진 스페인의 무적함대와 잉글랜드 왕국 함대의 해전. 영국-스페인 전쟁(1585~1604)의 주요 전투다. 영국의 해적이자 제독인 프랜시스 드레이크가 활약한 것으로도 유명하다. 전투자체에서 입은 손실은 별로 크지 않았으나 스페인 함대는 북해에서 만난 두 번의 강한 태풍으로 인해, 퇴각하면서 81여 척의 배가 침몰되는 큰 손실을 보았고, 결과적으로 레판토 해전 이후 승승장구하던 스페인 함대의 영국 침공은 좌절된다. 전투 원인: 해양 패권을 장악하고 아메리카 식민지에서 부를 축적하던 스페인과 이를 빼어먹으려던 잉글랜드는 1585년 충돌하게 되었다고 할 수 있다. 잉글랜드인 해적 프랜시스 드레이크의 사략선이 아메리카 대륙을 탐험하며 스페인 선박을 공격해 약탈하였으며, 이 30만 파운드가량의 막대한 재화를 잉글랜드 여왕 엘리자베스 1세에게 바쳤다. 이에 엘리자베스는 드레이크에게 작위와 훈장을 수여하였다. 스페인은 드레이크의 처벌을 요구했으나 잉글랜드는 이를 무시하였으며, 해군까지 가세해 해적질에 열을 올렸다. 헨리 8세부터 시작된 종교적 갈등. 특히 잉글랜드가 가톨릭교도들을 박해하는 것을 독실한 가톨릭 국가였던 스페인으로서는 방관하기 힘들었다. 스페인은 아일랜드의 가톨릭교도들의 반란(Second Desmond Rebellion)을 지원하기도 했었다. 포르투갈 왕위를 둘러싼 전쟁(War of the Portuguese Succession)에서 스페인의 펠리페 2세의 경쟁자(António, Prior of Crato)를 잉글랜드가 지원하였다. 잉글랜드는 또한 스페인령 네덜란드의 독립 세력도 지원하였다. 이와 같은 요소들이 복합적으로 작용하였다. 결국 스페인은 잉글랜드 침공을 결심하게 된다. 스페인의 허술한 작전: 당시 스페인군의 전략은 다음과 같았다. '적의 주력을 피해 네덜란드 쪽에 집결해둔 스페인 육군 전력을 단숨에 런던으로 폭탄 드랍하여 잉글랜드를 조지자.' 이것은 상당히 위협적인 전략이었는데, 일단 당시의 잉글랜드는 백년전쟁의 패전 이후로 대륙의 비옥한 알짜배기 영토를 모조리 잃고 왕권이 약하고 정정도 불안한 3류 변방 섬나라로 전락한 상태여서 해군이고 육군이고 전력 자체가 시원찮았다. 반면에 스페인 육군이라면 레콘키스타를 통해 수백 년간 실전경험을 쌓은 최정예로 당시 유럽에서 야전 최강으로 명성이 높았다. 당시 플랑드르(네덜란드) 방면 스페인 육군 사령관은 16세기 유럽 최고의 명장 중 한 명인 파르마 공작 알레산드로 파르네세였다. 게다가 해군 사령관은, 최소한 스페인 사람들의 시각에서는 레판토 해전의 영웅인 산타 크루즈 후작 알바로 데 바산이었다. 당시 찰스 하워드가 이끄는 잉글랜드 해군의 방해를 물리치고, 칼레에서 지상군을 탑승시킨 뒤 런던 앞마당에 상륙할 계획이었다. 어차피 스페인 무적함대의 전략 목표는 한 줌도 안되는 잉글랜드 해군의 괴멸이 아니라 잉글랜드에 지상군을 상륙시키는 것이었다. 그러나 이 작전 자체가 자세히 보면 너무 허술하고 위험했다. 첫째로 펠리페 2세는 너무 승리를 과신한 나머지 이 작전 계획서를 출판해서 팔았다 … 덕분에 잉글랜드는 스페인군의 작전과 물자, 장비, 병력 현황을 미리 알 수 있었다. 심리전의 일환이라는 주장도 있긴 하지만, 엄연한 최고 기밀인 작전 계획서를 출판해서 팔았다는 것을 최악의 악수라는 건 부정할 수 없다. 둘째로, 당시 칼레 항구는 수심이 얕아서 흘수가 깊은 대형 선박이 안심하고 정박할 만한 시설이 없었다. 게다가 네덜란드 독립군의 해상 유격대, 일명 '바다의 거지단(Watergeuzen)'이 툭하면 소형 선박을 타고 와서 분탕질을 치고 다녔기 때문에 대형 선박은 더더욱 정박시키기가 위험했다. 따라서 파르마 공작이 네덜란드에서 흘수가 얕은 소형 수송선박을 준비하도록 되었지만, 안 그래도 네덜란드 독립군이 활개치고 다니는 지역에서 다수의 선박을 징발하는 것은 생각보다 훨씬 어려웠다. 그리고 그나마 파르마가 몇 척 모은 평저선은 상태가 영 좋지 않아서, 시험삼아 병사와 물자를 싣자 갑판이 잠길 정도였다고 한다. 설령 제대로 된 수송선을 충분히 모을 수 있었다고 해도, 칼레가 엄연히 중립국인 프랑스의 영역인 이상, 스페인 육군은 해군의 지원없이 수송선을 타고 바다로 내려가 해안을 따라 해군이 정박한 지역까지 항해해야 하는데, 물론 바다의 거지단이 이를 가만히 내버려 둘리 없었다. 셋째로, 작전은 지상군과 해군이 정확한 타이밍에 작전지역에 도착해야 효과를 볼 수 있는데 지상군은 여러 사보추어와 게릴라들의 방해 때문에 해군의 타이밍에 맞출 수가 없었고, 해군은 기동을 포기하고 지상군을 기다려야만 했다. 넷째로, 이 작전이 성공해서 지상군이 잉글랜드 상륙에 성공한다고 해도, 잉글랜드 정복이 가능할지 확신할 수 없었다. 물론 위에 언급했듯이 스페인 육군에 비해 잉글랜드의 지상군 병력이 형편없었던 것은 사실이다. 하지만 상륙할 예정인 스페인 육군의 총 병력은 고작 16,000여 명. 물론, 작전 찬성파들은 스페인 육군이 일단 상륙만 하면, 잉글랜드 내 가톨릭 교도들이 일제히 봉기해서 이들을 지원할 것이라고 주장했지만, 당시는 엘리자베스의 치세가 이미 30년에 이르렀던지라 영국내 가톨릭 교도들은 씨가 마르다시피 한 상황이었다. 이런 상황에서 가톨릭 교도들에게 군사적 의미를 크게 부여하기는 어려웠다. 즉 상륙 병력만으로 잉글랜드라는 한 나라를 정복할 수 있을지 미지수였다. 설상가상으로, 함대 총지휘관 산타크루즈 후작이 1588년 초에 사망하는 사태가 벌어졌다. 산타크루즈 후작은 레판토 해전에 참전했다는 이유로 전설적인 명성과 권위를 누리고 있었다. 반면에 후임으로 선정된 메디나 시도니아 공작은 현명한 군인이자 훌륭한 인격자이기는 했지만, 해전에는 문외한이었다. 심지어 배멀미까지 있었다고 한다. 물론, 메디나 시도니아 공작은 본인의 약점을 정확히 알고 있었고, 부하 제독들의 의견을 참고하여 대체로 올바른 판단을 내리기는 했다. 그러나 정작 부하들은 메디나 시도니아 공작의 명령을 무시하거나, 심지어 그를 이용하여 파벌 싸움을 벌이기도 했다. 한 마디로 팀워크가 갖춰지기도 전에 출발해버린 것. 마지막으로, 병참이 시원치 않았다. 비록 스페인이 대항해 시대에 손꼽히는 해양강국이기는 했지만, 대규모 상비 함대를 갖출 정도의 재력을 보유하지는 못했고 이미 재정적자가 위험한 상태였다. 결국 원정 함대는 자국의 무역선은 물론, 심지어 타국의 선박까지 징발하여 채워 넣어야 했다. 소모품인 보급물자의 경우는 더 심각한 상태여서, 심지어는 공식적으로는 환영식을 치르며 출항한 후, 다시 항구로 돌아와서 재보급을 해야 하는 상황이었다. 게다가 스페인 영토를 벗어난 이후에는 이마저도 불가능해져서, 결국 칼레에 도달할 무렵에는 포탄과 화약이 떨어져 전투를 못할 지경에 이른다. 메디나 시도니아는 출항 전부터 이 위험성에 대해 지속적으로 지적을 했지만 펠리페 2세는 이마저도 무시했다. 몇 년 전에 프랜시스 드레이크는 잉글랜드 본토에서 싸우기보다는 적의 영역에서 싸우자는 선공파의 주장으로 스페인을 공격했지만, 그때에도 스페인 함대와 싸우지는 않았다. 아마 제대로 된 지휘관이라면 도저히 상대할 엄두를 못 낼 정도의 전력차가 있었기 때문이다. 대신 여기 저기 스페인의 항구들을 털고 다녔는데, 상륙까지 해 해안포 요새를 파괴하기도 했으며 금화를 실은 갈레온도 나포했다. 그의 활약 때문에 스페인은 1년 이상 말려서 방부처리를 해야 하는 식수통 제작용 목재가 통째로 망실되었고, 이는 이후 무적함대 수병들의 폭풍설사 및 수인성 전염병 감염의 원인이 되어 간접적으로 무적함대 패배의 원인이 된다. 물론 칼레 해전은 무적함대 원정 초기에 발생했으며, 이때까지는 아직 물이나 식량 부족에 크게 시달리지 않았기 때문에 패배의 '원인'이라고 보기는 힘들다. 다만, 패전 후 귀환 과정에서 발생한 손실에는 큰 영향을 미쳤다. 결국 잉글랜드가 전투로 직접 입힌 피해보다 전투

후 해상재난으로 인해 스페인이 입은 피해가 막대하기 때문에 무승부가 아닌 무적함대의 패배이며 이러한 관점에서 패배의 간접적 원인이라는 것이다."[20]

Ⅳ. 한산도해전: 학익진(鶴翼陣)을 치다 — 적 세력 73척 전과: 59척 분멸(1592.7.8.)

1. 전라 좌수사 이순신이 군영을 한산도로 옮기기를 청하다[21]

全羅左水使李舜臣請移營閑山島, 從之。島在巨濟南三十里, 山勢周回便於藏船, 倭船欲犯湖南, 則必由是路。舜臣以本鎭僻左, 難於控禦, 故有是請。

전라 좌수사(全羅左水使) 이순신(李舜臣)이 군영을 한산도(閑山島)로 옮기기를 청하니, 따랐다. 한산도는 거제(巨濟)의 남쪽 30리 지점에 있는데, 산세가 빙 둘러쳐져 배를 숨기기에 편리하였고 왜선(倭船)이 호남을 침범하려면 반드시 이 길을 경유해야만 하였다. 이순신은 본진(本鎭)이 좌측에 치우쳐 있어 방어하기 어렵다고 생각했기 때문에 이렇게 청한 것이었다.

2. 도원수 권율이 한산도 이순신의 파견을 건의하다[22]

七月二十一日成貼都元帥權慄書狀: 臣軍官崔永吉, 自閑山島, 今始出來云: "元均免死, 向晋州, 傳說: '蛇梁時到大船十八隻、全羅船二十餘隻, 本道散在, 閑山留住軍民、男女、軍器、輳集雜船, 無遺收到于昌善島, 軍糧萬餘石, 一時不得載運, 除出焚火, 格軍則奔敗之船, 皆艤於連陸, 故死亡者不多' 云。" 崔永吉隨後上送。李舜臣則以收拾散亡船, 入送蛇梁事。啓下備邊司。

1593년 7월 21일에 성첩(成貼)한 도원수 권율의 서장에 아뢰기를, "신의 군관인 최

---

20 https://namu.wiki/w/%EC%B9%BC%EB%A0%88%20%ED%95%B4%EC%A0%84 2022.10.3. 검색.

21 선조수정실록 27권, 선조 26년 7월 1일 계축 3번째기사 1593년 명 만력(萬曆) 21년, 【태백산사고본】 7책 27권 16장 A면 【국편영인본】 25책 642면.

22 선조실록 90권, 선조 30년 7월 26일 을묘 5번째기사 1597년 명 만력(萬曆) 25년, 【태백산사고본】 58책 90권 18장 B면 【국편영인본】 23책 269면.

영길(崔永吉)이 한산도에서 지금에야 비로소 나왔는데 그가 말하기를 '원균(元均)이 사지를 벗어나 진주로 향하면서 말하기를, 「사량(蛇梁)에 도착한 대선(大船) 18척과 전라선(全羅船) 20척은 본도에 산재해 있고, 한산에 머물러 있던 군민(軍民)·남녀·군기(軍器)와 여러 곳에서 모여든 잡선(雜船) 등을 남김없이 창선도(昌善島)에 집합시켜 놓았으며, 군량 1만여 석은 일시에 운반하지 못하여 덜어내어 불태웠고, 격군(格軍)은 도망하다 패배한 배는 모두 육지 가까운 곳에 정박시켰으므로 사망자는 많지 않았다.」고 하였다.' 최영길을 곧이어 올려 보내겠습니다. 이순신(李舜臣)에게 흩어져 도망한 배를 수습하도록 사량으로 들여보내소서."하였는데, 비변사에 계하(啓下)하였다.

3. 이순신 한산도·당포에서 승전하다[23]

이때 동래(東萊)가 이미 함락되어 왜적들이 계속 몰아쳐 곧장 진격하니 가는 곳마

---

23 선조실록 27권, 선조 25년 6월 21일 기유 4번째기사 1592년 명 만력(萬曆) 20년, 【태백산사고본】 13책 27권 13장 B면 【국편영인본】 21책 502면; 時, 東萊既陷, 賊長驅直進, 所向無前, 大駕既入西路, 黃海以南, 至于東萊, 惟聞敗報, 絶無他信 °慶尙右水使元均, 與全羅左水使李舜臣, 約會閑山島 °時舜臣以戰船八十艘, 乃於是年五月初六日, 進至玉浦前洋, 有賊船三十餘艘, 四面圍帳, 竪立長竿, 亂懸紅白旗, 餘賊登陸, 焚怯閭家 °賊見舟師, 促櫓出陣, 與我軍相遇於洋中, 我軍焚賊船二十六艘 °約以明日更擧大戰, 聞大駕西幸, 諸將不到, 仍爲相聚痛哭, 乃於初九日, 各還本鎭 °二十九日, 舜臣 `元均再會於露梁, 遇賊一船焚之, 俄見海邊一山, 有賊百餘長蛇而陣, 其下有戰船十二艘, 緣崖列泊 °時早潮已退水淺, 大舟不得進 °舜臣曰: "我佯退, 賊必乘船追我, 引出洋中, 巨艦合擊, 蔑不勝矣 °" 回船未一里, 賊果乘船追之 °我軍令龜船突進, 先放大小銃筒, 盡燒其船, 餘賊遠望頓足叫呼 °方戰鐵丸中舜臣左肩 °初二日到唐浦, 賊船二十艘, 列泊江岸, 中有一大船, 上設層樓, 外垂紅羅帳, 賊酋着金冠錦衣, 手執金扇, 指揮諸賊 °中衛將權俊, 回船促櫓, 直衝其下, 撞破其船, 仰射賊酋, 應弦而倒 °初四日進至唐浦前洋, 全羅右水使李億祺, 領戰船二十五艘來會, 諸將無不增氣 °初五日出外洋, 聞賊船移泊於固城 唐項浦中洋, 舜臣先遣三船, 往探形勢, 纔出海口, 卽放砲告變 °諸軍一時促櫓, 首尾連亘, 魚貫而進, 至召所江, 賊船二十六艘, 擺列江岸, 中有一大船, 上設三層板閣, 後垂黑綃帳, 前竪青蓋, 帳內諸賊, 擺列侍立 °諸軍初一交戰, 佯敗而退, 層閣大船, 懸帆先出 °諸軍挾擊, 賊酋中箭而死 °諸軍乘勝縱火, 焚賊船一百餘艘, 斬賊首二百一十餘級, 溺水死者不記其數 °初六日, 追餘賊於外洋, 又焚一船, 初九日, 諸軍罷兵還鎭 °七月初六日, 舜臣與億祺會于露梁, 元均修緝破船七艘, 先來留泊 °聞賊船七十餘艘, 自永登浦, 移泊於見乃梁 °初八日, 舟師至中洋, 賊見我軍盛, 促櫓而歸, 諸軍追至, 則賊船七十餘艘, 列陣於內洋, 地勢狹窄, 且多險嶼, 難以行船 °我軍進退誘引, 賊果悉衆追之, 引出于閑山前洋 °我軍擺列爲鶴翼陣, 揮旗鼓譟, 一時齊進, 連放大小銃筒, 先破賊船三艘, 賊氣挫少却, 諸將軍吏, (勸)〔歡〕呼踴躍 °乘銳崩之, 箭丸交發, 焚賊船六十三艘, 餘賊四百餘名, 棄船登陸而走 °初十日, 至安骨浦, 賊船四十艘, 列泊洋中 °其中一船, 上建三層大屋, 二船建二層屋, 其餘諸船, 鱗次結陣, 其地狹窄 °我軍再三誘引, 賊懼不敢出, 我軍出入搏戰, 幾盡燒之 °是役也, 三陣所斬二百五十餘級, 溺水死者, 不記其數, 餘賊乘夜而遁 °舜臣等遣其軍官李沖, 馳啓獻級, 行朝上下, 無不踴躍稱慶 °【沖之來也, 上問以嶺南之事, 對曰, 聞監司金睟在咸陽云, 而聲問不通 °賊由直路而上, 故左右道分爲兩界, 號令不通云 °】

다 대적할 사람이 없었다. 대가가 이미 서로(西路)로 들어가자 황해도 이남에서 동래까지 오직 패전 소식만 들려오고 전혀 다른 소식은 없었다. 그런데 경상 우수사(慶尙右水使) 원균(元均)은 전라 좌수사(全羅左水使) 이순신(李舜臣)과 약속하여 한산도(閑山島)에서 회합하였다. 이때 이순신이 전선(戰船) 80척을 거느리고서 마침내 이해 5월 6일에 옥포(玉浦) 앞바다로 나아가니, 적선(賊船) 30여 척이 사면에 휘장을 두르고 길다란 장대를 세워 홍기(紅旗)·백기(白旗)들을 현란하게 달았으며, 나머지 왜적들은 육지로 올라가 마을 집들을 불사르고 겁탈하였다. 왜적들은 수군(水軍)을 보고는 노(櫓)를 빨리 저어 진지(陣地)를 나와 아군(我軍)과 바다 가운데서 만났는데 아군이 적선 26척을 불살라 버렸다. 이튿날 다시 대전(大戰)을 전개하기로 약속하였는데, 대가(大駕)가 서쪽으로 행행하였다는 소식을 듣고는 여러 장수들이 도착하지 않아, 그대로 서로 모여 통곡하고는 마침내 9일에 제각기 본진(本鎭)으로 돌아갔다. 29일에 순신과 원균이 재차 노량(露梁)에서 회합하여 적선 1척을 만나 불살라버렸는데, 조금 후에 보니 바닷가 한 산에 왜적 1백여 명이 장사진(長蛇陣)을 치고 있고 그 아래로는 전선 12척이 벼랑을 따라 죽 정박하고 있었다. 때마침 일찍 들어온 조수(潮水)가 벌써 빠져나가 바닷물이 얕아져서 큰 배는 나아갈 수 없었다. 순신이, "우리가 거짓 퇴각하면 왜적들이 반드시 배를 타고 우리를 추격할 것이니 그들을 바다 가운데로 유인하여 큰 군함(軍艦)으로 합동하여 공격하면 승전(勝戰)하지 못할 리가 없다." 하고서, 배를 돌렸다. 1리를 가기도 전에 왜적들이 과연 배를 타고서 추격해 왔다. 아군은 거북선으로 돌진하여 먼저 크고 작은 총통(銃筒)들을 쏘아대어 왜적의 배를 모조리 불살라버리니, 나머지 왜적들은 멀리서 바라보고 발을 구르며 울부짖었다. 한창 전투할 적에 철환(鐵丸)이 순신의 왼쪽 어깨를 명중하였다. 2일에 당포(唐浦)에 도착하니 적선 20척이 강 연안에 죽 정박하였는데, 그 중에 큰 배 한 척은 위에 층루(層樓)를 설치하고 밖에는 붉은 비단 휘장을 드리워놓고서, 적장(賊將)이 금관(金冠)에 비단옷을 입고 손에 금부채를 가지고서 모든 왜적들을 지휘하고 있었다. 중위장(中衛將) 권준(權俊)이 배를 돌려서 노를 재촉하여 바로 그 밑으로 돌진하여 그 배를 쳐부수고, 적장을 쳐다보고 활을 쏘니 시위를 놓자마자 적장이 거꾸러졌다. 4일에 당포(唐浦) 앞바다로 나아가자 전라 우수사(全羅右水使) 이억기(李億祺)가 전선 25척을 거느리고 와 회합하니 여러 장수들이 기운이 증가되지 않는 이가 없었다. 5일에 외양(外洋)으로 나가다가 적선이 고성

(固城) 당항포(唐項浦) 앞바다로 옮겨 정박하였다는 것을 듣고, 순신이 배 3척을 먼저 보내어 형세를 정탐하도록 하였는데, 겨우 바다 어귀를 나가자마자 바로 포(砲)를 쏘아 신호를 보냈다. 그러자 모든 군사들이 일시에 노를 재촉하여 앞뒤를 고기꿰미처럼 연결하여 나아가 소소강(召所江)에 이르니 적선 26척이 강 연안에 죽 벌여 있었다. 그 중에 큰 배 한 척은 위에 3층 판각(板閣)을 설치하고 뒤에는 검은 비단 휘장을 드리우고 앞에는 푸른 일산을 세워 놓았으며, 휘장 안에는 여러 왜적들이 죽 나열하여 시립하고 있었다. 모든 군사들이 처음 한번 교전하고 거짓 패한 척하여 퇴각하니, 층각을 세운 큰 배가 돛을 달고 먼저 나왔다. 모든 군사들이 양쪽에서 공격하니 적장이 화살을 맞고 죽었다. 그러자 모든 군사들이 승세를 타 불을 질러 적선 1백여 척을 소각해 버리고 왜적의 머리 2백 10여 급(級)을 베었으며 물에 빠져 죽은 적은 그 수효를 다 기록할 수 없었다. 6일에 잔여 왜적을 외양(外洋)에서 추격하여 또 한 척을 불살라버렸으며, 9일에 모든 군사가 전투를 중지하고 본진으로 돌아왔다. 7월 6일에 순신이 억기와 노량에서 회합하였는데, 원균은 파선(破船) 7척을 수리하느라 먼저 와 정박하고 있었다. 적선 70여 척이 영등포(永登浦)에서 견내량(見乃梁)으로 옮겨 정박하였다는 것을 들었다. 8일에 수군이 바다 가운데 이르니, 왜적들이 아군이 강성한 것을 보고 노를 재촉하여 돌아가자 모든 군사가 추격하여 가보니, 적선 70여 척이 내양(內洋)에 벌여 진을 치고 있는데 지세(地勢)가 협착한 데다가 험악한 섬들도 많아 배를 운행하기가 어려웠다. 그래서 아군이 진격하기도 하고 퇴각하기도 하면서 그들을 유인하니, 왜적들이 과연 총출동하여 추격하기에 한산(閑山) 앞바다로 끌어냈다. 아군이 죽 벌여서 학익진(鶴翼陣)[24]을 쳐 기(旗)를 휘두르고 북을 치며 떠들면서 일시에 나란히 진격하여, 크고 작은 총통(銃筒)들을 연속적으로 쏘아대어 먼저 적선 3척을 쳐부수니

---

24 학익진(鶴翼陣)? 학(鶴)이 날개를 펼친 듯한 형태를 취하고 있다고 하여 붙여진 이름이다. 그 모양은 반원 형태를 취하고 있는데 이는 적을 포위하면서 공격하기 적합하기 때문이다. 최초에는 일렬횡대인 일자진(一字陣)을 취하고 있다가 적군이 공격하게 되면 중앙의 부대가 뒤로 차츰 물러나면서 좌우의 부대가 앞으로 달려 나아가 좌우에서 적군을 포위 공격하도록 되어 있다. 따라서 중앙에 있는 적군에게 집중적인 공격을 하기에 용이하였다. 기본적으로는 육지에서 기동력이 뛰어난 기병(騎兵)들이 행하는 주요한 진형의 하나이지만, 해상에서도 기동력이 뛰어난 전선을 사용한 조선의 수군들이 사용하기도 하였다. 특히 임진왜란 때 한산도(閑山島) 앞바다 전투에서 조선 수군이 사용하여 큰 효과를 보았다. 당시 한산도 전투에서 조선 수군은 일본군의 선단(船團)을 가운데 한 곳으로 집결시켜 기동을 제한시키면서 각종 화포에 의한 집중적인 사격을 가하여 대 전과를 거두었다. https://terms.naver.com/entry.naver?docId=1725136&cid=49345&categoryId=49345 2022.3.27. 검색

왜적들이 사기가 꺾이어 조금 퇴각하니, 여러 장수와 군졸들이 환호성을 지르면서 발을 구르고 뛰었다. 예기(銳氣)를 이용하여 왜적들을 무찌르고 화살과 탄환을 번갈아 발사하여 적선 63척을 불살라버리니, 잔여 왜적 4백여 명은 배를 버리고 육지로 올라가 달아났다. 10일에 안골포(安骨浦)에 도착하니 적선 40척이 바다 가운데 벌여 정박하고 있었다. 그 중에 첫째 배는 위에 3층 큰집을 지었고 둘째 배는 2층집을 지었으며 그 나머지 모든 배들은 물고기 비늘처럼 차례대로 진을 결성하였는데 그 지역이 협착하였다. 아군이 두세 차례 유인하였으나 왜적은 두려워하여 감히 나오지 않았다. 우리 군사들이 들락날락하면서 공격하여 적선을 거의 다 불살라버렸다. 이 전투에서 3진(陣)이 머리를 벤 것이 2백 50여 급이고 물에 빠져 죽은 자는 그 수효를 다 기록할 수 없으며 잔여 왜적들은 밤을 이용하여 도망하였다. 순신 등이 그의 군관(軍官) 이충(李沖)을 보내어 치계하고 수급(首級)을 바치도록 하니, 행조(行朝)에서는 상하가 떨 듯이 기뻐하며 경하(慶賀)하지 않는 사람이 없었다.

4. 일본 한산도해전 스케치하다

1930년 아오야기 쓰나타로는 조선사가가 기술한 호타이코 조선역(이하 호타이코 조선역) 임진왜란편(文禄の巻)을 출판하고 1년 뒤 정유재란편(慶長の巻)을 출간한다. 그가 제일 먼저 언급하는 해전은 한산도 해전인데, 그는 이 해전의 결과를 다음과 같이 평가한다. "이 해전에 의해 일본군의 한 팔을 잃어 유키나가(小西行長)가 평양을 얻었다 하나, 세력이 고립되어 감히 더 진격하지 못했다. 우리가 전라 · 청을 지키고, 이로써 황해 · 평안에 이르러 연해의 일대에 군량을 조달하고 호령을 전달하여, 중흥을 성취하여 요동 · 천진 등의 땅을 두려움에 떨게 하지 못하고, 명군이 육로로 내원하게 하고, 이로써 일본군을 퇴각하기에 이르게 한 것은 모두 이 한 번의 전투의 공이다. 아아, 하늘의 뜻인가. 순신은 이로 인해 삼도통제사가 되었고, 수군을 통솔하여 한산도에 주둔하여 일본군의 서진을 막았다."[25]

---

25 此の水戰に頼て日軍の一臂を斷てり 〵行長平壤を得ると雖も 〵而も勢ひ孤にして 〵敢て更に進まず 〵我は全羅忠淸を保ち 〵以て黃海 〵平安に及び 〵沿海に一帶 〵軍食を調度し 〵號令を傳通し 〵以て中興を濟し 〵遼東金は天津等の地と與に 〵震駭を被らず 〵明兵をして陸路より來援せしめ 〵以て日軍を退却せし

5. 영국 교수가 본 한산도해전 히데요시 좌절감에 빠지다 — 한산도 해전(한산: 용의 출현)[26][27]

한산도해전은 이순신 제독이 이룬 큰 업적 중 하나다. 히데요시는 자신의 군대가 바다에서 거듭 패하자 좌절감으로 조선수군을 격퇴하기 위해 와키자카 아스하루(脇

むるを致す者は﹅皆な此の一戰の功也﹅嗚呼天に非ずや﹅舜臣は因て三道の統制使と為り﹅舟師を率ひて閑山島に留屯し﹅以て日軍西犯の路を塞ぐ°(青柳綱太郎(1930), 前掲書, 142면).

26 이순신 장군 된 박해일…'한산: 용의 출현' 2022년 7월말 개봉 확정? "명량 대첩 5년 전, 수세에 몰린 조선을 방어하기 위한 이순신 장군과 조선수군들의 전략과 패기의 '한산해전'을 그린 전쟁 액션 영화이다. 김한민 감독의 영화 '한산: 용의 출현'은 명량해전 5년 전, 진군 중인 왜군을 상대로 조선을 지키기 위해 필사의 전략과 패기로 뭉친 이순신 장군과 조선 수군의 '한산해전'을 그린다. 이순신 역을 맡은 박해일과 더불어 변요한(와키자카 역), 안성기(어영담 역), 손현주(원균 역), 김성규(준사 역), 김성균(가토 역), 김향기(정보름 역), 옥택연(임준영 역), 공명(이억기 역), 박지환(나대용 역), 조재윤(마나베 역) 등 젊은 배우들과 노련한 배우들의 조화로운 캐스팅이 눈길을 끈다. 롯데엔터테인먼트의 '한산: 용의 출현'은 지난 2014년 7월 30일 개봉해 1761만 명이라는 대한민국 역대 흥행 수익(박스오피스) 기록을 쓴 '명량' 김한민 감독의 '이순식 3부작 프로젝트' 중 두 번째 작품이다." 영화의 배경이 되는 '한산해전'(음력 1592년 7월 8일)은 세계 역사상 손꼽히는 해전이자 임진왜란 7년 동안 가장 큰 승리를 거둔 최초의 전투로 '명량', '오동 전투' 등을 제작한 빅스톤픽처스의 숙련된 제작진과 김한민 감독이 뭉친 기대작이다. "통영시와 통영한산대첩문화재단은 ㈜빅스톤픽처스와 '한산: 용의 출현' 특별시사회 업무협약을 체결했다고 27일 밝혔다. 빅스톤픽처스는 '명량'과 '한산: 용의 출현' 등을 제작한 김한민 감독이 대표로 있는 제작사다. 재단과 빅스톤픽처스는 오는 7월 말 개봉 예정인 '한산: 용의 출현' 시사회와 출정식 등을 통영에서 개최하기로 협의했다. 구체적인 일정은 영화 개봉일 일주일여 전에 열릴 예정이다. '한산: 용의 출현'은 임진왜란 3대 대첩 가운데 하나인 한산대첩을 주제로 다뤘다. 임진왜란 당시 해상전까지 패배하면 조선의 운명이 끝날 급박한 상황 속에서 이순신 장군과 조선 수군이 한산도 앞바다에서 펼친 과감한 전략과 전투인 한산대첩을 스크린에 담은 전쟁 액션 대작이다. 2014년 관객 1761만 명을 동원하면서 대한민국 역대 박스 오피스 신기록을 세운 '명량' 후속작이다. 김한민 감독의 이순신 장군 3부작 중 두 번째 프로젝트다. 배우 박해일이 이순신 역을 맡아 명품 연기를 선보인다. 이 영화는 지난해 개봉할 예정이었으나 코로나19로 연기됐다. 영화의 배경이 된 한산대첩 승전을 기리는 통영한산대첩축제는 올해로 61회째를 맞았다. 한산대첩이 일어난 음력 7월 8일을 전후해 고유제와 군점, 한산대첩 재현 등이 열리는데 올해는 8월 5일부터 14일까지 열린다. 시와 재단은 한산대첩축제에 앞서 열리는 '한산: 용의 출현' 시사회와 출정식을 통해 전 국민에게 한산대첩의 역사적 의의와 중요성을 널리 알리는 기회가 되길 기대한다. 영화 개봉 효과를 통영한산대첩축제로 이어가 코로나19로 주춤했던 지역 관광에 활력을 불어넣겠다는 전략이다. 실제 '명량'이 상영됐던 2014년 이순신 열풍이 다시 불면서 통영한산대첩축제는 전체 방문객이 60만 명에 육박했고, 삼도수군통제영과 거북선 등 관련 유적지는 영화 개봉 이전보다 4배 이상의 관람객이 다녀가는 특수를 누렸다. 통영한산대첩문화재단 김홍종 대표이사는 "'한산: 용의 출현'이 '명량'의 역대 박스오피스 기록을 경신해 통영의 구국 도시 상징성을 드높이고 세계적인 해양 관광지로 나아가는 기폭제가 되길 바란다"고 말했다." http://www.kookje.co.kr/news2011/asp/newsbody.asp?code=0300&key=20220427.99099007550 2022.5.29. 검색.

27 이안 바우어스(Ian Bowers)? 노르웨이 국방연구소, 아시아연구센터 교수, "영국인과 유럽인들이 알고 있는 이순신 제독," 순천향대학교 이순신연구소 이순신 연구논총 제27호, 2017, 9~40면.

坂安治), 가토 요시아키(加藤嘉明)와 구키 요시타카(九鬼嘉隆) 등 세 명의 제독에게 조선 수군을 격퇴하도록 임무를 부여한 것은 이순신 제독의 위대성을 입증한 것이었다. 아스하루는 다른 두 제독보다 일찍 참전 준비를 하였고, 82척의 함정을 구성했다. 턴불(Turnbull)은 아스하루 제독은 개인적인 영광을 위해 다른 두 명의 동료 제독들과 같이 참전하는 것을 꺼려했다고 주장했다.[28] 이순신 제독은 56척의 전선을 보유했고, 지역주민들이 일본 함정의 위치를 알려주는 등의 이점을 가지고 있었다.[29] 일본 함대는 이순신 제독에게 전술적으로 어려움을 갖도록 하기 위해 견내량 해협에 정박해 있었다. 견내량 해협은 수로가 좁고, 함정의 기동을 어렵게 만드는 수중암초로 가득 차 있었다. 이순신 제독은 다시 한 번 일본이 전투를 할 수밖에 없는 전술을 구사했다. 이순신 제독은 6척의 함정을 일본 함대 쪽으로 보냈다. 이 전초 함정들은 일본 함대를 이순신 제독이 기다리고 있는 넓은 바다로 유인하는 임무를 띠고 있었다. 이순신 제독은 '조선수군의 전선들이 양쪽에서 접근하여 일본 함대를 감싸'는 학익진(crane wing formation)으로 대부분의 함정들을 배치했다.[30] 일본 함대는 이순신 함대에 가까이 접근해 조선 수군 함정에 올라탄 후 백병전을 시도하려고 했으나, 이순신 제독은 모든 전선(戰船)들이 일본 함대와 먼 거리를 유지하면서 백병전을 시도하지 못하도록 만들었다. 3척의 거북선이 동 해전에 참가했고, 함대의 선두에 배치되었다.[31] 거북선은 일본 함대 쪽으로 향하고 있는 학익진 가운데에 배치되었고, 일본 함정들이 학익진을 깨뜨리지 못하도록 막았다.[32] 이순신은 조선수군함정의 기동성을 이용하여 좌・우현 포로 일본 함정을 최대한 공격할 수 있도록 진형을 일정하게 유지시켰다. 이순신의 이러한 전투진형 유지는 포의 장전 속도를 최대한 보장해 주었으며, 포 발사속도를 최고로 유지할 수 있도록 해주었다. 또한 조선 함대의 궁수들은 근접전투에서 정확성이 떨어지는 활이나 화승총으로 무장한 일본군보다 먼 거리에서 정확하게 공격할 수 있었다. 일본 함대에 비해 조선수군이 가진 활과 포의 이점은 전투 초기

---

28 Turnbull(2008), op. cit., p. 36.

29 턴불은 이순신 함대가 원균 함대와 합쳤을 때 약 100척의 강한 함대였다고 주장한 반면, 그란트는 56척이였음을 사진으로 제공하고 있다. Turnbull(2018), op. cit., p. 37 and Grant, op. cit., p. 113.

30 Grant, op. cit., p. 113.

31 Turnbull(2008), op. cit., p. 40.

32 Grant, op. cit., p. 112.

에 일본 함대에서 일정한 거리로 떨어져 공격할 수 있게 만들어 주었다.[33] 학익진을 형성한 이순신의 함정들이 일본 함대로 접근하면서 일본 함대는 점점 더 조선 함정으로 포위되었고, 조선수군의 공격에 더욱 취약하게 되었다. 발라드(Ballard) 제독은 종이 위에서는 단순해 보이는 이 전술이 "잘 훈련된 함대에서 만 잘 적용될 수 있다." 영국해군제독인 발라드가 해군에서의 풍부한 경험을 바탕으로 한 이러한 분석은 객관적인 가치를 지닌다. 일부 일본 자료들은 이순신이 일본 함정을 불태우기 위해 소총을 사용했다고 주장한다.[34] 이순신의 승리는 59척의 일본 함정을 격파시킨 압도적인 승리였다. 이순신 함대는 침몰한 함정이 없었다. 그란트(Grant)는 "일본군은 해상보급을 지원 받을 수 없었다. 일본의 제1차 조선침략 이후 최대 해전인 부산해전은 한산도해전 2주 후에 일어났다. 그란트(Grant)는 부산해전은 전술적으로 조선이 승리했지만, 동 해전의 궁극적인 목표는 일본 함대를 완전히 격파하고 부산을 회복하는 것이었다는 점에서 실패했다"고 주장했다. 이순신 제독은 임진왜란 초기의 해전에서 패한 제독인 원균과 함께 70척으로 구성된 함대로 일본 함대를 에워싸 공격했다. 비록 일본 함대는 많은 함정을 잃었지만 조선수군은 결국 철수해야 했다. 일본은 한산도 해전에서 얻은 교훈을 바탕으로 부산항에서 절대 나오지 않았으며, 조선 수군으로부터 빼앗은 포로 다가오는 조선수군 함정을 공격했다.

6. 일본은 이순신이 조선 망국의 위기에서 구했다 평하다

"그 유명한 한산도 해전으로, 공을 세우려 고 남들보다 먼저 출격한 와키사카(脇坂安治)의 부대를 유인하여 거북선으로 쳐부수는 해전의 명수 이순신의 모습을 또다시 숫자를 섞어 소개한다. 근대 군대의 장교교육은 수적 파악을 기초로 했다. 수학에 능통했던 나폴레옹을 시작으로, 일본에 독일 참모본부의 정수를 전한 메켈(1842~1906)도 그렇다. 이는 역시 독자가 장교였음을 의식한 것이다. 시바야마에 의하면 이순신의 성공요인은 거북선의 거포, 함대 전체의 통솔, 척후에 의한 조류 · 지세의 정보파악에 집약 되어 있는 것으로, 뒤집어 말하면 그것이 일본군의 패인이었다고 결론짓고 있다.

---

33 Ibid., p. 113.

34 Grant, op. cit., p. 113.

그러나 이는 단지 전술적인 측면으로서, 시바야마는 임진왜란 전체에 있어서의 해전의 의의, 즉 전략면에서의 의의에 오히려 중점을 두고 있다. 주지하는 바와 같이, 1592년 7월 7일 한산도 해전 당시, 일본군은 한반도 각지에 부대를 전개하여 전선을 펴고 있었다. 그러나 이순신 등의 활약으로 바다에서의 원조와 보급이 위험하게 되었고, 명군이 남하하게 되자 형세가 역전되었다고 서술하고 있다. 이후 이순신의 투옥, 칠천량 해전에서의 원균의 패배, 그리고 괴멸적인 타격을 입은 조선수군의 재건과 명량에서의 승리, 그리고 명군의 솔하(率下)로 들어가 노량해전에서 전사하기까지의 이순신에 초점을 맞춘 경과를 서술한다. 특히 이순신의 바다에서의 활약이 조선을 망국의 위기로부터 구했다고 하며 그의 전략상의 가치를 강조하고, 노량해전 중 자신의 죽음을 알리려고 하지 않았던 최후의 모습을 소개하여 그를 조선의 넬슨이라고까지 라고 평가한다."[35]

7. 한산대첩 승리: 도요토미 히데요시 성을 쌓고 지키기만 하라

(1) 1시간 만에 왜선 73척 중 59척 격침, 전사자 9000명[36]

돌아가신 지 425년이 지났어도 여전히 뉴스에 자주 오르내리는 역사 인물이 있어요. 바로 충무공 이순신(1545~1598) 장군입니다. 최근 이순신 장군의 칼을 국보로 지정한다고 예고됐고, 정조 때 편찬된 이순신 관련 중요 자료인 '이충무공전서'의 새 번역본이 출간됐다는 뉴스가 나왔어요. 경남 거제시에선 20억 원을 들여 만든 거북선을 폐기하기로 했다는 안타까운 소식도 들렸죠. 이순신 장군이 왜군을 상대로 승리를 거둔 40차례 해전 중에서도 가장 빛나는 대승이었던 한산대첩은 어떤 해전이었을까요?

(2) 견내량의 유인 작전이 성공하다

"적의 척후선(상대편의 형세를 정찰하기 위한 배) 두 척이 보입니다!" 1592년(선조 25년)

---

35 이노우에 야스시(井上泰至) 일본 방위대학교 교수, "일본에서 이순신이 주목받는 때", 순천향대학교 이순신연구소, 이순신연구논총, 제27호, 2017, 125-146면.

36 유재석 기자, "1시간 만에 왜선 73척 중 59척 격침, 전사자 9000명", 조선일보, 2023.6.23. http://newsteacher.chosun.com/site/data/html_dir/2023/06/28/2023062803574.html 2023.9.23. 검색.

음력 7월 8일(양력 8월 14일), 이른 새벽 고성 당포를 출항한 조선 수군의 함대가 통영과 거제 사이 좁은 수로인 견내량이 보이는 바다에 이르렀어요. 왜군 척후선이 곧 북쪽으로 달아났지만, 적 함대가 멀지 않은 곳에 있다는 것이 분명했습니다. 좁은 견내량은 조선군의 큰 판옥선이 좌초(배가 암초에 얹힘)할 가능성이 있어 해전을 벌이면 위험했고, 육지와 섬이 가까워 배에서 내린 적이 도주하기 쉬웠죠. 이때 조선 수군을 이끌던 전라좌수사 이순신 장군은 이렇게 지시를 내렸습니다. "적을 넓은 바다로 유인해야 한다!" 조선군의 판옥선 5~6척이 견내량으로 진입한 뒤 후퇴하는 척하자, 적장 와키자카 야스하루(脇坂安治)의 함대가 이 유인 작전에 걸려들었습니다. 와키자카는 한 달 전에 있었던 육지의 용인 전투에서 승리한 뒤라 '조선 수군도 육군처럼 별것 아니겠지'라고 얕잡아 봤을 것이라고 합니다. 그러나 왜군이 한산도 앞 넓은 바다에서 마주친 것은 거북선 2척을 포함해 약 60척에 달하는 조선 수군의 본진이었죠. 당시 왜군 함선은 73척으로 수적으로 우세한 듯 보였지만, 조선 수군은 진(陣)을 갖추고 전투 준비를 마친 상태였습니다.

(2) 병력 집결한 왜군 "서해로 진격하라"

이보다 석 달 전인 1592년 4월(이하 음력) 왜군의 부산 침공으로 임진왜란이 시작됐습니다. 조선군은 육상 전투에서 계속 패하며 선조 임금이 의주로 피란 가는 상황을 맞았습니다. 왜군은 육지와 바다에서 함께 공격을 한다는 수륙병진(水陸竝進) 작전을 펼쳤죠. 평양을 점령한 왜군은 선조에게 편지를 보내 "우리 수군 10만 명이 곧 서해로 도착할 것인데 임금께서는 이제 어디로 가시렵니까?"라고 큰소리를 쳤습니다. 하지만 바다에서의 상황은 왜군의 뜻과 정반대로 전개됐습니다. 이순신이 이끄는 조선 수군이 5~6월 경상도 해안인 옥포와 당포·당항포·율포 등에서 연전연승했기 때문입니다. 그러자 임진왜란의 원흉이자 최고 권력자인 도요토미 히데요시(豊臣秀吉)가 6월 말 긴급히 명령을 내려 원래 수군 소속이던 와키자카를 육지에서 바다로 이동하게 했습니다. 전국시대 말기부터 해전으로 이름을 떨친 구키 요시타카(九鬼嘉隆)란 장수도 합세시켰는데, 수군 병력을 집결해 이순신 함대를 격파하고 서해로 진격하려는 계획이었습니다. 이 같은 상황에서 이순신은 큰 싸움을 준비했습니다. 7월 6일 전라우수사 이억기의 병력과 합세한 이순신 함대는 노량에서 경상우수사 원균의 함대와 합류했습니다. 다음 날 당포에 도착한 이순신 함대는 한 목동으로부터 '적선 70여 척이 견내량에 있다'는 정보를 입수했죠. 이순신은 장수들을 모아 작전 계획을 수립했습니다.

(3) 적선 59척 격파한 압도적 승리

7월 8일, 유인 작전에 걸려든 와키자카 함대를 맞은 조선 수군은 U자 형태로 적선을 포위해 가까운 거리에서 배 한 척이 적선 한 척을 상대로 총통을 발사했습니다. 이 대형이 학 날개 모양과 닮았다고 해서 학익진이라고 합니다. 당시의 화포는 정교하지 않았기 때문에 50m 정도 가까운 거리에서 총통과 화살로 일제히 공격해 적선을 격파하는 방법을 썼습니다. 이순신이 쓴 '임진장초'에는 당시 상황이 이렇게 기록돼 있습니다. "먼저 2~3척을 깨뜨리자 여러 배의 왜적들이 사기가 꺾여 도망치려 했다. 여러 장수와 군사와 관리들이 승기를 타고 분발해 앞 다퉈 돌진하면서 총통과 화살을 마구 발사하니, 그 형세가 바람과 우레 같아 적함을 불사르고 적을 사살하기를 일시에 거의 다 해버렸다." 조선군의 압승이었습니다. 와키자카 함대 73척 중 59척이 격침당했습니다. 왜군 전사자는 약 9,000명으로 추정됩니다. 조선 수군은 거의 피해가 없었습니다. 실제 해전에 걸린 시간은 1시간 정도에 불과했을 것이라고 합니다. '한산대첩을 실제 일어난 대로 영화로 만든다면 별로 재미없을 것'이라는 말이 있을 정도로 일방적인 승리였죠. 지난해 개봉한 영화 '한산'은 와키자카가 좀처럼 유인책에 말려들지 않았고 왜군도 화포를 썼다고 묘사했지만 사실과 다릅니다. 극적 재미를 위한 설정이었던 것으로 보입니다.

(4) 왜군의 수륙병진 작전도 좌절

이틀 뒤인 7월 10일, 이순신 함대는 와키자카를 뒤따라 온 구키 요시타카의 함대를 공격해 약 20척을 격파하는 승리를 거뒀습니다. 이것이 안골포 해전인데, 이 전투를 한산대첩에 포함하기도 합니다. 한산대첩은 '세계 해전에서 보기 드문 정교한 포위 섬멸전'인 동시에 '왜군의 수륙병진 작전을 결정적으로 좌절시킨 전투'라는 평가를 받습니다. 5년 뒤 정유재란이 일어나기 전까지 왜군은 바다에서 더는 공세에 나설 수 없었고, 바다를 통한 보급로마저 차단당했습니다. 유성룡은 '징비록'에서 "해안을 온전히 보존할 수 있었기에 군량을 조달하고 중흥을 이룩했고, (중국의) 요동(랴오둥)과

천진(톈진) 등에 적의 손길이 닿지 않아 명나라 군사들이 육로로 올 수 있었으니 모두 이 싸움(한산대첩)의 공이다"라고 했습니다. 마지막으로, '대첩(大捷)'은 '큰 승리'란 뜻이며 '큰 싸움'이란 의미가 아니므로 잘 가려서 써야 하겠습니다. "한산대첩은 우선 해전사적인 의의가 크다는 점을 꼽을 수 있다. 해전 자체의 규모가 이전에 비해 가장 컸다는 사실과 유인작전이 성공을 거둔 것, 학익진으로 공격한 사실, 그리고 압도적인 화력으로 일본 수군을 대표하는 와키사카의 함대와 구키·가토의 함대를 연파한 것은 그 자체로도 큰 역사적 의의가 있다. 좀 더 부연하면 본론에서 언급한 바와 같이 한산대첩과 안골포해전의 결과 일본의 주력 수군은 모두 조선 수군에게 격파되었고, 남해의 제해권을 조선 수군이 장악하였음은 물론이다. 더 나아가 일본의 수괴 토요토미 히데요시로 하여금 해전에 나서지 말고 성을 쌓고 지키기만 하라는 명령이 내려지게 하는 결과를 가져왔던 것이다. 둘째로는 임란 전체 국면에 끼친 영향이 컸다는 것을 들 수 있다. 이에 대해서는 서애(西厓) 유성룡(柳成龍)의 잘 알려진 평가가 있는데, 그는 "고니시 유키나가[小西行長]가 평양(平壤)에서 조정에 편지를 보내 협박할 때에 '서해(西海)를 통해 10만의 수군이 올라온다.'라고 했는데, 이순신이 한산대첩을 거둬 그 의도를 분쇄하였다."라고 언급하였다. 또한 그는 더 나아가 전라도와 충청도가 보전되고 이를 바탕으로 조선이 중흥을 이룰 수 있었던 것도 이 한산대첩으로 인한 것이었다고 높이 평가하였다.[37] 다시 말해 한산대첩을 통해 임진왜란 전체의 국면이 그 이전의 수세에서 공세로 바뀌는 대전환이 이루어졌다는 것이다. 반면에 일본측의 한산대첩에 대한 역사적 평가우선 일제 말기의 역사가 아리마 세이호[有馬成甫]는 이 해전에 대해 단지 일본의 일개 함대가 격파되었을 뿐 전쟁 전체에 미친 영향은 미미했으며, 반대로 정유재란(丁酉再亂) 때의 칠천량해전에서 일본이 승리를 거둘 수 있는 밑거름이 되었다는 다소 왜곡된 평가를 내린 바 있다.[38] 그러나, 제3차 출전을 통해 일본을 대표하는 수군 장수들이 모두 대패함으로써 도요토미 히데요시는 일본 수군에게 '해전금지(海戰禁止)'의 명령을 내리고 해안에 축성(築城)하도록 하는 등 전략의 변화를 가져온 것은 틀림없는 사실이다.[39] 그리고 일본 수군은 이 명령에 따라 한산

---

37 柳成龍, 懲毖錄 권1 先是賊將平行長 到平壤投書曰 日本舟師十餘萬 又從西海來 未知大王自此 何之.…國家得保 全羅忠淸以及 黃海平安沿海一帶 調度軍食 傳通軍令 以濟中興.… 皆此一戰之功.

38 有馬成甫, 朝鮮役水軍史, 海と空社, 1942, 98-100면.

39 北島万次, 豊臣秀吉の朝鮮侵略, 吉川弘文館, 1995, 111면.

도해전 참패 이후에는 조선 수군과의 해전을 회피하는 전술로 일관하였다. 한편 이들보다 앞서 일본의 대표적인 근대 역사가인 도쿠토미 이이치로[德富猪一郎]는 한산도 해전 등에서 일본 수군의 참패를 인정하고 그 원인을 일본 선박의 취약, 수군 장수들 간의 갈등, 도요토미 히데요시의 수군 경시 등의 결과로 분석하였다. 또한 그는 한산도해전의 패배로 인해 일본군이 제해권을 상실하였고, 그 결과 일본군이 육전에서도 허송세월만 하게 되는 손해를 보았으며 평양까지 진격한 고니시 군이 진퇴양난에 빠지게 되었다고 논평하였다.[40] 요컨대, 조선의 통합 수군은 한산대첩의 결과로 남해의 제해권을 완전히 장악하여 일본군의 수륙병진전략을 불가능하게 만들었을 뿐 아니라, 일본 수군이 더 이상 해전에 나서지 못하도록 확실하게 제압한 것이었다."[41]

Ⅴ. 트라팔카르 해전(Battle of Trafalgar): 1805.10.21

트라팔가르 해전(1805년)은 나폴레옹 전쟁 시대에 일어난 가장 유명한 해전입니다. 27척의 배로 구성된 영국 함대는 넬슨 제독을 사령관으로 두었고, 33척의 배로 구성된 프랑스-스페인 연합 함대는 찰스 빌레뉴브 제독을 사령관으로 두었습니다. 트라팔가르 해전은 영국의 승리로 끝났고, 결국 나폴레옹이 몰락하는 계기가 되었습니다.[42]

1. 영국 호레이쇼 넬슨 프랑스 나폴레옹 물리치다

트라팔가르 해전은 1805년 10월 21일 영국 해군과 프랑스 및 스페인 연합 함대가 벌인 전투로, 나폴레옹 전쟁의 제3차 대프랑스 동맹 전쟁의 일부이다. HMS 빅토리에 탑승한 호레이쇼 넬슨(Horatio Nelson, 1st Viscount Nelson, KB)[43]이 이끄는 27척의 영

---

40 德富猪一郎, 近世日本國民史 豊臣氏時代 丁編(朝鮮役 上卷), 民友社(東京), 1921, 667-677면.

41 이민웅, "한산대첩의 주요 경과와 역사적 의의," 순천향대학교 이순신연구소 이순신연구논총 제25호, 2016, 29~31면.

42 https://terms.naver.com/entry.naver?docId=3557527&cid=58584&categoryId=58684 2022.10.2. 검색.

43 제1대 넬슨 자작 허레이쇼 넬슨(Horatio Nelson, 1st Viscount Nelson, KB, 1758년 9월 29일~1805년 10월 21일)은 나폴레옹 전쟁 당시 영국의 해군 제독이었다. 그는 트라팔가르 해전에서 영국을 구하고 전사하였다. 그는 영국 역사상 가장 위대한 해군 영웅으로 부상하였으며, 전쟁이 한창 중이었던 1813년 로버트 사우

디가 그의 생을 노래한 시를 쓰기도 했다. 초기생애: 허레이시오 넬슨은 1758년 노포크의 버넘(Burnham) 마을에서 11명의 남매 중 6번째로 태어났다. 그의 아버지는 에드먼드 넬슨(Revd Edmund Nelson)이었으며, 오포드(Orford)의 제1 백작이자 영국 왕실의 사실상 총리였던 로버트 월폴(Robert Walpole) 경의 증손인 어머니 캐서린 넬슨(Catherine Nelson)은 그가 9세가 되었을 때 사망하였다. 넬슨은 노스 월셤(North Walsham)의 패스턴 문법 학교(Paston Grammar School)에서 간단한 교육을 마치고 1770년 12세의 나이에 해군에 입대하였다. 1771년 1월 1일 그의 해군 경력은 평범한 선원이자 키잡이로 시작되었고, 넬슨의 외삼촌 모리스 서클링(Maurice Suckling) 선장이 그 배를 지휘하였다. 얼마 후 해군 사관생도가 된 넬슨은 본격적인 장교 훈련을 마쳤지만 사실 그는 일생동안 배멀미에 시달려야 했다. 1775년 해군 감사관(Comptroller)이 된 서클링은 그의 지위를 통하여 넬슨의 빠른 승진을 도와주었다. 1777년 부관이 된 넬슨은 동인도로 배치되었다. 그는 영국 해군 부관의 직위로 미국의 독립선생에 참가하였으며, 20세가 된 1779년 6월 프랑스로부터 나포된 대포 28문의 프리깃함 힌친브로크(Hinchinbroke)의 지휘권을 받았다. 1780년 넬슨은 니카라과의 산 후안(San Juan)에 있는 스페인 요새에 대한 공격에 가담하였다. 공격은 완패로 끝났지만 넬슨의 노고를 높이 산 덕에 비난은 거의 없었다. 이후 말라리아에 걸린 넬슨은 영국으로 돌아와 일년 이상을 병상에 누워 있어야 했다. 완치된 그는 앨버말(Albemarle)로 발령받아 1783년 독립전쟁이 끝날 때까지 미국 독립군과 싸웠다. 지휘관: 1784년 보레아스(Boreas) 함의 지휘권을 받은 넬슨은 안티구아(Antigua) 부근에서 항해조례(Navigation Act) 집행 임무를 수행하였다. 이 조례는 독립전쟁 말에 발효된 것으로, 이제 외국이 된 미국 선박이 카리브해 연안의 영국 식민지들과 교역을 금한다는 내용이기 때문에 식민지와 미국 모두에게 비난을 받았다. 네비스(Nevis) 항을 출항한 미국 선박 4척을 나포한 넬슨은 불법 나포 혐의로 고소를 당했다. 네비스 항의 상인들이 이들을 지지하였기 때문에 넬슨은 수감의 위기 속에서 8개월을 보내야 했다. 결국 법원은 넬슨의 손을 들어줬고, 넬슨은 그 동안 네비스 항에서 만난 미망인 패니 네스빗(Fanny Nesbit)과 그의 카리브해 여정 막바지인 1787년 3월 11일 결혼하였다. 1789년 이후 넬슨은 몇 년간 지휘권을 행사하지 못하였다. 그는 이 동안 절반의 급여만을 받았으며, 프랑스 혁명 정부가 국경지대에서 강도높은 움직임을 보인 이후, 64문의 대포를 장비한 아가멤논(Agamemnon) 호의 함장으로 다시 지휘권을 회복하였다. 그는 아가멤논 호를 타고 이 일대에서 일련의 전투를 수행하였다. 나폴리 왕국에 기반을 두고 지중해로 발령된 그는 1794년 코르시카(Corsica)의 칼비(Calvi)에서의 해전 당시 근거리 포격으로 튀어오른 돌 파편에 얼굴을 맞아 오른쪽 눈의 시력과 오른쪽 눈썹의 반을 잃었다. 일반적인 묘사와 다르게 그가 안대를 했었다는 증거는 없지만, 그는 남아있는 눈을 보호하기 위하여 차양을 사용하기는 하였다. 1796년 지중해 함대의 새 지휘관이 된 존 저비스(John Jervis) 경은 넬슨을 준장으로 임명하고 프랑스 해안을 따라 독자적으로 해상 봉쇄 임무를 수행하도록 하였다. 넬슨이 가장 좋아했다고 하는 아가멤논은 이제 낡아 수리를 위해 영국으로 돌려보내졌으며, 넬슨에게는 74문의 대포가 장착된 HMS 캡틴(HMS Captain) 호가 주어졌다. 해군 제독: 빈센트 곶 해전 1797년은 넬슨의 해였다. 2월 14일 그는 성 빈센트(St. Vincent) 곶에서의 승리에 크게 기여하였다. 그는 극적이면서도 대담무쌍하게, 위치 사수 명령을 어기고 스페인 함대의 탈출을 저지하였으며, 고위 장교로써는 드물게도 두 척의 적선에 직접 올라갔다. 덕분에 함대의 사기는 크게 올라갔으며, 승리 이후 넬슨은 배스 기사단(Order of the Bath)의 일원으로 기사 서훈을 받았다. 같은 해 4월 넬슨은 영국 해군에서 9번째로 높은 청색 해군 소장(Rear Admiral of the Blue)직에 올랐다. 당시 제독으로의 승진은 능력이 아닌 관록에 의해서 이루어지는 것이었고, 넬슨은 제독은 아니었지만 제독과 같은 액수의 급여와 임무를 부여받았다. 이 해 후반에 넬슨은 테세우스(Theseus) 호를 타고 산타 크루즈(Santa Cruz)에서 임무를 수행하던 도중 오른팔에 적탄을 맞고 상완골이 여러 조각으로 부서지는 부상을 당하였다. 괴저의 위험 때문에 의사는 팔을 절단할 것을 권유하였고, 때문에 넬슨은 오른팔 전체를 절단하지 않을 수 없었다. 12월 중순까지 넬슨은 임무에 복귀하지 못하였으며 그는 노트에 '나는 이제 끝났다'고 기록하였다. 그러나 그의 불운은 그뿐이 아니었다. 1796년 넬슨은 엘바 섬(Elba)을 떠나 지브롤터

(Gibraltar)로 향하면서 기함을 콕번(Cockburn) 함장이 지휘하는 프랑스제 미네르바(Minerve) 호로 변경하였다. 중도에 스페인 프리깃함 산타 사비나(Santa Sabina)호를 나포한 넬슨은 부관 하디(Hardy)에게 이 배의 지휘권을 맡겼다. 다음날 아침 스페인 함대가 출현하였고, 넬슨은 후퇴하였지만 산타 사비나 호는 스페인 함대에 되돌아갔으며 부관 하디는 포로 신세가 되었다. 훗날 하디를 되찾기 위해 넬슨은 미네르바 호를 스페인에 넘겨주어야만 했다. 나일 해전: 1798년 넬슨은 프랑스 함대와 조우하여 또 한번의 대승을 기록하였다. 8월 1일 벌어진 나일 해전(아부키르만 해전(Battle of Aboukir Bay)으로도 알려짐)은 인도로 진출하려던 나폴레옹 보나파르트의 야심을 좌절시켰다. 나폴레옹의 이집트 원정군은 지중해 연안을 따라 북부로 진군하였지만 이는 함장 시드니 스미스(Sidney Smith) 경의 공격으로 분쇄되었다. 나폴레옹은 영국 군함들을 피해 프랑스로 돌아갈 수밖에 없었다. 이 전투는 상당한 전략적 의미가 있었던 것으로, 일부 사학자들은 트라팔가르 해전보다 이 전투가 더 중요한 역사적 가치를 지니는 것이라고 주장한다. 나일 해전에서의 승리 덕분에 넬슨에게는 나일의 넬슨 남작(Baron Nelson of the Nile)이라는 호칭이 부여되었다. 사실 이러한 호칭은 존 저비스 경이 백작이 된 것에 비추어보면 약소하기 그지없는 것이었지만 총사령관이 아닌 경우 남작 이상의 작위를 내리지 않는 영국 정부의 방침 때문에 어쩔 수 없는 것이었고, 넬슨도 이 일에 다소 불쾌하였지만 방도가 없었다. 넬슨은 그의 공로보다 늘 적은 보상을 받은 것을 불만스러워 하였지만 그는 존 저비스 백작이나 웰링턴 공작에 비해 출신도 미천하였을 뿐 아니라 정치적 인맥도 형편없었다. 보상: 12월 프랑스군이 나폴리를 침공하자 넬슨은 나폴리 왕가를 구출하였다. 이 과정에서 넬슨은 나폴리 주재 영국대사의 젊은 아내 엠마 해밀턴(Emma Hamilton)과 사랑에 빠졌다. 엠마는 이윽고 넬슨의 정부가 되었으며, 영국에 돌아와서는 넬슨과 가까이 지내며 둘 사이에 딸 허레이시아(Horatia)를 낳았다. 1799년 넬슨은 해군 서열 7위인 적색 해군 소장(Rear Admiral of the Red)직에 올랐다. 같은 해 7월 넬슨은 우샤코프(Ushakov) 제독과 함께 나폴리 탈환에 참여하였으며 나폴리 왕으로부터 브론테 공작(Duke of Bronte) 작위를 받았다. 그의 품행 관련 문제로 실망한 상부는 넬슨을 본국으로 소환하였다. 그러나 엠마와의 염문을 잘 알고 있던 상부는 넬슨을 그녀와 떨어뜨려놓기 위하여 바다로 돌려보내지 않을 수 없었다. 일부 학자들은 그가 아부키르 만에서 입은 머리 부상으로 인하여 그의 개인적 품행에 문제가 발생하였다고 생각한다. 그는 나폴리 정부가 군법에 의거 죄수들을 처형하는 것을 묵인하였으며, 아마도 이는 좌파를 싫어하는 그의 기질과 브론테 공작으로써의 위치 때문이었을 것이다. 결과적으로 나폴리에서의 그의 이력은 그의 이름에 먹칠하는 결과를 낳았다. 1801년 1월 1일 넬슨은 해군 서열 6위인 청색 부제독(Vice Admiral of the Blue)직에 올랐다. 수개월 후 그는 코펜하겐 해전(Battle of Copenhagen, 1801.04.02)에 참전해 덴마크와 스웨덴, 러시아의 무장중립 상태를 해제하기 위해 나섰다. 그의 상관인 하이드 파커(Hyde Parker) 경은 덴마크의 포화가 너무 강력하다고 판단하여 넬슨에게 물러날 것을 지시하였다. 넬슨은 이 신호에 응답하였지만 따르지는 않았다. 넬슨은 그의 기선을 지휘하는 토마스 폴리(Thomas Foley) 함장을 돌아보며, '폴리 자네도 알겠지만 나는 눈이 하나밖에 없어서 오른쪽 일들을 종종 놓치곤 한다네'라고 말하고는 망원경을 보이지 않는 오른쪽 눈에 대고 '아무 신호도 보지 못했어!'라고 말했다고 한다. 그는 공격을 지속했으며 전투를 승리로 이끌었다. 5월 그는 발트해를 담당하는 총사령관이 되었으며, 영국 왕실로부터 자작 작위를 받았다. 그러는 동안 나폴레옹은 영국 침공을 위한 대규모 군대를 조직하였고, 넬슨은 프랑스 침공에 대하여 영국 해협을 방어하는 임무를 맡게 되었다. 1801년 10월 22일 영국과 프랑스간에 휴전 협정이 맺어지면서 넬슨은 악화된 건강상의 이유로 퇴역하여 영국으로 돌아갔다. 친구 윌리엄 경과 엠마를 대동하고 잉글랜드와 웨일스 지역을 여행한 그는 버밍엄에 머물렀다. 트라팔가르 해전 - 죽음과 장례: 넬슨의 기함 빅토리 호, 그러나 아미앵 휴전협정(Peace of Amiens)은 오래 가지 않았고, 넬슨은 곧 전선으로 복귀하였다. 그는 지중해 총사령관의 임무를 맡았으며, 1803년 HMS 빅토리(HMS Victory)호를 받아 프랑스 툴롱(Toulon) 항구 봉쇄에 참가하였다. 이후 그는 2년간 육지에 발을 디딜 새가 없었다. 1804년 4월 23일, 넬슨은 바다에 머물며 해군 서열 5위인 백색 부제독(Vice Admiral of the White)의 직위에 올랐다. 1805년 초 프

랑스 함대는 툴롱 항구를 출발하여 서인도로 향하였다. 이 함대의 추적에 실패한데다 건강이 다시 악화된 넬슨은 영국 머튼(Merton)으로 퇴역하였지만 2개월도 안 되어 다시 바다로 나갈 수밖에 없었다. 1805년 9월 13일 넬슨은 스페인 카디스(Cadiz) 근방에서 연합하려는 스페인과 프랑스 함대를 방해하기 위한 목적으로 출항하였다. 1805년 10월 21일 넬슨은 그의 마지막 전투, 트라팔가르 해전에 참가하였다. 나폴레옹 보나파르트는 대규모 군대를 모아 다시 한 번 영국에 대한 침공에 나섰다. 영국 해협에 대한 제해권을 확보하기에는 해군력이 부족하다고 판단한 나폴레옹은 유럽 각지에서 배를 끌어모았다. 이윽고 33척의 프랑스와 스페인 연합 함대는 피에르 샤를 빌뇌브(Pierre-Charles Villeneuve)의 지휘하에 카디스 항을 출발하였고, 넬슨은 27척의 배를 끌고 이에 맞섰다.

"At daylight saw the Enemy's Combined Fleet from East to E.S.E.; bore away; made the signal for Order of Sailing, and to Prepare for Battle; the Enemy with their heads to the Southward: at seven the Enemy wearing in succession. May the Great God, whom I worship, grant to my Country, and for the benefit of Europe in general, a great and glorious Victory; and may no misconduct in any one tarnish it; and may humanity after Victory be the predominant feature in the British Fleet. For myself, individually, I commit my life to Him who made me, and may his blessing light upon my endeavours for serving my Country faithfully. To Him I resign myself and the just cause which is entrusted to me to defend. Amen. Amen. Amen."

— 넬슨, 10월 21일, 마지막 항해일지 기록: 두 함대는 결국 전투에 들어가고, 넬슨은 자신의 빅토리 호 후미 돛대에 '영국은 모든 이들이 자신의 의무를 다하길 기대한다(England expects that every man will do his duty)'는 글귀가 적힌 깃발을 내걸었다. 당초 넬슨은 '영국은' 대신에 '넬슨은'을, '기대한다(expects)' 대신에 '믿는다(confides)'를 쓰고자 하였지만 문구의 영향력을 고려한 신호 담당의 제안으로 변경이 이루어졌다. 프랑스의 기함 뷔상토르(Bucentaure) 호에 심각한 손상을 안긴 빅토리 호는 르두타블(Redoutable) 호로 돌진하여 뒤엉켰고, 르두타블 호의 전투실 상부에 있던 프랑스 저격수들은 빅토리 호의 갑판을 훤히 내려다보며 사격을 가할 수 있었다. 이들이 쏜 탄환은 넬슨의 왼쪽 어깨에 적중하여 폐를 관통하고 척추에 박혔다. 넬슨은 이러한 부상을 입은 상태로 4시간 동안 의식을 잃지 않고 지휘를 계속하였고, 전투가 영국의 승리로 끝난 것을 확인하고 전사하였다. 넬슨에게 죽음을 안긴 탄환은 그의 몸에서 제거되어 현재 윈저 성(Windsor Castle)에 전시되어 있다. 마지막 말: 넬슨의 사망 당시 곁에 있었던 빅토리 호의 외과의사 윌리엄 비티(William Beatty)에 따르면 넬슨의 마지막 말은 '내 임무를 다 할 수 있게 해준 신께 감사드린다(Thank God I have done my duty)'였다고 한다. 그는 말을 할 수 없게 되기까지 이 말을 몇 번이고 되풀이했다고 한다. 그가 이 말을 했을 때 의식이 있던 상태였는지는 불분명하다. 이 자리에 함께하였던 군종 알렉산더 스코트(Alexander Scott)와 경리관 월터 버크(Walter Burke)의 증언에 따르면 넬슨의 마지막 말은 'Drink, drink. Fan, fan. Rub, rub'이었다고도 하는데, 이는 죽음에 임박한 넬슨의 갈증과 고열, 그리고 통증 때문이었다. 흔히 잘못 알고 있는 '하디, 키스해주게(Kiss me, Hardy)'는 그가 빅토리 호의 선장 하디에게 한 말이었지만 마지막 말은 아니었으며, 임종 당시 하디는 갑판에 불려간 상태로 곁에 있지 않았다. 'Kismet, Hardy'라는 설도 있지만 당시 'kismet'이라는 단어는 영어의 범주에 들어가 있지 않았다. 손상을 입은 빅토리 호는 견인되어 지브롤터로 이동하였고, 넬슨의 유해는 브랜디 술통에 보존되어 옮겨졌다. 이것은 공교롭게도 전투 중에 프랑스로부터 노획한 브랜디였다고 하며, 이후 약간의 독주를 들이키는 것을 가리키는 'Tapping the Admiral'이라는 구문의 어원이 되었다. 런던으로 온 그의 유해는 국장으로 장사 지내졌으며, 넬슨은 왕족이 아니면서 국장의 예우를 받은 5인(웰링턴 공작과 윈스턴 처칠 포함) 안에 들어가게 되었으며, 이후 잉글랜드 성공회 대성당인 세인트 폴 대성당에 안치되었다. 그의 유해를 담은 관은 나일 해전 때 침몰하였다가 회수된 로리앙(L'Orient) 호의 돛대로 만들어졌으며, 이 나무 관은 추기경 토마스 울지(Thomas Wolsey)를 위해 제작되었다가 헨리 8세에 의하여 몰수되어 궁에 보관 중이었던 석관 안에 놓

국 전열함은 프랑스 피에르 빌뇌브(피에르샤를장바티스트실베스트르 드 빌뇌브(Pierre-

였다. 유산: 넬슨은 그의 부하들의 잠재력을 최대한 이끌어내는 능력으로 유명하였으며, 그의 그러한 능력은 '넬슨 터치(The Nelson Touch)'라는 별명이 붙었다. 생존 당시에도 그러하였지만 넬슨은 사후 영국 사상 그 누구보다 빛나는 인물로 기록되었다. 대부분의 군사 역사가들은 전투 전의 치밀한 계획, 전투 중도에서도 유연했던 부대 이동뿐 아니라 고위 장교들부터 최하급 수병들에 이르기까지 고무할 수 있었던 그의 능력이야말로 그의 승리의 가장 큰 원인이라고 믿는다. 그는 군사 역사상 가장 위대한 야전 사령관 중 한 명이며, 특히 바다에서는 최고라고 칭해지는 인물이다. 넬슨은 바다에서만 사랑받은 것이 아니라, 엠마 해밀턴 사건으로 그를 비난한 사람들을 제외한 모든 영국인들의 사랑 또한 한몸에 받았다. 2005년, 트라팔가르 해전 200 주년을 기념해 BBC가 실시한 설문조사 결과 그는 영국을 빛낸 100인의 위인들 중 10위 안에 들어갔으며, 많은 세월이 흘렀음에도 변함없는 사랑을 받고 있다. 현재에도 그의 이름이나 그가 사용한 문구들은 영국의 스포츠 팀들이 애용하고 있다. 그는 논란의 여지 없는 영국의 영웅인 것이다. 기념비와 건축물: 오늘날 런던의 트라팔가 광장에는 넬슨 기둥이 서 있다. 처음 넬슨에게 바쳐진 기념비는 그가 죽은 다음 해 세워진 43.5 미터 높이의 것으로, 글래스고(Glasgow)에 위치하였다. 1809년에는 모금 운동에 의하여 제작된 석상이 버밍엄에 세워졌으며 리처드 웨스트마콧(Richard Westmacott)이 조각을 담당하였다. 이 조각은 현재 2등급 건축물로 분류되어 있다. 웨스트마콧은 리버풀과 바베이도스의 기념물 제작에도 참여하였다. 그레이트 야머스(Great Yarmouth)의 기념물은 넬슨이 죽기 전에 제작이 시작되었지만 1819년에야 완공되었고, 이 기념물은 '브리타니아 기념비(Britannia Monument)'로 알려졌으며 상부에는 넬슨 대신 여인의 조각이 자리잡았다. 노위치(Norwich) 성당에는 나폴레옹 전쟁 중의 영웅들에 대한 조각들이 있는데, 넬슨의 조각은 웰링턴 공작이 다녔던 학교 옆에 웰링턴 공작의 조각과 함께 놓여 있다. 그 외에도 넬슨의 기념비와 조각은 세계 각지에서 찾아볼 수 있다. 북 웨일스(North Wales)와 몬트리얼에도 그의 기념비가 있으며, 더블린(Dublin)에도 그의 기념물이 있었지만 1966년 IRA의 폭탄 테러로 파괴되었다. 뉴질랜드, 영국령 콜롬비아, 캐나다에는 그의 이름을 딴 도시 또는 섬이 존재한다. 트라팔가르 해전 당시 그가 승선하였던 빅토리 호는 세계에서 가장 오래된 해군 선박으로 현재까지 보존되어 있다. 빅토리 호는 영국 포츠머스 해군 기지(Portsmouth Naval Base)의 왕립 해군 박물관(Royal Naval Museum) 2번 부두에서 찾아볼 수 있다. 이후 세 척의 영국 해군 함정과 하나의 해군 시설이 그의 이름을 따서 HMS 넬슨(HMS Nelson)으로 명명되었으며, 매년 10월 21일은 트라팔가의 날로써 영국 해군 기념일이 되었다. 그를 죽게 한 탄환은 윈저 성에, 그가 당시 입었던 옷은 피탄자국이 선명한 상태로 그리니치의 국립 해양 박물관(National Maritime Museum)에 전시되어 있다. 쓰시마 해전으로 일본 해군이 러시아 해군을 격파한 이후 영국 해군이 일본에 선사한 넬슨의 머리카락 한줌은 현재 일본 자위대가 운영하는 박물관에 전시되어 있다. 가족 관계: 허레이티아 넬슨(Horatia Nelson) 넬슨에게는 적자가 없다. 엠마 해밀턴은 그와의 혼외정사로 허레이티아(Horatia)를 낳고 아이가 13세일 때 가난 속에서 죽었다. 허레이티아는 1881년 죽기 전까지 필립(Rev. Philip Ward)과의 사이에서 9명의 자녀를 두었다. 1822년 12월 8일 장남 허레이쇼 넬슨: 1824년 4월 엘레노어 필리파(Eleanor Philippa), 1825년 5월 27일 말머두크 필립 스미드(Marmaduke Philip Smyth), 1827년(또는 1829년) 2월 13일 존 제임스 스티븐(John James Stephen), 1828년 5월 8일 넬슨, 1830년 4월 8일 윌리엄 조지(William George), 1832년(또는 1833년) 7월 10일 에드먼드(Edmund), 1833년 11월 24일 허레이쇼, 1834년 5월 필립, 1836년 1월 캐럴린(Caroline) 넬슨을 승계할 적자가 없는 관계로 그의 남작 작위와 봉토는 그의 사후 공석이 되었지만, 그를 기리기 위하여 그 공석된 작위가 남작으로 강등되어 곧 넬슨의 형 윌리엄(William)에게 양도된 이후 넬슨 백작(Earl Nelson)위도 생겨났으며 제1대 넬슨백작 사후 외조카 토머스와 그의 후손들이 현재까지 작위를 이어받고 있다. https://ko.wikipedia.org/wiki/%EC%A0%9C1%EB%8C %80_% EB%84%AC%EC%8A%A8_%EC%9E%90%EC%9E%91_%ED%97%88%EB%A0%88%EC%9D%B4%EC%87%BC_%EB%84%AC%EC%8A%A8 2022.10.3. 검색.

Charles-Jean-Baptiste-Silvestre de Villeneuve, 1763년 12월 31일~1806년 4월 22일)[44]가 이끄는 33척의 프랑스-스페인 연합함대를 격멸했다. 전투는 트라팔가르곶 바로 서쪽인 스페인 남서해안의 대서양에서 맞붙었다. 프랑스-스페인 연합함대는 22척의 전함을 잃었고, 영국 함대는 1척도 잃지 않았다. 이 승리를 통해 영국의 제해권이 우월하다는 것이 입증되었으며, 이는 넬슨의 해상 전략이 유효했기 때문에 가능한 일이었다. 전통적인 해전 방식은 적 함대가 평행선을 이룬 상태에서 교전하는 것이었지만, 넬슨은 2줄로 함대를 배치한 후 적 함대를 향해 가파르게 돌진했다. 전투 동안 넬슨은 프랑스 소총수에 저격되었고, 전투가 끝나기 직전 사망했다. 프랑스 빌뇌브 제독은 함선 부센트레와 함께 포로로 붙잡혔다. 스페인 함대의 고위 장교였던 페데리코 카를로스 그라비나는 연합함대의 잔여세력과 함께 도주했지만, 이때 입은 부상으로 인해 5달 후 사망했다. 이 트라팔가르 해전은 살라미스 해전, 칼레 해전, 한산도 대첩과 더불어 세계 4대해전 중에 하나로 손꼽힌다. 1805년, 유럽 대륙은 나폴레옹 1세가 이끄는 프랑스 제1제국의 지배 하에 놓여 버렸지만, 해상은 여전히 영국이 장악했다. 영국은 해상 봉쇄를 통해 프랑스의 해군력을 억제하고, 영국 본토 침공을 막았다. 나폴레옹은 영국 본토 상륙 작전을 엄호하고자 이 해상 봉쇄를 돌파하라고 명령했다. 프랑스와 스페인(당시, 나폴레옹의 지배 하에 있었던)은 연합 함대를 편성, 해상 봉쇄를 돌파하고 불로뉴 항에 집결된 35만 원정군으로 영국 본토 상륙을 엄호하라는 임무를 받았다. 영국은 이를 허레이쇼 넬슨의 함대를 보내 맞섰다. 영국 함대는 넬슨의 '빅토리(HMS Victory)'를 기함으로 하는 27척의 전열함이 주축이었고, 프랑스의 제독 피에르 빌뇌브가 이끄는 프랑스-스페인 연합 함대는 '부상테르(Bucentaure)'를 기함으로 하는

---

44 피에르샤를장바티스트실베스트르 드 빌뇌브(Pierre-Charles-Jean-Baptiste-Silvestre de Villeneuve, 1763년 12월 31일~1806년 4월 22일)? "프랑스 혁명 전쟁과 나폴레옹 전쟁 당시의 프랑스의 군인이다. 프랑스 해군에 들어가 1793년 함장, 1796년에 해군 소장이 되었다. 나폴레옹의 이집트 원정 때 함대를 지휘했고 1798년 8월 1일에 나일 해전에서 그의 기함 '기욤텔호'는 '제네리호'와 함께 유일하게 살아남아 도망쳤다. 그 후 빌뇌브는 1805년에 영국을 침공하라는 명령으로 프랑스와 스페인 함대를 이끌고 3월에 툴롱을 출발해 6~7월에 스페인 엘페롤에서 영국의 로버트 칼더 경의 소함대와 지겨운 싸움으로 시간을 낭비했고 나폴레옹이 영불 해협에 모이라고 명령을 했으나 명령을 무시하고 카디스 항으로 가면서 나폴레옹의 작전이 무산, 1805년 10월에 트라팔가르 해전에서 호레이쇼 넬슨의 영국 함대에게 대패하고 포로로 잡혔다. 포로가 된 빌뇌브는 곧 석방되었으나 프랑스 렌의 한 여관에서 나폴레옹이 자신의 대한 실망이 큰 것을 알고 자살했다." http://encyclopedia.jrank.org/VAN_VIR/VILLENEUVE_PIERRE_CHARLES_JEAN_.html Archived 2022년 10월 3일, https://www.jrank.org/

33척의 전열함이었다. 넬슨은 적의 대열을 갈라놓기 위해 2열 종대로 돌진하는 '넬슨 터치'라고 하는 전법을 사용했다. 빌뇌브도 다종렬에 의한 가르기 작전을 예측하여 돛에 많은 저격병을 배치했다. 연합 함대는 수적으로는 우위였으나 스페인 해군과 섞여 지휘 계통이 복잡하고, 사기나 숙련도가 낮고, 함재포의 발사 속도가 1발/3분이었다. 그러나 영국 해군은 사기도, 숙련도도 높고, 발사 속도도 1발/1.5분으로 우수했다. 결국 연합 함대는 격침 1척, 포획 파괴 21척, 전사 3,200명, 포로 7,000명 이었고, 제독 빌뇌브 또한 생포됐다. 영국 측은 상실함 0, 전사 400명, 부상 1,200명이라는 비교적 가벼운 피해로 끝났지만, 넬슨은 교전 중 프랑스측 총탄에 저격됐으며, 피격후에도 4시간 동안이나 지휘를 계속했지만 결국 다음의 말을 남기고 절명했다.

"신이여 감사합니다. 나는 임무를 완수했습니다.
(Thank God I have done my duty)""[45]

트라팔가르 해전 넬슨 제독[46] 對 프랑스 나폴레옹

2. 영국 19세기 내내 세계 바다를 장악하다

(1) 영국은 19세기 내내 세계 바다를 장악하다(1805년)

영국 해군은 효과적인 전술과 훌륭한 지휘관들로 바다를 장악했다. 넬슨은 육전에서 연전연승하며 이집트로 건너가는 나폴레옹을 추격했고 프랑스 함대를 발견해

---

45 트라팔가르 해전(Battle of Trafalgar)? 날짜: 1805년 10월 21일. 장소: 스페인 남서 해안 트라팔가르 곶. 결과: 영국의 승리, 교전국: 영국 對 프랑스 제1제국·스페인, 영국 지휘관 허레이쇼 넬슨, 영국 윌리엄 카너지, 영국 커스버트 콜링우드 // 프랑스 피에르 빌뇌브 프랑스 피에르 레 펠리 프랑스 샤를 데 메디네 + 스페인 발타사르 데 시스네로스, 스페인 페데리코 카를로스 그라비나, 스페인 이나치오 데 알바야. 제3차 대프랑스 동맹(Third Coalition, 1805년 4월 11일-1806년)은 나폴레옹 1세가 지배하는 프랑스 제국의 패권에 도전하기 위해 유럽 국가들이 결성한 연합이다. 프랑스 혁명 후 프랑스에 대항하는 것으로는 3번째이지만, 나폴레옹의 프랑스 제국 성립 후 대항하는 것은 최초의 동맹이다. https://ko.wikipedia.org/wiki/%ED%8A%B8%EB%9D%BC%ED%8C%94%EA%B0%80%EB%A5%B4_%ED%95%B4%EC%A0%84 2022.10.3. 검색.

46 트라팔가르 해전과 넬슨 제독 — 영국은 19세기 내내 세계 바다를 장악하다(1805년)(세계전쟁사 다이제스트 100, 2010. 7. 16., 정토웅). https://terms.naver.com/entry.naver?docId=1836028&cid=43073&categoryId=43073 2022.10.3. 검색.

기습공격을 가했다. 이후 프랑스 군을 대양으로 끌어내 트라팔가르에서 해전을 벌였고 대승을 거두었다. 나폴레옹과의 전쟁 중 영국은 육전보다는 해전에 더 몰두했다. 전통적으로 해군이 육군보다 더 강했기 때문이다. 당시 영국 해군은 전쟁준비가 잘 되어 있었던 데 반해 프랑스 해군은 유례없이 부실한 상태였다. 혁명에 흔히 수반되는 숙청에도 불구하고 육군은 열정과 숫자로 전투력을 유지할 수 있었으나, 해군은 그것만으로 훈련된 선원과 지휘관을 대신할 수 없었다. 쓸 만한 일반 해군병사를 양성하는 데는 최소한 6개월이 소요되고, 기술병사를 양성하는 데는 최소한 4년이 걸린다.

(2) 영국, 우세한 해군력으로 프랑스 함대를 격파하다

프랑스는 영국의 해상수송을 막아보려 했으나 모든 면에서 역부족이었다. 한편, 우세한 해군력을 가진 영국은 프랑스 해안을 봉쇄함으로써 프랑스 무역의 숨통을 옥죄어, 프랑스 함대로 하여금 항구를 박차고 나와 해전에 뛰어들도록 유도했다. 그 결과 1794년부터 1805년 사이에 영국 해군은 여섯 차례 큰 승리를 거두었다. 약 200년 전 스페인의 무적함대를 격파한 후 최대의 승리였다. 군함을 기술적으로 발전시킨 것은 없으나, 영국 해군은 전보다 훨씬 효과적인 전술을 터득하고 있었다. 첫째, 그들은 알기 쉬운 신호체계를 도입하여 지휘관 통제 하에 일사불란하게 해상전술을 펼칠 수 있는 역량을 갖추고 있었다. 둘째, 영국 해군에는 뛰어난 지휘관들이 많았다.

(3) 영국군, 새로운 해전술로 영광의 유월 초하루를 맞이하다

1794년 6월 1일 영국군은 대서양 먼 곳에서 항해하던 프랑스 해군을 발견하고 그들을 공격함으로써 최초의 승리를 거두었다. '영광의 유월 초하루'라고 불리는 이날 영국군은 전적으로 새로운 방식의 공격을 시도했다. 그들은 처음에는 바람이 불어오는 쪽을 확보한 다음에 사선진 대형으로 적을 덮쳐 적 전열을 절단했다. 그 후 영국군은 바람을 안고 접근전을 벌였다. 적이 바람을 타고 도주하는 것을 방지하기 위해서였다. 해전술 발전에 있어 하나의 획을 그은 하루였다. 그때까지 일반적인 해전술은 양쪽이 마주보고 나란히 서서 각 선박이 차례로 질서 있게 포를 쏘아대는 것으로서, 어느 쪽도 뚜렷한 큰 승리를 기대하기 어려웠다. 이때 지휘관들은 적을 격파하기보다는 엄격한 정렬을 유지하는 데 골몰하기 마련이었다. 넬슨 제독과 그를 발탁한 저비스 경이 함께 스페인을 무찌르다. 영국군의 신전술은 1797년 세인트 빈센트 곶 해역에서 영국 제독 존 저비스 경(Sir John Jervis)과 넬슨(Horatio Nelson) 제독이 스페인 함대를 무찌를 때 다시 그 위력을 입증했다. 저비스 경은 영국 해군력의 기초를 다진 사람으로서 탁월한 전략가이자 행정가였다. 또한 그는 인재를 발굴하는 안목이 뛰어났으며, 넬슨의 비범함을 한눈에 알아보고 발탁한 인물이 바로 그였다.

(4) 넬슨, 독자적 행동으로 영국군의 대승을 이끌다

넬슨은 1758년에 태어나 13세에 해군에 입대했다. 그는 세인트 빈센트 곶 해전에 참전하여 영국 해군이 좋아하는 접근전에서 용맹한 행동으로 완전한 승리를 거두었다. 저비스의 계획은 적 전열을 절단한 다음 그들이 합쳐지기 전에 뱃머리를 돌려 다시 공격하는 것이었다. 그러나 영국 전열 뒤쪽에 위치한 넬슨은 영국군 선두가 시간 내에 뱃머리를 돌릴 수 없음을 깨닫고 신속하게 적 전열 사이에 뛰어들었다. 순간을 포착하고 명령 없이 대열을 이탈하여 독자적으로 취한 행동이었다. 자신의 배 1척에 74문의 대포를 장착한 넬슨은 적선 7척과 교전했으며, 그동안에 다른 함대가 돌아와 합류함으로써 영국군은 대승을 거두었다.

(5) 넬슨, 프랑스 함대를 격파하고 지중해를 지배하다

넬슨은 1798년 나폴레옹이 대군을 거느리고 이집트로 건너가자 그를 추격했다. 나폴레옹은 운이 좋았다. 이집트로 건너가는 중 폭풍 덕분에 넬슨의 공격을 피할 수 있었던 것이다. 이리저리 추격한 끝에 넬슨은 아부키르 만에서 프랑스 함대를 발견했다. 프랑스 제독은 그곳을 안전하다고 판단하고 닻을 내리고 있었다. 어두워질 때를 기다렸다가 넬슨은 프랑스 함대 뒤쪽으로 접근하여 기습공격을 가했다. 좁은 공간에서 프랑스 함대는 삽시간에 혼란에 빠졌고, 13척의 군함 가운데 단 2척만이 탈출했을 뿐, 나머지는 모두 격파되었다. 이후 영국은 지중해를 보다 확실히 지배할 수 있게 되었다.

(6) 나폴레옹의 해상봉쇄에 맞서 트라팔가르에서 프랑스 함대를 격파하다

나폴레옹은 육전에서 연전연승하고 있었으나 그의 마음속에 늘 영국 해군은 두려운 존재였다. 영국을 침공하려는 계획을 세웠다가도 해군력 열세 때문에 포기하지 않으면 안 되었다. 그러나 일단 브레스트와 툴롱 두 주요 항구에 대한 해상봉쇄를 돌파하기 위한 작전을 시도했다. 1805년 툴롱에서 프랑스 함대는 일시적으로 해상봉쇄를 돌파하는데 성공했다. 그러나 역으로 넬슨은 프랑스군을 대양으로 끌어내 그가 원하는 해전을 벌일 수 있게 되었다. 넬슨은 프랑스 함대를 추격하여 10월 21일 트라팔가르에서 교전했다. 넬슨은 이 해전에서 영국군의 전형적인 전술을 적용하여 적의 전열을 끊은 다음 뱃머리를 돌려 접근전을 벌였다. 그는 눈부신 작전 지휘로 적선 30척 가운데 18척을 나포하거나 침몰시켰다.

(7) 넬슨, 죽음과 함께 나폴레옹의 몰락과 대제국 건설을 이끌다

그러나 넬슨은 치열한 접근전을 벌이던 중 적탄을 맞고 쓰러졌다. 그날 넬슨은 그를 열렬히 따른 자랑스러운 부하들이 대승을 거두었다는 소식을 듣고 조용히 눈을 감았다.

(8) 호레이쇼 넬슨[47]의 배, 트라팔가르 해전에서 프랑스 함대 격파

넬슨은 해전사상 매우 독창적이고 지적인 용맹한 제독이었으며, 탁월한 지휘관이

---

47 김지현 기자, "'세기의 불륜 커플' 넬슨-에마 초상화, 한국 상륙," 매일경제, 2021.5.19. 허레이쇼 넬슨 제독과 연인 에마 해밀턴 초상화, 국립중앙박물관 '시대의 얼굴' 전시, 영국 국립초상화미술관 소장 작품; 영국 화가 조지 롬니가 1785년 그린 에마 해밀턴(1765~1815) 초상화는 세상을 뒤흔든 미녀의 매력이 뭔지 금새 알 수 있게 해 준다. 매혹적인 눈과 오똑한 콧날, 앵두같은 입술이 절묘한 조화를 이루며 관람객의 시선을 붙잡는다. 공적 평판에 집착했던 독불장군인 영국 허레이쇼 넬슨 제독(1758~1805)도 해밀턴에게 빠져 세기의 불륜을 저지른다. 넬슨이 존경하는 영국 외교관 윌리엄 해밀턴 경의 부인이었는데도 지독한 사랑을 하게 된다. 두 사람의 금지된 열애는 비비언 리와 로런스 올리비에가 주연한 영화 '해밀턴 여인(1941)'을 비롯해 수많은 책과 영화 소재가 됐다. 지금 서울 용산 국립중앙박물관 특별전 '시대의 얼굴, 셰익스피어에서 에드 시런까지'에 넬슨과 에마의 초상화가 걸려 있다. 영국 국립초상화미술관이 소장한 명작 78점을 국내에 처음 소개하는 전시다. 윌리엄 비치가 1800년 그린 넬슨 초상화는 늠름하지만 낭만적인 제독의 모습을 생생하게 묘사했다. 넬슨의 고향인 노퍽의 노리치시가 의뢰한 것으로 전신 초상을 제작하기 위한 습작이다. 머리 모양을 수정한 흔적은 명확하게 남아 있지만 실명한 눈을 회색이 아닌 갈색 눈동자로 표현한 것은 그대로 두었다. 그럼에도 불구하고 제독의 모습을 가장 충실히 담은 초상화로 평가받는다. 넬슨은 영국 역

었다. 범선 시대의 최후의 해전 중 하나인 트라팔가르 해전에서 영국은 프랑스 해군을 상대로 완벽한 승리를 거두고 제해권을 완전히 장악했다. 그리하여 넬슨은 나폴레옹으로 하여금 지상작전에만 한정시키도록 하여 결국 몰락의 길을 걷게 했으며, 영국은 19세기 내내 세계의 바다를 장악함으로써 영원히 해가 지지 않는 대제국을 건설했다.

Ⅵ. 영국 對 프랑스

1. 영국·프랑스 전쟁 해전 — 영국 對 프랑스,[48] 넬슨 영국 제독[49] 對 프랑스 나폴레옹

(1) 전쟁의 배경과 경과

프랑스는 여러 차례 전쟁의 결과로 인해 국력이 약화되었고 국정이 혼란해졌으며, 그 여파로 프랑스혁명이 발발하였다. 영국과 프랑스의 패권 투쟁은 미국독립전쟁

사상 가장 걸출한 전쟁 영웅 중 한 명으로 그를 기리는 기념탑이 런던 트라팔가르 광장에 있다. 카리스마와 자신감이 넘쳤던 그는 업적을 달성하는 데 열을 올렸다. 1793년 프랑스와 전쟁이 발발하자 코르시카 전투에서 승전했지만 한쪽 눈을 실명하고 1797년 전투에서는 오른쪽 팔을 잃었다. 이러한 부상에도 불구하고 넬슨은 뛰어난 전술로 성 빈센트 곶 전투(1797)와 나일 해전(1798)에서 영국 함대를 승리로 이끌었다. 건강을 회복하기 위해 머무르던 나폴리에서 해밀턴 경의 부인 에마와 만나게 되고 영국 역사상 가장 유명한 불륜으로 이어졌다. 넬슨은 이후 트라팔가르 해전(1805)에서 나폴레옹 함대를 격파하지만 치명상을 입고 전사한다. 그의 연인 에마는 대장장이의 딸로 태어나 치명적인 아름다움으로 신분 상승에 성공했다. 1791년 나폴리 공국에 영국 외교관으로 파견돼 있던 윌리엄 해밀턴 경과 결혼한 그녀는 2년 후 넬슨 제독을 만난다. 그녀와 넬슨 모두 가난하게 태어나 재능만으로 출세했다는 점에서 일종의 대등함을 느꼈다. 그녀는 고대 신화를 구연하며 주름진 천이나 조명만을 이용해 고전적 자세를 취하는 방식으로 문학 작품 속의 분위기나 특정 순간을 표현해내는 '태도(Attitudes)'라는 새로운 형태의 공연 예술을 발전시키며 국제적인 명성을 얻었다. 나폴리 여왕의 절친한 친구가 되어 여성으로서는 최초로 몰타 십자장을 수여받는다. 하지만 넬슨과 남편 해밀턴 경이 사망한 후 파산했으며 빚을 갚지 못해 1813년 투옥된다. 2년 후 프랑스 칼레에서 궁핍하게 살다 죽음을 맞이한다. 영국 정부가 그녀에게 유산을 남긴 넬슨의 유언을 수용하지 않았기 때문이다. https://www.mk.co.kr/news/culture/view/2021/05/517772/ 2022.10.16. 검색.

48 조덕현(충남대학교), "영국·프랑스 전쟁 해전에 관한 연구," E-저널 2018년 ISSN 2465-809X(Online). https://icampus.skku.edu/ 2022.10.18. 검색.

49 트라팔가르 해전과 넬슨 제독-영국은 19세기 내내 세계 바다를 장악하다(1805년)(세계전쟁사 다이제스트 100, 2010. 7. 16., 정토웅). https://terms.naver.com/entry.naver?docId=1836028&cid=43073&categoryId=43073 2022.10.3. 검색.

(American Revolutionary War, 1775~1783)에 이어 프랑스혁명전쟁(Wars of French Revolution, 1792~1799)과 나폴레옹전쟁(Napoleonic War, 1799~1815)으로 계속 이어졌으며, 영국 해군과 프랑스 해군의 해양전쟁도 지속되었다. 1789년에 프랑스에서 시민계급을 선두로 절대주의 아래의 구제도(Ancien Régime)를 타파하고 자유와 평등의 사회를 건설하기 위한 혁명이 발발하였다. 프랑스혁명의 근본적인 원인은 구제도의 모순에 있었지만, 여기에 오랜 전쟁으로 인한 재정의 결핍과 미국의 독립이 영향을 미쳤다. 루이 16세(Louis XVI, 재위 1774~1792)가 처형되고 혁명이 급진전되자 영국을 비롯한 유럽 제국이 혁명의 파급을 우려해 1793년 2월에 제1차 대 프랑스 동맹을 결성하고 프랑스를 공격하였다. 1796년에 나폴레옹(Napoleon Bonaparte)이 이탈리아를 평정하고 1797년에 오스트리아를 굴복시켰다. 그리하여 제1차 대 프랑스 동맹이 붕괴되고 영국만이 적대국으로 남았다. 파리에 개선한 나폴레옹이 총재정부(directory)에 진언하여 이집트 원정을 감행하였다. 이집트 원정은 영국과 인도의 교통선을 단절시켜 영국의 인도 지배를 방해하는데 목적이 있었다. 1789년에 나폴레옹은 약 40,000명의 군대를 이끌고 알렉산드리아(Alexandria)에 상륙하여 이집트를 정복하였다. 그러나 프랑스 함대가 나일강 해전(Battle of Nile)에서 영국 함대에게 패전하자, 나폴레옹은 단신으로 이집트를 탈출하여 귀국한 다음 총재정부를 타도하고 스스로 제1통령이 되었다. 이때 영국은 오스트리아 등 유럽 제국과 제2차 대 프랑스동맹을 조직하고 프랑스를 공격하였다. 정권을 장악한 나폴레옹은 인기를 지속할 필요가 있었으며, 그러기 위해서는 지족적인 정복이 필요하였다. 나폴레옹은 1802년에 종신통령이 되었으며, 1804년에는 국민투표에 의하여 황제가 되었다. 나폴레옹의 대륙정책의 목표는 영국의 세계 제패를 탈취하는 데 있었으며, 영국 또한 나폴레옹의 대륙 제패를 간과할 수 없는 입장이었다. 1805년에 영국은 오스트리아와 러시아를 부추겨 제3차 대 프랑스동맹을 결성하였다. 나폴레옹은 영국 본토 침공을 시도하였으나, 1805년에 프랑스·스페인 연합함대가 트라팔가르 해전(Battle of Trafalgar)에서 넬슨함대에 패함에 따라 나폴레옹의 영국 침공 계획은 좌절되었다. 1805년 12월에 오스트리아와 러시아가 아우스테를리츠 전투(Battle of Austerlitz)에서 대패하자 제3차 대 프랑스동맹이 와해되었다. 그러나 해양력을 바탕으로 끝까지 저항하는 영국을 무력으로 굴복시킬 수 없다는 것을 인식한 나폴레옹은 경제 봉쇄로 영국에 타격을 주기 위해 1806년 11월에

소위 베를린 칙령(Berlin Decree)으로 대륙체제(Continental System)를 선포하여 대륙제국이 영국과 통상하는 것을 금지시켰다. 이 대륙체제로 인해 영국도 타격이 컸지만, 유럽 제국 역시 타격을 받게 되었으며 결국 러시아가 대륙체제를 위반하고 영국과 통상을 재개하였다. 이에 나폴레옹이 러시아를 응징하기 위해 1812년에 대규모 원정을 감행하였으나 오히려 대패하였다. 나폴레옹의 몰락을 가져온 것은 러시아 원정의 실패와 민족주의의 저항 때문이었다. 먼저 스페인에서 민족주의의 저항이 일어났는데, 나폴레옹이 「스페인의 궤양(Spanish Ulcer)」이라고 불렀던 이베리아 반도전쟁(The Peninsular War, 1809~1814)이 전개되었던 것이다. 스페인에서 나폴레옹의 통치에 반항하는 스페인 국민의 게릴라전이 전개되었고 영국을 비롯한 동맹군이 게릴라전을 지원하였다. 반도전쟁에서 프랑스는 결정적인 승리를 거두지 못하고 자신의 군사자원만을 소모하였다. 반도전쟁을 통해서 해양력의 중요성이 다시 한 번 부각되었는데, 영국은 제해권을 바탕으로 웰링톤(Duke of Wellington) 장군이 지휘하는 원정군을 상륙시켜 반도전쟁을 수행할 수 있었으며 결국 승리를 거두었다. 1813년에 영국과 프러시아가 주축이 되어 제4차 대 프랑스동맹을 결성하고 나폴레옹을 공격하였다. 동맹군은 1814년 봄에 파리를 점령하고 나폴레옹을 엘바(Elba) 섬에 유배시켰다. 그러나 나폴레옹은 1815년 2월에 엘바 섬을 탈출하여 황제에 복귀한 후 동맹군이 프랑스를 침공하였으며, 나폴레옹은 초기에는 선전분투하였으나 결국 1815년 6월에 워털루 전투(Battle of Waterloo)에서 패전하여 대서양의 고도인 세인트 헬레나(St. Helena) 섬으로 유배되어 그곳에서 일생을 마쳤다. 이렇게 하여 무려 126년에 걸친 영국·프랑스 전쟁이 종결되었다.

(2) 주요 해전

1) 세인트 빈센트갑 해전(Battle of Cape Saint Vincent)

1796년에 스페인이 프랑스와 동맹을 맺고 영국에 대항하였으며, 그해 3월에 나폴레옹이 지휘하는 프랑스 육군이 이탈리아에 침공하여 승승장구하였다. 이러한 정세 때문에 영국은 지중해에서 함대의 근거지를 상실하였다. 그리하여 영국함대는 지중해에서 철수하여 리스본을 새로운 근거지로 정하였다. 당시 영국의 지중해함대 사령관 저비스(John Jervis) 제독은 스페인함대를 찾아 공격할 것을 결심하였다. 이렇게 하여 발생한 세인트 빈센트갑 해전은 즉각적으로 전략적 영향이 나타났다는 점과 넬슨 제독의 용맹성이 유감없이 발휘되었다는 점에서 유명하다. 1797년 2월 14일 새벽에 코르도바(de Cordoba) 제독의 지휘 하에 있던 스페인함대의 전열함 27척이 지중해로부터 대서양 연안의 카디즈(Cadiz)를 향해 항해하고 있었다. 스페인함대는 야간에 다소 무질서한 진형을 이루며 2개의 함선군으로 분리된 상태로 항해하고 있었는데, 20척은 풍상 쪽에 위치해 있었으며, 나머지 7척은 풍하 쪽에 위치하여 첫 함선군과 7마일 정도의 거리를 두고 있었다. 15척의 전열함으로 구성된 강력한 영국함대는 저비스 제독의 지휘 아래 2열 종렬진을 형성하여 남쪽으로 항진하고 있었다. 저비스의 기함 빅토리(HMS Victory)는 우측 종렬진의 제7번함 위치에 있었으며, 컬로덴(HMS Culloden)이 우측 종렬진의 선두함이었다. 당시 제독(Commodore)의 직위에 있던 넬슨이 승조한 캡틴(HMS Captain)이 좌측 종렬진의 후미로부터 세 번째에 위치해 있었다. 콜링우드(Cuthbert Collingwood)가 승조한 엑설런트(HMS Excellent)가 좌측 종렬진의 맨 마지막 함이었다. 여명에 저비스 함대는 무질서한 진형으로 항해하고 있던 스페인함대의 두 함선군을 발견하였다. 저비스는 둘로 분리된 스페인함대가 합류하기 전에 분리된 스페인함대 사이로 진출하기 위해 예하 함선에게 좌측 종렬진이 우측 종렬진 후미에 정렬하도록 명령하였다. 그리하여 단종렬진을 형성한 영국함대는 컬로덴이 선두함, 엑설런트가 후미함 그리고 사령관의 기함이 중앙에서 약간 전방에 위치한 진형으로 항진하였다. 10:45시경에 영국 전열의 선두함은 여전히 무질서한 상태로 항진하는 스페인함대의 주력에 거의 접근하였다. 한편 스페인 함선 2척이 풍하 쪽으로부터 주력과 합류하려고 접근하는 7척과 상봉하려고 전속력으로 이동하고 있었다. 영국함대는 스페인함대 사이로 통과한 후에 종전으로 변침하여 그동안 북쪽으로 침로를 유지하고 있던 스페인함대의 주력이제 18척으로 감소됨 쪽으로 향했다. 스페인함대의 나머지 함선군이 제9척으로 증가됨은 영국 전열의 주위를 돌아 주력과 재 합류하기 위해 기동하기 시작하였다.

13:00시경에 영국함대가 스페인의 주력을 추격하고 있는 동안 영국 전열의 절반은 이미 북쪽으로 침로를 취했으나, 나머지 반은 여전히 남쪽을 향해 원래의 침로를 유지하고 있는 상태에 있었다. 이때 넬슨은 코르도바가 풍하 쪽에 위치한 9척의 함선에 접근하여 합류할 의도 아래 동쪽으로 재빨리 이동하려는 것을 간파하였다. 만약 사

태가 그렇게 된다면 15척의 영국 함선은 모두 합류한 27척의 스페인 함선과 교전해야 될 입장이었다. 그리하여 넬슨은 지시를 기다리거나 요청하지도 않고 자신의 기함인 캡틴(HMS Captain) 함장에게 변침하여 스페인함대의 주력에 접근하도록 명령하였다. 그러자 콜링우드도 넬슨의 행동을 뒤따랐다. 그리하여 캡틴과 엑설런트 2척은 순식간에 스페인 함선 가운데 가장 크고 강력하게 무장한 함선 2척과 최단거리에서 접전하게 되었다. 넬슨의 예상치 못한 기동이 코르도바로 하여금 그대로 침로를 북쪽으로 유지하도록 하였다. 캡틴과 엑설런트가 스페인 함선과 접근전을 벌임에 따라 스페인 함선의 항진 속력이 늦추어졌다. 이러한 사태는 컬로덴을 선두로 열심히 추격하고 있던 영국함대의 전위에 시간을 벌어주었으며, 영국 함선들이 스페인 함선을 공격할 수 있게 되었다. 순식간에 스페인 함선 가운데 4척이 나포되었으며, 이 가운데 2척은 콜링우드의 지원을 받은 넬슨에 의해 나포되었다. 코르도바는 현장을 이탈하여 카디즈 방면으로 간신히 탈출하였다. 접근전을 전개하는 동안 풍하 쪽에 위치해 있던 스페인 함선 9척이 주력과 재합류하였기 때문에, 저비스도 더 이상 스페인함대에 대한 추격을 감행하지 않았다. 영국함대는 수적으로 열세하였기 때문에 손상을 피할 수가 없었다. 영국함대에서 크게 손상을 입은 함선은 가장 격렬한 전투를 벌였던 캡틴과 엑설런트였다. 세인트 빈센트갑 해전에서 저비스 제독이 스페인함대를 격파함으로써 영국함대는 다시 지중해로 들어갈 수 있게 되었다. 영국함대가 승리를 거둘 수 있었던 것은 지휘관의 신속한 판단력, 왕성한 공격정신 그리고 우수한 전투자질의 결과라고 볼 수 있다. 저비스가 종렬진에서 함대의 선두함을 따르도록 한 명령에 복종하지 않고 자신의 독자적 판단에 의해 진형을 이탈한 넬슨의 행동을 긍정적으로 평가하였다는 점은 주목할 만하다.

2) **나일강 해전**(Battle of Nile)

1798년 5월 19일에 나폴레옹이 이집트로 원정하기 위해 40,000명의 병력과 2,000문의 포를 탑재한 400척의 수송함대를 이끌고 툴롱 항을 출항하였다. 프랑스의 브뤼스(Francois Paul Brueys) 제독이 지휘한 지중해함대가 이 원정군을 호송하였다. 원정군은 6월 9-19일 몰타(Malta)를 경유하여 7월 1일 이집트의 알렉산드리아에 상륙하였다. 당시 영국 해군은 영국해협, 브레스트, 스페인의 서해안 항구 그리고 지중해의 툴롱 부근에 분산 배치되어 있었다. 이때 넬슨은 툴롱에 주둔하고 있던 봉쇄함대를 지휘하고 있었는데, 넬슨이 종종 원거리 봉쇄(distance blockade)를 실시했기 때문에 나폴레옹의 수송 선단이 은밀히 봉쇄망을 돌파하여 탈출할 수 있었다. 나폴레옹의 탈출을 알게 된 넬슨은 즉시 추격을 시작하였다. 넬슨은 전 지중해 해역을 두 번이나 수색한 끝에 8월 1일 오후 나일 강 하구의 아부키르 만(Aboukir Bay)에 정박 중인 브뤼스 함대를 발견하였다. 브뤼스는 13척의 전열함과 4척의 프리깃함을 보유하였으며, 기함은 120문의 포를 장착한 오리엔트(Orient) 함이었다. 프랑스함대는 모두 1,200문의 포를 보유하고 있었으나, 많은 승조원들이 식수를 구하기 위하여 상륙하였기 때문에 현측 포에도 인원을 제대로 배치할 수 없었다. 프랑스함대는 북서쪽에서 남동쪽으로 모두 선수 닻을 내려 일렬로 정박하고 있었다. 선두함 게리어(Guerrier)가 아브키르 섬 바로 남쪽에 투묘하고 있었기 때문에, 영국 함선이 프랑스 전열과 육지 사이로 접근할 수 없는 것처럼 보였다. 8월 1일 14:00시경 넬슨이 전열함 14척포 1,000문을 지휘하여 아부키르 만 입구에 나타났다. 그런데 2척은 알렉산드리아 근해에 있었기 때문에 아직 그곳에 도착하지 못했고, 컬로덴이 아부키르 섬 근해에 좌초되어 역시 전투에 참가하지 못했다. 따라서 넬슨은 전열함 11척으로 전투를 수행하였다. 넬슨의 예하 함장들은 어떻게 전투를 수행해야 하는지 잘 알고 있었다. 즉 영국함대는 1번함이 프랑스의 1번함 바로 옆에 선미 닻으로 접근하여 교전하면, 제2번함이 반대편 현측으로 접근하여 프랑스의 1번함과 2번함 사이에 접근하여 양측을 협공한다는 것이었다. 그렇게 하여 2척이 1척을 공격하면서 공격 표적을 점차 앞으로 옮긴다는 것이었다. 16:30시에 영국함대의 선두함 골리앗(HMS Goliath)이 프랑스 전열과 육지 사이로 과감히 파고들어 접근하였으며 4척이 그 뒤를 따랐다. 넬슨의 기함 뱅가드(HMS Vanguard)와 다른 함선들은 외해 쪽에서 프랑스 전열에 접근하였다. 이리하여 프랑스의 전위와 주력함대는 영국 함선으로부터 치명적인 협공을 받았다. 20:00시경에 영국의 벨러로폰(HMS Bellerophon)이 오리엔트(Orient) 맞은 편에 닻을 내리고 포격을 가함에 따라 오리엔트는 22:00시경에 폭발하였다. 이 무렵에 영국함대는 이제 도착한 2척이 합세하여 프랑스함대의 중위를 공격하기 시작하였다. 약 1시간 후에 프랑스 전열함 2척이 항복하고 다른 2척이 좌초되었다. 8월 2일 03:00시경에 영국 함선은 그때까지 전투에 가세하지 않은 프랑스함대의 후위를 공격하였다. 후위전대의 빌뇌브

(Pierre Villeneuve) 제독은 전위를 지원할 생각을 하지 않고 있다가 전열함 2척과 프리깃함 1척을 이끌고 황급히 도주하였다. 나머지 프랑스 함선들은 모두 영국함대에 제압당했다. 나일강 해전일명 아부키르 해전에서 프랑스함대가 당한 손실은 막대하였다. 프랑스함대의 손실은 전열함 11척, 프리깃함 2척, 전사자 1,700명, 부상자 1,500명 그리고 포로 3,000명에 이르렀다. 반면에 영국함대는 몇 척이 심한 손상을 입었으며, 1,000명의 전사상자가 발생하였다. 영국함대는 프랑스 전열함 6척을 전리품으로 획득하였다. 나일강 해전은 해군전술 측면에서도 탁월한 작전이었을 뿐만 아니라, 상당한 전략적·정치적인 결과를 가져왔다. 이집트의 프랑스군이 본국으로부터 차단되어 고립되었고, 영국이 다시 지중해를 지배하게 되었다. 또한 영국은 프랑스에 대해 동맹을 재결성할 수 있게 되었다. 1799년 10월에 나폴레옹은 프리깃함 1척으로 이집트를 탈출하여 귀국한 후 쿠데타를 일으켜 프랑스의 제1통령이 되어 사실상 독재자가 되었다. 이집트에 고립된 프랑스 군은 1801년 아부키르 만에 상륙한 영국군에게 항복하였다.

3) **코펜하겐 해전**(Battle of Copenhagen)

전쟁이 진행될수록 해전은 점차 봉쇄전의 양상으로 변해 갔다. 프랑스, 스페인과 네덜란드의 주요 항구인 브레스트, 툴롱, 카디즈 및 덴헬더(Den Helder) 등이 모두 영국함대에 의해 봉쇄되어 프랑스와 그 동맹국 함대의 제반 활동이 감시당했다. 중립국 선박도 영국함대의 정선 명령을 받고 전시금수품 적재 여부를 조사받았다. 이렇게 되자 프랑스의 무역이 거의 마비상태에 빠지게 되었다. 그런데 1801년 2월에 러시아의 황제 바울 1세(Paul I)의 주도 아래 러시아, 덴마크, 스웨덴 및 프러시아가 영국의 적대행위로부터 그들의 상선해운을 방호하기 위해 북유럽 무장중립(Armed Neutrality of the North)을 결성하였다. 그러자 영국은 덴마크를 무장중립에서 탈퇴시키기 위해 파커(Sir Hyde Parker) 제독의 지휘 아래 1개 함대를 발틱해에 파견하였다. 파커의 차석 지휘관은 넬슨 중장이었다. 파커는 23척의 전열함과 11척의 프리깃함 그리고 23척의 기타 함선을 인솔하여 코펜하겐 입구인 사운드해협에 도착하였다. 덴마크는 영국함대의 공격을 예상하고 사전 준비를 하였다. 코펜하겐의 수로는 사운드해협의 얕은 수심과 섬들 때문에 매우 복잡하며, 미들 그라운드 사주(Middle Ground Shoal)로 인해 해협은 킹스해협(King's Channel)과 외측해협(Outer Channel)으로 나뉘어졌다. 킹스해협으로 통하는 북쪽 입구에는 강력한 트렉로너(Trekroner) 요새가 코펜하겐 항의 입항을 제압하고 있었으며, 남쪽 입구에는 2척의 전열함, 1척의 프리깃함, 8척의 방어함(defense ship) 및 7개의 해상포대 등으로 구성된 방어부대가 배치되어 있었다. 이 가운데 방어함은 낡은 전열함과 프리깃함으로 구성되었다. 전열함 단네브로그(Dannebrog)에 위치한 피셔(Olfert Fischer) 준장이 코펜하겐 방어부대를 지휘하였다. 파커가 넬슨으로 하여금 덴마크함대를 공격하도록 명령하자, 넬슨은 12척의 전열함과 5척의 프리깃함 그리고 19척의 기타 함선들을 이끌고 트렉로너 요새를 피하기 위해 남쪽으로부터 공격하기로 결심하였다. 4월 1일 야간에 넬슨은 공격부대를 이끌고 외측해협을 통해 사운드해협을 통과한 후 남풍을 기다렸다. 나머지 영국 함선들은 미들 그라운드 사주 북쪽에서 대기하였다. 4월 2일 09:00시경에 바람의 방향이 바뀌자 넬슨은 공격을 개시하였다. 전열함 1척이 사주에 좌초되었지만, 나머지 함선들은 덴마크 함선으로부터 약 500미터 떨어진 곳에 닻을 내렸다. 영국 공격부대가 600문의 포, 60문의 캐로네이드(carronade) 그리고 9,000명의 병력을 보유한 반면, 덴마크 방어부대는 370문의 포와 6,000명의 병력을 보유하고 있었다. 10:00시부터 격렬한 전투가 시작되었는데, 덴마크 방어부대는 완강하게 저항하였다. 13:00시경에 이르러 영국 전열함 3척이 심하게 파손되어 트렉로너 근처에 좌초되었다. 13:30시에 파커가 자신의 기함에 「전투중지」 신호기를 게양했지만, 이미 파손된 함선을 이끌고 트렉로너를 거쳐 수로를 무사히 빠져나가기 어렵다고 판단한 넬슨은 이 신호를 무시하였다. 이전에 한쪽 눈을 잃은 넬슨은 짐짓 보지 못하는 눈 쪽에 망원경을 대고, "폴리 Foley 함장, 원래 한쪽 눈이 보이지 않는 내가 가끔 잘 보지 못하는 것은 당연하지 않은가? 정말 아무 신호도 보이지 않구만." 하면서 전투를 계속하였다. 2시간의 전투를 더 치르고 난 15:00시경에 11척의 덴마크 함선이 항복하였고, 넬슨은 위험한 현재의 위치로부터 무사히 이탈하기 위해 덴마크 측에 휴전을 제의하였다. 덴마크 측이 휴전을 받아들이자 넬슨은 파손된 함선을 이끌고 트렉로너를 안전하게 통과하였다. 이 해전에서 덴마크 후위전대는 15척의 함선을 잃었으며, 1,000명이 전사 또는 부상당하고 2,000명이 포로가 되었다. 영국 전위전대에서는 1,200명의 전사자와 부상자가 발생하였다. 이 해전이 끝난 후 덴마크는 러시아의 바울 1세의 암살에 영향을 받아 영국의 요구에 동의하여 무장중립동맹에서 탈퇴하였다. 한편, 파커의 뒤를 이어 발틱해의 영국함대를 지휘하게 된 넬슨이 러시아함대를 공격하기 위해 레발(Reval), 에스토니아 연안로 향했는데, 러시아함대는 이를 미리 알고 크론스타트(Kronstadt)로 도주해버렸다. 그러나 결국 그해 6월에 러시아도 영국의 요구에 동의함에 따라 무장중립이 와해되었다. 이와 같이 넬슨은 무력을 동원함으로써 영국에 외교적 승리를 안겨주었다.

4) **트라팔가르 해전**(Battle of Trafalgar)

1803년부터 나폴레옹은 도버해협 연안의 불로니(Boulogne)에서 영국 침공을 준비하였다. 130,000명의 지상군이 집결하고 2,000척의 수송선이 준비되었다. 이러한 나폴레옹의 침공 준비에 대응하기 위해 영국 해군은 프랑스와 그 동맹국인 스페인과 네덜란드의 주요 항구에 대해 함대봉쇄를 가했다. 1805년 3월 당시 양측의 전열함 배치하였다. 해협을 횡단하기 위해서는 전투함대의 엄호가 요구되었기 때문에, 프랑스 각 항구에 분산된 전대들이 봉쇄를 돌파하고자 시도하였다. 1805년 3월에 빌뇌브가 6척의 전열함을 이끌고 툴롱을 빠져나와 카디즈에서 스페인의 그라비나(Federico Gravina) 전대와 합류한 다음 서인도제도로 향했다. 나폴레옹은 영국을 침공하기 위해 프랑스함대의 주력을 서인도 해역에 출동시켜 영국함대를 그 방면으로 유인한 다음 프랑스함대의 엄호 아래 영국해협에 진출하려는 대계획(Grand Design)을 수립하였던 것이다. 그러나 프랑스함대가 서인도 해역에서 돌아와 영국해협에 진출하려고 시도하였으나, 해협을 통제하는 영국함대의 존재로 인해 해협 진출을 포기하고 다시 지중해로 향하던 중에 1805년 10월 21일 트라팔가르(Trafalgar) 근해에서 프랑스함대를 추격하던 넬슨함대와 조우하여 전개된 해전이 트라팔가르 해전이었다. 10월 19일 오전에 빌뇌브 제독이 지휘한 프랑스·스페인 연합함대가 지중해로 진입하기 위해 카디즈를 출항하였다. 연합함대는 전열함 33척 프랑스 18척, 스페인 15척, 프리깃 함 5척, 포 3,000문을 보유하였으며, 승조원은 30,000이었다. 한편, 프리깃함 전대로부터 프랑스·스페인 연합함대의 동향에 관하여 보고를 받은 넬슨 제독은 즉시 연합함대의 지중해 진입을 저지하기 위하여 출항하였다. 넬슨 함대는 전열함 27척, 프리깃함 4척, 포 2,500문을 보유하였고, 승조원은 20,000명이었다. 그 다음 날인 10월 20일, 빌뇌브함대는 남서풍을 받으며 지브롤터해협에 접근하고 있었다. 즉 그들은 거의 역풍을 받으며 남남동 방향으로 항진하고 있었다. 반면에 연안에서 멀리 떨어져 있었던 넬슨함대는 빠른 속력을 낼 수 있는 유리한 풍향에 위치하여 빌뇌브를 추월할 수 있었다. 그러나 20일과 21일 야간에 넬슨은 연합함대를 발견하지 못하고 추월하는 일이 없도록 하기 위해 그리고 만약 적 함대가 변침하였다면 자신이 풍하 쪽에 위치할 수도 있는 불리한 점을 갖지 않도록 하기 위해 속력을 줄였다. 21일 오전에 양측 함대는 모두 트라팔가르갑 근해에 위치해 있었다. 빌뇌브는 영국함대가 프랑스·스페인 연합함대를 위협할 수 있는 위치에 있다는 것을 인식하자 변침하여 북상하였다. 빌뇌브가 카디즈로 귀항하려고 하였을 때, 풍향이 서북서풍으로 바뀌었다. 이때 넬슨은 선미에서 바람을 받으며 복종렬진으로 프랑스·스페인 연합함대를 향해 변침하였다. 넬슨은 좌측 종렬진12척 즉 풍상 쪽 전열의 선두함인 빅토리(HMS Victory)에 승함하고 있었으며, 로열 서버린(HMS Royal Sovereign)에 승함한 콜링우드는 우측 종렬진 15척을 선도하고 있었다. 두 종렬진의 간격은 약 1마일이었다. 11:35시에 넬슨은 「영국은 각자가 자신의 의무를 다할 것을 기대한다(England expects that every man will do his duty)」라는 유명한 신호기와 함께 「더욱 접근해서 적과 교전하라.」는 신호기를 게양한 후, 그의 비망록에서 강조했던 구상에 따라 적 진형의 중앙을 향하여 예하의 전열을 진출시켰다. 빅토리(HMS Victory)는 바로 빌뇌브의 기함 뷔상또르(Bucentaure)를 향해 돌진하였으며, 뷔상또르의 선미를 살짝 스치듯 통과하면서 현측 일제사격을 가하였다. 한편, 콜링우드는 연합함대 후위의 선두, 즉 스페인의 그라비나 제독의 차석 지휘관인 알라바(Ignacio Maria de Alava) 제독의 기함을 향해 돌진해 들어갔다. 넬슨을 뒤따르던 함선들은 연합함대 전열의 중위에 있는 다른 함선들을 공격하였다. 이에 콜링우드 예하의 함선들도 산개하여 연합함대 전열의 후위에 대하여 일제히 공격하였다. 그러므로 영국함대의 전 함선이 프랑스 · 스페인 연합함대의 일부분에 대하여 공격을 집중할 수 있었다. 이에 반하여 프랑스 · 스페인 연합함대의 전위는 빌뇌브의 신호에도 불구하고 적시에 전투현장에 도착하지 못했다. 13:30시경에 넬슨 제독은 뷔상또르를 뒤따르고 있던 리다우터블(Redoubtable)에서 발사한 총탄에 맞아 명예롭게 전사하였다. 그러나 전투는 맹위를 떨치며 17:30시까지 계속되었다. 마침내 프랑스·스페인 함선 19척이 격침되거나 나포되었으며 빌뇌브도 생포되었다. 대패한 연합

함대의 나머지 함선들은 황급하게 카디즈로 도주하였다. 연합함대는 2,600명이 전사하거나 부상당했으며 7,000명이 포로가 되었다. 영국함대는 전열함의 손실은 없었으나 전열함의 절반이 심한 손상을 입었으며 1,700명의 사상자가 발생하였다. 트라팔가르 해전의 패배로 인해 프랑스함대는 재기가 불능하게 되었으며, 영국을 침공하려던 나폴레옹의 계획은 무산되었다. 반면에 영국은 1588년에 스페인의 무적함대를 격퇴하면서 장기간 추구하던 해양패권(maritime hegemony)을 획득하였다. 트라팔가르 해전 이후 영국은 대 프랑스 봉쇄를 더욱 강화하였으며, 나폴레옹은 대륙체제로 이에 대항하였다. 그러나 일부 국가가 나폴레옹에 항거하여 영국과 내통하였기 때문에 나폴레옹의 대륙체제도 끝나고 말았다.

(3) 해전의 의의 및 승패요인

프랑스 혁명전쟁과 나폴레옹 전쟁에서도 영국 해군과 프랑스 해군의 대결은 계속되었다. 영국 해군은 프랑스의 주요 항구에 함대봉쇄를 가하여 프랑스 해군의 활동을 원천적으로 봉쇄하려고 하였으며, 프랑스 해군은 영국에 대해 통상파괴전을 수행하였다. 영국을 침공하려던 나폴레옹의 야망은 영국해협을 통제하고 있던 영국함대의 존재로 인해 끝내 좌절되고 말았다. 126년간에 걸친 영국과 프랑스의 해양전쟁에서 대미를 장식한 것이 트라팔가르 해전이었다. 이 해전에서 넬슨 제독은 범선시대의 전형적인 해전 양상인 병항진을 선택하지 않고 직각으로 적 전열의 중앙을 돌파하여 부분적 우세를 유지하여 전과를 확대하고 승리를 거둠으로써 범서시대 전술의 절정을 보여주었다. 그리하여 이 해전은 영국과 프랑스 해양전쟁에 종지부를 찍었으며, 영국이 전 세계의 해양패권을 확립하는 계기가 되었다. 나아가 영국은 제해권을 바탕으로 세계 곳곳에 해외 식민지를 경영하며 국위를 떨쳤으며, 그 후 제1차 세계대전이 발발하기 전 1세기 동안 「영국 지배 하의 평화(Pax Britannica)」를 유지할 수 있었다. 영국과 프랑스의 해양전쟁에서 이러한 결과가 나타난 영국의 승인을 살펴보면, 첫째, 영국은 상대국보다 항상 우세한 해군력을 보유하고 있었다. 둘째, 영국 해군은 프랑스 해군을 상대로 공세적으로 함대를 운용하였다. 그리하여 영국 해군은 전략적으로는 프랑스 해군의 활동을 원천적으로 봉쇄하였고 전술적으로는 전투에서 프랑스 해군을 압도하였다. 셋째, 영국은 뛰어난 해군 지휘관들을 보유하였다. 제해권의 의미를 잘 이해하고 있었던 저비스, 넬슨 및 콜링우드와 같은 훌륭한 지휘관들이 항상 공세적 작전을 추구하고 적의 함대를 격파하기 위해 왕성한 공격 정신과 전술적 우세를 추구하였다. 넷째, 영국 해군이 통솔, 사기, 훈련 및 의지력 면에서 뛰어났다는 점이다. 다음으로 프랑스의 패인을 살펴보면, 첫째, 프랑스의 해군력이 약화되었다는 점을 들 수 있다. 프랑스 해군은 혁명 전에 근무하던 장교의 약 80%가 전역하였고, 후임자들은 경험과 훈련이 부족하였으며 조선소와 병기공장은 열악한 상태에 있었다. 또한, 영국 해군의 봉쇄로 말미암아 프랑스 해군은 함선용 자재의 획득에도 곤란을 겪었다. 둘째, 프랑스는 해군력의 집중에 있어서 지리적으로 불리하였다. 프랑스는 주로 브레스트에 기지를 둔 대서양함대와 툴롱에 기지를 둔 지중해함대로 해군을 분할하지 않을 수 없었는데, 영국이 장악한 지브롤터와 영국해협이 프랑스함대의 집중을 방해하였다. 셋째, 프랑스 해군은 수세적 전략과 전술을 추구하였다. 넷째, 영국에 대한 프랑스의 대륙체제와 통상파괴전이 효과적이지 못했다. 마지막으로 프랑스 해군은 정신전력이 부족하였다. 나일강 해전에서 프랑스 함대는 한 달간의 정박으로 인해 승조원들이 무기력에 빠져 안일한 생각에 젖어 있었다. 그리고 프랑스의 해군 지휘관은 정신력에서 이미 패배하였는데, 예를 들면 트라팔가르 해전에서 프랑스·스페인 연합함대를 지휘했던 빌뇌브 제독은 나일강 해전에서 넬슨함대의 가공할 공격을 받고 혼비백산해서 도주했던 후위전대 지휘관이었다. 그러한 빌뇌브는 트라팔가르 해전에 앞서 넬슨을 두려워하여 정신력에서 이미 패배해 있었던 것이다.

(4) 교훈

제해권은 전쟁에 지대한 영향을 미친다. 나폴레옹이 막강한 지상군을 보유했음에도 불구하고 영국을 침공하지 못한 것은 영국 해군이 영국해협의 제해권을 장악하고 있었기 때문이다. 나폴레옹이 이집트 원정을 중단하고 귀국한 것 역시 나일강 해전에서 승리한 넬슨함대가 지중해의 제해권을 장악하고 프랑스 원정군의 해상교통로를 위협하였기 때문이다. 또한, 이베리아반도 전쟁에서 영국과 그 동맹군이 승리한 것은 제해권을 바탕으로 한 해상교통로가 육상교통로보다 유리하다는 것을 보여주었다. 함대봉쇄는 적 함대의 집중과 연합을 방해하고 적의 해상 활동을 원천적으로 제한시키는 전략적 효과를 거둘 수 있다. 영국 해군은 나폴레옹의 침공계획에 대응하여 프랑스와 그 동맹국의 항구에 대해 공세적인 함대봉쇄를 가함으로써 그들의 집중과 연합을 방해하고 영국 해협에 대한 제해권을 유지할 수 있었다. 반면에 프랑스와 그 동맹국 해군은 수세적 전략을 취하여 영국함대에 함대봉쇄를 허용함으로써 나폴레옹의 대계획을 무산시켰으며 이후 전쟁에서 아무런 역할도 하지 못했다. 질서정연한 기동을 할 수 있는 함대만이 기동의 굴레에서 벗어날 수 있으며, 평소에 훈련이 습관화된 함장만이 급변하는 상황에 적응할 수 있다. 범선시대의 영국함대는 전투지침서에 따라 엄격한 전열의 유지에 속박되어 있었다. 그러나 넬슨은 여러 해전을 통해서 전투지침서에 따른 기동의 굴레에서 벗어난 기동을 함으로써 전투에서 승리를 거두었으며, 예하 함장들도 넬슨의 기대에 부응하여 나일강 해전의 양측 협공에서 보여준 바와 같이 적시에 기동과 전투의 기회를 포착하고 행동할 수 있었다. 실전에서 이러한 임기응변은 모두 평소에 끊임없는 교육과 훈련을 통해서만 가능한 것이다. 창의적인 전술은 적의 의표를 찌르고 전투 효과를 증대시킬 수 있다. 넬슨은 전통적인 병항전의 개념을 완전히 배제하고 쉬프랑과 로드니와 같이 독창적인 전술을 창안하였다. 넬슨이 적의 부분에 대하여 공격을 집중한다는 원칙 아래 독창적인 전술을 사용하여 적의 의표를 찌르고 승리한 해전이 나일강 해전과 트라팔가르 해전이었다. 이 두 해전에서 나타난 넬슨의 전술은 범선시대 전술의 백미였다고 할 수 있다. 창의적인 전술은 적용이 가능하도록 충분히 논의되고 구체화되어야 한다. 넬슨은 트라팔가르 해전에 앞서 9월 28일부터 10월 19일까지 20일 동안 카디즈 외해에서 자신이 원하는 전투계획에 대해서 부하 장교들과 토론하였다. 넬슨은 적을 접촉하였을 때, 신호의 필요성을 최소한으로 감소시키기 위해 노력하였으며, 10월 10일에 그는 부하들과 논의했던 전투계획을 마무리 짓고 비망록(memorandum)을 작성하였다. 넬슨이 그의 비망록에서 구상한 전투계획의 요지는 수적으로 우세한 적프랑스 · 스페인 연합함대의 한 부분에 대해 공격을 집중하는 것인데, 영국함대가 복종렬진으로 적 전열의 중앙을 직각으로 돌파한 후 적의 중위와 후위에 대하여 화력을 집중하고 적을 제압한다는 것이었다. 넬슨은 급변하는 전투 상황에 신속하게 대응할 수 있도록 구체적인 전투 방법까지 함장들에게 교육하였다. 이처럼 넬슨은 그의 구상을 부하 함장들에게 충분히 교육하고 훈련을 통해 구체화하였다는 점에서 다른 제독들보다 훌륭했다고 볼 수 있다. 방심은 패배를 자초한다. 나일강 해전에서 프랑스함대는 한 달 동안의 정박으로 인해 무기력해지고 안일한 생각에 젖어 있었으며, 결국 많은 인원이 상륙하였기 때문에 겨우 한쪽 현측에만 전투요원을 배치할 수 있을 정도로 무방비 상태였다. 특히, 프랑스함대는 야간전투를 전혀 예상하지 못했는데, 이것은 프랑스함대는 항해 중 야간전투는 혼란을 초래하기 때문에 필요성을 느끼지 못하고 준비를 하지 않았기 때문이다. 다음 날 아침에 상륙한 인원이 모두 귀함하여 충분한 인원으로 전투를 할 수 있다고 판단했다. 더욱이 사령관 브뤼스는 정박 중인 예하 함대의 전투 진형이 영국 함대가 침투할 수 없을 정도로 철저하게 방비된 상태라고 과신하고 있었다. 반면에 넬슨은 두 달 동안 지중해를 정찰하면서 철저한 전투준비와 훈련을 실시했을 뿐만 아니라, 예하 함장들은 화력을 집중한다는 넬슨의 전투계획을 충분히 이해하고 실전에서 이행하였다. 더욱이 넬슨함대는 현측에 수평 조명등을 설치하고 프랑스함대의 예상과는 달리 야간전투를 준비했던 것이다.[50]

2. **세기의 전략가 나폴레옹** vs **웰링턴**[51]

한 시대를 뒤흔들었던 프랑스의 통치자 나폴레옹과 끝나지 않을 것 같던 나폴레옹의 시대를 종식시킨 영국의 웰링턴은 각 국의 통치자이자 전략가입니다. 이 둘은 1769년 동갑내기로 각 나라의 역사에 한 획을 그은 대표자이자 라이벌 관계인데요. 역사 속의 그들의 모습을 살펴보도록 하겠습니다. 나폴레옹, 프랑스의 히어로나폴레옹 보나파르트는 변방 코르시카 출생으로 아버지를 따라 프랑스로 건너왔다가 파리 육군사관학교에 진학하게 되었습니다. 하지만 막상 동료들과 출신이 달라 잘 어울리지 못하고 화합되지 못한 채 외로운 나날을 보냈는데요. 그럼에도 불구하고 동서고금의 모든 병법을 독파하며 충실한 학교생활을 이어갔습니다. 네트워크와 인맥의 부

---

50 조덕현, 『세계사 속의 해전』, 서울: 신서원, 2006; 조덕현, 『해전사 속의 해전』, 서울: 신서원, 2010; 조덕현, 『전쟁사 속의 해전』, 서울: 신서원, 2016; Richter, Florian, The Battle of Trafalgar 1805: Profile Models of Every Ship in Both Fleets (New York: Helion and Company, 2018); Schon, Alan, Trafalgar: Countdown to Battle, 1803-1805 (London: Sharpe Books, 2018); Char River Books, The Battle of the Nile: The History of the Decisive Royal Navy Victory that Trapped Napoleon in Egypt (New York: Char River Books, 2018).

51 [워털루전쟁/나폴레옹콤플렉스] 세기의 전략가 나폴레옹 vs 웰링턴 Louisien, 2012. 3. 14. 11:20. https://www.louisien.com/113 2022.10.18. 검색.

재에도 불구하고 나폴레옹은 일찍이 두각을 나타내기 시작했는데요. 24세에 혁명군 포병 대위로 툴롱항 싸움에서 공을 세운 것을 시작으로 26세의 나이에 파리의 폭동을 진압하면서 장군의 자리에 오르게 됩니다. 이후 이탈리아 원정, 이집트 원정을 떠났고 파리로 돌아와 제1통령 이라는 지도자의 타이틀을 달았습니다. 이때가 그의 나이 30세였는데요. 황제로 등극한 이후 유럽의 절반을 제패하고 교육, 종교, 문화, 법률 등 오늘날 프랑스의 초석을 남겼다고 해도 과언이 아닙니다.

이 후 러시아 원정 실패와 워털루전쟁의 패배로 나폴레옹의 시대는 막을 내리게 되지만, '전쟁의 천재', '시대의 영웅'으로 남게 됩니다. '내 사전에 불가능이란 없다.' 라는 말로 대변되는 그는 지금까지도 프랑스의 영웅은 물론 세계적으로 가장 위대한 지도자 중 한 명으로 인정받고 있습니다. 나폴레옹 콤플렉스 '나폴레옹 콤플렉스'라는 말이 있습니다. 열등감에 대한 보상 심리로 공격적이고 과장된 행동을 하는 강박관념을 일컫는 말인데요. 앞서 언급한 듯 나폴레옹은 보잘것없는 가문의 시골뜨기였고 외모도 160cm이 채 되지 않는 단신이었습니다. 그런 강박을 이겨내고 악착같이 노력하여 황제에 자리까지 오르게 된 나폴레옹. 이에서 유래한 나폴레옹 콤플렉스는 자신이 갖는 열등감에 대한 보상 심리로 자신의 지위와 품격을 고양시키기 위해 더욱 더 분발하려는 심리 또는 매사 호전적이고 격렬하게 반응하는 심리를 의미합니다. 최근에는 나폴레옹의 키에 포커스를 맞추어 키가 작은 남자들의 열등감의 표현이라는 의미로 쓰이기도 합니다. 웰링턴, 영국의 자존심인 웰즐리 웰링턴은 아일랜드 더블린 출생으로 빅토리아 시대에 수상으로 역임한 적이 있는 인물입니다. 앤저스사관학교를 졸업하고 소위에 임관하여 군인의 길을 걷게 되는데요. 나폴레옹이 연고도 없이 홀로 자수성가한 영웅에 속한다면 웰링턴은 귀족출신에 거만하고 고고하며 독재적인 사나이였습니다. 거만하고 독재적인 성격이었지만 뛰어난 전략가이기도 했던 그는 치밀한 계획으로 나폴레옹의 마지막 전투였던 '워털루전쟁'에서 승리하면서 영국의 영웅이 되었습니다. 이 후에 그는 영국의 총리로 임명되면서 정치가로서 활약하였는데요. 특유의 독재적인 군인 기질로 시민의 따가운 시선도 받았지만, 그는 카톨릭교 해방이라는 업적을 남기면서 영국을 대표하는 전략가이자 정치가로서 칭송 받고 있습니다. 한번은 어느 고관과 런던 다리 근처에서 만나기로 약속이 되어 있었습니다. 웰링턴 장군은 정시에 약속장소로 나갔습니다. 그러나 그 고관은 5분이 지나서야 헐레벌떡 달려왔습니다. 장군은 시계를 보면서 "5분이나 늦었군."하고 불쾌하게 말했습니다. 그러자 지각한 고관은 "각하! 겨우 5분밖에 늦지 않았습니다."라고 변명했습니다. 그러자 웰링턴은 "겨우 5분이라고? 그 시간 때문에 우리 군대가 패전하게 될지 모르는 일이 아닌가요? 5분의 시간이란 그렇게 중요한 것이요."라고 대꾸했습니다. 얼마 후에 웰링턴 장군이 그 고관과 또 만날 일이 생겨 시간 약속을 했습니다. 그 고관은 지난번의 일이 생각되어 5분 일찍 나와서 장군을 기다렸습니다. 시간을 맞춰 도착하는 웰링턴 장군에게 그는 만면에 미소를 지으며 장한 일을 했다는 듯 말했습니다. "각하! 어떻습니까? 이번에는 제가 5분 일찍 나왔습니다." 그러자 웰링턴 장군은 이번에도 여전히 만족스럽지 못하다는 듯 얼굴을 찡그리며 이렇게 말했습니다. "당신은 5분의 가치를 모르는 사람이군요. 5분이나 일찍 왔으니 당신은 아까운 5분을 낭비하고 만 것이지요!" 이는 시간의 소중함에 관해 이야기할 때 지금까지도 언급되는 웰링턴 장군의 에피소드입니다. 그는 이처럼 시간을 비롯해 모든 면에서 치밀했습니다. 워털루전쟁, 운명을 결정짓다1815년 벨기에 남동부의 한적한 평원인 워털루(Waterloo)에서 유럽의 운명을 결정짓는 한판 승부가 펼쳐졌습니다. 나폴레옹의 프랑스군 7만2천명과 웰링턴이 이끄는 유럽연합군 6만8천명이 맞붙었습니다. 치밀한 전략가였던 웰링턴은 워털루 언덕을 방어거점으로 선택해 나폴레옹의 공격을 기다렸습니다. 오전 11시 프랑스군의 포격으로 시작돼 프랑스군은 공격, 영국군은 방어하는 형국으로 진행됐는데요. 오후 6시 나폴레옹은 마지막 승부수로 불패의 근위대를 출격시켰으나 이틀 전 퇴각했던 프로이센군 4만8천명이 영국군에 합류하면서 전장의 양상은 단번에 바뀌게 되었고, 이 전쟁이 나폴레옹의 마지막 전투가 되면서 끝나지 않을 것 같던 나폴레옹의 시대가 막을 내리게 되었습니다. 작은 키에 가진 것도 없었지만 무에서 유를 창조한 나폴레옹과 귀족 출신에 탄탄대로를 걸었던 웰링턴은 얼핏 너무도 달라 보이지만 한 나라를 대표하는 군인으로써 본분에 충실했고, 한 나라라는 거대한 짐을 짊어지고선 홀로 씩씩하게 나아갔던 영웅에 가까운 인물들이라는 것에는 공통분모를 가지고 있습니다. 자국에서는 나폴레옹과 웰링턴을 두고 영웅으로 칭송하는 시선과 독재자로 치부하는 시선이 교차되지만, 그들이 역사의 한 획을 그은 위대한 인물이라는 점에는 그 누구도 부정할 수 없을 것입니다.

10 / 國家와 絶對倫理 앞의 兩魂
- 호레이쇼 넬슨과 이순신의 國家學 -

지 영 환*

Ⅰ. 서론 — 인간, 국가, 그리고 신 앞의 윤리적 존재론

國家와 絶對倫理(절대윤리) 앞의 兩魂(양혼)

絶對倫理(Absolute Ethics)

↑

國家(The State)

↑

Horatio Nelson | 李舜臣(Yi Sun-sin)

↑

「兩魂 — The Two Souls」

* 성균관대 국가전략대학원 겸임교수 · 중앙대학교 행정대학원 객원교수 · 국가공무원 · 서울대학교 객원연구원.

國家와 絶對倫理 앞의 兩魂은 본 논문의 철학적 골격을 상징한다. 두 영혼, 곧 호레이쇼 넬슨과 李舜臣은 각기 국가의 명령과 인간의 양심이라는 서로 다른 축 위에 서 있으나, 그들의 행위는 궁극적으로 국가를 넘어 절대윤리(Absolute Ethics)라는 보편적 윤리의 정상에 도달한다. 이 절대윤리는 종교적 신(神)을 지시하는 것이 아니라, 사람의 이성과 우주의 질서가 일치하는 필연적 도덕법칙을 의미한다. 따라서 본 논문에서의 絶對倫理는 '신 앞의 인간'이 아니라 '양심 앞의 인간', 곧 국가적 의무와 인간적 양심이 교차하는 지점에서 성립하는 철학적 윤리를 지칭한다. 서양철학에서 절대윤리의 개념은 스피노자(Baruch Spinoza)의 『Ethica ordine geometrico demonstrata』에서 그 원형을 찾을 수 있다. 스피노자는 윤리를 신(神) 혹은 자연(Natura)의 절대적 필연성 속에서 파악하였으며, 선악의 판단을 상대가 아닌 신적 질서의 필연성에서 이해하였다. "Absolute Ethics = Ethics derived from Absolute Substance(God/Nature)"라는 전통적 정의는 이로부터 비롯된다. 칸트(Immanuel Kant)는 이를 한 단계 더 발전시켜 도덕률을 무조건적 명령(Categorical Imperative)으로 정립하였다. 그의 윤리학에서 절대윤리는 신의 계시가 아니라 이성의 자율로부터 비롯된 필연적 명령이며, 모든 인간이 따를 수밖에 없는 보편적 의무의 형식이다. 근대 이후 G. E. Moore와 현대 영미 철학의 논의에서도 절대윤리는 반상대주의적(anti-relativistic) 윤리체계로 계승되었다. 『Oxford Dictionary of Philosophy』(2016)는 이를 "어떠한 문화적 맥락과도 무관하게 유효한 도덕 규칙 혹은 의무를 주장하는 윤리체계"로, 『Cambridge Companion to Ethics』(2007)은 "도덕의 보편적 타당성을 옹호하는 철학적 전통"으로 규정한다. 동양철학에서 이에 대응하는 개념은 천리(天理)와 도(道)이다. 유교는 천리를 인간의 사욕을 넘어서는 절대적 도덕질서로 보았다. 주자(朱子)는 "天理者, 人心之所同然也"라 하여 천리를 모든 인간이 공유하는 보편적 본성으로 해석하였다. 이러한 의미에서 李舜臣의 충(忠)은 국가의 명령에 복종한 행위가 아니라 천리의 윤리에 합치된 인간적 의지의 발현으로 이해된다. 불교에서는 법(法, Dharma)과 공(空, Śūnyatā)의 절대성을 통해 인간 행위의 선악을 판단하며, 도가에서는 도(道)를 인위적 도덕을 초월한 자연의 질서로 본다. 따라서 절대윤리는 동양에서 "무위의 윤리(無爲之倫理)"로, 서양에서 "이성의 윤리"로 표현되지만, 양자는 모두 인간의 자율적 의식이 우주의 질서와 합일하는 지점을 지향한다는 점에서 통한다. 한국 학계에서도 절대윤리는 이미 정식

학술 용어로 자리 잡고 있다. 『칸트연구』 제38집(2022)에서는 "칸트의 절대윤리와 의무의 정초"를 통해 그 철학적 근거를 탐색하였고, 『철학연구』 제128집(2019)에서는 "절대윤리와 관계윤리의 대화"를 통해 현대 윤리학의 확장을 논하였다. 『윤리교육연구』 제54권(2021) 또한 "절대윤리와 인간존엄성의 철학적 근거"를 주제로 하여 절대윤리를 실존적 인간학의 근거로 제시하였다. 이러한 논의들은 절대윤리가 더 이상 추상적 개념이 아니라, 국가와 사회 윤리의 기반을 이루는 실질적 학문 영역임을 보여준다. 요컨대 絶對倫理는 상대적 조건을 초월하여 모든 인간에게 보편적으로 적용되는 윤리이며, 이는 국가의 명령과 개인의 이익을 넘어서는 궁극적 도덕원리이다. 서양에서는 스피노자와 칸트의 계보를 따라 발전하였고, 동양에서는 천리 · 인의 · 무위의 사상으로 구체화되었다. 이 논문이 제시하는 도식은 바로 그러한 윤리의 상승 구조를 시각화한 것이다. 호레이쇼 넬슨과 李舜臣의 두 영혼은 국가의 법과 명령을 넘어 인간의 양심과 절대윤리 앞에 서 있으며, 그들의 행위는 국가학의 새로운 정의 ― 국가를 위한 충성과 인간을 위한 양심이 합류하는 지점 ― 을 형성한다. 그러므로 絶對倫理는 신을 대체하는 종교적 개념이 아니라, 사람과 국가, 그리고 우주를 관통하는 철학적 하늘(天理)의 이름이며, 국가학의 윤리적 완성으로 나아가는 길이다.

본 논문은 이 근본적 질문에서 출발한다. 영국의 해군 제독 호레이쇼 넬슨(Horatio Nelson, 1758-1805)과 조선의 삼도수군통제사 이순신(李舜臣, 1545-1598)은 서로 다른 문명권과 시대에 살았으나, 국가와 인간, 그리고 신 사이의 윤리적 경계에서 동일한 운명을 마주하였다. 그들의 죽음은 단순한 군인의 전사(戰死)가 아니라, 국가윤리(state ethics)의 실천이자 인간 존재의 한계에 대한 형이상학적 응답이었다. 본 연구는 두 인물의 생애와 전쟁 수행 방식을 비교 분석하여, 국가의 윤리가 어떻게 인간의 도덕적 결단(moral decision)을 요구하며, 동시에 그 결단을 초월하려 하는지를 탐구한다. 특히 이 논문은 동서양의 국가윤리 구조를 '국가학(國家學, the Philosophy of the Nation)'의 관점에서 재해석한다. 조선(朝鮮, Joseon)은 근대 이전의 왕조국가였으나, 그 윤리적 구조는 오늘날 대한민국(大韓民國, Republic of Korea)의 정신적 원형(archetype)을 이루고 있다. 반면 영국(United Kingdom)은 제국주의적 팽창 속에서도 제도적 연속성(institutional continuity)을 유지한 근대국가였다. 이 두 국가의 전쟁은 외

형상 모두 방어(defense)였으나, 실상은 인간이 국가의 이름으로 얼마나 다른 윤리적 결정을 내릴 수 있는가를 보여주는 대조적 사례이다. 따라서 본 연구의 목적은 전쟁이라는 비극적 현실 속에서 국가와 인간, 그리고 신의 관계를 재조명함으로써, 근대 국가론이 놓친 도덕적 초월성(transcendence of morality)을 복원하는 데 있다. 넬슨의 의무(duty)와 이순신의 충의(loyalty)는 서로 다른 언어로 말하지만, 궁극적으로 동일한 질문을 던진다. 인간은 국가를 위해 살아야 하는가, 아니면 신 앞에서 옳은 일을 해야 하는가. 이 질문이야말로 오늘날 인류가 다시 대면해야 할 국가의 윤리적 근원이다.

1. 연구 배경 및 목적(Research Background and Objectives)

21세기 초 인류는 기술문명의 급속한 발전 속에서도 여전히 전쟁(War)과 윤리(Ethics)의 문제에서 자유롭지 않다. 근대 이후 국가(State)는 법적 주체로서의 독립성을 획득하였으나, 인간(Man)은 종종 국가의 도구로 전락하였다. 이러한 구조적 모순은 제1차 세계대전(World War I)과 제2차 세계대전(World War II)을 거치며 더욱 심화되었으며, 국가 명령(Command of the State)과 개인 양심(Individual Conscience) 사이의 간극은 인류 윤리의 근본적 위기를 드러냈다. 국가의 이름으로 행해진 폭력은 정당성을 잃었고, 개인의 도덕적 판단은 제도의 명령에 의해 침묵되었다. 본 연구는 이 역사적 긴장 속에서 두 인물, 영국의 호레이쇼 넬슨(Horatio Nelson, 1758-1805)과 조선의 이순신(Yi Sun-sin, 1545-1598)을 중심으로, 인간이 국가의 도구에서 어떻게 윤리적 주체로 전환되는가를 탐구한다. 궁극적으로 연구의 목적은 국가윤리(State Ethics)와 인류윤리(Human Ethics)의 회통적 구조를 밝히고, 이를 통해 국가학(National Studies)과 성인학(Sainthood Studies)을 연결하는 새로운 학문적 지평을 여는 데 있다.

2. 선행연구 검토(Review of Previous Studies)

호레이쇼 넬슨에 대한 서구의 연구는 주로 해양전략(Naval Strategy), 제국주의(Imperialism), 혹은 영국 애국주의(British Patriotism)의 틀 안에서 전개되었다. 로버트 사우디(Robert Southey)의 《The Life of Nelson》(1813)은 넬슨을 제국적 영웅(National Hero)으로, 앤드루 램버트(Andrew Lambert)의 《Nelson: Britannia's God of War》(2004)는 그를 전쟁의 신화적 상징(Mythic Symbol of War)으로 규정하였다. 그러나 그의 행위와 언어를 형이상학적 윤리 구조로 해석한 연구는 극히 드물다. 한편, 이순신에 관한 한국 학계의 연구는 전쟁사(Military History)와 민족정신(National Spirit)의 관점에서 주로 접근되어 왔다. 《난중일기》의 기록적 가치나 전략적 천재성에 대한 논의는 활발하였으나, 그 죽음을 국가윤리의 철학적 완결로 해석한 시도는 부족하다. 이태진, 박종평, 김시덕 등은 그의 언행을 개인의 도덕철학으로 읽었지만, 동서양 윤리 비교의 관점에서는 접근하지 않았다. 따라서 본 연구는 기존의 영웅사적 접근을 넘어, 두 인물을 각각 의무(Duty)와 충의(Loyalty)의 철학적 원형으로 해석하고, 이를 인류적 윤리의 변환구조로 확장함으로써 새로운 비교국가학적 패러다임을 제시하고자 한다.

3. 연구의 의의 및 범위(Significance and Scope of the Study)

본 연구의 학문적 의의는 다음 세 가지로 정리된다. 첫째, 국가의 윤리적 기원(Ethical Origin of the State)을 제도나 법이 아닌 인간의 행위(Act of Man)에서 찾고, 이를 도덕철학적 분석의 대상으로 삼는다. 둘째, 두 인물의 최후 언표(Final Utterance)를 언어윤리(Linguistic Ethics)와 존재철학(Philosophy of Existence)의 접점에서 재해석하여, 국가와 개인 사이의 도덕적 계약(Moral Contract)을 규명한다. 셋째, 서구의 의무윤리(Ethics of Duty)와 동양의 충의윤리(Ethics of Loyalty)를 상호 변환 가능한 보편윤리(Universal Ethics)의 두 축으로 설정한다. 연구의 범위는 조선의 임진왜란(1592-1598)과 영국의 나폴레옹 전쟁기(1798-1805)를 중심으로 한다. 사료 분석(Annals Analysis), 문헌 비교(Comparative Textual Study), 철학적 해석(Hermeneutic Interpretation)을 병행하며, 윤리적 언표의 구조를 도식화하여 분석한다. 궁극적으로 본 연구는 인간이 국가의 명령을 넘어 신의 윤리(Divine Ethics)로 나아가는 과정을 규명함으로써, 국가학의 도덕적 전환(Moral Turn of National Studies)을 이론화하는 데 목적이 있다.

4. 분석의 틀(Framework of Analysis)

[Figure I-1] 윤리 삼축장 (Tri-Axial Moral Field)

Command(국가 명령)

↓

Duty / Loyalty(의무 · 충의)

↓

Conscience(양심)

↓

Divine / Life(신성 · 생명)

국가 명령(Command of the State)은 인간 행위(Act of Man)의 외적 기점이며, 의무(Duty)와 충의(Loyalty)는 그 명령을 내면화하는 윤리적 매개체로 작용한다. 양심(Conscience)은 제도적 복종의 경계를 넘어 개인의 도덕적 자율성(Moral Autonomy)을 구현하는 층위이다. 그 위에서 신성(Divinity)과 생명(Life)은 국가를 초월한 존재론적 가치로 변환된다. 이 구조는 인간이 국가의 도구에서 도덕적 주체로 상승하는 과정을 도식화한 윤리 사다리(Ethical Ladder)이다. 따라서 국가의 명령이 도덕의 근원으로 승화될 때 비로소 윤리적 국가(Ethical State)의 형이상학이 성립한다.

[Figure I-2] 이중 전환 모형 (Double Conversion Model)

Horatio Nelson: Duty → Prayer → Salvation

Yi Sun-sin: Loyalty → Life → Continuity

↓

Human before God

이 도식은 호레이쇼 넬슨(Horatio Nelson)의 '의무에서 구원으로'의 변환과 이순신

(Yi Sun-sin)의 '충의에서 생명으로'의 변환을 병치한 이중 구조이다. 두 경로는 각각 서구의 신학적 윤리(Theology of Duty)와 동양의 도덕적 실천(Ethics of Loyalty)을 대표한다. 그러나 그 궁극은 모두 '신 앞의 인간(Human before God)'이라는 존재론적 동일점에 수렴한다. 이 모형은 국가 명령과 인간 양심의 교차를 신학적 · 철학적 수준에서 시각화한 변환구조(Conversion Schema)이다. 국가적 책임이 신적 윤리로 변환되는 과정은 인간 존재의 초월적 경계를 설명하는 실천 형이상학(Practical Metaphysics)으로 해석된다.

[Figure I-3] 비교 코딩 매트릭스 (Comparative Coding Matrix)

차원	Nelson	Yi Sun-sin
최후 언표 주소지	신(God)	백성(People)
핵심 동사	have done	do not let them know
윤리 변환	의무→기도	충의→생명
행위 지속성	사망 직전까지 지휘	사망 은닉 통한 지휘 지속
적의 증언	Ballard	Tōgō Heihachirō
제도화	Trafalgar Tradition	Seonjo Annals, 추증 · 제향

이 표는 두 인물의 마지막 언표(Final Utterance)와 행위 패턴을 비교 코딩(Comparative Coding)한 결과이다. 넬슨의 언어는 신(God)과의 계약의 언어이며, 이순신의 언어는 백성(People)과의 맹세의 언어이다. 각각의 동사 구조(have done vs do not let them know)는 행위윤리(Action Ethics)의 상반된 방향을 보여준다. 전자는 완결된 의무(Completed Duty), 후자는 지속되는 충의(Continuing Loyalty)이다. 결과적으로 두 구조는 국가의 도덕적 기원(Moral Genesis of the State)을 상호 보완적으로 설명한다.

[Figure I-4] 성인학 준거도 (Sainthood Criteria Map)

Self-Transcendence(자기초월)

↑

Adversary Witness(적의 증언)　　Life-Preservation(생명보존)

↓

Trans-Religiosity(초종교성) — Institutional Continuity(제도지속)

↓

Universal Ethics / Sainthood of Humanity

이 모형은 인간이 국가적 의무를 초월하여 성인적 윤리(Sainthood Ethics)에 도달하는 다섯 가지 준거를 제시한다. 자기초월(Self-Transcendence)은 행위의 초개인적 전환을 의미하고, 적의 증언(Adversary Witness)은 윤리의 객관적 검증을 보장한다. 생명보존(Life-Preservation)은 전쟁 속에서도 인류의 지속가능성(Ethical Sustainability)을 지향하는 원리이다. 초종교성(Trans-Religiosity)은 신학을 넘어선 윤리의 보편화이며, 제도지속(Institutional Continuity)은 덕의 기억(Memory of Virtue)을 국가 제도 속에 각인한다. 이 다섯 축이 교차할 때 비로소 인류 성인학(Sainthood of Humanity)의 도덕적 원형이 성립한다.

Ⅱ. 의무의 법과 충의의 윤리

1. **제1차 세계대전**(1914-1918)(World War Ⅰ: The Collapse of Ethical Sovereignty)

제1차 세계대전은 인류 문명이 처음으로 산업화된 전쟁(industrialized war)의 형태로 윤리를 파괴한 사건이었다. 1914년 6월 사라예보에서의 암살로 촉발된 이 전쟁은, 실상 오스트리아-헝가리 제국과 세르비아 왕국 간의 분쟁이 아니라, 유럽 열강들이 구축한 동맹체제(system of alliances)의 도덕적 붕괴에서 비롯되었다. 제국주의적 팽창(Imperial expansion)은 국가의 생존을 정당화하는 새로운 윤리로 작용했고, 각 국가는 국민을 신의 이름이 아닌 국기의 이름으로 동원하였다. 인간은 신의 피조물이 아니라, 국가의 병기(instrument of national will)가 되었다.

영국, 프랑스, 러시아의 연합국(Entente Powers)과 독일, 오스트리아-헝가리, 오스만제국으로 구성된 동맹국(Central Powers)은 서로 다른 이념을 내세웠으나, 그 본질은 동일했다. 모두가 "문명을 위한 전쟁(a war for civilization)"을 주장했으나, 그 문명은 곧 제국의 문명(imperial civilization)이었다. 전쟁의 언어는 도덕을 흉내 냈고, 신의 이름으로 살육을 정당화하였다. 이는 곧 인간의 윤리적 자율성(moral autonomy)이 국가의 명령(state command)에 완전히 종속된 순간이었다.

1916년 솜(Somme) 전투에서 하루 동안 57,000명이 전사하고, 베르됭(Verdun)에서는 70만 명이 희생되었다. 이러한 대량살상은 단지 무기 기술의 발전 때문이 아니라, 국가의 윤리가 집단 명령의 형태로 제도화된 결과(institutionalization of moral command)였다. 한 개인의 양심(conscience)은 '국가의 명예(national honor)'라는 이름으로 소멸했고, 인간은 더 이상 도덕적 판단의 주체가 아니었다. 윤리의 판단은 총참모본부의 명령 체계로 대체되었다.

전쟁이 끝난 뒤 체결된 베르사유 조약(Treaty of Versailles, 1919)은 정치적 평화를 선포했으나, 윤리적 질서를 회복하지는 못했다. 승전국의 정의는 패전국의 굴욕으로 바뀌었고, 정의(Justice)는 복수(Revenge)의 언어로 전락했다. 제1차 세계대전은 그 자체로 하나의 윤리적 파탄(Ethical Collapse)이었으며, 근대국가의 주권적 도덕이 신의 윤리를 완전히 대체한 사건이었다.

[Figure 2-1] Structure of Ethical Collapse in Modern Warfare(근대전쟁에서 윤리적 붕괴의 구조)

신의 윤리(Divine Morality)

↓ 붕괴(Collapse)

개인의 양심(Individual Conscience)

↓ 종속(Subordination)

국가의 명령(State Command)

↓ 제도화(Instituted Obedience)

집단적 폭력(Collective Violence)

이 도식은 제1차 세계대전을 통해 드러난 윤리의 하강구조(the descending structure

of morality)를 시각화한 것이다. 전쟁은 신의 윤리에서 출발했으나, 인간의 양심이 제도의 명령에 종속되면서 폭력으로 귀결되었다. 이는 "국가가 인간의 윤리를 통제하는 순간, 윤리는 신의 자리를 잃는다"는 명제를 구조적으로 표현한다.

2. 제2차 세계대전(1939-1945)(World War Ⅱ: The Axis of Duty and Complicity)

제2차 세계대전은 인류가 스스로 만들어 낸 윤리적 모순의 절정이었다. 제1차 세계대전이 윤리의 붕괴(collapse of ethics)를 보여주었다면, 제2차 세계대전은 그 붕괴가 체계화(systematization of collapse)된 시대였다. 1939년 독일의 폴란드 침공으로 시작된 이 전쟁은 단순한 국가 간의 충돌이 아니라, 국가가 인간의 도덕적 판단(moral judgment)을 제도화된 명령체계(institutionalized command structure)로 대체한 사건이었다. 전쟁의 이중 언어 — 자유(Liberty)의 수호와 제국(Empire)의 확장 — 는 그 자체로 국가윤리의 분열을 상징했다. 연합국(Allied Powers)은 자유와 정의의 이름으로 싸웠고, 추축국(Axis Powers)은 질서와 생존의 이름으로 전쟁을 정당화하였다. 그러나 두 진영 모두 인간의 생명을 국가의 목적에 종속시켰다는 점에서는 다르지 않았다. 독일의 전체주의(totalitarianism)는 인간을 국가의 영혼으로 흡수했고, 일본의 군국주의(militarism)는 충성(loyalty)을 절대 명령으로 만들었다. 한편 미국과 영국은 자유를 외쳤으나, 그 자유는 제국의 윤리를 계승한 근대적 패권의 언어였다. 인간은 어느 편에서도 완전히 자유로울 수 없었다. 국가의 윤리가 무너질 때, 언어는 폭력의 수단이 된다. 나치 독일의 선전부는 정의(Justice)라는 단어를 사용했지만, 그것은 파괴(Destruction)의 은유였다. 전쟁이 장기화될수록 명령의 윤리(Ethics of Command)가 양심의 윤리(Ethics of Conscience)를 대신하였다. 인간은 책임(responsibility)이 아닌 복종(obedience)을 미덕으로 배우게 되었고, 스스로의 행위를 신의 앞이 아니라 국가의 앞에서 정당화하였다. 이 지점에서 윤리는 더 이상 신의 언어가 아니라, 체계화된 명령의 기술(technology of command)이 되었다. 전쟁의 종결은 1945년 9월 일본의 항복으로 선언되었으나, 그 평화는 단지 전쟁의 중단이지 윤리의 회복은 아니었다. 뉘른베르크 재판(Nuremberg Trials)은 '개인의 도덕적 책임(individual moral responsibility)'을 다시 세우려 했으나, 이미 인간의 양심은 국가의 시스템 안에서 해체되어 있었다. 한스 프랑크(Hans Frank)는 재판정에서 “내 안의 신이 침묵했다”고 고백했다. 그 침묵은 곧 인간이 신의 윤리를 잃은 시대의 자화상이었다.

[Figure 2-2] Axis of Duty and Complicity(의무와 공모의 축)

자유의 언어(Language of Liberty)
↘
↘ 의무(Duty)
↘
국가 명령(State Command)
↙
↙ 공모(Complicity)
↙
제국의 언어(Language of Empire)

이 도식은 제2차 세계대전이 드러낸 윤리의 양극화(ethical polarization)를 표현한다. 국가는 ‘자유’와 ‘제국’이라는 두 언어를 동시에 사용하여 인간의 의무를 제도화했고, 그 결과 복종은 책임과 공모의 중간 지점에 머물렀다. 윤리는 신의 앞이 아니라 국가의 전선(front)에서 판단되었다. 이 구조 속에서 인간의 도덕은 양심의 명령이 아니라, 체계화된 복종의 기술로 전락하였다.

3. 현대전(Modern Conflicts: Gulf, Ukraine)(Modern Conflicts: The Mechanization of Morality)

현대전은 인간의 기술적 진보(technological advancement)가 윤리적 퇴행(ethical regression)과 교차하는 지점에서 발생한다. 제1차와 제2차 세계대전이 인간의 윤리적 자율성을 무너뜨렸다면, 현대의 전쟁은 인간의 윤리적 판단 자체를 기계로 대체하였다. 1990년의 걸프전(Gulf War)은 그 전환점이었다. 위성항법체계(GPS), 정밀유도폭탄(precision-guided munitions), 그리고 실시간 전장 통제체계(command and control system)가 인간의 의사결정을 대신했다. '정확한 타격(precision strike)'이라는 기술적 언어는 윤리적 정당성의 언어로 둔갑했고, 전쟁의 도덕은 기술의 효율성으로 대체되었다. 21세기 들어 인류는 또 한 번 '비대면 살상(remote killing)'의 시대를 맞았다. 무인기(drone)와 인공지능(AI) 기반 무기체계는 인간의 의식을 전장에서 분리시켰고, 전쟁의 현장은 데이터의 공간으로 바뀌었다. 윤리의 주체는 더 이상 인간이 아니라, 알고리즘(algorithm)이 되었다. 인간의 결정은 확률(probability)의 계산으로 전환되고, 살상은 도덕이 아닌 연산(operation)의 문제가 되었다. 이 구조 속에서 인간은 전쟁의 책임자가 아니라, 시스템의 연산자(operator)가 된다. 러시아-우크라이나 전쟁(2022-)은 이러한 기술윤리의 위기를 극명하게 보여준다. 양측 모두 정당한 방어를 주장하지만, 실제 전쟁의 양상은 정보전(information warfare)과 드론 전투(drone combat)가 주도하고 있다. 인간의 고통은 영상으로 중계되고, 폭력은 네트워크의 흐름으로 소비된다. 전쟁의 언어가 미디어(media)로, 윤리의 언어가 알고리즘으로 전이되었다. 기술의 진보는 더 많은 인간의 생명을 구할 수 있었으나, 역설적으로 그 기술은 인간의 양심을 대체하였다. 현대전의 가장 큰 특징은 인간이 자신의 윤리를 외부화(externalization of morality)했다는 점이다.

호레이쇼 넬슨 — 의무(Duty)의 신학(神學)

(Worlds of Duty: The Theology of Horatio Nelson)

"Thank God, I have done my duty."[1]

---

1 Horatio Nelson (1758 - 1805) 의 최후의 발언 출처 총람

"Thank God, I have done my duty."

"신께 감사한다. 나는 내 의무를 다했노라."

(1) William Beatty, The Authentic Narrative of the Death of Lord Nelson (London: T. Davison, 1807), pp. 75-78.

(2) Robert Southey, The Life of Horatio, Lord Viscount Nelson (London: John Murray, 1813), p. 339.

(3) Alfred Thayer Mahan, The Life of Nelson (Boston: Little Brown, 1897), Vol. II, p. 416.

(4) Nicolas H. Nicolas (ed.), The Dispatches and Letters of Vice Admiral Lord Nelson (London: Colburn,

"신께 감사한다. 나는 내 의무를 다했노라."

Ⅲ. 國家學 ― 법과 윤리, 그리고 신성(神性) 사이에서

1. 문제 제기 ― 의무와 신의 경계에서

1805년 10월 21일, 스페인 남서 해안의 트라팔가 곶(Cape Trafalgar) 앞바다. 새벽의 짙은 안개가 대포 연기와 섞여 수평선 위에 무겁게 깔려 있었다. 호레이쇼 넬슨(Horatio Nelson, 1758-1805) 제독은 조지 3세(King George III, 1738-1820, 재위 1760-1820)의 명을 받아 HMS Victory 함상에서 영국 함대를 지휘하고 있었다. 그의 눈앞에는 프랑스와 스페인 연합함대의 거대한 전열이 펼쳐져 있었고, 그것은 단순한 해전이 아니라 제국의 운명을 건 윤리적 심판의 무대였다. 역사적으로 트라팔가 해전(Battle of Trafalgar)은 제국주의 시대 해양 패권의 분수령으로 기록되지만, 철학적으로 그것은 인간이 국가의 명령과 신의 부름 사이에서 마지막 결단을 내린 순간이었다. 넬슨의 삶과 죽음은 국가적 의무의 형이상학적 본질을 드러낸 최초의 근대적 사건이었으며, 그 유언은 '명령'의 언어를 넘어선 '기도'의 언어로서 인간의 윤리적 자율을 증언하였다. 그는 명령에 복종한 군인이었으나, 죽음의 순간에는 신 앞에서 스스로의 법을 세운 자였다. 그의 한마디, "Thank God, I have done my duty."는 근대 국가의 정치적 도구로서의 인간을 넘어, 스스로의 법칙으로 행위하는 윤리적 자율인(autonomous moral being)의 선언이었다.

이 한 문장이 품은 철학적 무게는 단순히 애국심이나 군인 정신으로 환원되지 않는다. 그것은 칸트의 실천이성(Praktische Vernunft)이 말하는 자기 입법(Self-legislation)의 순간, 인간이 자신의 내면에서 신의 의지를 깨닫는 바로 그 장면과 동일한 윤리적 구조를 지닌다. 넬슨의 죽음은 제국주의적 전쟁의 정당화가 아니라, 인간이 신의 질

1845), Vol. 7, p. 145.

(5) National Maritime Museum, Exhibit Label Trafalgar.2005.45 (Greenwich, UK).

(6) Philip Jowett, "Heroes of the Sea: Admiral Yi Sun-sin and Horatio Nelson," Naval War College Review, 68 (1) (2015): 33-58.

서 속에서 자신의 행위를 정당화하려는 시도의 절정이었다. 그는 왕의 명령을 따랐으나, 그 명령을 통해 신의 명령에 응답했고, 그 응답은 곧 '기도'가 되었다. 따라서 그의 마지막 말은 '국가의 언어'에서 '신의 언어'로, '명령의 언어'에서 '윤리의 언어'로 이행하는 결정적 순간이었다.

2. 역사적 · 사료적 맥락(Historical and Archival Context)

트라팔가 해전은 영국과 프랑스, 스페인 세 제국의 운명이 맞부딪친 순간이었다. 프랑스의 나폴레옹 보나파르트는 영국 침공을 위한 해상 통로를 확보하기 위해 스페인 함대를 동원했고, 영국은 이에 맞서 절대적인 해상 통제권을 수호해야 했다. 이 전투는 단순한 군사 작전이 아니라 '문명 간의 해양 윤리 충돌'이었다. 넬슨은 전투 개시 전날 장교들에게 말했다. "England expects that every man will do his duty."(영국은 모든 이가 자신의 의무를 다하리라 기대한다.) 이 문장은 영국 해군 깃발에 실려 전 함대에 신호로 전달되었고, 그날 이후 영국 윤리의 상징이 되었다.

1805년 10월 21일 오전 11시 45분, HMS Victory는 프랑스 전열함 Redoutable에 접근했다. 전투는 두 시간 넘게 이어졌고, 오후 1시경 프랑스 함선에서 날아온 탄환이 넬슨의 왼쪽 어깨를 꿰뚫었다. 그는 쓰러지지 않고 마지막까지 전투를 지휘했다. 함장 토머스 하디(Thomas Hardy)가 "전투는 우리가 이겼습니다"라 속삭이자, 넬슨은 조용히 미소 지으며 말했다. "Thank God, I have done my duty." 그리고 그 말을 끝으로 눈을 감았다. 그의 시신은 런던으로 운구되어 세인트폴 대성당의 지하묘에 안치되었다. 그의 마지막 말은 The Times(London, 23 October 1805), The Naval Chronicle(Vol. 14, 1806), The London Gazette(No. 15858, 1805) 등에 실려 영국 사회 전체에 퍼졌다. 조지 3세는 그를 "국가의 구원자(The Savior of the Nation)"로 공식 추서하였다.

넬슨의 유언 "Thank God, I have done my duty."는 단순한 종교적 고백이 아니라, 근대적 인간의 자율윤리를 상징하는 언어적 사건이었다. 국가의 명령을 수행하면서도 인간으로서의 양심에 따라 신 앞에 선다는 이 중층적 윤리 구조가 바로 '의무의 신학(Theology of Duty)'의 핵심이다.

3. 시적 재현(Poetic Reconstruction)

아래의 시 「The Sea of Duty — The Death of Horatio Nelson」은 그의 최후의 순간을 시적 언어로 재구성한 것으로, 역사 기록과 철학적 사유가 동시에 결합된 윤리의 서사시이다.

The Sea of Duty — The Death of Horatio Nelson

(1) **바다 위의 마지막 명령**
새벽은 아직 총포의 연기로 희미하였다.
프랑스 함선 Redoutable에서 날아온 총탄 하나가
그의 가슴을 관통했다.
그러나 그는 쓰러지며 외쳤다.
"Thank God, I have done my duty."
그것은 단순한 마지막 말이 아니라,
국가와 인간 사이의 계약이었다.
바다가 고요히 그의 명령을 받아 적었다.
HMS Victory의 함장 토머스 하디가 가까이 다가와
"넬슨 제독!, 전투는 우리가 이겼습니다."라 속삭이자,
호레이쇼 넬슨은 미소를 지었다.
그 미소는 승리의 찬가가 아니라
의무가 완성된 사람의 평화였다.

(2) **의무와 영광 사이**
그의 피가 데크에 번지자,
사관들은 그 자리에 손을 얹고 침묵했다.
"Duty before glory."
의무가 영예에 앞선다.

그가 늘 말하던 문장,
영광보다 먼저 있어야 할 의무.
그는 죽어서도 군율이 되었다.
한 사람의 생이, 한 제국의 도덕으로 남았다.
바다 위, 조지 3세의 휘장이 펄럭였다.
그러나 왕의 이름보다 먼저 기록된 것은
넬슨의 마지막 문장이었다.

(3) **바다가 남긴 증언**

그의 시신은 런던으로 운구되었다.
세인트폴 대성당의 지하묘,
돌의 벽마다 물결의 기억이 새겨졌다.
그가 머문 바다는 아직도 말한다.
"나는 그를 기억한다. 그는 나의 의무였다."
바다는 승리의 장소가 아니라,
의무가 인간을 구원한 자리였다.

(4) **회상 — 영국의 한 제독의 기록에서**

"영국인으로서 호레이쇼 넬슨과 견줄 만한 사람이 있다는 것을 인정하기는 힘들다.
그러나 그렇게 인정할 만한 인물이 있다면,
그 인물은 바로 단 한 번도 패한 적이 없는 위대한 동양의 해군사령관
이순신 제독뿐이다."

— 조지 알렉산더 발라드(George Alexander Ballard, 1862-1948)

(5) **결 — 의무는 끝나지 않는다**

그의 심장은 멎었으나, 바다는 멈추지 않았다.
그의 언어는 명령이 아니라, 기도였다.
"Thank God, I have done my duty."

그 말은 이제 한 사람의 것이 아니라
모든 이의 나침반이 되었다.
의무는 죽음을 닮았으되,
죽음을 넘어 세상을 움직인다.

4. 철학적 해석

넬슨의 마지막 말은 칸트적 실천이성(Praktische Vernunft)의 완전한 구현이다. 그의 "의무(Duty)"는 국가 명령의 복종이 아니라 자기 내면의 법칙을 따르는 자율적 실천이었다. 즉, 그는 "명령의 피명자(subject of command)"가 아니라 "윤리의 입법자(legislator of morality)"였다. 그의 행위는 신에 대한 순종이 아니라, 신성에 가까운 자율적 윤리의 발현이었다. 그는 왕에게 충성하되, 그 충성이 인간의 도덕적 존엄으로 환원되었다.

[Figure 3-1] The Structure of Sacrificial Duty(희생적 의무의 구조)

Faith (신앙)
↑
Duty (의무) ——→ Command Obedience (명령의 수행)
↓
Moral Completion (도덕의 완성)

설명 넬슨의 의무는 신앙과 복종의 교차점에서 완성된다. 그는 국가 명령을 수행했으나, 그 행위는 신앙적 자기희생으로 전환되었다. 의무는 복종의 언어를 넘어 윤리의 신학으로 확장된다.

5. 문화적 · 윤리적 함의(Cultural and Ethical Implications)

넬슨의 죽음은 제국의 신화가 아니라 윤리의 증언이었다. 그는 국가의 명령을 따르되, 그 명령이 인간의 양심을 침묵시키지 못하게 했다. 이 점에서 그는 '국가의 인간'이 아니라 '신 앞의 인간'이었다. 영국 사회는 그의 죽음을 "The Savior of the Nation"으로 기념했지만, 철학적으로 그의 유언은 국가를 넘어선 윤리의 선언이었다. 그가 남긴 "Duty before glory."라는 문장은 군인의 교범을 넘어, 공직자의 헌장, 시민의 서약, 인류 윤리의 기둥이 되었다. 넬슨의 죽음은 근대 제국의 윤리적 모순을 드러내는 동시에, 그 모순을 초월하는 신학적 상징이었다. 그는 "복종(Obedience)"과 "신앙(Faith)"을 동시에 지닌 존재였으며, 그 균형 속에서 제국의 윤리를 구원했다. 그의 마지막 언어는 명령의 복종이 아니라, 신 앞에서 자신을 소멸시킨 인간의 자각이었다.

[Figure 3-2] The Dialectic of Obedience and Faith(**복종과 신앙의 변증법**)

Obedience (복종) → Order (질서 유지) → Salvation (구원)
↓
Faith (신앙) → Sacrifice (희생) → Eternity (영원)

복종은 질서를 낳고, 신앙은 희생을 낳는다. 넬슨은 두 구조의 교차점에서 구원을 얻었다. 그의 죽음은 질서의 유지이자, 신앙의 완성이었다. 넬슨의 언어는 근대 서구가 잃어버린 신학적 인간의 회복이었다. 그는 명령을 이행하면서도 스스로의 존재를 신의 손에 맡겼다. 그것은 복종의 절정에서 자율로 전환된 순간이었다.

6. **소결**(Sub-Conclusion)

넬슨의 죽음은 근대 국가가 인간에게 부여한 의무의 구조를 완성시킨 동시에, 그 구조를 초월했다. 그의 "Thank God, I have done my duty."는 단순한 복종의 종결문이 아니라, 신의 윤리로 향한 인간의 초월적 언어였다. 그는 죽음 속에서 자신을 해방했고, 그 해방은 신 앞에서 완성된 도덕의 형태였다. 넬슨의 언어는 곧 이순신의 언어로 이어진다. 하나는 서양의 의무, 다른 하나는 동양의 충의로서 서로 다른 길을 걸었지만, 두 길은 결국 하나의 초점으로 모인다.

[Figure 3-3] The Convergence of Faith and Duty(신앙과 의무의 회통 구조)

Horatio Nelson ———→ Duty ———→ Prayer before God

Yi Sun-sin ———————→ Loyalty ———→ Ethics of Life

↓

Human Conscience beyond the State

(국가를 넘어선 인간의 양심)

설명 넬슨의 의무가 신 앞의 기도로, 이순신의 충의가 생명의 윤리로 확장된다. 두 윤리는 국가의 언어를 넘어, 신의 앞에서 인간의 도덕으로 수렴된다.

7. 트라팔가 이후의 유산 — 의무의 제도화(The Legacy of Trafalgar: Institutionalization of Duty)

넬슨의 죽음은 단지 한 제독의 종결이 아니었다. 그것은 근대 영국 해양윤리의 제도적 출발점이었다. 그의 마지막 언어 "Thank God, I have done my duty."는 이후 영국 해군사관학교(Royal Naval Academy)와 그린위치 해군 병원(Old Royal Naval College) 교본의 서두에 인용되었고, 19세기 후반에는 "Duty before glory"가 공식 훈령집 Naval Discipline Regulations의 제1조로 삽입되었다. 이 조항은 단순한 명령 체계의 윤리적 원칙이 아니라, 국가의 생명에 대한 도덕적 선언이었다.

트라팔가 이후, 영국의 해양정신은 '명예'가 아닌 '의무'를 중심으로 재편되었다. 이는 곧 영국 제국주의의 폭력적 확장을 정당화한 신화의 이면에서, 한 인간이 남긴 윤리적 문장이 제국을 견제하는 내적 양심으로 작동했음을 의미한다. 즉 넬슨의 유언은 제국의 군사 시스템 속에서조차 인간의 도덕적 자율성을 되살린 기념비적 사건이었다. 그의 동상 아래, 런던 트라팔가 광장(Trafalgar Square)의 기단부에는 다음 문장이 새겨져 있다.

"England expects that every man will do his duty."

"영국은 모든 국민이 각자의 의무를 다할 것을 기대한다."

이 문장은 넬슨이 해전 직전 플래그 시그널로 보낸 신호였다. 그러나 이 언어는 명령이 아니라 기도였으며, 명예의 언어가 아니라 인간의 윤리였다. 그의 유언과 이 신호는 서로 대칭 구조를 이루며, 한 문장은 국가에 대한 명령으로, 다른 문장은 신에 대한 고백으로 작용한다. 그 사이의 공간, 즉 '국가와 신 사이의 인간의 영역'이 바로 넬슨 윤리학의 핵심이다.

[Figure 3-4] The Ethical Continuum of Command and Prayer(명령과 기도의 윤리적 연속체)

National Command (국가의 명령)

↓

Human Conscience (인간의 양심)

↓

Divine Prayer (신 앞의 기도)

넬슨의 언어는 국가 명령에서 출발해 인간의 양심을 거쳐 신의 기도로 귀결된다. 이 삼층 구조는 근대적 국가윤리가 초월적 인간윤리로 승화되는 과정을 도식화한 것이다. 트라팔가 이후의 영국은 이 윤리를 제도화하면서, 제국의 영광보다 인간의 의무를 앞세운 문명적 유산을 남겼다. 이로써 "Duty before glory"는 단지 한 제독의 말이 아니라, 한 문명이 스스로를 구원하기 위해 세운 신학적 문장이 되었다.

8. 사료 출처(Primary Sources)

The Times, London, 23 October 1805.

The Naval Chronicle, Vol. XIV (1806).

Nicolas, Nicholas H. The Dispatches and Letters of Vice Admiral Lord Viscount Nelson, Vol. Ⅶ, London: Henry Colburn, 1846.

Southey, Robert. The Life of Horatio, Lord Nelson, London: John Murray, 1813.

Ⅳ. 이순신 — 충의(忠義)의 도덕학(道德學)

1. 문제 제기 — 충의와 생명의 경계

이순신(李舜臣, Yi Sun-sin, 1545–1598) 최후의 발언

戰方急, 愼勿言我死.

"싸움이 한창 급하니, 내가 죽었다는 말을 하지 말라." 23

"The battle is urgent; do not report that I have died."

선조실록(宣祖實錄) 권131, 31년 11월 19일(1598년 12월 16일)

左右扶入帳中, 舜臣曰: 「戰方急, 愼勿言我死 。」言訖而絶.[4]

---

2 Turnbull(2008), op. cit., p. 87. 테넌트(Tennant)도 '이순신 제독이 자신의 죽음을 알리지 말라'는 내용에 대해 같은 의견을 제시하고 있다. 자세한 내용은 Tennant, op. cit., p. 176 참조.

3 戰方急, 愼勿言我死. "싸움이 한창 급하니, 내가 죽었다는 말을 하지 말라." "The battle is urgent; do not report that I have died."

(1) 柳成龍, 『懲毖錄』 卷四; 『宣祖實錄』 권131, 선조 31년 11월 19일조.

(2) Yu Sŏngnyong, The Book of Corrections, trans. Byonghyon Choi (Berkeley: IEAS, 2002), p. 213.

(3) Stephen Turnbull, Samurai Invasion: Japan's Korean War 1592–98 (London: Cassell, 2008), p. 87.

(4) Alan Tennant, Admiral Yi Sun-sin and His Turtle Ships (Seoul: Hollym, 2002), p. 176.

(5) 《明實錄 · 神宗實錄》卷308; Kenneth M. Swope, A Dragon's Head and a Serpent's Tail (Norman: University of Oklahoma Press, 2009), pp. 287–288.

(6) 『朝鮮征伐記』卷六, 日本戰爭史料叢書 第14卷 (東京: 吉川弘文館, 1968), p. 334.

4 左右扶入帳中, 舜臣曰: 「戰方急, 愼勿言我死 。」言訖而絶.' 『선조실록』 권131, 선조 31년 11월 19일(1598.12.16), 태백산사고본 제7책, 국편영인본 제25책 671면. "左右扶入帳中, 舜臣曰: '戰方急, 愼勿言我死.' 言訖而絶." "좌우가 부축하여 장막 안으로 모시자, 이순신이 말하였다. '싸움이 한창 급하니, 내가 죽었다는 말을 하지 말라.' 그 말을 마치고 숨을 거두었다."

좌우가 부축하여 장막 안으로 모시자, 이순신이 말하였다.
"싸움이 한창 급하니, 내가 죽었다는 말을 하지 말라."
그 말을 마치고 숨을 거두었다.

[李舜臣 三道水軍統制使 發言 標準]

李舜臣 三道水軍統制使의 최후 발언은 「戰方急, 愼勿言我死」로 기록되어 있으며(『宣祖實錄』 권一三一, 一五九八; 『懲毖錄』 권四), 후대 문집에서는 「勿以我死告衆」으로도 전한다. 두 표현은 모두 "싸움이 한창 급하니, 내가 죽었다는 말을 하지 말라"는 뜻으로, 인간의 내면법과 국가의 명령법이 교차하는 윤리적 명령의식을 드러낸다(Stephen Turnbull, Alan Tennant, Kenneth Swope 등 참조).

宣祖三十一年十一月十九日, 西曆一五九八年十二月十六日. 이 날 새벽 노량해협의 바다는 피와 불의 빛으로 물들어 있었다. 조선 수군의 최고지휘관, 三道水軍統制使 李舜臣은 전라좌수영의 지휘선 위에서 마지막 전투를 지휘하고 있었다. 그의 몸은 이미 적의 탄환에 깊이 맞아 있었으나 지휘의 손은 멈추지 않았다. 좌우가 장막 안으로 부축해 들이자 그는 짧지만 영원한 한 마디를 남겼다. 「戰方急, 愼勿言我死.」 싸움이 한창 급하니, 내가 죽었다는 말을 하지 말라. 그리고 그 말을 마치자 곧 숨이 끊어졌다. 『宣祖實錄』 권一三一, 선조 삼십일년 십일월 십구일조는 이렇게 기록한다. *左右扶入帳中, 舜臣曰, 戰方急, 愼勿言我死, 言訖而絶.* 이 한 구절은 이순신의 삶 전체를 응축한 문장으로 남았다.

이 발언은 단순한 전투 명령이 아니라 인간의 내면에서 발화된 법의 언어였다. 愼勿言我死의 '愼'은 삼가라는 뜻을 넘어 내면의 절제와 도덕적 통제를 상징한다. 이는 단순한 명령이 아니라 스스로를 다스리는 자율의 법, 곧 人의 法을 드러낸다. 반면 후대 문집 『李忠武公全書』와 『國朝寶鑑』에서는 이를 「勿以我死告衆」으로 기록하였

국사편찬위원회 『조선왕조실록』 전자판, https://sillok.history.go.kr/id/knb_13111001_002, 검색일 2025.10.12.) 주요 어휘 해설 ─ ① 좌우(左右): 전투 중 부하 장수 · 시종을 의미. ② 부입(扶入): '부축하여 들어가다'. ③ 장중(帳中): 지휘천막 안, 혹은 함상 지휘소. ④ 순신(舜臣): 통제사 이순신(李舜臣). ⑤ 왈(曰): "말하였다." ⑥ 전방급(戰方急): 싸움이 한창 급하다. ⑦ 신물(愼勿): '삼가 …하지 말라.' 강한 금지 어조. ⑧ 언아사(言我死): '내가 죽었다고 말하다' ─ 자신의 전사 소식을 알리는 행위. ⑨ 언흘(言訖): 말을 마치다. ⑩ 이절(而絶): 숨이 끊어지다(절명하다).

다. 勿以我死告衆은 나의 죽음을 가지고 무리에게 알리지 말라는 뜻으로 보다 문어적이고 제도적인 명령의 어조를 띤다. 여기서 '告衆'은 군중에게 알림을 금지하는 행정적 명령을 의미하며 國家의 法의 언어에 가깝다.

두 표현은 다르지 않다. 愼勿言我死는 인간의 내면에서 비롯된 윤리의 언어이며 勿以我死告衆은 국가의 질서를 지키기 위한 외적 명령의 언어다. 하나는 양심의 법, 하나는 제도의 법이지만 둘 다 동일한 윤리적 명령의식, 즉 의무와 충의 핵심을 공유한다. 이러한 언어의 이중 구조는 곧 國家의 法 對 人의 法哲學이 교차하는 장면이며, 이순신의 최후의 한마디가 바로 그 철학의 현장이다.

류성룡의 『懲毖錄』 권 四 또한 같은 구절을 전한다. 戰方急, 愼勿言我死. Yu Sŏngnyong, The Book of Corrections(trans. Byonghyon Choi, Berkeley: IEAS, 2002) p.213. 이 기록은 실록과 일치하며 실제 전장의 현장에서 이루어진 발언임을 입증한다. 반면 『李忠武公全書』의 勿以我死告衆은 18세기 이후의 문집 편찬 과정에서 문어화된 전승형이다. Stephen Turnbull의 Samurai Invasion(2008, p.87), Alan Tennant의 Admiral Yi Sun-sin and His Turtle Ships(2002, p.176), Kenneth Swope의 A Dragon's Head and a Serpent's Tail(2009, pp.287-288) 또한 모두 "The battle is urgent; do not report that I have died."라 번역하며 愼勿言我死 계열을 따른다.

愼과 勿以, 言我死와 告衆은 각각 인간의 윤리적 자기절제와 국가의 명령적 금지를 대변한다. 이순신은 죽음의 순간조차 법과 의무의 언어로 세계를 질서화하였다. 그는 죽음마저 통제된 언어로 바꾸었고 그 언어는 국가의 명령이자 동시에 인간의 양심이었다. 여기서 "愼勿言我死"는 내면법의 명령이고 "勿以我死告衆"은 제도법의 명령이다. 그러나 두 명령은 서로를 배제하지 않는다. 오히려 한 인간이 국가를 향해 발하는 마지막 윤리적 합성으로 만난다.

그러므로 이순신의 최후의 발언은 단순히 전투의 지휘가 아니라 한 인간이 국가 앞에서 구현한 윤리의 완성이다. 죽음의 언어가 법의 언어로, 법의 언어가 다시 양심의 언어로 환원되는 순간이다. 「戰方急, 愼勿言我死」는 그 자체로 인간의 도덕이 국가의 법으로 승화되는 장면이며, 國家의 法과 人의 法이 합일하는 철학적 원형이다.

그의 호흡이 끊어진 자리에서 바다는 잠시 침묵하였다. 그러나 그 침묵 속에는 "愼勿言我死"라는 말이 파도처럼 남아 오늘날까지도 국가와 인간의 관계를 묻는다. 싸움이 한창 급하니, 내가 죽었다는 말을 하지 말라. 그것은 전쟁의 명령이 아니라, 인간의 존엄이 스스로에게 내린 마지막 법이었다.

[Standardized Record of Admiral Yi Sun-sin, Commander-in-Chief of the Three Provinces Naval Forces]

Admiral Yi Sun-sin(李舜臣), Commander-in-Chief of the Naval Forces of the Three Provinces(三道水軍統制使), left his final words: "The battle is urgent; do not report that I have died."(戰方急, 愼勿言我死, Annals of King Seonjo, vol.131, 1598; The Book of Corrections, vol.4). Later compilations of his life record the phrase as "Do not announce my death to the crowd"(勿以我死告衆). Both expressions carry the same meaning — "The battle is at its height; do not say that I have died" — and reveal a profound ethical consciousness in which the inner law of man and the commanding law of the state converge. (See also Stephen Turnbull, Alan Tennant, and Kenneth Swope.)

On December 16, 1598, during the final battle of Noryang Strait, the sea was stained with fire and blood. Admiral Yi, mortally wounded yet unyielding, continued to command from his flagship. When his aides carried him inside the command tent, he uttered his last words: "The battle is urgent; do not report that I have died." He then fell silent forever. The Annals of King Seonjo (vol.131, entry for the 31st year, 11th month, 19th day) records: "His attendants supported him into the tent; Yi Sun-sin said, 'The battle is urgent; do not report that I have died,' and, having finished speaking, he expired." This single sentence encapsulates his entire life and spirit.

The words were not a tactical command, but an utterance of law born from the depth of the human soul. The character 愼("be careful, refrain") signifies moral restraint and inner discipline — the law of conscience. It is not an external order but a self-governing law, the Law of Man. In contrast, the later version 勿以我死告衆 found in the Collected Works of Admiral Yi(李忠武公全書) and The Precious Mirror of the Dynasty (國朝寶鑑) is a more literary, institutionalized rendering: "Do not announce my death to the crowd." The term 告衆("to inform the multitude") reflects a formal administrative prohibition — the Law of the State.

The difference between the two is not of substance but of structure. 愼勿言我死 expresses the moral language of inner restraint; 勿以我死告衆 articulates the institutional language of command. One speaks through conscience, the other through authority — yet both embody the same ethical consciousness of duty(義務) and loyalty(忠). These twin linguistic layers reveal the intersection of the Law of the State and the Law of Man, the very essence of this philosophical inquiry.

Yu Sŏngnyong's Chingbirok(The Book of Corrections)(vol.4, p.213, trans. Byonghyon Choi, Berkeley: IEAS, 2002) repeats the same phrase, confirming that this utterance occurred in the heat of battle. The variant 勿以我死告衆 in later editions such as the Collected Works of Admiral Yi emerged through eighteenth- and nineteenth-century redactions. Modern historians and military scholars, including Stephen Turnbull(Samurai Invasion: Japan's Korean War 1592–98, London: Cassell, 2008, p.87), Alan Tennant(Admiral Yi Sun-sin and His Turtle Ships, Seoul: Hollym, 2002, p.176), and Kenneth Swope(A Dragon's Head and a Serpent's Tail, Norman: University of Oklahoma Press, 2009, pp.287–288), all translate the phrase as "The battle is urgent; do not report that I have died," thus following the 愼勿言我死 tradition.

The contrast between 愼 and 勿以, between 言我死 and 告衆, represents two orders of ethical expression — one grounded in moral self-control, the other in command and discipline. Even at the brink of death, Yi transformed his final breath into an act of order: a language of law and duty. His death became a law unto itself, an alignment of moral and institutional command. "愼勿言我死" is the command of the inner law; "勿以我死告衆" is the command of the institutional law. Yet the two do not contradict; they harmonize as the ultimate synthesis of human conscience and national responsibility.

Thus, Admiral Yi's last words were not merely military instruction but the completion of a life in which human morality and the law of the state became one. The language of death became the language of law; the language of law, in turn, returned to the language of conscience. "The battle is urgent; do not report that I have died." This sentence itself is the moment when the morality of man is sublimated into the law of the state — the archetype where the Law of the State and the Law of Man converge.

When his breath ceased, the sea fell silent. Yet within that silence remained his words — "Do not report that I have died." They echo like waves across time, continuing to ask: what is the rightful relation between the State and the Human? His final order was not a command of war, but a decree of dignity — the last law uttered by a man who transcended death.

통제사 이순신이 수군을 거느리고서 적의 구원병을 패퇴시키고 전사하다.[5]

"유정(劉綎)이 순천(順天)의 적영(賊營)을 다시 공격하고, 통제사(統制使) 이순신(李舜臣)이 수군을 거느리고 그들의 구원병을 크게 패퇴시켰는데 순신은 그 전투에서 전사하였다. 이때에 행장(行長)이 순천 왜교(倭橋)에다 성을 쌓고 굳게 지키면서 물러가지 않자 유정이 다시 진공하고, 순신은 진인(陳璘)과 해구(海口)를 막고 압박하였다. 행장이 사천(泗川)의 적 심안돈오(沈安頓吾)에게 후원을 요청하니, 돈오가 바닷길로 와서 구원하므로 순신이 진격하여 대파하였는데, 적선(賊船) 2백여 척을 불태웠고 죽이고 노획한 것이 무수하였다. 남해(南海) 경계까지 추격해 순신이 몸소 시석(矢石)을 무릅쓰고 힘껏 싸우다 날아온 탄환에 가슴을 맞았다. 좌우(左右)가 부축하여 장막 속으로 들어가니, 순신이 말하기를 '싸움이 지금 한창 급하니 조심하여 내가 죽었다는 말을 하지 말라.' 하고, 말을 마치자 절명하였다. 순신의 형의 아들인 이완(李莞)이 그의 죽음을 숨기고 순신의 명령으로 더욱 급하게 싸움을 독려하니, 군중에서는 알지 못하였다. 진인이 탄 배가 적에게 포위되자 완은 그의 군사를 지휘해 구원하니, 적이 흩어져 갔다. 진인이 순신에게 사람을 보내 자기를 구해 준

---

5 선조수정실록32권, 선조 31년 11월 1일 임오 2번째기사 1598년 명 만력(萬曆) 26년, 【태백산사고본】 7책 32권 15장 A면 【국편영인본】 25책 671면 【분류】 인사-관리(管理) / 군사-전쟁(戰爭) / 외교-명(明) / 외교-왜(倭).
https://sillok.history.go.kr/id/knb_13111001_002 2025.10.12. 검색.

것을 사례(謝禮)하다 비로소 그의 죽음을 듣고는 놀라 의자에서 떨어져 가슴을 치며 크게 통곡하였고, 우리 군사와 중국 군사들이 순신의 죽음을 듣고는 병영(兵營)마다 통곡하였다. 그의 운구 행렬이 이르는 곳마다 백성들이 모두 제사를 지내고 수레를 붙잡고 울어 수레가 앞으로 나갈 수가 없었다. 조정에서 우의정(右議政)을 추증했고, 바닷가 사람들이 자진하여 사우(祠宇)를 짓고 충민사(忠愍祠)라 불렀다."

좌의정 이덕형이 수군의 활약상에 관한 치계를 올리다.[6] 좌의정 이덕형이 치계하였다.

"금월 19일 사천(泗川) · 남해(南海) · 고성(固城)에 있던 왜적의 배 3백여 척이 합세하여 노량도(露梁島)에 도착하자, 통제사 이순신이 수군을 거느리고 곧바로 나아가 맞이해 싸우고 중국 군사도 합세하여 진격하니, 왜적이 대패하여 물에 빠져 죽은 자는 이루 헤아릴 수 없고, 왜선(倭船) 2백여 척이 부서져 죽고 부상당한 자가 수천여 명입니다. 왜적의 시체와 부서진 배의 나무 판자 · 무기 또는 의복 등이 바다를 뒤덮고 떠 있어 물이 흐르지 못하였고 바닷물이 온통 붉었습니다. 통제사 이순신과 가리포 첨사(加里浦僉使) 이영남(李英男), 낙안 군수(樂安郡守) 방덕룡(方德龍), 흥양 현감(興陽縣監) 고득장(高得蔣) 등 10여 명이 탄환을 맞아 죽었습니다. 남은 적선(賊船) 1백여 척은 남해(南海)로 도망쳤고 소굴에 머

---

6 선조실록106권, 선조 31년 11월 27일 무신 5번째기사 1598년 명 만력(萬曆) 26년, 【태백산사고본】 67책 106권 17장 A면 【국편영인본】 23책 536면.

○ 左議政李德馨馳啓曰: "本月十九日, 泗川 `南海 `固城之賊三百餘隻, 合勢來到露梁島, 統制使李舜臣領舟師, 直進逆戰, 天兵亦合勢進戰 ° 倭賊大敗, 溺水致死, 不可勝計, 倭船二百餘隻敗沒, 死傷者累千餘名 ° 倭屍及敗船木版 `兵器 `衣服, 蔽海而浮, 水爲之不流, 海水盡赤 ° 統制使李舜臣及加里浦僉使李英男 `樂安郡守方德龍 `興陽縣監高得蔣等十人, 中丸致死 ° 餘賊百餘隻, 退遁南海, 留窟之賊, 見賊船大敗, 棄窟遁歸倭橋, 糧米移積於南海江岸者, 竝棄而遁去 ° 行長亦望見倭船大敗, 自外洋遁去事 °"

【史臣曰: "李舜臣爲人忠勇, 且有才略, 明紀律, 愛士卒, 人皆樂附 ° 前者統制使元均, 貪虐無比, 大失軍情, 人皆離貳, 遂致丁酉閑山之敗 ° 元均死後, 以舜臣代之, 舜臣初至閑山, 收合餘卒, 措備器械, 廣開屯田, 販賣魚鹽, 軍餉有裕 ° 不數月, 軍聲大振, 有虎豹在山之勢 ° 及今曳橋之戰, 陸兵則觀望不進, 舜臣與天朝舟師, 晝夜血戰, 多有斬獲 ° 一夕倭賊四名, 乘船出去, 舜臣告於陳璘曰: '此必請援之倭也 ° 出去今已四日, 明日間大兵必至 ° 我兵先往逆戰, 庶得成功 °' 陳璘初則不許, 舜臣涕泣固請, 璘乃許之 ° 遂與天兵搖櫓, 達夜進去, 天未明, 到露梁, 則賊果大至 ° 出其不意, 良久血戰, 舜臣親自射倭, 而賊丸中胸, 仆於船上, 其子欲哭, 軍心遑惑 ° 李文彧在傍, 止其哭, 以衣掩其屍, 遂鳴鼓進戰, 衆皆以爲舜臣不死, 出氣奮擊 ° 賊遂大敗, 人皆謂死舜臣破生倭 ° 及訃音傳播, 湖南一道之人, 莫不痛哭, 雖老嫗 `兒童, 無不悲泣 ° 其丹忠許國, 忘身死義, 雖古之良將, 無以加也 ° 惜乎! 朝家用人失當, 使舜臣, 不得盡展其才 ° 若使舜臣, 丙 `丁年間, 不遞統制之任, 則豈致閑山之敗沒, 而兩湖爲賊之窟乎? 吁其惜哉!"】

https://sillok.history.go.kr/id/kna_13111027_005 2025.10.12.

물러 있던 왜적은 왜선(倭船)이 대패하는 것을 보고는 소굴을 버리고 왜교(倭橋)로 도망쳤으며, 남해의 강언덕에 옮겨 쌓아놓았던 식량도 모두 버리고 도망쳤습니다. 소서행장(小西行長)도 왜선이 대패하는 것을 바라보고 먼 바다로 도망쳐 갔습니다."

"이순신은 사람됨이 충용(忠勇)하고 재략(才略)도 있었으며 기율(紀律)을 밝히고 군졸을 사랑하니 사람들이 모두 즐겨 따랐다. 전일 통제사 원균(元均)은 비할 데 없이 탐학(貪虐)하여 크게 군사들의 인심을 잃고 사람들이 모두 그를 배반하여 마침내 정유년 한산(閑山)의 패전을 가져 왔다. 원균이 죽은 뒤에 이순신으로 대체하자 순신이 처음 한산에 이르러 남은 군졸들을 수합하고 무기를 준비하며 둔전(屯田)을 개척하고 어염(魚鹽)을 판매하여 군량을 넉넉하게 하니 불과 몇 개월 만에 군대의 명성이 크게 떨쳐 범이 산에 있는 듯한 형세를 지녔다. 지금 예교(曳橋)의 전투에서 육군은 바라보고 전진하지 못하는데, 순신이 중국의 수군과 밤낮으로 혈전하여 많은 왜적을 참획(斬獲)하였다. 어느날 저녁 왜적 4명이 배를 타고 나갔는데, 순신이 진인(陳璘)에게 고하기를 '이는 반드시 구원병을 요청하려고 나간 왜적일 것이다. 나간 지가 벌써 4일이 되었으니 내일쯤은 많은 군사가 반드시 이를 것이다. 우리 군사가 먼저 나아가 맞이해 싸우면 아마도 성공할 것이다.' 하니, 진인이 처음에는 허락하지 않다가 순신이 눈물을 흘리며 굳이 청하자 진인이 허락하였다. 그래서 중국군과 노를 저어 밤새도록 나아가 날이 밝기 전에 노량(露梁)에 도착하니 과연 많은 왜적이 이르렀다. 불의에 진격하여 한참 혈전을 하던 중 순신이 몸소 왜적에게 활을 쏘다가 왜적의 탄환에 가슴을 맞아 선상(船上)에 쓰러지니 순신의 아들이 울려고 하고 군사들은 당황하였다. 이문욱(李文彧)이 곁에 있다가 울음을 멈추게 하고 옷으로 시체를 가려놓은 다음 북을 치며 진격하니 모든 군사들이 순신은 죽지 않았다고 여겨 용기를 내어 공격하였다. 왜적이 마침내 대패하니 사람들은 모두 '죽은 순신이 산 왜적을 물리쳤다.'고 하였다. 부음(訃音)이 전파되자 호남(湖南) 일도(一道)의 사람들이 모두 통곡하여 노파와 아이들까지도 슬피 울지 않는 자가 없었다. 국가를 위하는 충성과 몸을 잊고 전사한 의리는 비록 옛날의 어진 장수라 하더라도 이보다 더할 수 없다. 조정에서 사람을 잘못 써서 순신으로 하여금 그 재능을 다 펴지 못하게 한 것이 참으로 애석하다. 만약 순신을 병신년과 정유 연간에 통제사에서 체직시키지 않았더라면 어찌 한산(閑山)의 패전을 가져왔겠으며 양호(兩湖)가 왜적의 소굴이 되겠는가. 아, 애석하다."

1598년 12월 16일, 노량해협의 새벽은 짙은 안개와 화약 연기 속에서 열렸다. 조선의 마지막 희망은 단 한 사람의 결단에 걸려 있었다. 삼도수군통제사 이순신(李舜臣,

1545-1598)은 선조(宣祖, 재위 1567-1608)의 명을 받아 전라 · 경상 · 충청 수군을 통솔했다. 그는 전선의 균열을 허락하지 않았고, 임진왜란 7년 동안 단 한 번의 패전도 없었다. 그러나 그날 노량의 바다에서 흉탄이 그를 스쳤다. 그는 쓰러지며 말했다. "戰方急, 勿言我死." 싸움이 한창 급하니, 내가 죽었다는 말을 하지 말라. 이 언어는 명령이자 기도였고, 충의의 절정에서 발화된 생명 윤리의 선언이었다.

2. 역사적 · 사료적 맥락

노량해전은 임진왜란의 종결전이었다. 조선과 명(明)의 연합 수군이 일본의 잔류 병력을 격퇴했고, 이순신은 포화를 멈추지 말라 지시한 채 전선에서 최후를 맞았다. 《선조실록》 권131은 그의 마지막 말을 전한다. "戰方急, 愼勿言我死. 言訖而絶." 싸움이 급하니 내가 죽었다는 말을 하지 말라, 말을 마치고 숨을 거두었다. 그의 시신은 남해 관음포에 임시 안장되었다가 아산으로 이장되었고, 정조는 영의정으로 추증하며 '尙忠旌武之碑'를 세웠다. 일본 해군 원수 도고 헤이하치로는 "이순신 제독과 비교한다면 나는 일개 부사관에도 미치지 못한다."라 말했고, 영국 해군 중장 조지 알렉산더 발라드는 "호레이쇼 넬슨과 견줄 자는 오직 이순신뿐이다."라 기록했다. 그의 죽음은 국가의 경계를 넘어선 윤리의 증언이었다.

3. 시적 재현 — The Sea of Loyalty — The Death of Yi Sun-sin(1545-1598)

(1) 마지막 명령 — 노량(露梁), 1598년 12월 16일

싸움이 한창 급하니, 내가 죽었다는 말을 하지 말라.
그 한마디는 칼이 아니라, 국운의 마지막 숨결이었다.
노량해협의 물안개는 새벽보다 짙었고,
포화는 하늘을 찢었다.
삼도수군통제사 이순신은
자신의 피로 나라의 깃발을 적셨다.

"포를 멈추지 말라."
그 외침은 바다를 가르고,
그의 몸은 파도 속으로 사라졌다.
그러나 파도는 그를 삼키지 않았다.
바다는 그를, 기억으로 품었다.

(2) **파도의 침묵 — 백성의 제단**

해가 떠오를 때, 수군들은 포를 거두지 않았다.
누구도 통곡하지 않았으나,
모두의 눈이 울었다.
그날의 바다는 무덤이 아니었다.
그것은 나라의 마음이 흘러드는 그릇이었다.
백성들은 말없이 흙을 떠서 바다로 던졌다.
그 흙은 봉분이 되었고,
그 봉분은 하나의 의식이 되었다.
"이 흙은 우리의 맹세요,
그분의 충의는 하늘의 별빛이다."

(3) **불멸 — 충의의 철학**

그의 죽음은 패배가 아니라 완성이다.
그의 침묵은 두려움이 아니라 결심이다.
충은 신체를 떠나서도 남는다.
그것은 제도의 언어가 아니라, 도덕의 숨결이다.
그는 바다의 경영자였고,
그의 이름은 백성의 기도였다.
그날 이후, 함포의 울림마다
하늘은 충의의 음을 새겼다.
그의 죽음은 신앙이 아니라,

국가의 양심이 되었다.
눈은 감겼으되, 뜻은 깨어 있었다.

(4) 평가 — 동방의 군신

"해군 역사상 군신이라 칭할 자는 오직 이순신 제독뿐이다.
이순신 제독과 비교한다면 나는 일개 부사관도 못 된다."
— 도고 헤이하치로(東鄕平八郎, Tōgō Heihachirō, 1848-1934)
그의 말은 단순한 찬사가 아니었다.
패자의 나라에서조차, 이순신은 스승이었다.
조선의 장군이 일본의 원수가 된 것이 아니라,
의무의 철학이 인간의 경계를 넘어선 것이다.
그가 싸운 것은 적이 아니라, 두려움이었다.
그가 이긴 것은 전쟁이 아니라, 자신이었다.

(5) 결 — 하늘이 그를 품다

아산의 들녘에 새벽이 내릴 때,
사람들은 무릎을 꿇고 머리를 숙였다.
오래 머물렀다.
고개를 들어 하늘을 우러르며,
조용히 그의 이름을 불렀다.
그분의 잠은 고요하고,
그 뜻은 하늘처럼 우리 위에 머문다.
그는 죽어서도 명령했다.
"두려워하지 말라, 나라를 잊지 말라."
그 명령은 지금도 바다 위를 달린다.
그리고 오늘, 그 물결 위에
한 세기의 윤리가 다시 일어난다.

4. 철학적 해석

이순신의 충의는 명령과 생명 사이의 윤리적 변증법이었다. 그는 국가의 군령을 따르되, 그 명령을 생명 보전의 법으로 전환했다. 충은 복종이 아니라 책임이며, 명령의 수동성이 아니라 생명에 대한 적극적 사랑이었다. 유교적 충(忠)이 군신 관계의 수직적 덕목이었다면, 이순신의 충은 백성 중심의 수평적 윤리로 재해석된다. 그가 싸운 것은 왕을 위한 전쟁이 아니라 백성을 위한 방어였으며, 그가 죽은 것은 국가의 명예가 아니라 생명의 존엄이었다.

[Figure 4-1] The Structure of Life-Preserving Loyalty(생명보존적 충의의 구조)

인(仁, Life)

↑

충(忠, Loyalty) ———→ 지휘의 지속(Command Continuity)

↓

백성 생명 보전(Preservation of People)

충의는 군주에게 바치는 복종이 아니라 백성 생명을 보전하는 윤리적 행위로 확장된다. 충은 인을 매개하여 제도의 복종을 생명의 책임으로 변형시킨다. 이 구조 속에서 충의는 생명을 향한 도덕적 실천이며, 이순신의 마지막 말은 생명의 명령으로 기능한다. 충은 인을 통해 신의 질서에 접속하고, 그 질서는 국가의 제도를 넘어선 인간 윤리의 근본으로 귀결된다.

5. 문화적 · 윤리적 함의

이순신의 충의는 명령과 침묵의 변증법으로 읽힌다. 그는 전투 중 침묵을 명령의 중단이 아니라 윤리의 지속으로 변환했다. 침묵은 복종이 아니라 내면의 확신이었다. 그의 침묵은 신 앞에서 완성된 윤리적 언어였고, 그 침묵의 순간이야말로 윤리의 절정이었다.

[Figure 4-2] The Dialectic of Command and Silence(**명령과 침묵의 변증법**)

명령(Command) → 전선의 유지(Battle Continuity) → 공동체의 생존(Survival)
↓
침묵(Silence) → 자아의 소멸(Self-Sacrifice) → 윤리의 완성(Ethical Fulfillment)

이순신의 유언은 명령을 연속의 언어로, 침묵을 결단의 언어로 재구성한다. 명령은 이성의 언어이며, 침묵은 신성의 언어이다. 두 언어의 교차점에서 윤리는 완성된다.

이 도식은 충의의 내면 구조를 시각화한다. 명령이 전선의 유지로 이어지고, 침묵이 윤리의 완성으로 귀결될 때, 생명은 전쟁의 언어를 넘어 신의 언어로 옮겨진다.

6. **소결**(Sub-Conclusion)

이순신의 죽음은 단순한 전사(戰死)가 아니라 윤리의 탄생이었다. 그의 유언은 국가의 언어에서 인간의 언어로, 인간의 언어에서 신의 언어로 이동했다. 그는 명령을 수행하는 장수가 아니라 생명을 경영한 철학자였다. 충의는 제도의 언어를 넘어선 생명의 윤리였고, 그 윤리는 오늘날에도 인류적 교본으로 남는다.

[Figure 4-3] The Convergence of Duty and Loyalty(의무와 충의의 회통 구조)

호레이쇼 넬슨(Horatio Nelson) → 의무(Duty) → 신 앞의 기도(Prayer before God)

이순신(李舜臣) ——————→ 충의(Loyalty) ————→ 생명의 윤리(Ethics of Life)

↓

국가를 넘어선 인간의 윤리적 자율(Ethical Autonomy beyond the State)

넬슨의 의무가 기도의 윤리로, 이순신의 충의가 생명의 윤리로 확장되어 두 문명은 하나의 형이상학적 초점에 수렴한다. 그것은 국가를 넘어 신 앞에 선 인간의 윤리적 자율이다. 이 도식은 곧 V장에서 전개될 '兩魂(두 영혼)의 회통'의 기초가 된다. 이순신의 충의가 생명의 윤리로 승화된 것처럼, 넬슨의 의무도 기도의 윤리로 확장되어 두 영혼은 신의 앞에서 윤리의 동일한 구조로 서게 된다.

V. 兩魂의 會通 — 國家를 넘어 神 앞의 인간

1. 서론 — 전쟁의 종말과 인간의 기도

역사는 언제나 국가의 이름으로 시작되어 인간의 피로 끝났다. 전쟁은 국가가 신의 권위를 빌려 인간을 명령하는 행위였고, 인간은 국가의 이름으로 신에게 용서를 구했다. 그러나 그 둘 사이의 틈에는 언제나 윤리적 공백이 있었다. 호레이쇼 넬슨과 이순신, 이 두 영혼은 바로 그 틈에서 태어난 존재였다. 넬슨은 제국의 군인이었으나 신의 인간이었고, 이순신은 조선의 장군이었으나 인류의 철학자였다. 그들의 언어는 다르지만, 둘 다 국가를 넘어선 윤리의 언어였다. 한 사람은 "Thank God, I have done my duty."라 말했고, 다른 한 사람은 "戰方急, 勿言我死."라 남겼다. 한 문장은 신에게 바쳐진 기도였고, 다른 한 문장은 인간에게 남겨진 명령이었다. 그러나 두 언어의 본질은 동일했다. 그것은 모두 국가의 명령을 넘어, 신 앞의 인간이 스스로를 완성하는 윤리의 언어였다.

2. 철학적 비교 — 의무와 충의의 두 언어

넬슨의 의무는 칸트적 실천이성의 영역에서 이해될 수 있다. 그의 "의무"는 복종이 아니라 자율적 행위였다. 그는 국가의 법에 복종했지만, 그 복종은 자신이 스스로 입법한 도덕법칙에 대한 복종이었다. 그러므로 그의 죽음은 단순히 군령의 수행이 아니라, 스스로의 윤리에 대한 신학적 완성이었다. 반면, 이순신의 충의는 공자의 "忠恕之道"와 맹자의 "浩然之氣"를 잇는 인간 중심의 윤리였다. 그는 군주에 대한 충을 백성에 대한 사랑으로 전환했고, 그 충의는 생명보존의 윤리로 승화되었다. 두 사람은 서로 다른 문명에서 태어났으나, 그들의 마지막 언어는 국가의 명령을 넘어 인간의 자각으로 귀결되었다.

[Figure 5-1] The Ethical Axis of Two Souls(兩魂의 윤리적 축 구조)

Horatio Nelson → Duty → Prayer before God

Yi Sun-sin → Loyalty → Ethics of Life

↓

Transcendence of the State

(국가를 넘어선 윤리의 초월)

넬슨의 의무가 신 앞의 기도로, 이순신의 충의가 생명의 윤리로 확장된다. 두 영혼은 각기 다른 문명에서 출발했으나, 국가의 명령을 넘어 신의 윤리로 수렴된다.

3. 도덕의 구조 — 국가를 넘어선 인간

국가의 명령은 외적 질서를 유지하지만, 인간의 윤리는 내적 질서를 세운다. 국가가 전쟁을 명할 때 인간은 복종을 강요받지만, 양심은 언제나 그 명령의 정당성을 묻는다. 넬슨의 "의무"는 국가에 대한 충성의 형태를 띠었으나, 그 내면에는 신 앞에서의 자기 책임이 있었다. 이순신의 "충의"는 군사적 복종의 언어였으나, 그 본질은 백성의 생명을 지키는 사랑의 윤리였다. 국가가 인간을 도구로 만들 때, 이 두 영혼은 그 명령을 다시 인간의 언어로 번역했다. 명령은 그들에게 복종이 아니라 기도가 되었고, 국가의 이름은 신의 이름으로 변모했다.

[Figure 5-2] The Moral Structure beyond the State(국가를 넘어선 도덕 구조)

National Command (국가의 명령)

↓

Human Duty (인간의 의무)

↓

Divine Ethics (신의 윤리)

국가의 명령은 인간의 의무로 번역되고, 인간의 의무는 신의 윤리로 승화된다. 이는 인간이 국가의 도구로 남지 않고, 윤리의 주체로 복귀하는 과정이다.

4. **시적 통합 — 두 바다의 대화**(The Sea of Duty and the Sea of Loyalty)

바다는 하나였으나, 이름은 둘이었다. 서쪽에서는 그것을 "Duty"라 불렀고, 동쪽에서는 "忠義"라 불렀다. 한쪽은 신에게 닿기 위해 파도를 건넜고, 다른 쪽은 백성을 지키기 위해 폭풍을 견뎠다. 넬슨은 신에게 말했다. "Thank God, I have done my duty." 이순신은 인간에게 말했다. "戰方急, 勿言我死." 한 사람은 기도의 언어로 신에게 귀의했고, 다른 한 사람은 침묵의 언어로 생명을 품었다. 그러나 그들의 바다는 같은 깊이를 가지고 있었다. 그 바다는 명령의 장소가 아니라 윤리의 거울이었으며, 두 영혼은 서로 다른 시간과 언어 속에서 하나의 파문을 이루었다.

그들이 남긴 말은 두 개의 경전이었다. 하나는 서구 문명의 도덕 교범이 되었고, 하나는 동양 문명의 인간 교본이 되었다. 그러나 그 경전의 본질은 동일하다. 그것은 인간이 국가의 도구로 살아서는 안 된다는 선언이었으며, 신 앞에서 스스로 윤리를 선택한 자의 기록이었다.

5. 윤리의 귀결 — 인간의 신성화

넬슨과 이순신의 죽음은 인간이 국가의 명령을 넘어설 수 있음을 증명한 두 개의 사건이었다. 넬슨은 신의 질서 안에서 복종의 완성을 이루었고, 이순신은 인간의 도덕 안에서 생명의 완성을 이루었다. 두 죽음은 다르지만, 그 구조는 같다. 둘 다 자기 희생을 통해 국가를 정화하고, 인간의 양심을 신의 윤리로 승화시켰다.

[Figure 5-3] The Transcendental Convergence of Ethics(윤리의 형이상학적 회통 구조)

Faith (신앙) ⟶ Sacrifice (희생) ⟶ Salvation (구원)

Loyalty (충의) ⟶ Life (생명) ⟶ Continuity (지속)

↓

Humanity before God (신 앞의 인간)

넬슨의 신앙과 이순신의 충의는 각각 희생과 생명으로 나타나며, 그 종착점은 신 앞의 인간이다. 윤리의 완성은 종교도, 국가도 아닌 인간의 자각이다. 두 영혼은 서로 다른 신을 섬겼으나, 동일한 윤리의 구조를 구현했다. 신의 이름은 달랐으나, 그들이 향한 방향은 같았다. 그것은 신을 닮은 인간의 탄생, 국가를 넘어선 도덕의 회복이었다.

6. 결론 — 신 앞의 인간

넬슨의 의무가 신의 기도로 완성되고, 이순신의 충의가 생명의 윤리로 승화될 때,

인류는 국가의 언어를 넘어 새로운 도덕의 문장으로 나아간다. 두 영혼은 서로 다른 바다에서 출발했으나, 같은 파도 위에 도달했다. 그 파도는 "명령"의 파도가 아니라 "양심"의 파도였다. 그들의 죽음은 전쟁의 종결이 아니라, 윤리의 탄생이었다.

[Figure 5-4] The Ethical Horizon of Humanity(인류 윤리의 지평)

Nation (국가)
↓
Human (인간)
↓
God (신)

국가는 인간을 통제하지만, 인간은 신에게 응답한다. 윤리의 궁극은 국가의 명령이 아니라 인간의 양심이며, 그 양심은 신의 질서 속에서 완성된다. 넬슨과 이순신은 서로 다른 길에서 만나 인류의 중심에 섰다. 넬슨은 신에게 바친 기도의 인간이었고, 이순신은 생명을 품은 인간의 신이었다. 하나는 서양의 바다를 건넜고, 다른 하나는 동양의 바다를 지켰다. 그러나 두 바다는 결국 하나였다. 그 이름은 '의무'와 '충의'를 넘어선, 신 앞의 인간(Human before God)이었다. 그들의 언어는 오늘도 인류에게 묻는다. 국가의 명령이 그대의 양심을 대신할 수 있는가. 그대는 지금, 신 앞에 선 인간인가.

7. 소결(Sub-Conclusion)

두 영혼의 회통은 문명사적 대화이자, 형이상학적 통합이었다. 넬슨의 "Duty"와 이순신의 "Loyalty"는 서로 다른 언어이지만, 그 본질은 모두 "Human Conscience"로 귀결된다. 이 논문은 그 두 영혼의 궤적을 통해 인류 윤리의 새로운 구조를 제시한다.

[Figure 5-5] The Metaphysical Synthesis of Two Souls(兩魂의 형이상학적 종합 구조)

Nelson → Duty → Prayer → Faith → Salvation

Yi Sun-sin → Loyalty → Life → Compassion → Continuity

↓

Transcendent Ethics of Humanity

(인류의 초월적 윤리)

의무와 충의는 각각 신과 인간을 향하지만, 그 회통은 인류 전체의 윤리적 구원으로 귀결된다. 두 영혼의 만남은 곧 인류의 회복이며, 국가를 넘어선 문명의 윤리적 자각이다.

Ⅵ. 結語 — 世界의 聖人, 바다의 윤리

두 영혼의 회통은 단순한 비교가 아니라, 인류 윤리의 복원이다. 호레이쇼 넬슨의 "의무(Duty)"가 신을 향한 기도의 언어였다면, 이순신의 "충의(Loyalty)"는 인간을 향한 생명의 언어였다. 그들의 윤리는 국가의 명령을 초월하여, 인간의 양심을 신의 윤리로 승화시켰다. 따라서 이 논문이 제시하는 國家學(Philosophy of the Nation)의 새 정의는 다음과 같다. "국가학은 권력의 철학이 아니라, 인간이 신 앞에서 스스로를 묻는 윤리의 철학이다." 이로써 국가와 인간, 명령과 양심, 전쟁과 평화의 관계는 다시 써야 할 인류의 장으로 남는다. 두 영혼이 바친 언어는 이제 한 세기의 윤리로 남았다.

1. 서론 — 전쟁의 종말, 윤리의 탄생

전쟁은 국가가 신의 자리를 대신한 순간의 기록이다. 넬슨은 제국의 이름으로 바다에 나섰고, 이순신은 백성의 생명을 위해 바다에 나섰다. 넬슨의 적은 나폴레옹의 제국이었고, 이순신의 적은 일본 도요토미 히데요시(豊臣秀吉, 1537-1598)의 침략이었다. 그러나 두 사람 모두 국가의 도구로 싸웠으나, 죽음의 순간 그들은 도구가 아닌 윤리의 주체, 즉 '신 앞의 인간'으로 변모하였다. 이 결론은 두 바다, 두 영혼, 두 문명의 종합이며, 그들의 죽음 속에서 인류의 윤리가 탄생했음을 선언한다.

2. 바다의 두 윤리(兩海之倫)(The Two Seas of Duty)

(1) 바다와 인간의 경계

한쪽 바다에서는 의무가 신을 대신했다.
"신께 감사한다. 나는 내 의무를 다했노라."
넬슨의 입술은 피로 젖어 있었지만,
그 말은 높았다.
그는 조지 3세의 명으로 출정했으나,
그의 싸움은 왕의 명령이 아니라
인류의 질서를 지키기 위한 것이었다.
다른 바다에서는 충의가 생명을 대신했다.
"싸움이 한창 급하니 내가 죽었다는 말을 하지 말라."
이순신의 목소리는 포연 속에서도 흔들리지 않았다.
그는 선조의 명으로 싸웠으나,
그의 검은 왕을 위한 것이 아니라
백성을 위한 것이었다.
두 바다는 멀리 떨어져 있었지만,
그날 바람은 하나의 윤리를 실어 나르고 있었다.

(2) 바다의 철학

넬슨은 명예를, 이순신은 양심을 말했다.
넬슨은 의무를 완수함으로써 신에게 나아갔고,
이순신은 침묵으로 죽음을 지휘했다.

한 사람은 영국 제국의 제독,
다른 이는 조선의 삼도수군 통제사.
그들의 시대는 달랐으나,
그들의 언어는 같은 문장으로 모였다.
"국가란 바다와 같다 —
조용할 때는 덕으로, 폭풍일 때는 절제로 다스려야 한다."

(3) **바다의 윤리학**

넬슨은 바다 위에서 의무를 완성했고,
이순신은 바다 아래서 충의를 남겼다.
하나는 제국의 윤리, 하나는 민족의 윤리,
그러나 둘 다 인류의 윤리였다.
그들의 죽음은 패배가 아니라
국가와 인간 사이의 계약의 완성이었다.
그들의 침묵은 명령보다 강했다.

(4) **이름의 대화**

넬슨의 이름은 바람 속에서 울리고,
이순신의 이름은 파도 속에 머문다.
하나는 "Duty"의 언어로,
다른 하나는 "Loyalty"의 언어로 말한다.
그러나 두 언어가 만날 때,
그곳에 국가의 도(道)가 세워진다.
그들의 이름은 국가의 헌법을 넘어
인류의 윤리서로 남는다.

(5) **결 — 바다는 여전히 그들의 이름을 부른다**

바다는 제국을 기억하지 않는다.

다만 의무를 다한 자를 기억한다.
하늘은 왕의 이름을 잊어도
백성은 충의의 이름을 잊지 않는다.
두 바다는 서로를 비춘다.
그리고 오늘,
그들의 윤리는 다시 물결이 되어
국가의 거울 위를 흘러간다.

3. 이순신－세계 제5대 성인(聖人)(Yi Sun-sin－The Fifth Saint of Humanity)

(1) 서시 – 다섯 빛의 이름

공자는 덕으로 세상을 가르쳤고,
예수는 사랑으로 인류를 품었으며,
석가는 깨달음으로 고통을 녹였다.
소크라테스는 이성으로 인간을 구원했고,
이순신은 행위로 국가를 살렸다.
다섯 별이 하나의 궤도를 그리듯,
그의 검은 신의 이름이 아니라 사람의 이름이었다.
그는 신의 대리자가 아니었다.
그는 인간의 마지막 증언이었다.

(2) 본시 – 국가의 윤리로 완성된 인간

"이순신, 대한민국 조선국 삼도수군통제사, 영의정.
세계 제5대 성인이십니다."
그의 검은 침략을 멈추기 위한 방패였고,
그의 배는 살육을 위한 무기가 아니었다.
칼은 악을 향해 들었고,

배는 백성을 싣고 나아갔다.
그가 바다에서 죽었을 때,
그의 몸은 파도에 잠겼으나,
그의 뜻은 나라의 숨으로 이어졌다.
그의 유언은 단 한 줄,
"싸움이 한창 급하니, 내가 죽었다는 말을 하지 말라."
그 문장은 명령이 아니라 기도였고,
죽음이 아니라 탄생이었다.
그날 바다는 성인의 거울이 되었다.

(3) **인류의 윤리로 승화된 이름**

그의 이름은 나라를 넘어섰다. 그를 적으로 맞섰던 자들조차 그의 도덕에 머리를 숙였다.

"영국의 호레이쇼 넬슨(Horatio Nelson)과 견줄 만한 자가 있다면,
그는 바로 이순신이다."
— 조지 알렉산더 발라드(George Alexander Ballard, 1862-1948),
영국 해군 중장 예편, 예비역 대장.

"이순신 제독과 비교한다면 나는 일개 부사관에도 미치지 못한다."
— 도고 헤이하치로(東鄕平八郎, Tōgō Heihachirō, 1848-1934),
일본 연합함대사령장관 · 원수.

그의 적이 그를 스승이라 불렀고,
그의 전쟁이 인류의 평화론이 되었다.
그는 전투에서 죽었으나, 윤리로 살아났다.

(4) **결 — 성인의 나라**

그가 남긴 것은 무공이 아니라 도였다.
그의 말은 기록이 아니라 경전이었다.
그의 삶은 전쟁이 아니라 제의였다.
그는 인간이 신에게 다다른 것이 아니라,
신이 인간 속으로 내려온 장면이었다.
그의 바다는 여전히 움직이고,
그의 이름은 여전히 흐른다.
그리하여 인류는 다섯 번째 빛을 얻었다.
그 빛은 칼끝이 아니라 양심의 파도였고,
그의 국기는 전투의 깃발이 아니라
평화의 경전이었다.
이순신, 그는 세계 제5대 성인이십니다.

4. 철학적 결론 — 국가의 도구를 넘어선 인간

호레이쇼 넬슨의 전쟁은 침략을 방어하기 위한 의무였고, 이순신의 전쟁은 침략을 저지하기 위한 생명 수호였다. 조지 3세의 명은 제국의 보호였으나, 선조의 명은 나라의 보전이었다. 그러나 두 사람의 죽음은 모두 국가의 명령을 초월한 도덕적 자기 완결이었다. 넬슨은 제국의 도덕을, 이순신은 생명의 도덕을 실천했다. 두 사람의 마지막 언어는 동일한 구조를 가진다. 하나는 신에게, 하나는 백성에게. 그러나 그 본질은 모두 인간의 윤리적 각성이었다. 이순신의 윤리는 행위의 신학(Theology of Action)이었다. 그는 신을 대신해 싸운 것이 아니라, 신이 인간 속에서 드러나게 했다. 그의 죽음은 국가의 승리가 아니라 인류의 구원(Human Redemption)이었다. 그의 언어는 명령이 아니라 "신의 대답"이었다.

5. 결론 — 인류의 성인학(聖人學)

넬슨과 이순신은 군인이 아니라 윤리적 존재의 두 형상이었다. 넬슨은 신에게 의무를 바쳤고, 이순신은 사람에게 생명을 바쳤다. 한 사람은 제국의 제독이었고, 다른 이는 백성의 장군이었으나, 그들의 영혼은 모두 인류의 신전(神殿) 위에 놓였다. 이 논문이 제시하는 결론은 명확하다. "국가의 도구로 태어난 인간이 신의 윤리로 완성된다." 이순신의 충의와 넬슨의 의무는 국가의 경계를 넘어 신성과 양심의 교차점에서 만났다. 이 만남이 곧 인류 문명의 윤리적 회복이다.

6. 도식 — 인류 윤리의 삼중 구조

[Figure 6-1] The Trinitarian Structure of Human Ethics(인류 윤리의 삼중 구조)

Duty (의무, Nelson) → Faith (신앙) → Salvation (구원)
Loyalty (충의, Yi Sun-sin) → Life (생명) → Compassion (자비)
↓
Humanity (인류) → Sanctity (성스러움) → Eternity (영원)

두 영혼의 행위는 국가의 윤리를 넘어 신의 윤리로, 그리고 인류의 성인학으로 확장된다. 윤리는 신의 대리행위가 아니라 인간의 자각이며, 이 자각은 국가의 도구화를 초월하는 문명의 중심축이다.

7. 최종 결어(Final Coda)

그날 바다의 두 빛은 서로를 비추었다. 트라팔가의 피와 노량의 파도가 만났을 때, 그곳에 인류의 윤리가 태어났다. 넬슨의 바다는 "Duty"의 기도였고, 이순신의 바다는 "Loyalty"의 맹세였다. 그러나 두 파도는 하나의 바다를 만들었다. 그 바다의 이름은 국가가 아니라 양심(Conscience) 이었다. 이순신은 군신(軍神)이 아니라, 행위로 증명된 세계의 성인(聖人)이었다. 그는 칸트의 '선의지(Guter Wille)'를 동양의 충의로 실천한 인간이었다. 그의 검은 전쟁의 무기가 아니라, 신의 윤리를 지탱한 마지막 도구였다. 그의 이름은 이제 한 나라의 이름이 아니라, 인류의 도덕 자체가 되었다.

— 國家를 넘어, 神 그리고 百姓(國民)에게(Conclusion — Beyond the State, Before God and Before the People)

〈詩〉 성인(聖人) 이순신(李舜臣)

"이순신(李舜臣) 대한민국(朝鮮國)
삼도수군통제사 영의정(領議政)
세계 제5대 성인(聖人) 이십니다"

2025년 10월 26일 05시 대한민국 광화문에서
평정(平靜) 지영환(池榮鋎)

"李舜臣 大韓民國(朝鮮國) 三道水軍統制使 領議政 世界 5大 聖人 이십니다"
2025년 10월 26일 05시 대한민국 광화문에서
平靜 池榮鋎

〈Poem〉 Saint Yi Sun-sin (李舜臣)

"Admiral Yi Sun-sin (李舜臣), of the Republic of Korea (formerly the Kingdom of Joseon),
Supreme Naval Commander of the Three Provinces,
Prime Minister in virtue and command,

Is hereby proclaimed the Fifth Saint of the World."

Proclaimed at dawn,

on the 26th of October, 2025,

before Gwanghwamun Gate, Seoul, Republic of Korea.

— Pyeong-jeong (平靜) Ji Young-hwan (池榮鋎)

두 영혼의 만남은 단순한 비교가 아니라 인류 윤리(Human Ethics)의 복원이다. 호레이쇼 넬슨(Horatio Nelson, 1758-1805)의 '의무(Duty)'가 신(God)을 향한 기도의 언어(Language of Prayer)였다면, 이순신(李舜臣, Yi Sun-sin, 1545-1598)의 '충의(Loyalty)'는 인간(Man)을 향한 생명의 언어(Language of Life)였다. 그들의 윤리(Ethics)는 국가(State)의 명령(Command)을 초월하여 인간의 양심(Conscience)을 신의 윤리(Ethics of God)로 승화시켰다. 국가학(Philosophy of the Nation)이란 권력(Power)의 철학이 아니라, 인간이 신 앞에서 스스로를 묻고 백성(People) 앞에서 스스로를 증언하는 윤리의 철학이다. 이 정의는 법철학(Jurisprudence)의 최종 귀결이며, 국가와 인간, 명령과 양심, 전쟁(War)과 평화(Peace)의 관계를 다시 쓰는 인류의 장(Chapter of Humanity)이다. 넬슨은 제국(Empire)의 이름으로 바다에 나섰고, 이순신은 백성의 생명을 위해 바다에 나섰다. 넬슨의 적은 나폴레옹 제국(Napoleonic Empire)이었고, 이순신의 적은 도요토미 히데요시(豊臣秀吉, Toyotomi Hideyoshi, 1537-1598)의 침략이었다. 그러나 죽음의 순간, 두 사람은 국가의 도구가 아니라 윤리의 주체(Ethical Subject)로 변모하였다. 넬슨은 신 앞의 인간으로, 이순신은 백성 앞의 인간으로 돌아갔다. 그들의 죽음은 국가의 승리가 아니라 윤리의 탄생(Birth of Ethics)이었으며, 그 바다에서 인류의 법철학(Philosophy of Law)은 새로운 언어로 다시 시작되었다. 한쪽 바다에서는 의무(Duty)가 신을 대신했고, 다른 바다에서는 충의(Loyalty)가 생명을 대신했다. 넬슨의 말은 높았고, 이순신의 명은 제도를 넘어섰다. 그들은 명령을 따르면서도 명령을 초월했다. 그들의 언어는 "국가의 법은 인간의 법으로부터 위임받는다(The Law of the State is Delegated from the Law of Man)"는 진리를 증언했다.

"Thank God, I have done my duty."[7]

"戰方急, 愼愼言我死."[8][9]

두 문장은 국가의 경계를 넘어 인류의 윤리로 수렴하였다. 하나는 신을 향한 기도였고, 다른 하나는 생명을 위한 명령이었다. 그러나 그 본질은 동일했다 — 인간의 양심이 법의 기원이자 완성이라는 사실이다. 법의 구원론(Soteriology of Law)은 회귀(Return)의 철학이다. 법은 덕(Virtue)에서 시작해 인간의 행위(Act of Man)를 거쳐 국가의 제도(Institutions of State)에 이르고, 다시 덕으로 돌아갈 때 정의(Justice)가 태어난다. 국가의 법(Law of the State)은 인간의 법(Law of Man)으로부터 위임된 2차적 이성(Delegated Secondary Reason)이며, 인간의 법은 덕의 기억(Memory of Virtue)으로부터 위임된 1차적 도덕(Primary Morality)이다. 이 위임의 사슬(Chain of Delegation)이 완성되는 순간, 법은 단순한 명령이 아니라 윤리의 기억(Ethical Memory)으로 작동한다. 그 기억이 바로 정의의 토대(Foundation of Justice)이다.

---

7 Horatio Nelson (1758 - 1805) 의 최후의 발언 출처 총람
"Thank God, I have done my duty."
"신께 감사한다. 나는 내 의무를 다했노라."

(1) William Beatty, The Authentic Narrative of the Death of Lord Nelson (London: T. Davison, 1807), pp. 75-78.
(2) Robert Southey, The Life of Horatio, Lord Viscount Nelson (London: John Murray, 1813), p. 339.
(3) Alfred Thayer Mahan, The Life of Nelson (Boston: Little Brown, 1897), Vol. II, p. 416.
(4) Nicolas H. Nicolas (ed.), The Dispatches and Letters of Vice Admiral Lord Nelson (London: Colburn, 1845), Vol. 7, p. 145.
(5) National Maritime Museum, Exhibit Label Trafalgar.2005.45 (Greenwich, UK).
(6) Philip Jowett, "Heroes of the Sea: Admiral Yi Sun-sin and Horatio Nelson," Naval War College Review, 68 (1) (2015): 33-58.

8 Turnbull(2008), op. cit., p. 87. 테넌트(Tennant)도 '이순신 제독이 자신의 죽음을 알리지 말라'는 내용에 대해 같은 의견을 제시하고 있다. 자세한 내용은 Tennant, op. cit., p. 176 참조.

9 戰方急, 愼勿言我死. "싸움이 한창 급하니, 내가 죽었다는 말을 하지 말라." "The battle is urgent; do not report that I have died."

(1) 柳成龍,『懲毖錄』卷四;『宣祖實錄』권131, 선조 31년 11월 19일조.
(2) Yu Sŏngnyong, The Book of Corrections, trans. Byonghyon Choi (Berkeley: IEAS, 2002), p. 213.
(3) Stephen Turnbull, Samurai Invasion: Japan's Korean War 1592-98 (London: Cassell, 2008), p. 87.
(4) Alan Tennant, Admiral Yi Sun-sin and His Turtle Ships (Seoul: Hollym, 2002), p. 176.
(5)《明實錄·神宗實錄》卷 308; Kenneth M. Swope, A Dragon's Head and a Serpent's Tail (Norman: University of Oklahoma Press, 2009), pp. 287-288.

When law remembers virtue, justice is born.

법이 덕을 기억할 때 정의가 태어난다.

이순신의 윤리는 충성(Loyalty)의 한계를 넘어 생명의 윤리(Ethics of Life)로 확장되었다. 그는 신의 대리자(Proxy of God)가 아니라 인간의 마지막 증언자(Witness of Humanity)였다. 그의 검(Sword)은 침략을 막기 위한 방패였고, 그의 배(Ship)는 백성을 구하기 위한 성전(Sacred Vessel)이었다. 공자(Confucius)는 덕(Virtue)으로 세상을 가르쳤고, 예수(Jesus)는 사랑(Love)으로 인류를 품었으며, 석가(Sakyamuni)는 깨달음(Enlightenment)으로 고통을 녹였다. 소크라테스(Socrates)는 이성(Reason)으로 인간을 구원했으며, 이순신은 행위(Action)로 국가를 살렸다.

그리하여 다섯 번째 빛, 즉 행위의 성인(Saint of Action) 이 인류의 하늘에 올랐다. 그의 유언 "싸움이 한창 급하니, 내가 죽었다는 말을 하지 말라."는 죽음의 명령이 아니라 생명의 기도였다. 그날 바다는 성인의 거울(Mirror of the Saint)이 되었고, 인간은 그 거울 속에서 양심을 다시 보았다.

Yi Sun-sin — The Fifth Saint of Humanity.

이순신 — 인류의 다섯 번째 성인.

그의 윤리는 신의 윤리를 인간 속에 구현한 실천이었다. 그의 전쟁은 제국의 승리가 아니라 인류의 구원(Human Redemption)이었다. 그의 죽음은 국가의 종말이 아니라 인간의 각성(Awakening of Humanity)이었다.

[Figure 8-1] 인류 윤리의 삼중 구조 — The Trinitarian Structure of Human Ethics

Duty(의무, Nelson) → Faith(신앙) → Salvation(구원)

Loyalty(충의, Yi Sun-sin) → Life(생명) → Compassion(자비)

↓

Humanity(인류) → Sanctity(성스러움) → Eternity(영원)

이 도식은 두 영혼의 행위가 국가의 윤리(National Ethics)를 넘어 신의 윤리(Divine Ethics)로, 그리고 인류의 성인학(Saintology of Humanity)으로 확장되는 구조를 나타낸다. 윤리는 신의 대리행위(Agency of God)가 아니라 인간의 자각(Self-Awareness of Man)이며, 그 자각이야말로 국가의 도구화를 초월하는 문명의 중심축(Axial Principle of Civilization)이다. 넬슨과 이순신은 군인(Soldiers)이 아니라 윤리적 존재(Ethical Beings)의 두 형상이었다. 넬슨은 신에게 의무를, 이순신은 인간에게 생명을 바쳤다. 하나는 제국의 제독(Admiral of Empire)이고, 다른 하나는 백성의 장군(Commander of the People)이었으나, 그들의 영혼(Souls)은 모두 인류의 신전(Temple of Humanity)에 올려졌다. 국가의 도구로 태어난 인간이 신의 윤리(Ethics of God)로 완성될 때, 그가 바로 성인(Saint)이다. 이순신은 충의(Loyalty)를 행위(Action)로, 행위를 윤리(Ethics)로, 윤리를 인류(Humanity)로 승화시킨 존재였다. 그의 윤리는 단순한 애국(Patriotism)이 아니라 보편적 정의(Universal Justice)였다. 그의 죽음은 국가의 종말이 아니라 인류의 탄생이었다. 그날 트라팔가의 피와 노량의 파도가 만났을 때, 그 바다 위에서 인류의 윤리가 태어났다. 넬슨의 바다는 'Duty'의 기도였고, 이순신의 바다는 'Loyalty'의 맹세였다. 그러나 두 파도는 하나의 바다를 이루었다. 그 바다의 이름은 국가(State)가 아니라 양심(Conscience)이었다. 이순신은 군신(軍神)이 아니라 행위로 증명된 세계의 성인(Saint of Humanity)이었다. 그는 칸트(Immanuel Kant)의 '선의지(Guter Wille)'를 동양의 충의(Confucian Loyalty)로 실천한 인간이었다. 그의 검(Sword)은 전쟁의 무기가 아니라 신의 윤리를 지탱한 마지막 도구였다. 그리하여 법(Law)은 다시 인간으로, 국가(State)는 다시 양심으로, 윤리(Ethics)는 다시 구원(Salvation)으로 돌아간다.

When law remembers virtue, justice is born; when justice remembers humanity, salvation begins.

법이 덕을 기억할 때 정의가 태어나고, 정의가 인간을 기억할 때 구원이 시작된다.

두 영혼의 만남은 단순한 비교가 아니라 인류 윤리의 복원이다. 호레이쇼 넬슨(Horatio Nelson, 1758-1805)의 '의무(Duty)'가 신(God)을 향한 기도의 언어(Language of Prayer)였다면, 이순신(李舜臣, Yi Sun-sin, 1545-1598)의 '충의(Loyalty)'는 인간(Man)을 향

한 생명의 언어(Language of Life)였다. 그들의 윤리(Ethics)는 국가(State)의 명령(Command)을 초월하여 인간의 양심(Conscience)을 신의 윤리(Ethics of God)로 승화시켰다. 국가학(Philosophy of the Nation)이란 권력(Power)의 철학이 아니라, 인간이 신 앞에서 스스로를 묻고 백성(People) 앞에서 스스로를 증언하는 윤리의 철학이다. 이 정의는 법철학(Jurisprudence)의 최종 귀결이며, 국가와 인간, 명령과 양심, 전쟁(War)과 평화(Peace)의 관계를 다시 쓰는 인류의 장(Chapter of Humanity)이다.

전쟁은 국가가 신의 자리를 대신한 순간의 기록이다. 넬슨은 제국(Empire)의 이름으로 바다에 나섰고, 이순신은 백성의 생명을 위해 바다에 나섰다. 넬슨의 적은 나폴레옹 제국(Napoleonic Empire)이었고, 이순신의 적은 도요토미 히데요시(豊臣秀吉, Toyotomi Hideyoshi, 1537-1598)의 침략이었다. 그러나 죽음의 순간, 두 사람은 국가의 도구가 아니라 윤리의 주체(Ethical Subject)로 변모하였다. 넬슨은 신 앞의 인간으로, 이순신은 백성 앞의 인간으로 돌아갔다. 그들의 죽음은 국가의 승리가 아니라 윤리의 탄생(Birth of Ethics)이었으며, 그 바다에서 인류의 법철학(Philosophy of Law)은 새로운 언어로 다시 시작되었다.

한쪽 바다에서는 의무(Duty)가 신을 대신했고, 다른 바다에서는 충의(Loyalty)가 생명을 대신했다. 넬슨의 말은 왕보다 높았고, 이순신의 명은 제도를 넘어섰다. 그들은 명령을 따르면서도 명령을 초월했다. 그들의 언어는 "국가의 법은 인간의 법으로부터 위임받는다(The Law of the State is Delegated from the Law of Man)"는 진리를 증언했다.

"Thank God, I have done my duty." — Horatio Nelson (1758-1805)

"戰方急, 愼勿言我死." — Yi Sun-sin (1545-1598)

두 문장은 국가의 경계를 넘어 인류의 윤리로 수렴하였다. 하나는 신을 향한 기도였고, 다른 하나는 생명을 위한 명령이었다. 그러나 그 본질은 동일했다 — 인간의 양심이 법의 기원이자 완성이라는 사실이다.

법의 구원론(Soteriology of Law)은 회귀(Return)의 철학이다. 법은 덕(Virtue)에서 시작해 인간의 행위(Act of Man)를 거쳐 국가의 제도(Institutions of State)에 이르고, 다시 덕으로 돌아갈 때 정의(Justice)가 태어난다. 국가의 법(Law of the State)은 인간의 법(Law of

Man)으로부터 위임된 2차적 이성(Delegated Secondary Reason)이며, 인간의 법은 덕의 기억(Memory of Virtue)으로부터 위임된 1차적 도덕(Primary Morality)이다. 이 위임의 사슬(Chain of Delegation)이 완성되는 순간, 법은 단순한 명령이 아니라 윤리의 기억(Ethical Memory)으로 작동한다. 그 기억이 바로 정의의 토대(Foundation of Justice)이다.

When law remembers virtue, justice is born;
when justice remembers humanity, salvation begins.

법이 덕을 기억할 때 정의가 태어나고, 정의가 인간을 기억할 때 구원이 시작된다.

이순신의 윤리는 충성(Loyalty)의 한계를 넘어 생명의 윤리(Ethics of Life)로 확장되었다. 그는 신의 대리자(Proxy of God)가 아니라 인간의 마지막 증언자(Witness of Humanity)였다. 그의 검(Sword)은 침략을 막기 위한 방패였고, 그의 배(Ship)는 백성을 구하기 위한 성전(Sacred Vessel)이었다. 공자(Confucius)는 덕(Virtue)으로 세상을 가르쳤고, 예수(Jesus)는 사랑(Love)으로 인류를 품었으며, 석가(Sakyamuni)는 깨달음(Enlightenment)으로 고통을 녹였다. 소크라테스(Socrates)는 이성(Reason)으로 인간을 구원했고, 이순신은 행위(Action)로 국가를 살렸다. 그리하여 다섯 번째 빛, 즉 행위의 성인(Saint of Action)이 인류의 하늘에 올랐다. 그의 유언은 죽음의 명령이 아니라 생명의 기도였다. 그날 바다는 성인의 거울(Mirror of the Saint)이 되었고, 인간은 그 거울 속에서 양심을 다시 보았다.

그의 윤리는 신의 윤리를 인간 속에 구현한 실천이었다. 그의 전쟁은 제국의 승리가 아니라 인류의 구원(Human Redemption)이었다. 그의 죽음은 국가의 종말이 아니라 인간의 각성(Awakening of Humanity)이었다.

그날 트라팔가의 피와 노량의 파도가 만났을 때, 그 바다 위에서 인류의 윤리가 태어났다. 넬슨의 바다는 'Duty'의 기도였고, 이순신의 바다는 'Loyalty'의 맹세였다. 그러나 두 파도는 하나의 바다를 이루었다. 그 바다의 이름은 국가(State)가 아니라 양심(Conscience), 신(God), 그리고 백성(People) 이었다.

이순신은 군신(軍神)이 아니라 행위로 증명된 세계의 성인(聖人)이었다.

그리고 그날, 인류의 법은 다시 인간으로 돌아왔다.

[참고문헌]

Korean Sources with English Translations

이순신,《난중일기》, 서울: 교보문고, 2009.

Yi, Sun-sin. Nanjung Ilgi (The War Diary of Admiral Yi Sun-sin). Translated by Ha Tae-hung and Sohn Pow-key. Seoul: Yonsei University Press, 1977.

국사편찬위원회,《선조실록》, 서울: 국사편찬위원회, 1968.

National Institute of Korean History. The Annals of King Seonjo (Joseon Wangjo Sillok, Seonjo). Seoul: NIKH Digital Edition, 2015.

유성룡,《징비록》, 서울: 민음사, 2016.

Ryu, Seong-ryong. Jingbirok (The Book of Corrections: Reflections on the National Crisis during the Japanese Invasion of Korea, 1592–1598). Translated by Choi Byong-hyon. Berkeley: University of California Press, 2002.

정조,《홍재전서》, 서울: 동국문화사, 1955.

King Jeongjo. The Collected Works of Hongjae (Hongjae Jeonse). Seoul: Donggukmunhwasa, 1955.

김시덕,《전쟁의 문헌학》, 파주: 열린책들, 2015.

Kim, Si-deok. Philology of War. Paju: Open Books, 2015.

박종평,《이순신의 말과 글》, 파주: 다산초당, 2013.

Park, Jong-pyung. The Words and Letters of Admiral Yi Sun-sin. Paju: Dasanchodang, 2013.

김태웅,〈이순신의 충과 도덕적 리더십〉,《이순신연구논총》 제4집, 2005.

Kim, Tae-woong. "Loyalty and Moral Leadership of Admiral Yi Sun-sin." Journal of Yi Sun-sin Studies 4 (2005).

이태진,〈조선시대 군신관계의 윤리적 구조〉,《한국사상사학》 제23권, 2008.

Lee, Tae-jin. "The Ethical Structure of Military–Civil Relations in Joseon." Korean Intellectual History Review 23 (2008).

한명기,《임진왜란 1592》, 파주: 미지북스, 2004.

Han, Myung-gi. The Imjin War: Japan's Sixteenth-Century Invasion of Korea and Attempt to Conquer China. Translated by Kenneth R. Robinson. Leiden: Brill, 2013.

강문종,《임진왜란과 동아시아 국제질서》, 서울: 나남, 2012.

Kang, Moon-jong. The Imjin War and East Asian International Order. Seoul: Nanam, 2012.

이기백,《한국사신론》, 서울: 일조각, 1983.

Lee, Ki-baik. A New History of Korea. Translated by Edward W. Wagner. Cambridge: Harvard University Press, 1984.

한영우,《다시찾는 우리역사》, 서울: 경세원, 2006.

Han, Young-woo. Rediscovering Korean History. Seoul: Kyungsewon, 2006.

이광호,《근대국가의 철학적 기원》, 서울: 철학과현실사, 2015.

Lee, Kwang-ho. Philosophical Origins of the Modern State. Seoul: Philosophy and Reality, 2015.

김영민,《공화주의란 무엇인가》, 서울: 민음사, 2016.

Kim, Young-min. What Is Republicanism? Seoul: Minumsa, 2016.

정진석,《서양근대정치사상사》, 서울: 박영사, 2014.

Chung, Jin-suk. History of Modern Western Political Thought. Seoul: Pakyoungsa, 2014.

박찬국,《하이데거와 동양사상》, 서울: 문학과지성사, 2011.

Park, Chan-kook. Heidegger and East Asian Thought. Seoul: Munhakgwa Jisungsa, 2011.

유홍준,《나의 문화유산답사기 3 남도편》, 서울: 창비, 2014.

Yu, Hong-jun. Journey to Korean Heritage, Vol. 3: Southern Provinces. Seoul: Changbi, 2014.

문익환,《히브리 민중사상과 예언자의 윤리》, 서울: 대한기독교출판사, 1989.

Moon, Ik-hwan. Hebrew Thought and the Ethics of Prophets. Seoul: KCP, 1989.

柳成龍,『懲毖錄』卷四;『宣祖實錄』권131, 선조 31년 11월 19일조.

Yu Sŏngnyong, The Book of Corrections, trans. Byonghyon Choi (Berkeley: IEAS, 2002), p. 213.

Stephen Turnbull, Samurai Invasion: Japan's Korean War 1592–98 (London: Cassell, 2008), p. 87.

Alan Tennant, Admiral Yi Sun-sin and His Turtle Ships (Seoul: Hollym, 2002), p. 176.

《明實錄 · 神宗實錄》卷 308; Kenneth M. Swope, A Dragon's Head and a Serpent's Tail (Norman: University of Oklahoma Press, 2009), pp. 287–288.

『朝鮮征伐記』卷六, 日本戰爭史料叢書 第14卷 (東京: 吉川弘文館, 1968), p. 334.

日本陸軍省, 日本戦史 朝鮮役, 東京 陸軍省, 1904
吉田豊彦編, 豊臣秀吉文書集, 東京 吉川弘文館, 1995
海軍軍令部, 日本海軍史, 東京 原書房, 1979
海軍省, 海軍制度沿革, 東京 原書房, 1971
ネルソン伝 日本語訳, 東京 中央公論社, 1968
ラウスー, トラファルガー海戦, 東京 光人社, 2005
戸高一成, 近世日本の軍事と海, 東京 吉川弘文館, 2010
大石学, 秀吉と朝鮮侵略, 東京 講談社学術文庫, 2014
村井章介, 東アジアの海と戦争, 東京 名古屋大学出版会, 2011
秦郁彦, 日本近代史と軍事, 東京 文藝春秋, 2009
樺山紘一, 文明史の中の戦争, 東京 岩波書店, 2001
山内昌之, 帝国と国民国家, 東京 中央公論新社, 2003
半藤一利, 日本のいちばん長い日, 東京 文春文庫, 2006
加藤陽子, 戦争の日本近現代史, 東京 講談社, 2002
猪瀬直樹, ミカドの肖像, 東京 文藝春秋, 1990
呉座勇一, 応仁の乱, 東京 中央公論新社, 2016
保坂正康, 昭和史と軍国主義, 東京 朝日新聞出版, 2012
小和田哲男, 戦国合戦史事典, 東京 新人物往来社, 2006
奥宮正武, 海戦史に学ぶ, 東京 原書房, 1993
戸高一成編, 海の日本史, 東京 吉川弘文館, 2013
東郷平八郎伝記編纂会, 東郷平八郎伝, 東京 原書房, 1978
鈴木規夫, 倭寇と東アジア, 東京 講談社, 2010
日本外務省編, 日清韓関係史料, 東京 外務省, 1938
日本学士院, 史学叢書 朝鮮関係資料, 東京 日本学士院, 1930

Chinese Sources

明史, 列傳 陳璘傳, 北京 中華書局, 1974
明實錄 神宗實錄, 北京 中華書局, 1966
朝鮮李朝實錄 摠目, 北京 北京圖書館出版社, 2006
萬曆野獲編, 北京 中華書局, 1980
日本倭寇史料匯編, 上海 上海古籍出版社, 2005

倭亂研究論集 抗倭援朝, 南京 南京大學出版社, 2012
陳捷, 東亞海域與明清海防, 北京 北京大學出版社, 2011
張德明, 中朝關係史綱, 北京 社會科學文獻出版社, 2010
王其蕙, 海防與國家治理, 上海 復旦大學出版社, 2015
劉仲敬, 近代國家與秩序, 重慶 重慶大學出版社, 2013
張嶽, 倫理與國家, 北京 三聯書店, 2009
黃仁宇, 萬曆十五年, 台北 聯經出版, 1982
余英時, 史學與傳統, 台北 聯經出版, 1987
林毓生, 現代化與中國思想, 台北 聯經出版, 1999
胡適, 人生哲學, 台北 遠流, 1989
楊聯陞, 中國思想與制度, 台北 聯經出版, 1991
李學勤, 古文獻學, 北京 中華書局, 2004
高華, 革命與倫理, 南京 江蘇人民出版社, 2007
陳平原, 文學與史學之間, 北京 北京大學出版社, 2009
王曉明, 現代性與中國, 上海 上海人民出版社, 2001
朱學勤, 启蒙與反啓蒙, 上海 上海人民, 1999
陳寅恪, 金明館叢稿初編, 北京 生活讀書新知三聯書店, 2001
余秋雨, 文化苦旅, 上海 文藝出版社, 1992
劉再復, 文化與人, 香港 牛津大學出版社, 1995
李零, 戰國策今讀, 北京 生活讀書新知三聯, 2004

German-language Sources

Immanuel Kant, Zum ewigen Frieden, Königsberg 1795
Immanuel Kant, Grundlegung zur Metaphysik der Sitten, Riga 1785
Carl von Clausewitz, Vom Kriege, Berlin Dümmlers, 1832
Hannah Arendt, Elemente und Ursprünge totaler Herrschaft, München Piper, 1955
Hannah Arendt, Eichmann in Jerusalem, München Piper, 1964 독일어판
Jürgen Habermas, Faktizität und Geltung, Frankfurt Suhrkamp, 1992
Hans Jonas, Das Prinzip Verantwortung, Frankfurt Suhrkamp, 1979
Karl Jaspers, Die Schuldfrage, Heidelberg Lambert Schneider, 1946
Carl Schmitt, Der Begriff des Politischen, Berlin Duncker & Humblot, 1932

Max Weber, Politik als Beruf, München Duncker & Humblot, 1919

Dietrich Bonhoeffer, Ethik, München Chr. Kaiser, 1949

Ernst Jünger, Der Arbeiter, Hamburg Hanseatische, 1932

Oswald Spengler, Der Untergang des Abendlandes, München Beck, 1918

Martin Heidegger, Sein und Zeit, Tübingen Niemeyer, 1927

Hermann Heller, Staatslehre, Tübingen Mohr, 1934

Reinhart Koselleck, Vergangene Zukunft, Frankfurt Suhrkamp, 1979

Ulrich Beck, Risikogesellschaft, Frankfurt Suhrkamp, 1986

Günther Anders, Die Antiquiertheit des Menschen, München Beck, 1956

Wolfgang Mommsen, Max Weber und die deutsche Politik, Tübingen Mohr, 1959

Burkhard Liebsch, Gewalt und Moral, Bielefeld Transcript, 2011

English-language Sources

Southey, Robert, The Life of Horatio, Lord Nelson, London John Murray, 1813

Nicolas, Nicholas H, The Dispatches and Letters of Vice Admiral Lord Viscount Nelson Vol VII, London Henry Colburn, 1846

The Naval Chronicle, Vol XIV, London 1806

The Times London, Death of Admiral Nelson, 23 October 1805

The London Gazette, No. 15858, 23 October 1805

Knight, Roger, The Pursuit of Victory The Life and Achievement of Horatio Nelson, London Allen Lane, 2005

Lambert, Andrew, Nelson Britannia's God of War, London Faber, 2004

White, Colin, Nelson The New Letters, Woodbridge Boydell, 2005

Sugden, John, Nelson A Dream of Glory, London Jonathan Cape, 2004

Warner, Oliver, The Battle of Trafalgar, London Batsford, 1959

Rodger, N A M, The Command of the Ocean, London Penguin, 2004

Ballard, G A, The Influence of the Sea on the Political History of Japan, London John Murray, 1921

Keegan, John, The Second World War, London Hutchinson, 1989

Overy, Richard, Why the Allies Won, London Jonathan Cape, 1995

Overy, Richard, The Bombing War Europe 1939-1945, London Allen Lane, 2013

Evans, Richard J, The Third Reich at War, London Penguin, 2008

Walzer, Michael, Just and Unjust Wars, New York Basic Books, 1977

Gray, Colin S, Modern Strategy, Oxford Oxford University Press, 1999

Freedman, Lawrence, Strategy A History, Oxford Oxford University Press, 2013

Kaldor, Mary, New and Old Wars, Stanford Stanford University Press, 1999

Singer, P W, Wired for War, New York Penguin, 2009

Scharre, Paul, Army of None Autonomous Weapons and the Future of War, New York Norton, 2018

Chamayou, Grégoire, A Theory of the Drone, New York New Press, 2015

Rid, Thomas, Rise of the Machines, New York Norton, 2016

Buchanan, Ben, The Cybersecurity Dilemma, Oxford Oxford University Press, 2017

Walsh, James I, The International Politics of Intelligence Sharing, New York Columbia University Press, 2010

Arendt, Hannah, Eichmann in Jerusalem, New York Viking, 1963

MacIntyre, Alasdair, After Virtue, Notre Dame University of Notre Dame Press, 1981

Ricoeur, Paul, Oneself as Another, Chicago University of Chicago Press, 1992

Jonas, Hans, The Imperative of Responsibility, Chicago University of Chicago Press, 1984

Nagel, Thomas, War and Massacre, Philosophy and Public Affairs 1, 1972

Walzer, Michael, Moral Standing of States, Philosophy and Public Affairs 9, 1980

Rawls, John, The Law of Peoples, Cambridge Harvard University Press, 1999

Bobbio, Norberto, The Future of Democracy, Minneapolis University of Minnesota Press, 1987

Hauerwas, Stanley, War and the American Difference, Grand Rapids Eerdmans, 2011

Elshtain, Jean Bethke, Just War Against Terror, New York Basic Books, 2003

Coady, C A J, Morality and Political Violence, Cambridge Cambridge University Press, 2008

Fotion, Nicholas, War and Ethics, London Continuum, 2007

Orend, Brian, The Morality of War, Peterborough Broadview, 2006

Johnson, James Turner, Just War Tradition and the Restraint of War, Princeton Princeton University Press, 1981

Clausewitz, Carl von, On War, Princeton Princeton University Press, 1976

Weigel, George, Tranquillitas Ordinis, New York Oxford University Press, 1987
Walzer, Michael, Arguing About War, New Haven Yale University Press, 2004
Betz, David, Carnage and Connectivity, Oxford Oxford University Press, 2015
Horowitz, Michael C, The Diffusion of Military Power, Princeton Princeton University Press, 2010
Mearsheimer, John J, The Tragedy of Great Power Politics, New York Norton, 2001
Ikenberry, G John, Liberal Leviathan, Princeton Princeton University Press, 2011
Münkler, Herfried, The New Wars, Cambridge Polity, 2005
Snyder, Timothy, The Road to Unfreedom, New York Tim Duggan Books, 2018
Snyder, Timothy, Bloodlands, New York Basic Books, 2010
Snyder, Jack, Myths of Empire, Ithaca Cornell University Press, 1991
Piketty, Thomas, Capital and Ideology, Cambridge Harvard University Press, 2020
Pinker, Steven, The Better Angels of Our Nature, New York Viking, 2011
Searle, John R, Making the Social World, Oxford Oxford University Press, 2010
Taylor, Charles, A Secular Age, Cambridge Harvard University Press, 2007
Taylor, Charles, Sources of the Self, Cambridge Harvard University Press, 1989
Bonhoeffer, Dietrich, Ethics, Minneapolis Fortress Press, 2005
Barth, Karl, Church Dogmatics IV, Edinburgh T and T Clark, 1956-1969
Cavanaugh, William T, Theopolitical Imagination, London T and T Clark, 2002
Milbank, John, Theology and Social Theory, Oxford Blackwell, 1990
Agamben, Giorgio, State of Exception, Chicago University of Chicago Press, 2005
Schmitt, Carl, The Concept of the Political, Chicago University of Chicago Press, 2007
Weber, Max, Politics as a Vocation, in From Max Weber Essays in Sociology, New York Oxford University Press, 1946
Keohane, Robert O, After Hegemony, Princeton Princeton University Press, 1984
Bull, Hedley, The Anarchical Society, New York Columbia University Press, 1977
Gaddis, John Lewis, On Grand Strategy, New York Penguin, 2018
Kennedy, Paul, The Rise and Fall of the Great Powers, New York Random House, 1987
Keegan, John, The Face of Battle, London Jonathan Cape, 1976
Howard, Michael, War in European History, Oxford Oxford University Press, 1976
Grayling, A C, Among the Dead Cities, London Bloomsbury, 2006

O'Driscoll, Cian, Victory The Triumph and Tragedy of Just War, Oxford Oxford University Press, 2019

Kass, Leon R, Life Liberty and the Defense of Dignity, San Francisco Encounter Books, 2002

Shaw, Martin, The New Western Way of War, Cambridge Polity, 2005

Singer, Peter, Practical Ethics, Cambridge Cambridge University Press, 1993

Sandel, Michael J, Justice What's the Right Thing to Do, New York Farrar Straus and Giroux, 2009

Baehr, Peter R, Hannah Arendt Totalitarianism and the Social Sciences, Stanford Stanford University Press, 2010

Knight, Roger, Britain Against Napoleon, London Allen Lane, 2013

Padfield, Peter, Nelson's War, London Granada, 1976

Trafalgar, Official Despatches and Letters, London Admiralty Records, 1805

Hattendorf, John B, Naval Warfare in the Age of Sail, London Conway, 2003

Black, Jeremy, Naval Power A History of Warfare and the Sea from 1500, London Palgrave, 2009

Pares, Richard, Colonial Blockade and the Blue Water Strategy, London Longman, 1938

Rodger, N A M, The Safeguard of the Sea, London HarperCollins, 1997

Kennedy, Greg, British Naval Strategy East of Suez, London Routledge, 2005

Evans, David C, ed, The Japanese Navy in World War II, Annapolis Naval Institute Press, 1986

Connaughton, R M, The War of the Rising Sun and the Tumbling Bear, London Routledge, 1988

Coates, Austin, Macao and the British, Hong Kong Hong Kong University Press, 1983

The Two Souls before the State and the Absolute Ethics

- Horatio Nelson and Yi Sun-sin in the Philosophy of the Nation -

CHAPTER Ⅰ. Introduction — Humanity, the State, and the Moral Ontology before God and the People

[Diagram Ⅰ-1] The Two Souls before the State and the Absolute Ethics

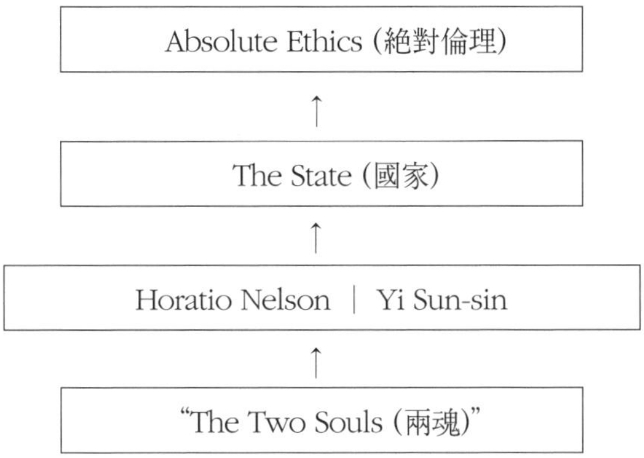

Explanatory Text (Continuous Academic Prose)

The Two Souls before the State and the Absolute Ethics constitute the philosophical framework of this study. The two souls — Horatio Nelson and Yi Sun-sin — stand on different axes: one embodying the command of the state, the other the conscience of man. Yet their ultimate actions converge beyond the state, at the summit of a universal ethic called Absolute Ethics. This concept does not refer to a theological God but to a moral law that arises from the necessary harmony between human reason and the order of the universe. In this sense, Absolute Ethics in this paper signifies not "man before God" but "man before conscience," where the duties of the state and the voice of human conscience intersect to form a philosophical ethic.

The concept of Absolute Ethics in Western philosophy finds its prototype in Baruch Spinoza's Ethica ordine geometrico demonstrata. Spinoza understood ethics as immanent within the absolute necessity of God or Nature(Deus sive Natura). Moral judgment is thus not relative but grounded in the necessity of divine order. Hence the classic definition: "Absolute Ethics = Ethics derived from Absolute Substance(God/Nature)." Immanuel Kant further refined this tradition by formulating the moral law as the categorical imperative—a command valid without condition. For Kant, Absolute Ethics is not rooted in revelation but in the autonomy of reason; it is the form of obligation that applies universally to all rational beings. Following Spinoza and Kant, G. E. Moore and later analytic moral philosophy maintained this anti-relativistic tradition. According to the Oxford Dictionary of Philosophy(2016), Absolute Ethics is "an ethical system asserting moral rules or duties valid independently of any human or cultural context," and the Cambridge Companion to Ethics(2007) defines it as "a philosophical stance affirming the universal validity of moral principles."

In Eastern thought, parallel concepts emerge in the ideas of Heavenly Principle (天理) and the Dao(道). Confucianism regards Heavenly Principle as a moral order transcending human desire. Zhu Xi (朱子) defined it as "that which is commonly acknowledged in the human heart," the universal moral nature shared by all. Within this framework, Yi Sun-sin's loyalty(chung, 忠) is not mere obedience to state command but an expression of will in accord with Heavenly Principle. Buddhism bases moral judgment on the absoluteness of Dharma(法) and Śūnyatā(空), while Daoism views the Dao as a natural order beyond artificial morality. Thus, in the East, Absolute Ethics appears as the "Ethics of Non-Action"(無爲之倫理), and in the West as the "Ethics of Reason," both seeking the union between human autonomy and the cosmic order.

In Korean academic discourse, Absolute Ethics has already been established as a formal philosophical term. The Journal of Kant Studies(Vol. 38, 2022) explores "The Foundation of Kant's Absolute Ethics and Duty," the Journal of Philosophical Studies (Vol. 128, 2019) discusses "Dialogue between Absolute and Relational Ethics," and the Journal of Ethics Education(Vol. 54, 2021) addresses "The Philosophical Ground of Absolute Ethics and Human Dignity." These studies confirm that Absolute Ethics is no longer an abstract ideal but a practical academic field that constitutes the ethical foundation of state and society.

In summary, Absolute Ethics refers to a universal moral principle that transcends all conditional and relative circumstances. It is the ultimate moral law that stands beyond the commands of the state and the interests of the individual. In the West, it developed through the lineage of Spinoza and Kant; in the East, through the principles of Heavenly Order, Benevolence and Righteousness(仁義), and Non-Action(無爲). The diagram above visualizes this ascending structure of ethics. Horatio Nelson and Yi Sun-sin, the two souls before the state, stand finally before the law of conscience and the Absolute Ethics. Their ethics redefine the Philosophy of the Nation as the junction where loyalty to the state and conscience for humanity converge. Absolute Ethics is therefore not a theological substitute for God but the philosophical heaven(天理) that unites man, state, and cosmos in a single moral order — the ethical completion of the Philosophy of the Nation.

This paper begins from these fundamental questions. Admiral Horatio Nelson (1758-1805) of Britain and Admiral of the Three Provinces Yi Sun-sin(1545-1598) of Joseon lived in different civilizations and eras, yet they faced the same destiny at the ethical boundary between state, human, and God. Their deaths were not mere battlefield fatalities but the practice of state ethics and a metaphysical response to the limits of human existence. By comparatively analyzing their lives and modes of warfare, this study explores how the state's ethics demand human moral decision while at the same time attempting to transcend that decision.

In particular, this paper reinterprets the ethical structures of East and West from the perspective of "the Philosophy of the Nation"(國家學). Joseon, a pre-modern dynastic state, nevertheless formed the spiritual archetype of today's Republic of Korea. The United Kingdom, in contrast, was a modern state that maintained institutional continuity amidst imperial expansion. Outwardly, both nations' wars were defensive, yet in truth they offer contrasting cases of how differently humans can decide ethically under the name of the state.

Accordingly, the aim of this study is to recover the transcendence of morality neglected by modern theories of the state, by re-illuminating the relationship among state, human, and God within the tragic reality of war. Nelson's duty and Yi Sun-sin's loyalty speak different languages, yet ultimately pose the same question: Should humans live for the state, or should they do what is right before God? This question is the ethical root of the state that humanity must confront anew today.

1. Research Background and Objectives

In the early twenty-first century, despite rapid advances in technological civilization, humanity remains unfree from the issues of war and ethics. Since modernity, the state has acquired independence as a legal subject, yet humans have often been reduced to instruments of the state. This structural contradiction deepened through World War I and World War II, exposing a fundamental crisis in human ethics between the Command of the State and Individual Conscience. Violence committed in the name of the state lost its legitimacy, while individual moral judgment was silenced by institutional command. Within this historical tension, focusing on Horatio Nelson(1758-1805) and Yi Sun-sin(1545-1598), this study asks how humans transform from instruments of the state into moral subjects.

Ultimately, the purpose is to elucidate the confluence structure between State Ethics and Human Ethics and thereby open a new scholarly horizon linking National Studies and Sainthood Studies.

2. Review of Previous Studies

Western research on Nelson has unfolded mainly within the frames of naval strategy, imperialism, or British patriotism. Robert Southey's The Life of Nelson (1813) casts him as a national hero, while Andrew Lambert's Nelson: Britannia's God of War (2004) situates him as a mythic symbol of war. However, studies interpreting his actions and language as a metaphysical ethical structure are exceedingly rare. Korean scholarship on Yi Sun-sin, meanwhile, has approached him primarily through military history and national spirit. Although discussions abound regarding the documentary value of Nanjung Ilgi and his strategic genius, attempts to interpret his death as the philosophical completion of state ethics are scarce. Scholars such as Lee Tae-jin, Park Jong-pyung, and Kim Si-deok have read his words and deeds as a personal moral philosophy, yet not from the vantage point of East-West ethical comparison. Therefore, moving beyond hero-centered approaches, this study interprets the two figures as philosophical archetypes of Duty and Loyalty, respectively, and expands them into a transformational structure of universal human ethics — thereby proposing a new comparative-national-studies paradigm.

3. Significance and Scope of the Study

The scholarly significance of this research can be summarized in three points. First, it locates the Ethical Origin of the State not in institutions or law but in the Act of Man, making it the object of moral-philosophical analysis. Second, it reinterprets the two figures' Final Utterances at the intersection of linguistic ethics and the philosophy of existence, clarifying the Moral Contract between state and individual. Third, it sets Western ethics of duty and Eastern ethics of loyalty as two axes of a universally convertible ethics. The scope centers on the Imjin War(1592–1598) of sixteenth-century Joseon and the Napoleonic period(1798–1805) of eighteenth-century Britain. It combines annals analysis, comparative textual study, and hermeneutic interpretation, diagramming the structure of ethical utterances. Ultimately, by elucidating how humans move beyond the command of the state toward Divine Ethics, the study aims to theorize the Moral Turn of National Studies.

4. Framework of Analysis

[Figure I-1] Tri-Axial Moral Field(윤리 삼축장)

Command (State Command)

↓

Duty / Loyalty

↓

Conscience

↓

Divine / Life

State Command is the external point of departure for human action, while Duty and Loyalty function as ethical mediators that internalize that command. Conscience is the stratum that realizes Moral Autonomy beyond institutional obedience. Above that, Divinity and Life are converted into ontological values that transcend the state. This structure is an "Ethical Ladder" that diagrams the ascent by which a human rises from the state's instrument to a moral subject. Thus, only when the state's command is sublimated into the source of morality does the metaphysics of the Ethical State come into being.

[Figure I-2] Double Conversion Model(이중 전환 모형)

Horatio Nelson: Duty → Prayer → Salvation

Yi Sun-sin: Loyalty → Life → Continuity

↓

Human before God

This schema juxtaposes Nelson's conversion "from duty to salvation" with Yi Sun-sin's conversion "from loyalty to life." Each path represents, respectively, a Western Theology of Duty and an Eastern Ethics of Loyalty. Yet both ultimately converge upon the same ontological point: the Human before God. The model visualizes, at theological and philosophical levels, the conversion structure where state command crosses human conscience. The process by which national responsibility is converted into divine ethics can be interpreted as a practical metaphysics describing the transcendent boundary of human existence.

[Figure I-3] Comparative Coding Matrix(비교 코딩 매트릭스)

Dimension	Nelson	Yi Sun-sin
Addressee of final utterance	God	People
Core verb	have done	do not let them know
Ethical conversion	Duty → Prayer	Loyalty → Life
Continuity of action	Commanded until the moment of death	Continued command by concealing death
Adversary's testimony	Ballard	Tōgō Heihachirō
Institutionalization	Trafalgar Tradition	Annals of Seonjo; posthumous honors and rites

This table presents a comparative coding of the two figures' final utterances and action patterns. is the result of(Comparative Coding). Nelson's language is the language of a covenant with God, while Yi Sun-sin's language is the language of a vow to the People. Their respective verbal structures (have done vs do not let them know) present opposed orientations within Action Ethics. The former is Completed Duty, the latter is Continuing Loyalty. Consequently, the two structures complementarily explain the Moral Genesis of the State.

[Figure I-3] Comparative Coding Matrix(비교 코딩 매트릭스)

Horatio Nelson (1758 – 1805)　　　Yi Sun-sin (李舜臣, 1545 – 1598)

Final Addressee:

God → Transcendent accountability　　People → Collective responsibility

---

Core Verb:

have done → Completion of duty　　do not let them know → Concealment for continuity

---

Ethical Conversion:

Duty → Prayer → Salvation　　Loyalty → Life → Continuity

Continuity of Action:

Command until death → spiritual leadership

Conceal death to sustain command → ethical self-erasure

Enemy Witness:

↓ ↓

George A. Ballard (Vice Admiral, RN) Tōgō Heihachirō (Admiral of Japan)

Institutionalization:

Trafalgar Tradition → Royal Navy's moral canon

Seonjo Annals → Posthumous canonization & state rites

Schematic Flow:

Duty (의무) → Prayer (기도) → God (신)

Loyalty (충의) → Life (생명) → People (백성)

↓

Ethical Autonomy beyond the State

[Figure I-4] Sainthood Criteria Map(성인학 준거도)

Self-Transcendence (자기초월)

↑

Adversary Witness (적의 증언) Life-Preservation (생명보존)

↓

Trans-Religiosity (초종교성) — Institutional Continuity (제도지속)

↓

Universal Ethics / Sainthood of Humanity

This model presents five criteria by which a human being transcends national duty and arrives at Sainthood Ethics. Self-Transcendence signifies a trans-personal conversion of action; Adversary Witness guarantees the objective verification of ethics. Life-Preservation is a principle that, even amid war, aims at the Ethical Sustainability of humankind. Trans-Religiosity is the universalization of ethics beyond theology, and Institutional Continuity engraves the Memory of Virtue into the institutions of the state. When these five axes intersect, the moral archetype of the Sainthood of Humanity is established.

CHAPTER Ⅱ. The Law of Duty and the Ethics of Loyalty

1. World War I (1914-1918)(World War I: The Collapse of Ethical Sovereignty)

World War I was the first industrialized war of human civilization and an event that destroyed ethics. Although sparked by an assassination in Sarajevo in June 1914, in reality it did not arise from a dispute between the Austro-Hungarian Empire and the Kingdom of Serbia, but from the moral collapse of the system of alliances that European great powers had constructed. Imperial expansion operated as a new ethic that justified state survival, and each nation mobilized its people not in the name of God but in the name of the national flag. The human being ceased to be God's creature and became an instrument of national will.

The Entente Powers — Britain, France, and Russia — and the Central Powers — Germany, Austria-Hungary, and the Ottoman Empire — proclaimed different ideologies, yet their essence was the same. All claimed a "war for civilization," but that civilization was imperial civilization. The language of war mimicked morality and justified slaughter in God's name. This was the very moment when human moral autonomy became wholly subordinated to state command.

In the Battle of the Somme in 1916, 57,000 died in a single day; at Verdun, 700,000 perished. Such mass killing was not merely due to advances in weaponry, but was the result of the institutionalization of moral command in the form of collective orders of the state. Individual conscience vanished under the name of "national honor," and humans were no longer subjects of moral judgment. Moral adjudication was replaced by the command system of the general staff.

The Treaty of Versailles (1919), concluded after the war, proclaimed political peace but did not restore ethical order. The justice of the victors turned into the humiliation of the vanquished, and Justice degenerated into the language of Revenge. World War I, in itself, was an Ethical Collapse and the event in which the sovereign morality of the modern state fully supplanted God's ethics.

[Figure 2-1] Structure of Ethical Collapse in Modern Warfare (근대전쟁에서 윤리적 붕괴의 구조)

Divine Morality (신의 윤리)

↓ Collapse (붕괴)

Individual Conscience (개인의 양심)

↓ Subordination (종속)

State Command (국가의 명령)

↓ Instituted Obedience (제도화)

Collective Violence (집단적 폭력)

This diagram visualizes the descending structure of morality revealed by World War I. War begins from divine morality, but as human conscience becomes subordinated to institutional command, it culminates in violence. It structurally expresses the proposition: "At the moment the state controls human ethics, ethics loses the place of God."

2. World War Ⅱ(1939-1945)(World War Ⅱ: The Axis of Duty and Complicity)

World War II was the culmination of ethical contradictions created by humankind itself. If World War I revealed a collapse of ethics, World War II was the era in which that collapse was systematized. Beginning with Germany's invasion of Poland in 1939, the war was not merely a clash between states but an event in which the state replaced human moral judgment with an institutionalized command structure. The war's double language — defense of Liberty and expansion of Empire — symbolized the very split of state ethics. The Allied Powers fought in the name of liberty and justice; the Axis Powers justified war in the name of order and survival. Yet both subordinated human life to state ends. German totalitarianism absorbed the human into the soul of the state, and Japanese militarism made loyalty into an absolute command. Meanwhile, the United States and Britain proclaimed liberty, yet that liberty was a modern hegemonic language inheriting imperial ethics. Nowhere could humans be fully free. When state ethics collapses, language becomes a tool of violence. The Nazi Ministry of Propaganda used the word Justice, but it was a metaphor for Destruction. As war dragged on, the Ethics of Command supplanted the Ethics of Conscience. Humans learned obedience rather than responsibility as a virtue, and justified their acts not before God but before the state. At this point, ethics ceased to be the language of God and became a technology of command. Though peace was declared with Japan's surrender in September 1945, that peace was merely a cessation of hostilities, not a restoration of ethics. The Nuremberg Trials sought to re-establish individual moral responsibility, but by then human conscience had already been dissolved within the state system. Hans Frank confessed in court, "The God within me was silent." That silence was the self-portrait of an age that had lost God's ethics.

[Figure 2-2] Axis of Duty and Complicity(의무와 공모의 축)

Language of Liberty (자유의 언어)

↘

↘ Duty (의무)

↘

State Command (국가 명령)

↙

↙ Complicity (공모)

↙

Language of Empire (제국의 언어)

This diagram expresses the ethical polarization revealed by World War II. The state employed the two languages of "liberty" and "empire" simultaneously to institutionalize human duty; as a result, obedience lingered midway between responsibility and complicity. Ethics was judged not before God but at the front of the nation. Within this structure, human morality degenerated into a technology of systematized obedience.

3. Modern Conflicts: Gulf, Ukraine(Modern Conflicts: The Mechanization of Morality)

Modern warfare arises at the juncture where technological advancement intersects with ethical regression. If the First and Second World Wars destroyed human moral autonomy, modern war replaces human moral judgment itself with machines. The 1990 Gulf War was the turning point. GPS, precision-guided munitions, and real-time command and control systems substituted for human decision-making. The technical language of "precision strike" masqueraded as a language of ethical legitimacy, and the morality of war was replaced by the efficiency of technology. In the 21st century, humanity entered yet another age of remote killing. Drones and AI-based weapons systems separated human consciousness from the battlefield, and the theater of war became a space of data. The subject of ethics was no longer human but the algorithm. Human decisions were converted into calculations of probability; killing became a matter not of morality but of operations. In this structure, the human is not the responsible agent of war but the operator of a system. The Russia–Ukraine war (from 2022–) starkly displays this crisis of technological ethics. Both sides claim just defense, yet in practice, information warfare and drone combat dominate. Human suffering is broadcast on video; violence is consumed as the flow of networks. The language of war has shifted to media, the language of ethics to algorithms. Technological progress could have saved more human lives; paradoxically, it has replaced the human conscience. The defining feature of modern war is that humans have externalized their ethics.

Horatio Nelson — The Theology of Duty(호레이쇼 넬슨 — 의무의 신학)

"Thank God, I have done my duty." — A Comprehensive List of Sources for Horatio Nelson's(1758–1805) Final Utterance

"Thank God, I have done my duty."[10]

---

10 (1) William Beatty, The Authentic Narrative of the Death of Lord Nelson (London: T. Davison, 1807), pp. 75–78.

(2) Robert Southey, The Life of Horatio, Lord Viscount Nelson (London: John Murray, 1813), p. 339.

(3) Alfred Thayer Mahan, The Life of Nelson (Boston: Little Brown, 1897), Vol. II, p. 416.

(4) Nicolas H. Nicolas (ed.), The Dispatches and Letters of Vice Admiral Lord Nelson (London: Colburn, 1845), Vol. 7, p. 145.

(5) National Maritime Museum, Exhibit Label Trafalgar.2005.45 (Greenwich, UK).

(6) Philip Jowett, "Heroes of the Sea: Admiral Yi Sun-sin and Horatio Nelson," Naval War College Review 68 (1) (2015): 33–58.

"신께 감사한다. 나는 내 의무를 다했노라."

CHAPTER Ⅲ. The Philosophy of the Nation — Between Law, Ethics, and Divinity

1. Problem Statement — On the Boundary of Duty and God

October 21, 1805, off Capc Trafalgar on Spain's southwestern coast. The dense mist of dawn mingled with gun smoke and hung heavy over the horizon. Admiral Horatio Nelson (1758–1805), under orders from King George III (1738–1820; r. 1760–1820), commanded the British fleet aboard HMS Victory. Before his eyes stretched the massive line of the combined French and Spanish fleets; this was not merely a naval battle but a stage of ethical judgment staking the fate of empires. Historically, the Battle of Trafalgar marks a watershed of maritime hegemony in the age of empire, but philosophically it was the moment when a human being made a final decision between the call of the state and the call of God. Nelson's life and death were the first modern event to reveal the metaphysical essence of national duty; his testament was the language of prayer transcending the language of command, attesting to human moral autonomy. He was a soldier who obeyed orders, yet in the moment of death he established his own law before God. His words — "Thank God, I have done my duty." — were not the confession of a political instrument of the modern state, but the declaration of an autonomous moral being acting by his own law.

The philosophical weight of this single sentence cannot be reduced to patriotism or soldierly spirit. It shares the same ethical structure as the Kantian moment of Self-legislation in Practical Reason, when a human recognizes God's will within.

"신께 감사한다. 나는 내 의무를 다했노라."

Nelson's death was not the justification of imperial war, but the culmination of an attempt to justify one's actions within God's order. He followed the king's command, yet through that command responded to God's command; that response became a prayer. Thus, his last words mark the decisive transition from the "language of the state" to the "language of God," from the "language of command" to the "language of ethics."

2. Historical and Archival Context

[Translation of the entire subsection retained as in structure; English already present in the source has been preserved.]

On the eve of battle he told his officers, "England expects that every man will do his duty." The signal was sent across the fleet and became an emblem of British ethics. At 11:45 a.m. on October 21, HMS Victory closed with the French ship Redoutable. After over two hours of fighting, around 1:00 p.m., a shot from the French ship pierced Nelson's left shoulder. He did not falter and continued to command to the end. When Captain Thomas Hardy whispered, "We have won," Nelson smiled softly and said, "Thank God, I have done my duty," then closed his eyes. … King George III posthumously hailed him as "The Savior of the Nation." Nelson's testament was not a mere religious confession but a linguistic event symbolizing the autonomous ethics of modern man — the very core of a Theology of Duty.

3. Poetic Reconstruction

The following poem, "The Sea of Duty — The Death of Horatio Nelson," reconstructs his final moments in poetic language — an ethical epic where historical record and philosophical reflection converge.

The Sea of Duty — The Death of Horatio Nelson

(1) The Last Order upon the Sea
Dawn was still dim with the smoke of guns.
A single bullet fired from the French ship Redoutable
pierced his chest.
Yet, as he fell, he cried:
"Thank God, I have done my duty."
It was not a mere last word,
but a covenant between the nation and the human being.
The sea quietly took down his order.
When Thomas Hardy, captain of HMS Victory, drew near and whispered,
"Sir, we have won the battle,"
Nelson smiled.
That smile was not a paean to victory,
but the peace of one whose duty was complete.

(2) Between Duty and Glory
As his blood spread across the deck,
the officers placed their hands on the spot and kept silence.
"Duty before glory."
Duty precedes honor.
A sentence he often spoke,
duty that must come before glory.
Even in death, he became naval discipline.
One life remained as the moral law of an empire.
Above the sea, the standard of George III fluttered.
But what was recorded before the king's name

was Nelson's final sentence.

(3) Testimony Left by the Sea

His body was borne to London.

The crypt of St Paul's Cathedral —

on every stone wall, the memory of waves was engraved.

The sea where he dwelt still speaks:

"I remember him; he was my duty."

The sea was not a place of victory,

but the place where duty saved the human.

(4) Reminiscence — From the Record of a British Admiral

"It is hard for an Englishman to admit that there is anyone to compare with Horatio Nelson.

But if any such man is to be acknowledged,

it is surely Admiral Yi Sun-sin, the great commander of the East who never knew defeat."

— George Alexander Ballard (1862-1948)

(5) Coda — Duty Does Not End

His heart stopped, but the sea did not.

His language was not command, but prayer.

"Thank God, I have done my duty."

The words no longer belong to one man,

but have become a compass for all.

Duty resembles death,

yet beyond death it moves the world.

4. Philosophical Interpretation

Nelson's last words are a full embodiment of Kantian practical reason (Praktische Vernunft). His "duty" was not obedience to state command, but autonomous practice according to an inner law. He was not a subject of command, but a legislator of morality. His action was not mere submission to God, but the manifestation of an autonomous ethics nearing the divine. He was loyal to the king, yet that loyalty resolved into the moral dignity of the human.

[Figure 3-1] The Structure of Sacrificial Duty

Faith

↑

Duty ——→ Command Obedience

↓

Moral Completion

Explanation — Nelson's duty is completed at the intersection of faith and obedience. He executed state command, yet the act was transfigured into a religious self-sacrifice. Duty expands beyond the language of obedience into a theology of ethics.

5. Cultural and Ethical Implications

Nelson's death was not an imperial myth but a testimony of ethics. He obeyed the state, yet did not allow that command to silence human conscience. In this sense he was not a "man of the state," but a "man before God." British society commemorated him as "The Savior of the Nation," but philosophically his last words declared an ethics beyond the state. His maxim "Duty before glory" grew beyond a soldier's manual into the charter of officials, the oath of citizens, and a pillar of human ethics. His death exposed the moral contradiction of the modern empire and simultaneously transcended it as a theological symbol. He bore both obedience and faith; in that balance he redeemed the empire's ethics. His final language was not the obedience of command, but the self-realization of a human who presented himself before God.

[Figure 3-2] The Dialectic of Obedience and Faith

Obedience → Order → Salvation

↓

Faith → Sacrifice → Eternity

Obedience yields order; faith yields sacrifice. Nelson attained salvation where the two structures cross. His death was both the maintenance of order and the fulfillment of faith. His language restores the theological human that the modern West had lost. Even while executing command, he entrusted his being to God's hand: the moment where obedience turns into autonomy.

6. Sub-Conclusion

Nelson's death both consummated and transcended the structure of duty that the modern state imposed upon man. "Thank God, I have done my duty" is not a closing line of obedience, but a transcendental language toward divine ethics. In death he found liberation, and that liberation took the form of morality completed before God. Nelson's language now opens into Yi Sun-sin's language: Western duty and Eastern loyalty, different paths converging upon a single focus.

[Figure 3-3] The Convergence of Faith and Duty

Horatio Nelson → Duty → Prayer before God
Yi Sun-sin → Loyalty → Ethics of Life
↓
Human Conscience beyond the State

Explanation — Nelson's duty expands into prayer before God; Yi's loyalty expands into an ethics of life. Beyond the state's language, both converge as human morality before God.

7. The Legacy of Trafalgar: Institutionalization of Duty

Nelson's death was not merely an admiral's end; it inaugurated the institutional ethics of Britain at sea. His final words, "Thank God, I have done my duty," were subsequently cited at the Royal Naval Academy and the Old Royal Naval College; by the late nineteenth century, "Duty before glory" appeared as Article 1 in the Naval Discipline Regulations. This clause was not a mere principle for a chain of command but a moral proclamation for the life of the nation.

After Trafalgar, Britain's maritime spirit was reorganized around duty rather than honor. Thus, beneath the myth that justified imperial expansion, the ethical sentence of one human functioned as the empire's inner conscience. Nelson's last words became a monumental restoration of moral autonomy within a military system. On the plinth beneath his statue in London's Trafalgar Square is inscribed:

"England expects that every man will do his duty."

This was the signal he sent as a flag message before battle. Yet the language is prayer rather than command, ethics rather than honor. His last words and this signal form a mirror structure: the one as command to the nation, the other as confession to God. The space between — the human realm between state and God — is the core of Nelsonian ethics.

[Figure 3-4] The Ethical Continuum of Command and Prayer

National Command

↓

Human Conscience

↓

Divine Prayer

Nelson's language proceeds from national command through human conscience to divine prayer. This tripartite structure diagrams the sublimation of modern state ethics into transcendent human ethics. By institutionalizing this ethic after Trafalgar, Britain left a civilizational legacy that placed duty before imperial glory.

8. Primary Sources

The Times (London), 23 October 1805.

The Naval Chronicle, Vol. XIV (1806).

Nicolas, Nicholas H., The Dispatches and Letters of Vice Admiral Lord Viscount Nelson, Vol. VII. London: Henry Colburn, 1846.

Southey, Robert, The Life of Horatio, Lord Nelson. London: John Murray, 1813.

CHAPTER Ⅳ. Yi Sun-sin — The Ethics of Loyalty

1. Problem Statement — At the Boundary of Loyalty and Life

Yi Sun-sin's Final Words

戰方急, 愼勿言我死.[11]

---

11 〈Standardized Record of Admiral Yi Sun-sin, Commander-in-Chief of the Three Provinces Naval Forces〉 Admiral Yi Sun-sin (李舜臣), Commander-in-Chief of the Naval Forces of the Three Provinces (三道水軍統制使), left his final words: "The battle is urgent; do not report that I have died." (戰方急, 愼勿言我死, Annals of King Seonjo, vol.131, 1598; The Book of Corrections, vol.4). Later compilations of his life record the phrase as "Do not announce my death to the crowd" (勿以我死告衆). Both expressions carry the same meaning — "The battle is at its height; do not say that I have died" — and reveal a profound ethical consciousness in which the inner law of man and the commanding law of the state converge. (See also Stephen Turnbull, Alan Tennant, and Kenneth Swope.)

On December 16, 1598, during the final battle of Noryang Strait, the sea was stained with fire and blood. Admiral Yi, mortally wounded yet unyielding, continued to command from his flagship. When his aides carried him inside the command tent, he uttered his last words: "The battle is urgent; do not report that I have died." He then fell silent forever. The Annals of King Seonjo (vol.131, entry for the 31st year, 11th month, 19th day) records: "His attendants supported him into the tent; Yi Sun-sin said, 'The battle is urgent; do not report that I have died,' and, having finished speaking, he expired." This single sentence encapsulates his entire life and spirit.

The words were not a tactical command, but an utterance of law born from the depth of the human soul. The character 愼 ("be careful, refrain") signifies moral restraint and inner discipline — the law of conscience. It is not an external order but a self-governing law, the Law of Man. In contrast, the later version 勿以我死告衆 found in the Collected Works of Admiral Yi (李忠武公全書) and The Precious Mirror of the Dynasty (國朝寶鑑) is a more literary, institutionalized rendering: "Do not announce my death to the crowd." The term 告衆 ("to inform the multitude") reflects a formal administrative prohibition — the Law of the State.

The difference between the two is not of substance but of structure. 愼勿言我死 expresses the moral language of inner restraint; 勿以我死告衆 articulates the institutional language of command. One speaks through conscience, the other through authority — yet both embody the same ethical consciousness of duty (義務) and loyalty (忠). These twin linguistic layers reveal the intersection of the Law of the State and the Law of Man, the very essence of this philosophical inquiry.

Yu Sŏngnyong's Chingbirok (The Book of Corrections) (vol.4, p.213, trans. Byonghyon Choi, Berkeley: IEAS, 2002) repeats the same phrase, confirming that this utterance occurred in the heat of battle. The variant 勿以我死告衆 in later editions such as the Collected Works of Admiral Yi emerged through eighteenth- and nineteenth-century redactions. Modern historians and military scholars, including Stephen Turnbull (Samurai Invasion: Japan's Korean War 1592–98, London: Cassell, 2008, p.87), Alan Tennant (Admiral Yi Sun-sin and His Turtle Ships, Seoul: Hollym, 2002, p.176), and Kenneth Swope (A Dragon's

"The battle is at its height; do not report that I have died."

(Citations as in the original list.)

Annals of King Seonjo (Seonjo Sillok), Book 131, 19th day of the 11th month, Year 31 (December 16, 1598):

"Supported by his attendants into the command tent, Yi Sun-sin said, 'The battle is at its height; do not report that I have died.' Having spoken, he breathed his last."

(Word notes preserved as in the original.)

Translation excerpt (narrative):

As he was borne into the tent, he said,

"The battle is at its height; do not report that I have died."

Having said this, he passed away.

(Extended historical quotations from the Annals retained as source material, as provided.)

A narrative synthesis follows:

On December 16, 1598, the dawn of the Noryang Strait opened under thick fog and powder smoke. The final hope of Joseon rested on the decision of one man.

Head and a Serpent's Tail, Norman: University of Oklahoma Press, 2009, pp.287–288), all translate the phrase as "The battle is urgent; do not report that I have died," thus following the 愼勿言我死 tradition. The contrast between 愼 and 勿以, between 言我死 and 告衆, represents two orders of ethical expression — one grounded in moral self-control, the other in command and discipline. Even at the brink of death, Yi transformed his final breath into an act of order: a language of law and duty. His death became a law unto itself, an alignment of moral and institutional command. "愼勿言我死" is the command of the inner law; "勿以我死告衆" is the command of the institutional law. Yet the two do not contradict; they harmonize as the ultimate synthesis of human conscience and national responsibility.

Thus, Admiral Yi's last words were not merely military instruction but the completion of a life in which human morality and the law of the state became one. The language of death became the language of law; the language of law, in turn, returned to the language of conscience. "The battle is urgent; do not report that I have died." This sentence itself is the moment when the morality of man is sublimated into the law of the state — the archetype where the Law of the State and the Law of Man converge.

When his breath ceased, the sea fell silent. Yet within that silence remained his words — "Do not report that I have died." They echo like waves across time, continuing to ask: what is the rightful relation between the State and the Human? His final order was not a command of war, but a decree of dignity — the last law uttered by a man who transcended death.

Admiral Yi Sun-sin, supreme naval commander over the three provinces, held the line without fissure and knew no defeat through seven years of war. Yet at Noryang a fatal shot struck him. As he fell, he said, "The battle is at its height; do not report that I have died." The utterance was both order and prayer — a declaration of life-ethics spoken at the summit of loyalty.

2. Historical and Archival Context

Noryang was the concluding battle of the Imjin War. The allied fleets of Joseon and Ming routed the remaining Japanese forces. Yi died at the front, having instructed that the guns not cease. Seonjo Sillok Book 131 preserves his last words: "The battle is at its height; do not report that I have died. Having spoken, he passed away." His body was first interred at Gwaneumpo and later moved to Asan; King Jeongjo posthumously elevated him to Chief State Councillor and raised the stele Sangchung Jeongmu. Admiral Tōgō Heihachirō said, "Compared with Admiral Yi, I am not even worthy of a petty officer." Vice Admiral G. A. Ballard wrote, "If there is one to compare with Nelson, it is Yi Sun-sin." His death stands as testimony to ethics beyond national boundaries.

3. Poetic Representation — The Sea of Loyalty — The Death of Yi Sun-sin(1545-1598)

(1) The Last Order — Noryang, December 16, 1598

The battle is at its height; do not say that I am dead.

That single line was not a blade, but the nation's final breath.

The mist over Noryang was thicker than dawn;

the barrage tore the sky.

The Admiral of the Three Provinces, Yi Sun-sin,

stained the flag of the nation with his own blood.
"Do not cease fire."
His cry cleaved the sea;
his body vanished into the waves.
Yet the waves did not swallow him —
the sea held him in memory.

(2) The Silence of the Waves — The People' s Altar
When the sun rose, the fleet did not strike the guns.
No one wailed aloud,
yet every eye wept.
That day the sea was not a tomb;
it was a vessel into which the nation's heart flowed.
The people silently scooped earth and cast it to the sea.
Earth became a mound,
and the mound became a rite.
"This earth is our vow,
and his loyalty is the starlight of heaven."

(3) Immortality — The Philosophy of Loyalty
His death was not defeat but completion.
His silence was not fear but resolve.
Loyalty remains even after the body departs.
It is not the language of institution, but the breath of morality.
He was the steward of the sea,
and his name the people's prayer.
Since that day, with every thunder of the guns,
heaven inscribed the sound of loyalty.

His death was not religion,

but the nation's conscience.

His eyes were closed, yet his will stayed awake.

(4) Appraisal — The Warlord Saint of the East

"In the history of navies, if anyone may be called the god of war, it is Admiral Yi Sun-sin alone.

Compared with him, I am not even worthy of a petty officer."

— Tōgō Heihachirō (1848-1934)

This was no mere compliment.

Even in the land of the defeated, Yi was a teacher.

A general of Joseon did not become Japan's marshal;

rather, the philosophy of duty crossed the boundary of nations.

He fought not the enemy but fear.

What he conquered was not war but himself.

(5) Coda — Heaven Receives Him

When dawn fell upon the fields of Asan,

the people knelt and bowed their heads.

They lingered long.

Lifting their faces to the sky,

they softly spoke his name.

His sleep is tranquil,

and his purpose abides over us like the sky.

Even in death he commanded:

"Fear not; do not forget the nation."

That command still runs upon the sea,

and today, upon those waves,

the ethics of a century rises again.

4. Philosophical Interpretation

Yi Sun-sin's loyalty is an ethical dialectic between command and life. He obeyed military order, yet transformed that order into a law of life-preservation. Loyalty is responsibility, not mere obedience; an active love for life, not passive compliance. If Confucian loyalty was a vertical virtue of lord and subject, Yi re-interprets it as a horizontal, people-centered ethic. He did not fight for the king's honor, but for the people's life; he died not for national prestige, but for the dignity of life.

[Figure 4-1] The Structure of Life-Preserving Loyalty

Ren (Life)

↑

Loyalty ⟶ Continuity of Command

↓

Preservation of the People

Loyalty expands from obedience to a ruler into an ethical act that preserves the people's lives. Through ren (humaneness), loyalty converts institutional obedience into responsibility for life.

5. Cultural and Ethical Implications

Yi's loyalty can be read as a dialectic of command and silence. In battle he transformed silence not into the suspension of command but into the continuation of ethics. Silence was not obedience but inward conviction — ethical language fulfilled before God. At that crossing point, ethics reaches its summit.

[Figure 4-2] The Dialectic of Command and Silence

Command → Battle Continuity → Survival

↓

Silence → Self-Sacrifice → Ethical Fulfillment

Yi's last words recast command as the language of continuity and silence as the language of decision. Reason speaks through command; the sacred speaks through silence. Where the two intersect, ethics is fulfilled.

6. Sub-Conclusion

Yi Sun-sin's death was not mere death in battle but the birth of ethics. His last words move from the state's language to the human's, and from the human's to God's. He was not simply a commander executing orders, but a philosopher stewarding life. Loyalty transcends institutional language into an ethics of life — an enduring textbook for humanity.

[Figure 4-3] The Convergence of Duty and Loyalty

Horatio Nelson → Duty → Prayer before God

Yi Sun-sin → Loyalty → Ethics of Life

↓

Ethical Autonomy beyond the State

As Nelson's duty expands into the ethics of prayer, Yi's loyalty expands into the ethics of life. The two civilizations converge at a metaphysical focus: human ethical autonomy before God.

CHAPTER Ⅴ. The Confluence of Two Souls — Beyond the State, Before God

1. Introduction — The End of War and the Human Prayer

History begins in the name of the state and ends in human blood. War is the act by which the state borrows divine authority to command men, and men ask God's pardon in the name of the state. Between the two there is always an ethical void. Nelson and Yi were born in that gap. Nelson was a soldier of the empire, yet a human before God; Yi was a general of Joseon, yet a philosopher of humanity. Their languages differ, but both speak beyond the state. One said, "Thank God, I have done my duty"; the other, "The battle is at its height; do not report that I have died." One was a prayer to God; the other, an order left to humankind. Yet the essence is the same: beyond the state's command, a human perfects himself before God.

2. Philosophical Comparison — The Two Languages of Duty and Loyalty

Nelson's duty is intelligible within the domain of Kantian practical reason — autonomous action rather than mere obedience. He obeyed the state's law, but as obedience to a moral law he had legislated for himself; thus his death was not simply the execution of orders but the theological fulfillment of his own ethics. Yi's loyalty continues the Confucian Way of Loyalty and Forbearance and Mencius's floodlike qi as a human-centered ethics. He transformed loyalty to the ruler into love for the people; loyalty sublimated into the preservation of life. Born in different civilizations, both men's last words move beyond state command into human awakening.

[Figure 5-1] The Ethical Axis of Two Souls

Horatio Nelson → Duty → Prayer before God

Yi Sun-sin → Loyalty → Ethics of Life

↓

Transcendence of the State

3. The Structure of Morality — The Human beyond the State

State command maintains external order; human ethics establishes inner order. When the state commands war, humans are forced to obey, yet conscience ever questions legitimacy. Nelson's duty took the form of loyalty to the state, but within it was responsibility before God. Yi's loyalty spoke the language of military obedience, but its essence was love that preserves the people's lives. When the state makes human beings into tools, these two souls translate the command back into human language: command becomes prayer, the name of the state becomes the name of God.

[Figure 5-2] The Moral Structure beyond the State

National Command

↓

Human Duty

↓

Divine Ethics

State command translates into human duty; human duty sublimates into divine ethics — the process by which man returns from tool to moral subject.

4. Poetic Integration — A Dialogue of Two Seas

The Sea of Duty and the Sea of Loyalty

The sea was one, though it bore two names. In the West it was called "Duty," in the East "忠義." One crossed waves to reach God; the other endured storms to guard the people. Nelson said to God, "Thank God, I have done my duty." Yi said to humankind, "The battle is at its height; do not report that I have died." One returned to God in the language of prayer; the other embraced life in the language of silence. Yet their seas had the same depth — a mirror of ethics rather than a theater of command, where two souls in different times and tongues formed a single ripple.

Their words became two scriptures — one a moral manual of the West, the other a human canon of the East. Yet the essence is identical: a declaration that humans must not live as tools of the state, the record of those who chose ethics before God.

5. The Issue of Ethics — The Divinization of Humanity

The deaths of Nelson and Yi prove that man can transcend state command. Nelson fulfilled obedience within God's order; Yi fulfilled life within human morality. Different deaths, the same structure: through self-sacrifice they purified the state's violence and elevated human conscience into divine ethics.

[Figure 5-3] The Transcendental Convergence of Ethics

Faith → Sacrifice → Salvation

Loyalty → Life → Continuity

↓

Humanity before God

Nelson's faith and Yi's loyalty appear as sacrifice and life; both lead to humanity before God. Ethical fulfillment is neither religion nor state, but human awakening. Different names for God, the same direction — the birth of a human resembling the divine, the recovery of morality beyond the state.

6. Conclusion — The Human before God

When Nelson's duty is completed as prayer and Yi's loyalty is sublimated as the ethics of life, humanity passes beyond the state's language into a new sentence of morality. They set out from different seas and arrived upon the same wave — not the wave of command, but of conscience. Their deaths were not the end of war, but the birth of ethics.

[Figure 5-4] The Ethical Horizon of Humanity

Nation

↓

Human

↓

God

The state governs man, but man answers to God. The end of ethics is not the state's command but the human conscience, fulfilled within the order of God. Nelson and Yi meet at the center of humanity: the one a human of prayer offered to God, the other a human who bore life. One crossed the Western sea, the other guarded the Eastern sea — yet the two seas were one: the human before God, beyond duty and loyalty. Their language still asks us: Can the state's command replace your conscience? Are you, now, a human standing before God?

7. Sub-Conclusion

The confluence of the two souls is both a civilizational dialogue and a metaphysical synthesis. Nelson's "Duty" and Yi's "Loyalty" are different languages whose essence resolves into human conscience. Through their trajectories, this study proposes a new structure for human ethics.

[Figure 5-5] The Metaphysical Synthesis of Two Souls

Nelson → Duty → Prayer → Faith → Salvation

Yi Sun-sin → Loyalty → Life → Compassion → Continuity

↓

Transcendent Ethics of Humanity

Duty and loyalty, oriented respectively toward God and toward humankind, converge in the ethical redemption of humanity. Their meeting is humanity's restoration — an ethical awakening of civilization beyond the state.

CHAPTER Ⅵ. Conclusion — The Saints of the Sea: The Two Seas of Duty and the Fifth Saint of Humanity

The confluence of the two souls is not a mere comparison but the restoration of human ethics. Nelson's "duty" was a language of prayer toward God; Yi's "loyalty" was a language of life toward humankind. Their ethics transcend the state's command and elevate human conscience into divine ethics. Hence a revised definition of the Philosophy of the Nation: "It is not a philosophy of power, but an ethics in which the human interrogates himself before God." Thus the relations among state and human, command and conscience, war and peace are left as chapters to be rewritten by humanity. The language they offered remains as the ethics of a century.

1. Introduction — The End of War, the Birth of Ethics

War is the record of the moment when the state took the place of God. Nelson sailed in the name of empire; Yi sailed for the people's life. Nelson's foe was Napoleon's empire; Yi's foe was Toyotomi Hideyoshi's invasion. Both fought as instruments of the state, yet in the moment of death they became not tools but moral agents — humans before God. This conclusion synthesizes two seas, two souls, two civilizations, and declares that within their deaths human ethics was born.

2. The Two Seas of Duty

(1) The Boundary of Sea and Human

On one sea, duty stood in the place of God.
"Thank God, I have done my duty."
Nelson's lips were wet with blood,
yet his words stood above the king.

He sailed by order of George III,
but his fight guarded not the king's will
so much as the order of humankind.
On the other sea, loyalty stood in the place of life.
"The battle is at its height; do not say that I am dead."
Yi's voice did not waver amid powder-smoke.
He fought by order of Seonjo,
yet his sword was not for the king,
but for the people.
Far apart though the seas were,
that day the wind bore a single ethic.

(2) The Philosophy of the Sea
Nelson spoke of honor; Yi spoke of conscience.
Nelson drew near to God by fulfilling duty;
Yi commanded death by silence.
One was an admiral of the British Empire;
the other, the supreme commander of Joseon.
Their ages differed,
yet their languages gathered into the same sentence:
"The state is like the sea —
governed by virtue in calm, by restraint in storm."

(3) The Ethics of the Sea
Nelson completed duty upon the sea;
Yi left loyalty beneath the sea.
One the ethics of empire, the other the ethics of a nation —
yet both the ethics of humanity.

Their deaths were not defeat,
but the completion of a covenant between state and human.
Their silence was stronger than command.

(4) The Dialogue of Names
Nelson's name resounds in the wind;
Yi's name abides in the waves.
One speaks the language of "Duty,"
the other the language of "Loyalty."
Where the two languages meet,
there stands the Dao of the state.
Their names outlast constitutions,
remaining as humanity's ethical canon.

(5) Coda — The Sea Still Calls Their Names
The sea does not remember empires;
it remembers those who fulfilled duty.
Heaven may forget the king's name,
but the people do not forget the name of loyalty.
The two seas reflect one another,
and today
their ethics again become a tide
flowing over the mirror of the state.

3. Yi Sun-sin — The Fifth Saint of Humanity

(1) Proem — Five Lights of a Name
Confucius taught the world by virtue;

Jesus embraced humanity by love;
Śākyamuni melted suffering by enlightenment;
Socrates redeemed man by reason;
Yi Sun-sin saved the nation by action.
As five stars trace a single orbit,
his sword bore not the name of God, but of Man.
He was no deputy of God;
he was humanity's last testimony.

(2) Main Poem — A Human Completed by the State' s Ethics

"Yi Sun-sin, Admiral of the Three Provinces of Joseon, later Chief State Councillor —
the Fifth Saint of Humanity."
His sword was a tool to halt invasion;
his ships were not weapons for slaughter.
The blade rose against evil;
the ships bore the people.
When he died at sea,
his body sank beneath the waves,
but his will continued as the nation's breath.
A single line his final words:
"The battle is at its height; do not say that I am dead."
It was not command but prayer,
not death but birth.
That day the sea became the mirror of a saint.

(3) A Name Sublimated into the Ethics of Humanity

His name crossed beyond nation; even former enemies

bowed to his morality.

"If there is one to compare with Horatio Nelson of Britain,

it is Yi Sun-sin." — G. A. Ballard

"Compared with Admiral Yi, I am not even worthy of a petty officer." — Tōgō Heihachirō

His enemies called him teacher;

his war became a theory of human peace.

He died in battle, yet lives in ethics.

IV. Coda — The Nation of a Saint

What he left was not feats of arms but Dao.

His words were not record but scripture.

His life was not war but rite.

Not man ascending to God,

but God descending into man.

His sea still moves,

his name still flows.

Thus humanity gained a fifth light —

not a point of steel, but the wave of conscience.

His flag was not a banner of battle,

but a scripture of peace.

Yi Sun-sin — the Fifth Saint of Humanity.

4. Philosophical Conclusion — Man beyond the Tools of the State

Nelson's war was duty in defense against aggression; Yi's war was the safeguarding of life to repel invasion. The order of George III aimed at imperial protection; Seonjo's at national preservation. Yet both deaths consummated a moral self-completion beyond state command. Nelson practiced the morality of empire; Yi practiced the morality of life. Their final languages share the same structure — one addressed to God, the other to the people — both the human's ethical awakening. Yi's ethics were a theology of action: he did not fight for God, but allowed God to appear within the human. His death was not the victory of a state but the redemption of humanity. His language was not command but God's answer.

5. Conclusion — Hagiology of Humanity

Nelson and Yi were not merely soldiers but two forms of ethical existence. Nelson offered duty to God; Yi offered life to mankind. One was an admiral of empire; the other, a general of the people — yet their souls rest upon humanity's inner altar. The conclusion is clear: "Man, born as a tool of the state, is completed by the ethics of God." Yi's loyalty and Nelson's duty met beyond the borders of the state, at the crossing of sanctity and conscience — this meeting is the ethical restoration of civilization.

6. Diagram — The Trinitarian Structure of Human Ethics

[Figure 6-1] The Trinitarian Structure of Human Ethics

Duty (Nelson) → Faith → Salvation

Loyalty (Yi) → Life → Compassion

↓

Humanity → Sanctity → Eternity

The acts of the two souls expand beyond state ethics into divine ethics and into a hagiology of humanity. Ethics is not God's vicarious act but human awakening — the central axis that transcends the instrumentalization of man by the state.

7. Final Coda

On that day two lights of the sea shone upon each other. When the blood of Trafalgar met the waves of Noryang, human ethics was born. Nelson's sea was the prayer of Duty; Yi's sea was the vow of Loyalty. Yet the two became one sea whose name is not the State but Conscience. Yi was not a war-god, but a saint of the world proven by action. He realized Kant's good will (Guter Wille) as Eastern loyalty. His sword was not a weapon of war, but the final instrument that upheld God's ethics. His name is no longer that of a single nation, but of human morality itself.

Conclusion — Beyond the State, Before God and Before the People

The encounter between the two souls is not a mere comparison, but the restoration of human ethics.

If Horatio Nelson's "Duty" (1758–1805) was the language of prayer spoken toward God, then Yi Sun-sin's "Loyalty" (1545–1598) was the language of life spoken toward humanity.

Their ethics transcended the command of the State and elevated human conscience into the ethics of God.

The Philosophy of the Nation is not the philosophy of power, but the philosophy of ethics — where man questions himself before God and bears witness to himself before the people.

This definition is the final outcome of jurisprudence, rewriting the relationship between State and Man, command and conscience, war and peace — the very Chapter of Humanity.

War is the record of the moment when the State replaced the seat of God.

Nelson sailed in the name of the Empire; Yi Sun-sin sailed for the life of his people.

Nelson's enemy was the Napoleonic Empire, and Yi's was the invasion of Toyotomi Hideyoshi (1537-1598).

Yet, in the moment of death, both ceased to be instruments of the State and became subjects of ethics.

Nelson returned as man before God; Yi Sun-sin returned as man before the people.

Their deaths were not victories of the State but the birth of ethics.

Upon those seas, the philosophy of law began anew, in a different tongue of humanity.

On one sea, duty replaced God; on the other, loyalty replaced life.

Nelson's words rose higher than the king, and Yi's command surpassed all institutions.

They obeyed command, yet transcended it.

Their language bore witness to an eternal truth:

"The Law of the State is Delegated from the Law of Man."

"Thank God, I have done my duty." — Horatio Nelson (1758-1805)

"The battle is urgent; do not report that I have died." — Yi Sun-sin (1545-1598)

These two sentences converge beyond the boundaries of nations into the ethics of humanity.

One was a prayer to God; the other, an order for life.

Yet their essence was one — the awakening of human conscience as the origin and completion of law.

The Soteriology of Law is the philosophy of return.

Law begins in virtue, passes through the acts of man, reaches the institutions of the State, and is reborn as justice when it returns once more to virtue.

The law of the State is a Delegated Secondary Reason derived from the law of Man; and the law of Man is a Primary Morality delegated from the memory of virtue.

When this Chain of Delegation is completed, law ceases to be mere command and becomes Ethical Memory.

That memory is the very foundation of justice.

When law remembers virtue, justice is born;

when justice remembers humanity, salvation begins.

Yi Sun-sin's ethics transcended the limits of loyalty and expanded into the Ethics of Life.

He was not a proxy of God, but the final witness of humanity.

His sword was a shield against invasion; his ship, a sacred vessel to save the people.

Confucius taught the world through virtue;

Jesus embraced humanity through love;

Śākyamuni dissolved suffering through enlightenment;

Socrates redeemed mankind through reason;

and Yi Sun-sin saved the nation through action.

Thus rose the fifth light in the firmament of mankind — the Saint of Action.

His dying words were not a command of death, but a prayer of life.

That day, the sea became the mirror of the saint,

and through that mirror, humanity rediscovered its conscience.

His ethics were the realization of divine morality within man.

His war was not the victory of an empire, but the redemption of humanity.

His death was not the end of a nation, but the awakening of mankind.

When the blood of Trafalgar met the waves of Noryang,
the ethics of humanity were born upon that sea.
Nelson's sea was a prayer of Duty; Yi's sea, a vow of Loyalty.
Yet the two waves formed one ocean.
And the name of that ocean was not State,
but Conscience, God, and the People.
Yi Sun-sin was not a god of war,
but a saint of the world — proved through action.
And on that day, the law of humanity returned to man once again.

Korean Sources → English

Yi, Sun-sin. 2009. Nanjung Ilgi [The War Diary of Admiral Yi Sun-sin]. Seoul: Kyobo Book Centre.

National Institute of Korean History (NIKH). 2015. The Annals of King Seonjo (Joseon Wangjo Sillok, Seonjo). Seoul: NIKH Digital Edition.

Yu, Seong-ryong. 2016. Jingbirok [The Book of Corrections]. Seoul: Minumsa.

King Jeongjo. 1955. Hongjae Jeonse [The Collected Works of Hongjae]. Seoul: Dongguknunhwasa.

Kim, Si-deok. 2015. Jeonjaeng-ui Munheonhak [The Philology of War]. Paju: Open Books.

Park, Jong-pyung. 2013. Yi Sun-sin-ui Mal-gwa Geul [The Words and Letters of Admiral Yi Sun-sin]. Paju: Dasanchodang.

Kim, Tae-woong. 2005. "Loyalty and Moral Leadership of Admiral Yi Sun-sin." Journal of Yi Sun-sin Studies 4.

Lee, Tae-jin. 2008. "The Ethical Structure of Military–Civil Relations in Joseon." Korean Intellectual History Review 23.

Han, Myung-gi. 2004. Imjin War 1592 [The Imjin War]. Paju: Mizibooks.

Kang, Moon-jong. 2012. Imjin War and the East Asian International Order. Seoul: Nanam.

Lee, Ki-baik. 1983. Hanguksa Sinron [A New History of Korea]. Seoul: Iljogak.

Han, Young-woo. 2006. Dasichajneun Uri Yeoksa [Rediscovering Korean History]. Seoul:

Kyungsewon.

Lee, Kwang-ho. 2015. Geundae Gukga-ui Cheolhakjeok Giwon [Philosophical Origins of the Modern State]. Seoul: Philosophy & Reality.

Kim, Young-min. 2016. Gonghwajui-ran Mueos-inga [What Is Republicanism?]. Seoul: Minumsa.

Chung, Jin-suk. 2014. Seoyang Geundae Jeongchi Sasangsa [History of Modern Western Political Thought]. Seoul: Pakyoungsa.

Park, Chan-kook. 2011. Heidegger-wa Dongyang Sasang [Heidegger and East Asian Thought]. Seoul: Munhakgwa Jisungsa.

Yu, Hong-jun. 2014. Nado-pyeon vol. 3 of My Cultural Heritage Exploration [Journey to Korean Heritage]. Seoul: Changbi.

Moon, Ik-hwan. 1989. Hebrew Minjungsasang-gwa Yeonja-ui Yunri [Hebrew Thought and the Ethics of the Prophets]. Seoul: KCP.

Chinese Sources → English

Mingshi, "Liezhuan: Chen Lin" [History of the Ming, Biographies: Chen Lin]. 1974. Beijing: Zhonghua Shuju.

Ming Shilu: Shenzong Shilu [Veritable Records of the Ming: Shenzong]. 1966. Beijing: Zhonghua Shuju.

Chaoxian Lichao Shilu Zongmu [General Index to the Veritable Records of the Joseon Dynasty]. 2006. Beijing: Beijing Library Press.

Wanli Yeo'huo Bian [Miscellaneous Gleanings of the Wanli Era]. 1980. Beijing: Zhonghua Shuju.

Riben Wokou Shiliao Huibian [Compendium of Historical Sources on the Wokou]. 2005. Shanghai: Shanghai Guji.

Woluan Yanjiu Lunji: Kangwo Yuanchao [Collected Studies on the Japanese Invasions: Resisting Japan and Aiding Korea]. 2012. Nanjing: Nanjing University Press.

Chen, Jie. 2011. Dongya Haiyu yu Ming-Qing Haifang [The East Asian Seas and Ming-Qing Coastal Defense]. Beijing: Peking University Press.

Zhang, Deming. 2010. Zhong-Chao Guanxi Shigang [An Outline History of Sino-Korean Relations]. Beijing: Social Sciences Academic Press.

Wang, Qihui. 2015. Haifang yu Guojia Zhili [Coastal Defense and State Governance].

Shanghai: Fudan University Press.

Liu, Zhongjing. 2013. Jindai Guojia yu Zhixu [The Modern State and Order]. Chongqing: Chongqing University Press.

Zhang, Yue. 2009. Lunli yu Guojia [Ethics and the State]. Beijing: SDX Joint Publishing.

Huang, Renyu (Ray Huang). 1982. Wanli Shiwunian [1587: A Year of No Significance]. Taipei: Linking.

Yu, Ying-shih. 1987. Shixue yu Chuantong [Historiography and Tradition]. Taipei: Linking.

Lin, Yusheng. 1999. Xiandaihua yu Zhongguo Sixiang [Modernization and Chinese Thought]. Taipei: Linking.

Hu, Shi. 1989. Rensheng Zhexue [Philosophy of Life]. Taipei: Yuanliu.

Yang, Liansheng. 1991. Zhongguo Sixiang yu Zhidu [Chinese Thought and Institutions]. Taipei: Linking.

Li, Xueqin. 2004. Gu Wenxianxue [Ancient Philology]. Beijing: Zhonghua Shuju.

Gao, Hua. 2007. Geming yu Lunli [Revolution and Ethics]. Nanjing: Jiangsu People's Publishing.

Chen, Pingyuan. 2009. Wenxue yu Shixue zhijian [Between Literature and Historiography]. Beijing: Peking University Press.

Wang, Xiaoming. 2001. Xiandaixing yu Zhongguo [Modernity and China]. Shanghai: Shanghai People's Press.

Zhu, Xueqin. 1999. Qimeng yu Fanqimeng [Enlightenment and Anti-Enlightenment]. Shanghai: Shanghai People's.

Chen, Yinke. 2001. Jinming Guan Conggao, Chubian [Collected Essays from the Jinming Institute, First Series]. Beijing: SDX Joint Publishing.

Yu, Qiuyu. 1992. Wenhua Kulü [Cultural Journeys of Hardship]. Shanghai: Literature & Art Press.

Liu, Zaifu. 1995. Wenhua yu Ren [Culture and Man]. Hong Kong: Oxford University Press.

Li, Ling. 2004. Zhanguoce Jindu [Reading the Strategies of the Warring States Today]. Beijing: SDX Joint Publishing.

Japanese Sources → English (Hepburn romanization)

Japan Ministry of the Army. 1904. Nihon Senshi: Chōsen-eki [Japanese War History: The Korean Campaign]. Tokyo: Ministry of the Army.

Yoshida, Toyohiko, ed. 1995. Toyotomi Hideyoshi Monjo-shū [Collected Documents of Toyotomi Hideyoshi]. Tokyo: Yoshikawa Kōbunkan.

Imperial Japanese Navy General Staff. 1979. Nihon Kaigun-shi [History of the Japanese Navy]. Tokyo: Harashobō.

Ministry of the Navy (Kaigun-shō). 1971. Kaigun Seido Enkaku [Evolution of Naval Institutions]. Tokyo: Harashobō.

Neruson-den [Biography of Nelson], Japanese trans. 1968. Tokyo: Chūō Kōronsha.

Rausū (author transliteration uncertain). 2005. Torafarugā Kaisen [The Battle of Trafalgar]. Tokyo: Kojinsha.

Todaka, Kazunari. 2010. Kinsei Nihon no Gunji to Umi [Early Modern Japan's Military and the Sea]. Tokyo: Yoshikawa Kōbunkan.

Ōishi, Manabu. 2014. Hideyoshi to Chōsen Shinryaku [Hideyoshi and the Invasion of Korea]. Tokyo: Kōdansha Gakujutsu Bunko.

Murai, Shōsuke. 2011. Higashi Ajia no Umi to Sensō [The Seas and Wars of East Asia]. Nagoya: Nagoya University Press.

Hata, Ikuhiko. 2009. Nihon Kindai-shi to Gunji [Modern Japanese History and the Military]. Tokyo: Bungeishunjū.

Kabayama, Kōichi. 2001. Bunmeishi no Naka no Sensō [War in the History of Civilization]. Tokyo: Iwanami Shoten.

Yamanouchi, Masayuki. 2003. Teikoku to Kokumin Kokka [Empire and the Nation-State]. Tokyo: Chūōkōron Shinsha.

Handō, Kazutoshi. 2006. Nihon no Ichiban Nagai Hi [Japan's Longest Day]. Tokyo: Bungeishunjū.

Katō, Yōko. 2002. Sensō no Nihon Kingendai-shi [Japan's Modern and Contemporary History of War]. Tokyo: Kōdansha.

Inose, Naoki. 1990. Mikado no Shōzō [Portrait of the Mikado]. Tokyo: Bungeishunjū.

Goza, Yūichi. 2016. Ōnin no Ran [The Ōnin War]. Tokyo: Chūōkōron Shinsha.

Hosaka, Masayasu. 2012. Shōwashi to Gunkokushugi [Shōwa History and Militarism]. Tokyo: Asahi Shimbun Publishing.

Kowada, Tetsuo. 2006. Sengoku Kassen-shi Jiten [Encyclopedia of Sengoku Battles]. Tokyo: Shin Jinbutsu Ōraisha.

Okumiya, Masatake. 1993. Kaisenshi ni Manabu [Lessons from Naval Battle History]. Tokyo: Harashobō.

Todaka, Kazunari, ed. 2013. Umi no Nihonshi [A Maritime History of Japan]. Tokyo: Yoshikawa Kōbunkan.

Tōgō Heihachirō Biography Editorial Committee. 1978. Tōgō Heihachirō-den [Biography of Tōgō Heihachirō]. Tokyo: Harashobō.

Suzuki, Norio. 2010. Wakō to Higashi Ajia [The Wokou and East Asia]. Tokyo: Kōdansha.

Ministry of Foreign Affairs (Japan), ed. 1938. Nisshin-Kan Kankei Shiryō [Historical Materials on Japan–Qing–Korea Relations]. Tokyo: MOFA.

Japan Academy. 1930. Shigaku Sōsho: Chōsen Kankei Shiryō [Historical Studies Series: Materials Relating to Korea]. Tokyo: Japan Academy.

German-language Sources → English (title translations in brackets)

Kant, Immanuel. 1795. Zum ewigen Frieden [Perpetual Peace]. Königsberg.

Kant, Immanuel. 1785. Grundlegung zur Metaphysik der Sitten [Groundwork of the Metaphysics of Morals]. Riga.

Clausewitz, Carl von. 1832. Vom Kriege [On War]. Berlin: Dümmler.

Arendt, Hannah. 1955. Elemente und Ursprünge totaler Herrschaft [The Origins of Totalitarianism]. Munich: Piper.

Arendt, Hannah. 1964. Eichmann in Jerusalem [Eichmann in Jerusalem]. Munich: Piper.

Habermas, Jürgen. 1992. Faktizität und Geltung [Between Facts and Norms]. Frankfurt: Suhrkamp.

Jonas, Hans. 1979. Das Prinzip Verantwortung [The Imperative of Responsibility]. Frankfurt: Suhrkamp.

Jaspers, Karl. 1946. Die Schuldfrage [The Question of German Guilt]. Heidelberg: Lambert Schneider.

Schmitt, Carl. 1932. Der Begriff des Politischen [The Concept of the Political]. Berlin: Duncker & Humblot.

Weber, Max. 1919. Politik als Beruf [Politics as a Vocation]. Munich: Duncker & Humblot.

Bonhoeffer, Dietrich. 1949. Ethik [Ethics]. Munich: Chr. Kaiser.

Jünger, Ernst. 1932. Der Arbeiter [The Worker]. Hamburg: Hanseatische.

Spengler, Oswald. 1918. Der Untergang des Abendlandes [The Decline of the West]. Munich: Beck.

Heidegger, Martin. 1927. Sein und Zeit [Being and Time]. Tübingen: Niemeyer.

Heller, Hermann. 1934. Staatslehre [Theory of the State]. Tübingen: Mohr.

Koselleck, Reinhart. 1979. Vergangene Zukunft [Futures Past]. Frankfurt: Suhrkamp.

Beck, Ulrich. 1986. Risikogesellschaft [Risk Society]. Frankfurt: Suhrkamp.

Anders, Günther. 1956. Die Antiquiertheit des Menschen [The Obsolescence of Human Beings]. Munich: Beck.

Mommsen, Wolfgang. 1959. Max Weber und die deutsche Politik [Max Weber and German Politics]. Tübingen: Mohr.

Liebsch, Burkhard. 2011. Gewalt und Moral [Violence and Morality]. Bielefeld: Transcript.

주요 찾아보기

국가 정신 철학의 지도자들과 세계 석학들

“플라톤은 ‘지도자의 무지(無知)는 사회악이 된다’고 했어요. 정치 지도자가 마땅히 알아야 할 것을 모르고 있다면 국민이 불행해지게 됩니다. 지도자에겐 그 한 시대를 볼 줄 아는 지혜가 있어야 합니다.”

2025.2.15.

김형석(金亨錫 · 107세) · 대한민국 철학자 · 수필가 겸 연세대학교 명예교수

“한국은 강대국에 둘러싸인 데다, 남북 분단이라는 특수성을 갖고 있다. 그렇기에 한국의 외교관은 누구보다도 더 많이 공부하고 활동해야 한다. 북한에 대해서도 당당히 할 말은 하되 인도적 견지에서 포용하는 아량도 베풀 줄 알아야 한다.”

2025.12.3.

이준규(李俊揆, JOONGYU LEE) 제22대 주일대사 · 제14대 인도대사 · 제31대 국립외교원(KNDA) 원장 · 제22대 한국외교협회 회장 · 아산정책연구원 이사장

“국제법상 시제법의 발전 과정과 적용 이론 : 법적인 사실인 그 당시의 법에 의해 평가되어야 한다는 취지의 시제법(intertemporal law, 時際法)은 법률불소급 원칙과 더불어 국내법과 국제법에서 모두 중요하지만, 그 구체적인 내용을 쉽게 설명하라면 어느 누구도 선뜻 답할 수 없는 어려운 주제이다. 이에 정동은 박사의 관련 논문은 시제법의 개념, 발전과정과 그를 둘러싼 논쟁을 일목요연하게 정리함으로써 독자의 이해를 한층 높여 줄 것이다.”

2026.1.2.

박기갑(朴基甲) 고려대학교 법학전문대학원 명예교수 · UN 국제법위원회 위원 · 대한국제법학회 회장(2012) · 프랑스 파리2대학교 초빙교수 · 일본 와세다대학교 법학대학 교환교수

"이 책은 주권과 정의에 대한 법학적, 역사적, 철학적 시각을 융합함으로써 인류 지식의 발전에 깊이 기여한다. 동서양 사유의 균형 잡힌 대화를 통해 국경과 공존의 의미를 새롭게 조명하고, 학제적 접근으로 법과 권력이 문명의 지리적 구조를 형성해온 과정을 통찰하게 한다. 또한 영토 분쟁과 역사적 화해의 윤리적 차원을 분석함으로써 세계 학문 담론의 지평을 확장한다. 사려 깊고 엄중한 이 저작은 사람이 서로의 경계를 조정하고 성찰하며 공동의 미래를 모색해가는 과정을 심도 있게 탐구한 명저로 길이 남을 것이다."

2026.1.1.

박창모(朴昌謨 C. Mo Bahk) 미국 캘리포니아주립대학교 교수(학과장),
신시내티대학교 교수, 한미문학진흥재단 상임이사, 인랜드 미주한인회 부회장

Endorsements from National Philosophical Leaders and World-Renowned Scholars

"Plato once said, 'The ignorance of a leader becomes the evil of a society.' When political leaders fail to understand what they must know, their people inevitably suffer. A true statesman must possess the wisdom to see the age in which he lives."

— Hyung-Seok Kim (Age 107), Philosopher and Essayist;
Professor Emeritus, Yonsei University (February 15, 2025)

"Situated among major powers and bearing the unique burden of national division, Korea requires its diplomats to study and act more rigorously than anyone else. They must speak firmly and confidently regarding North Korea, yet also demonstrate the magnanimity to embrace it from a humanitarian perspective."

— JOONGYU LEE (李俊揆) 22nd Ambassador of the Republic of Korea to Japan;
14th Ambassador to India; 31st Chancellor, Korea National Diplomatic Academy (KNDA);
22nd President, Korean Association of Foreign Affairs Professionals;
Chairman, Asan Institute for Policy Studies (December 3, 2025)

"The development and application of intertemporal law — a principle in international law which holds that a legal fact must be evaluated under the law that existed at the time the fact occurred — is, together with the principle of non-retroactivity, one of the most important yet difficult subjects in both domestic and international law. It is a field so intricate that few can readily explain its full substance with ease. In this regard, Dr. Chung Dong-eun's study provides a clear and systematic exposition of the concept of intertemporal law, its historical evolution, and the debates surrounding it, thereby offering readers a deeper and more coherent understanding of this complex area."

— Ki-Gab Park (朴基甲) Professor Emeritus, School of Law, Korea University · Member, U.N. International Law Commission · President, Korean Society of International Law (2012) · Visiting Professor, Université Paris II Panthéon-Assas · Exchange Professor, School of Law, Waseda University (January 2, 2026)

"This book makes a profound contribution to human knowledge by interweaving legal, historical, and philosophical perspectives on sovereignty and justice. Through a balanced dialogue between Eastern and Western traditions, it reveals original insights into the meanings of borders and coexistence. Its interdisciplinary approach deepens our understanding of how law and power shape the geography of civilization. It also invites reflection on the ethical dimensions of territorial disputes and historical reconciliation. Thoughtful and rigorous, this volume will be a lasting masterpiece that deeply explores how humanity negotiates its boundaries, reflects on its past, and seeks a shared future."

— Chang-Mo Bahk (朴昌謨, C. Mo Bahk) Professor and Department Chair, California State University, San Bernardino (CA); Former Professor, University of Cincinnati (OH); Executive Director, Korea-America Literary Promotion Foundation; Vice President, Inland Korean American Society (January 1, 2026)

Co-authors of The Theory of State Territory and Sovereignty

최재목(崔在穆 | Choi Jae-Mok)

영영남대학교 철학과 교수·영남대학교 독도연구소장·중앙도서관장·미국 하버드대학교 방문학자·네덜란드 레이덴대학교 연구교수·일본 츠쿠바대(筑波大) 문학석사·문학박사

Professor, Department of Philosophy, Yeungnam University; Director of Dokdo Research Institute, Yeungnam University; Director of Library, Yeungnam University; Visiting Scholar, Harvard University; Research Professor, Leiden University; M.A. and Ph.D., University of Tsukuba.

호사카 유지(Hosaka Yuji)

세종대학교 대양휴머니티칼리지 대우교수·세종대학교 교양학부 교수 역임·독도종합연구소장·경상북도 독도위원회 위원·KBS 객원 해설위원 역임, 기타

Emeritus Professor of Daeyang Humanity College, Sejong University; Former Professor of College of Liberal Arts, Sejong University; Directer of Dokdo Research Institute; Member of Gyeongsangbuk-do Dokdo Policy Committee; Former Guest Commentator of KBS, etc.

최장근(崔長根 | Choi Jang-Geun)

대구대학교 일본어일본학과 교수·대구대학교 독도영토학연구소장·전 한국일본문화학회 회장·미국 머레이 주립대학교 방문교수·서울대학교 국제대학원 책임연구원·일본 쥬오대학교 법학박사(정치학)·한국영토학회 이사

Professor, Department of Japanese Language and Studies, Daegu University; Director, Dokdo-Territorial Studies Institute, Daegu University; Former President, Korean Association of Japanese Culture; Visiting Professor, Murray State University (USA); Senior Research Fellow, Graduate School of International Studies, Seoul National University; Ph.D. in Law (Political Science), Chuo University (Japan); Director, Korean Territorial Society

지영환(池榮鍰 | Ji Young-Hwan)

국가공무원·성균관대학교 겸임교수·중앙대학교 행정대학원 객원교수·제주대학교 법학전문대학원 겸임교수·중앙대학교 심리서비스대학원 겸임교수·서울대학교 객원연구원·전국지방변호사회장협의회 고문위원

Government Official; Adjunct Professor, Sungkyunkwan University; Visiting Professor, Graduate School of Public Administration, Chung-Ang University; Adjunct Professor, Jeju National University Law School; Adjunct Professor, Graduate School of Psychological Services, Chung-Ang University; Visiting Research Fellow, Seoul National University; Advisory Member, Council of Local Bar Association Presidents (Korea)

정동은(鄭東殷 | Chung Dong-Eun)

고려대학교 국제법연구센터 고문·외교부 전 국제관계대사·한국외국어대학교 법학전문대학원 초빙교수·제15회 외무고등고시 합격

Advisor, Center for International Law, Korea University; Former Ambassador for International Relations, Ministry of Foreign Affairs (Korea); Visiting Professor, School of Law, Hankuk University of Foreign Studies; Passed the 15th High Diplomatic Service Examination in 1981 (Korea)

윤대현(尹大鉉 | Yoon Dai-Hyun)
성균관대학교 경영학학사·정치학석사, FM 그룹 회장·한국헌법학연구소 고문
B.A. in Business Administration, Sungkyunkwan University; M.A. in Political Science; Chairman, FM Group; Advisor, Korean Constitutional Law Research Institute

최효원(崔效元 | Choi Hyo-Won)
한국형사법무정책연구원 부연구위원(법학박사)
Associate Research Fellow, Korea Institute of Criminology and Justice; Ph.D. in Law

현대송(玄大松 | Hyun Dae-Song)
한국해양수산개발원 명예 연구위원·전 한국해양수산개발원 연구위원·일본 도쿄대학교 교수·국민대학교 교수
Honorary Research Fellow, Korea Maritime Institute; Former Research Fellow, Korea Maritime Institute; Professor, University of Tokyo (Japan); Professor, Kookmin University

조기환(趙起煥 | Cho Ki-Hwan)
성균관대학교 대학원 경영학석사·(주) 에머티바이오 대표이사
M.A. in Business Administration, Graduate School, Sungkyunkwan University; CEO, AmityBio Co., Ltd.

국가 영토 주권론

초판1쇄 발행 2026년 2월 23일

지은이 최재목·호사카 유지·지영환·정동은·최장근·현대송·윤대현·최효원·조기환
펴낸이 안종만·안상준

편 집 김선민
기획/마케팅 정성혁
표지디자인 벤스토리
제 작 고철민·김원표

펴낸곳 (주) 박영사
서울특별시 금천구 가산디지털2로 53, 210호
(가산동, 한라시그마밸리)
등록 1959. 3. 11. 제300-1959-1호(倫)
전 화 02)733-6771
f a x 02)736-4818
e-mail pys@pybook.co.kr
homepage www.pybook.co.kr
ISBN 979-11-303-9709-2 93340

정 가 26,000원